Nancy Liebler und Sandra Moss
Frei von Depressionen

Nancy Liebler und Sandra Moss

Frei von Depressionen

Depressionen auf natürliche Weise überwinden

Yoga • Ayurveda • Meditation

aus dem Englischen von Astrid Ogbeiwi

crotona

1. Auflage 2017
© der deutschen Ausgabe
Crotona Verlag GmbH & Co.KG
Kammer 11 • 83123 Amerang
www.crotona.de

Titel der Originalausgabe:
Healing Depression the Mind-Body Way
Creating Happiness with Meditation, Yoga and Ayurveda
© John Wiley & Sons, Inc., Hoboken, New Jersey
© 2009 Nancy Cullen Liebler und Sandra Moss

© Zeichnungen von Chris Houghton

Alle Rechte der Verbreitung, auch durch Funk, Fernsehen, fotomechanische Wiedergabe, Tonträger jeder Art und auszugsweisen Nachdruck, sind vorbehalten.

Umschlaggestaltung: Annette Wagner unter Verwendung von © Getty Images

Druck: CPI • Birkach

ISBN 978-3-86191-078-7

Inhalt

Vorwort 9
Danksagungen 12
Einführung 13

Teil 1 · Andere Möglichkeiten finden 17
Eins · Mehr als ein gestörtes Hirn 19
Zwei · Warum Depression eintritt 38
Drei · Die vielen Gesichter der Depression 48
Vier · Luftige Depression 63
Fünf · Brennende Depression 72
Sechs · Erdige Depression 85
Sieben · Das Leben verdauen 94
Acht · Aus Bewusstsein werden wir 109

Teil 2 · Glücklich werden 127
Neun · Meditation: Die Dunkelheit überwinden ... 129
Zehn · Atmen: Ihre Lebenskraft fließen lassen 157
Elf · Sport: Den Geist in Bewegung bringen 179
Zwölf · Yoga: Haltung fürs Leben 199
Dreizehn · Schlaf: Ihre Lebenskraft wieder aufladen ... 232
Vierzehn · Essen: nährende Riten 266
Fünfzehn · Und jetzt? 309

Anhang 325
Quellen 327
Index 330

Für die Weisheit,
die jedem Menschen innewohnt – möge sie sich durchsetzen
und damit Glück und Lebensfreude hervorbringen.

Vorwort

Die uralte, zeitlose Weisheit des Ayurveda, der Wissenschaft vom Leben, konzentriert sich auf den Menschen. Ayurveda zufolge ist jeder Mensch unteilbar – ungeteilt, ganz, vollständig – ein einzigartiger Ausdruck des universellen Bewusstseins. Innerhalb dieses Lebens besteht eine sehr schöne Verschmelzung, nämlich die Einheit von Energie und Materie oder vielmehr die Einheit von Körper, Geist und bewusstem Prinzip.

Im menschlichen Körper ist jede einzelne Zelle ein Bewusstseinszentrum, eine funktionale Einheit mit eigener Intelligenz, die als *Mahat* bezeichnet wird. Darüber hinaus findet zwischen den Zellen eine großartige Kommunikation statt – dies ist der Fluss der Intelligenz, das sogenannte *Prana*. *Prana* ist eine Brücke zwischen Körper, Geist und Bewusstsein. Es ist die Manifestation des Bewusstseins in den fünf großen Elementen – Raum (auch bekannt als Äther), Luft, Feuer, Wasser und Erde. Diese Elemente wirken auf zellulärer und physiologischer Ebene. Der strukturelle Aspekt des Körpers wird von Äther (oder Raum), Luft, Feuer, Wasser und Erde geregelt. Der funktionale Aspekt des Körpers jedoch wird durch die drei Doshas Vata, Pitta und Kapha reguliert.

Prakruti ist die einzigartige Konstitution eines Menschen, sein genetischer Code. Im ayurvedischen Modell des *Prakruti* ist sehr viel vom Zusammenspiel von Vata, Pitta und Kapha sowie davon die Rede, wie sie unsere Psychophysiologie und unsere Psychopathologie regeln. Mit der Zeit kann sich das Verhältnis der Doshas im Körper verändern, und dieser veränderte Zustand wird als *Vikruti* bezeichnet. Wir sind ständig äußeren Veränderungen in unserer Umwelt ausgesetzt – in Ernährung, Lebensstil, Beziehungen, Beruf, sogar im Wechsel der Jahreszeiten. Diese Veränderungen prasseln permanent auf den Körper ein, und die Doshas reagieren darauf mit ihrer Steigerung. Dies ist ein ausschlaggebender Punkt, an dem der Krankheitsprozess beginnt. *Vikruti*, der veränderte Zustand der Doshas, kann entweder auf körperlicher oder auf psychischer Ebene eintreten.

Dieses schöne Buch, *Frei von Depressionen*, erklärt das Wechselspiel zwischen den drei Doshas. Nancy Liebler und Sandra Moss haben die ayurvedische Philosophie sehr gut mit ihrer einzigartigen Arbeit auf dem Gebiet der Psychologie verbunden.

Die vielen Gesichter der Depression reflektieren qualitative und quantitative Veränderungen in Vata, Pitta und Kapha. Wenn Liebler und Moss vom „gestörten Hirn" sprechen, ist dies eine Widerspiegelung der ayurvedischen Idee, wonach biochemische Störungen einen *Khavaigunya* oder geschädigten Raum in den *Manovaha-Srotas*, dem Verbindungsmechanismus zwischen Geist und Körper, schaffen können. Die *Manovaha-Srotas* sind die psychoneurologischen Kanäle, durch die ständig Gedanken, Gefühle und Emotionen zwischen Körper und Geist hin und her fließen. Wenn diese Kanäle blockiert werden, entsteht ein geschädigter Raum; dadurch bildet sich ein Stau in den Doshas und erzeugt psychische Probleme. Depression ist *ein* solches Problem.

Nancy Liebler und Sandra Moss haben die Weisheit des Ayurveda in diesem Buch elegant mit Yoga und Meditation verknüpft und so eine Heilweise geschaffen, die den ganzen Menschen anspricht. Jeder Satz dieses Buches atmet die Wahrheit spirituellen Erwachens, so dass sich die Chemie des Glücks entfalten kann, und zwar dadurch, dass das Leben verstoffwechselt, die Materie verarbeitet und die Gefühle verdaut werden – wodurch die Glücks-Chemie entsteht. Wenn wir aufmerksam auf unsere Gedanken, Gefühle und Emotionen achten, tritt eine Verwandlung ein – und durch diese Transformation können wir den Arzt in uns erwecken.

Ayurveda erklärt, dass jeder Mensch ein guter Heiler ist und der Körper weiß, wie er sich heilen kann. *Frei von Depressionen* eröffnet eine neue Dimension der Selbstheilung. Es lehrt uns eine sehr einfache und praktische Methode, wie wir leben können, ohne unter Depressionen zu leiden. Es ist mein Wunsch, dass sich bei der Lektüre dieses Buches große Freude, Glück und Heilenergie in Ihrem Herzen entfalten.

Dr. med. Vasant Lad,
Bachelor of Ayurvedic Medicine and Surgery (B.A.M.S.)
und Master of Ayurvedic Science (M.A.Sc.)

Danksagungen

Die Verfasserinnen möchten den vielen Weisen, Lehrern und Gelehrten danken, die die Welt mit dem Licht des Ayurveda erhellt haben. Sie möchten all jenen ihre Dankbarkeit aussprechen, die zu diesem Unterfangen beigetragen haben: Dr. med. James Brooks, Dr. med. Paul Dugliss und Dr. med. ayur. Suhas Kshiirsagar für ihre Ermutigung und Anleitung; ihrer Agentin Doris Michaels sowie Delia Berrigan-Fakis von der Literatur-Agentur Doris Michaels; den Angestellten bei John Wiley & Sons, mit besonderem Dank an Tom Miller, Christel Winkler und Kimberley Monroe-Hill für ihr Verständnis, ihre Führung und ihr Engagement; Judith Antonelli für ihren exzellenten Feinschliff am Manuskript; Chris Houghton für seine künstlerische Inspiration bei der Anfertigung der Illustrationen zu diesem Buch.

Nancy ist dankbar für das große Glück, ihren Mann Bud in ihrem Leben zu haben. Er war ihr beständiger Rückhalt und dauerhafte Inspiration – und es ist einfach immer schön, mit ihm zusammen zu sein.

Sandra dankt ihrem Mann Frederick, der das Leben mit spirituellen Augen sieht, und ihrer Mutter Fabiola, die ihr mitgegeben hat, wie wichtig es ist, ein vom Geist erfülltes Leben zu führen.

Einführung

Dadurch, dass Sie zu diesem Buch gegriffen haben, befinden Sie sich in guter Gesellschaft; denn damit gehören Sie zu den fünfzig Prozent aller europäischen Bürger, die einem Bericht im *Deutschen Ärzteblatt* zufolge regelmäßig auf Komplementär- und Alternativmedizin setzen. Die Menschen suchen zunehmend nach Behandlungsformen auf der Grundlage einer Weltanschauung, die über die reduktionistische Sicht des menschlichen Körpers hinausgeht.

In diesem Buch geht es um Ayurveda – die ursprünglichste und höchste Form der Mind-Body-Medizin und zugleich das traditionelle medizinische System in Indien – und seine Kraft, Depression an der Wurzel zu packen und auszumerzen. Die zentrale Thematik des Ayurveda lautet, dass die Natur und der Geist-Körper Aspekte eines einzigen Intelligenz-Kontinuums sind. Das vedische Wissen (das aus der viele tausend Jahre alten vedischen Kultur Indiens stammt) erklärt, dass das, was im Makrokosmos der natürlichen Welt existiert, ebenso im Mikrokosmos der menschlichen Physiologie vorhanden ist – mit anderen Worten, der menschliche Geist-Körper und die Welt der Natur sind Spiegelungen voneinander.

Ayurveda zufolge ist die menschliche Physiologie ein Ökosystem, in dem ein Stressor für *einen* Wesensaspekt sich zugleich auch auf alle anderen Aspekte auswirkt. In der westlichen Medizin wird diese aus alter Zeit überlieferte Vorstellung gerade durch die Forschung bestätigt. So klärt uns zum Beispiel die Psychoneuroimmunologie (PNI) darüber auf, dass die Körpersysteme zueinander in Beziehung stehen und über Boten-Moleküle miteinander kommunizieren. Die PNI gilt als eines der spannendsten Gebiete in der modernen Medizin. Studien auf diesem Feld haben ergeben, dass unsere Gesundheit in einem sehr grundlegenden Sinne eine direkte Folge der Beziehung zwischen Geist und Körper ist.

Das Wissen, das uns von den vedischen Weisen überliefert und durch die PNI erlangt worden ist, besagt, dass der Körper die äußere Manifestation des Geistes, des Gewahrseins oder Bewusstseins ist. Die PNI behauptet, dass wir den Geist nicht mehr als das eine und den Körper als das andere, oder psychische Gesundheit losgelöst von physischer Gesundheit betrachten können. Für uns westliche Menschen, die wir häufig nur zu gerne glauben, wenn wir depressiv oder verunsichert sind, müssten wir uns lediglich „zusammenreißen", ist dies etwas Neues. Doch im Grunde ist es das nicht. Bei emotionalen Schwierigkeiten können wir uns ebenso wenig zusammenreißen wie bei körperlichen Herausforderungen. Wir brauchen praktische Techniken, um Depressionen und Angst mit der *Wurzel* ausreißen zu können. Genau hier kommt Ayurveda ins Spiel.

Präzise Techniken, mit denen der Geist-Körper wieder ins Lot zu bringen ist, wurden bereits vor Jahrtausenden entwickelt. Diese Techniken stehen uns heute zur Verfügung, und wir bedürfen ihrer dringender denn je. Depressionen nehmen in allen Industrieländern der Welt rasant zu. Sie gelten als die „Erkältung" der psychischen Erkrankungen. Da die Depression durch eine Verkettung von Problemen ausgelöst wird, wird es wahrscheinlich nie ein magisches „Universalheilmittel" geben, das für jeden das Richtige ist. Stattdessen ist die sorgfältige Beobachtung des eigenen Lebensstils heute und in Zukunft die beste Möglichkeit, dafür zu sorgen, dass man körperlich, emotional und psychisch gesund bleibt. Wir haben dieses Buch in der Hoffnung geschrieben, dass es Ihnen gibt, was Sie brauchen, um die notwendigen Veränderungen vornehmen zu können, damit Sie gesünder und letzten Endes auch glücklicher werden.

Wir möchten Sie dringend bitten, sich stets vor Augen zu halten, dass Ayurveda mit der westlichen Medizin kompatibel ist. Alle ayurvedischen Interventionen, die Sie in Ihren Lebensstil aufnehmen, steigern lediglich Ihr Wohlbefinden. Wir hoffen, dass Sie sich die Vorschläge, die wir machen, zu Herzen nehmen und sie umsetzen, und dass sie Ihnen tatsächlich helfen, Depressionen in Ihrem Leben vorzubeugen oder sie aufzulösen. Sie haben es verdient, das Leben Tag für Tag voll auszuschöpfen – glücklich und bei bester Gesundheit. Ihr Leben kann nur das sein, was Sie daraus machen. Machen Sie es sich zu eigen und machen Sie es wunderbar!

Wir wünschen Ihnen die volle Verwirklichung dessen, was Ihnen von Geburt an zusteht: vollkommene Gesundheit und perfektes Glück.

Teil 1

Andere Möglichkeiten finden

EINS
Mehr als ein gestörtes Hirn

Es war in unseres Lebensweges Mitte,
Als ich mich fand in einem dunklen Walde.
Dante Alighieri

Wenn Sie glauben, dass eine Depression keine reine Kopfsache ist, dann ist dieses Buch wie gemacht für Sie. Wenn Sie eine Therapie absolviert sowie Tabletten und Nahrungsergänzungsmittel eingenommen haben, sich aber immer noch nicht ganz wiederhergestellt fühlen, dann lesen Sie weiter.

Rätseln Sie manchmal, warum es Sie an Leib und Seele schmerzt, wenn Sie depressiv sind? Haben Sie sich je gefragt: „Wie konnte meine Depression nur Besitz von Körper, Geist und Seele ergreifen?" Vielleicht können Sie die Entwicklung zurückverfolgen und exakt benennen, wann die Dunkelheit wie ein Orkan über Ihr Leben hereingebrochen ist. Womöglich ist die Traurigkeit aber auch ganz allmählich in Ihre Physiologie eingesickert wie Wasser in den Keller eines Hauses. Sie sehen die Beweise für den Schaden, können jedoch die Ursache des Problems nicht finden.

Depression kann zu einer unerwünschten Begleiterin werden, die jeden Aspekt Ihres Lebens überschattet. Fühlen Sie sich Ihrer Lebendigkeit und Ihrer Energie beraubt? Die bedrohliche Präsenz von Herzensschwere, Wellen der Angst oder griesgrämiger Reizbarkeit – dies mag beschreiben, wie Sie Depression erleben. Sie sehnen sich danach, glücklich zu sein, erleben jedoch einen Abgrund innerer Leere, den nichts füllen kann. Vielleicht haben Sie sich aber auch nach einem depressiven Schub gerade wieder erholt und wollen einen Rückfall verhindern. Jetzt, da Sie den Fängen der Depression entkommen sind, möchten Sie Ihre wertvollsten Güter wahren: Zufriedenheit und Lebensfreude.

Wir haben dieses Buch geschrieben, weil wir glauben, dass ein anderes Denken über Depression notwendig ist. Solange unsere Kultur weiterhin glaubt, dass es bei einer Depression lediglich um ein chemisches Ungleichgewicht im Gehirn geht, zeichnen sich kein Heilmittel und kein Präventionsplan ab. Wir sind der Auffassung, dass es bei einer Depression um mehr geht als um ein „gestörtes Hirn" (ein chemisches Ungleichgewicht) oder um ein emotionales Problem, das man loslassen oder sich von der Seele reden können sollte. Sie ist kein unvermeidliches genetisches Problem. Zwar kann eine Depression eine Reaktion auf eine schwierige Situation in Ihrem Leben sein, aber sie muss kein Dauerzustand bleiben.

Der Denkfehler vom „gestörten Hirn": Wenn es nicht an Ihrem Gehirn liegt, dann liegt es an Ihrer „Mutter"!

Was soll dieses Gerede vom „gestörten Hirn", fragen Sie womöglich. Wenn die westliche Medizin Lösungen für ein Problem sucht, dann konzentriert sie sich auf den physischen Körper. Dies ist ihr Fachgebiet, und das macht sie gut. Zunächst isoliert sie eine Störung auf ein bestimmtes System im Körper, etwa Kreislauf, Verdauung, Atmung oder, wie im Falle der Depression, das Nervensystem. In einem nächsten Schritt wird das Problem zentral einem bestimmten Organ zugeordnet, also etwa dem Herzen, dem Magen, dem Darmtrakt, den Lungen oder dem Gehirn.

Sie haben gewonnen, glauben westliche Mediziner, wenn sie ein auslösendes Molekül finden können. Als ein niedriger Spiegel des Hirn-Botenstoffs Serotonin mit einer gedrückten Stimmung und anderen Symptomen einer Depression in Verbindung gebracht werden konnte, glaubte man in medizinischen Kreisen, man habe herausgefunden, was im Körper nicht stimmt und wie es wieder in Ordnung zu bringen sei. So wurden Prozac und andere Antidepressiva mit demselben Wirkstoff, der den Serotoninspiegel im Gehirn erhöht, zum stehenden Begriff. Diese Denkweise und ihren Erfolg sollte man nicht unterschätzen. Es gibt eine Fülle klinischer Beweise, dass biologische und chemische Prozesse im Gehirn Denken und Fühlen beeinflussen. Wenn bei diesen Prozessen etwas schiefgeht, erscheint es zwingend logisch, dass dies zu Abnormitäten in Denken und Empfinden führt. Mit anderen Worten: Ist das Gehirn gestört, leiden die Gefühle. Aber erfasst dieses Denken wirklich den *ganzen* Sachverhalt?

Wenn das Gehirn „gestört" ist, was hat dann die Störung ausgelöst? Dazu gibt es unterschiedliche Meinungen. Ärzte neigen dazu, sich auf das Körperliche zu konzentrieren, wohingegen Psychologen in erster Linie seelische Vorgänge in Betracht ziehen. Wir sind das Produkt unserer Erfahrungen, vermutet der Psychologe. Da die Neuronen in unserem Gehirn in der frühen Kindheit verdrahtet werden, sind die Erfahrungen und Muster im innerfamiliären Umgang miteinander in dieser Zeit ausschlaggebend dafür, dass wir der Mensch werden, der wir heute sind. Die biologischen und chemischen Prozesse in unserem Gehirn spiegeln, so die Theorie, unsere fortwährende Beziehung zu unserer Umwelt.

Depression ist, diesem Denken zufolge, das Resultat unserer lebenslang gesammelten Erfahrungen, von der Kindheit bis heute. Weil Erinnerungen im Gehirn gespeichert werden, liegt der Schlüssel zu einem Leben ohne Depressionen im Verständnis der Gedankenmuster in unserem Kopf. Daher sind – so behaupten Psychologen – Gesprächstherapie und die daraus resultierenden Veränderungen die Lösung. Mit anderen Worten, wenn es nicht an Ihrem Gehirn liegt, liegt es an Ihrer „Mutter"!

Behandelt wird das Organ der Depression, nicht ihre Ursache: Was stimmt an diesem Bild nicht?

Antidepressiv wirkende Medikamente manipulieren künstlich und von außen den Spiegel der Botenstoffe in unserem Gehirn. Auf diese künstliche Manipulation reagiert das Gehirn letztlich so, dass es seine Empfindlichkeit gegenüber diesen Stoffen senkt. Dies ist nicht ganz unähnlich einem Hörverlust aufgrund anhaltender starker Lärmbelastung. Der Betroffene, der die Medikamente einnimmt, ist dann gezwungen, sein Gehirn mit immer höheren Dosen der Substanz zu versorgen, damit diese ihren Zweck erfüllen kann. Daraus ergibt sich im Allgemeinen die Notwendigkeit zur Einnahme weiterer Medikamente, um den negativen Nebenwirkungen des Antidepressivums entgegenzuwirken. Es ist nicht ungewöhnlich, dass Menschen, die tagsüber ihre Antidepressiva-Dosis erhöhen, am Abend ein Sedativum oder eine Schlaftablette brauchen. (Wie deprimierend!)

Die drei natürlichen Botenstoffe im Gehirn, die mit unserem Wohlergehen verbunden sind – Dopamin, Noradrenalin und Serotonin – wirken im Zusammenspiel miteinander. Von Natur aus ist nicht vorgesehen, dass einer dieser Stoffe unabhängig vom anderen wirkt. Von Natur aus ist vorgesehen, dass sie synergetisch und ausgewogen zusammenarbeiten. Dies sorgt für eine anhaltende Befreiung von Symptomen. Wird ein Aspekt des Körpers gestört, so löst dies eine Reaktionskette aus, die sich durch den gesamten Körper zieht und dessen Gleichgewicht stört. Leider zielen Medikamente im Allgemeinen nur auf einen oder zwei Botenstoffe im Gehirn. Diese Teillösung kann potenziell andere Probleme hervorrufen.

Angesichts der Wahrnehmung, mit der Ärzte und Psychologen an das Problem der Depression herangehen, ist es kein Wunder, dass sie sich auf die Biochemie und die Lebenserfahrungen konzentrieren, welche die Hirnfunktionen beeinflussen. Medikamente und Gesprächstherapie sind in der westlichen Medizin die am weitesten verbreiteten Behandlungsformen. Medikamente, gleich ob synthetisch oder natürlich, manipulieren die Hirnchemie. Die Gesprächstherapie zielt im Allgemeinen darauf ab herauszufinden, was in der Psyche vor sich geht.

Medikamente: Ein Lichtblick?

Was das Thema Depression anbelangt, wollen wir uns Folgendes fragen: Was war zuerst, das chemische Ungleichgewicht oder die traurige Episode? Es ist allgemein akzeptiert, dass mit einer Depression auch ein chemisches Ungleichgewicht einhergeht. Depression ist mit einer biologischen Störung im Gehirn verbunden. Diese Störung kann durch eine genetische Veranlagung, die Lebensführung, ein tragisches Ereignis oder eine Kombination dieser drei Faktoren ausgelöst werden. Mit anderen Worten: Ein chemisches Ungleichgewicht *fällt mit dem Auftreten einer Depression zusammen.* Diese Koinzidenz (die in der Wissenschaft als *Korrelation* bezeichnet wird) ist allerdings nicht unbedingt ein Hinweis auf Kausalität. Ebenso wenig gibt es die Richtung der Beziehung von Ursache und Wirkung an. Die Frage lautet also: Verursacht das chemische Ungleichgewicht die depressive Episode oder verursacht die depressive Episode das chemische Ungleichgewicht?

Antidepressiva manipulieren den Spiegel von mindestens einem der drei Hirn-Botenstoffe. Serotonin, Noradrenalin und Dopamin sind sogenannte *Neurotransmitter.* Sie gelten als stimmungsaufhellend und sind für das Gefühl der Wachheit und das Glücksempfinden zuständig. Der westlich-medizinischen Theorie zufolge sollte die effektive Erhöhung von mindestens einer dieser Biochemikalien die Depression bei den Betroffenen auflösen.

Der Wert pharmazeutischer Interventionen bei der Behandlung von Depressionen wird heute in der Wissenschaft hinterfragt. Eine Studie, die 2008 in Großbritannien durchgeführt wurde, hat gezeigt, dass Antidepressiva nur wenig wirksamer sind als die Einnahme eines Placebos. Dies lässt sich so deuten, dass es Menschen, die Antidepressiva einnehmen, deshalb bessergeht, weil sie glauben, dass die Tabletten helfen, und weil sie erwarten, dass es ihnen daraufhin bessergeht. Dieser Placebo-Effekt stellt infrage, ob Antidepressiva tatsächlich eine eigene medizinische Wirkung haben. Darüber hinaus sind viele Forscher besorgt wegen der negativen Nebenwirkungen der Pillen. Aus den unterschiedlichsten Gründen setzen annähernd vierzig Prozent der Betroffenen die Tabletten noch innerhalb des ersten Monats der Einnahme ab. Davon abgesehen berichten einige Betroffene, die unter schweren Depressionen leiden, ihrem Empfinden nach hätten ihnen die Medikamente zunächst geholfen.

Bei fünfzig bis fünfundachtzig Prozent aller Menschen, die einmal eine depressive Episode hatten, tritt diese erneut auf. Diese schrecklich hohe Rezidivrate hat bei einigen Ärzten zu der Auffassung geführt, dass Menschen, die einmal wegen schwerer Depressionen behandelt worden sind, als Präventivmaßnahme lebenslang Antidepressiva einnehmen sollten. Dennoch erlangen manche Betroffenen ihre Lebensfreude sowie ihre körperliche und emotionale Vitalität nicht wieder. Tatsächlich wird berichtet, dass bei siebzig Prozent derjenigen, die Antidepressiva einnehmen, auch weiterhin Symptome einer Depression auftreten. Darüber hinaus kann die lebenslange Einnahme der Medikamente bedeuten, dass die Betroffenen mit den negativen Nebenwirkungen leben müssen, etwa trockener Mund, hoher Puls, Verstopfung, Schwindel, sexuelle Funktionsstörungen, Überspanntheit, Sehtrübung und Gedächtnisschwäche. Medikamente heilen also nicht immer Erkrankungen und können potenziell weitere Probleme auslösen.

Warum also weiterhin das Heil in einer Pille suchen? Im besten Falle lindern medikamentöse Interventionen die depressiven Symptome lediglich. Dies liegt daran, dass Tabletten zwar die Hirnchemie manipulieren, aber nicht den Menschen in seiner Gesamtheit behandeln: Körper, Geist und Seele. Angesprochen wird nur ein begrenzter biochemischer Aspekt der eigenen Physiologie, und dies auch nur in einem gesonderten Bereich. Werden die zugrunde liegenden Ursachen vernachlässigt, treten die Symptome tendenziell erneut auf. Dennoch muss ein Ausweg aus der Dunkelheit der Depression gesucht werden, und Antidepressiva können in manchen Fällen ein Lichtblick sein. Es gibt anekdotische Indizien dafür, dass diese pharmazeutische Technik vielen Menschen geholfen hat.

Wenn Sie sich zur Linderung der Symptome Ihrer Depression für die Einnahme von Medikamenten entschieden haben, sind Sie von der ganzheitlichen Behandlung, die dieses Buch verordnet, nicht ausgeschlossen. Beide sind kompatibel und verstärken einander in ihrer Wirkung. Sinn und Zweck dieses Buches ist es, Ihnen zu zeigen, wie Sie Ihre Selbstheilungskräfte in Gang setzen und mehr tun können, als bloß die Symptome der Depression anzusprechen. Wir möchten Ihnen eine ganzheitliche Behandlungsform der Depression vorstellen, die bis tief in das Innerste Ihrer Physiologie vordringt sowie die Symptome schnell und dauerhaft beseitigt. Wir möchten Ihnen eine vollständigere und umfassendere Sicht des Problems mit natürlichen Lösungen anbieten.

Es gibt natürliche Methoden, die Hirnchemie wieder ins Gleichgewicht zu bringen, bei denen man keine Pillen (weder synthetisch noch natürlich) einnehmen muss. Es gibt Mind-Body-Techniken, die Geist und Körper ansprechen sowie die eigene Physiologie wieder ins Gleichgewicht bringen und daher die Hirnchemie tief, gefahrlos und ganzheitlich beeinflussen. Der Körper ist die beste Apotheke, und an ihn sollen wir uns wenden, wenn wir Medikamente brauchen. So will es die Natur. Das Gehirn ausschließlich mit Medikamenten zu behandeln, ist in etwa so, als wolle man ein entzündungsbedingtes Fieber allein mit Aspirin kurieren. Das Aspirin senkt lediglich das Fieber und steigert das subjektive Wohlbefinden des Patienten. Die Ursache der Entzündung behebt es jedoch nicht.

Hirnchemie aus dem Ruder?

Eine neuere Studie, die gezeigt hat, dass Antidepressiva depressiven Menschen offensichtlich kaum helfen und bei vielen Patienten nicht besser wirken als ein Placebo, hat die öffentliche Wahrnehmung gründlich erschüttert. „Zwar geht es Menschen besser, wenn sie Antidepressiva einnehmen, aber es geht ihnen auch besser, wenn sie ein Placebo bekommen, und der Grad der Besserung unterscheidet sich nicht sehr. Dies bedeutet, dass es Depressiven ohne chemische Behandlung bessergehen kann", sagte Irvin Kirsh von der Universität Hull in England, der Verfasser der Studie.

Dr. Helen Mayberg, Professorin für Psychiatrie und Neurologie an der medizinischen Fakultät der Universität Emory, reagierte auf die Studie mit den Worten: „Diese [Depressionen] betreffen sehr kranke Menschen; in ihrem *Gehirn* stimmt etwas nicht. Hier liegt das Problem, denken wir. Selbst engagierte und wohlmeinende Psychiater sehen depressive Patienten tendenziell als Fälle einer aus dem Ruder gelaufenen Hirnchemie, statt als komplexes System, in dessen Körper, Geist und Seele etwas aus dem Ruder gelaufen ist."

Annähernd hundertachtzehn Millionen Mal pro Jahr werden in den Vereinigten Staaten Antidepressiva verschrieben. In Deutschland nehmen vier Millionen Menschen Antidepressiva. Glauben wir wirklich, dass Millionen Menschen mit einem Defekt im Gehirn herumlaufen, den eine Pille kurieren könnte? Vor noch nicht einmal einem Jahrzehnt haben Ärzte Herzerkrankungen ausschließlich mit Blick auf das Herz und nicht auf den gesamten Menschen, der die Erkrankung durchmacht, behandelt. Heute würde es keinem Kardiologen mehr einfallen, eine Pille für eine Herzerkrankung zu verabreichen, ohne über die Auswirkungen der Lebensweise auf die Gesundheit des Herzens zu sprechen. Es ist unsere Hoffnung, dass auch in Psychiatrie und Psychologie sehr bald ein Paradigmenwechsel eintritt und Depression ganzheitlich verstanden wird, statt lediglich als aus dem Ruder gelaufene Hirnchemie.

Gesprächstherapie: Worte und Wärme

Psychotherapie kann für einen Depressiven äußerst hilfreich sein. Die häufigste Empfehlung lautet, Gesprächstherapie zu machen und Tabletten einzunehmen. Doch wie effektiv ist Gesprächstherapie? In einigen Studien zeigte sich, dass Therapie die Symptome einer Depression ebenso signifikant lindert wie Medikamente. Diese Studien konzentrierten sich in erster Linie auf die kognitive Verhaltenstherapie, mit der die Beziehungen zwischen Gedanken, Gefühlen und Verhaltensweisen ins kognitive Bewusstsein gerückt werden sollen. Bewusste Wahrnehmung kann zweifellos ein wirkmächtiges Instrument für positive Veränderungen sein. Man hofft, dass sich die Betroffenen durch die Umsetzung ihrer individuellen bewussten Wahrnehmungen oder Erkenntnisse am Ende aus den immer gleichen Situationen oder alten negativen Gefühlen befreien können.

Die Veränderungen in Denken, Verhalten und Beziehungen, die durch die Gesprächstherapie hervorgerufen werden, entfalten sehr große Heilkraft. Alles hat Auswirkungen auf die Hirnchemie und unsere gesamte Physiologie. Wenn wir uns hinsetzen, ein Fotoalbum anschauen und uns aufgrund der Bilder an die Vergangenheit erinnern, wird unsere Körperchemie verändert. Wenn wir in einen Stau geraten, ändert sich unsere

Physiologie. Wenn wir durch einen familiären Konflikt oder berufliche Sorgen belastet sind, gerät unsere Innenwelt aus dem Gleichgewicht. Ähnlich sind auch vorteilhafte Veränderungen in unserer Selbstwahrnehmung, wie sie durch die Gesprächstherapie hervorgerufen werden können, ein starkes Mittel zur Veränderung unserer physiologischen Chemie. Eine effektive Psychotherapie kann die Gesundheit insgesamt fördern und auch eine geeignete Behandlungsform bei Depressionen sein. Bessere Beziehungen, weil wir uns unserer Gedanken, Handlungen und Gefühle bewusster sind, können positive Veränderungen in uns bewirken.

Allerdings ist Therapie, obwohl sie Erkenntnisse über viele Lebensprobleme bietet, an sich kein Heilmittel bei Depressionen, insbesondere nicht bei schweren Formen. Eine leichte Depression ist therapeutisch eher effektiv behandelbar. Diese Form der Depression ist normalerweise zeitlich begrenzt, und wachsende Selbsterkenntnis sowie das Erleben einer therapeutischen Beziehung können wirksam dazu beitragen, dass die Depression schneller endet.

Grundlage der Gesprächstherapie ist die Überzeugung, dass Einsicht zu Veränderungen führt. Über Probleme im Leben zu sprechen, ist wirklich gut und hilfreich. Wir glauben jedoch, dass damit das Pferd von hinten aufgezäumt wird. Wenn Veränderungen in Wahrnehmung (Einsicht) und Empfinden dauerhaft werden sollen, muss sich auch die Gesamtgesundheit der Betroffenen – also Körper, Geist und Seele – verbessern. Die Innenwelt muss sich insgesamt auf einen gesünderen Zustand hin entwickeln. Nachdem diese psychophysiologische Veränderung eingetreten ist, können Erkenntnisse, die im Kontext einer positiven Beziehung gewonnen werden, zur Förderung weiterer Veränderungen sehr hilfreich sein.

Geistige und körperliche Erschöpfung schränkt die Effektivität von Gesprächstherapie zusätzlich ein. Allzu oft fehlt es einem depressiven Menschen an geistiger, körperlicher und emotionaler Kraft, um Einsichten in die Tat umzusetzen. Es ist ohne weiteres möglich, dass man zwar über ein intellektuelles Verständnis der Verbindungen zwischen Gedanken, Gefühlen und Verhaltensweisen verfügt und dennoch nicht zu Veränderungen fähig ist. Häufig sagen die Betroffenen: „Ich weiß genau, was ich tun müsste, aber ich kann es einfach nicht" oder „ich weiß, ich sollte nicht so denken – es hilft mir nicht, aber ich kann mich einfach nicht ändern". Vielleicht haben Sie auch selbst schon etwas Ähnliches geäußert. Depressionen laugen einen aus. Dieses emotionale Leiden (dessen Leid-tragender Sie sind) wirkt sich auf jeden Aspekt Ihres Wesens aus. Die heilsamen Möglichkeiten des Gesprächs sind begrenzt, weil Worte abstrakte Bausteine sind. Sie sind nicht die praktischen Interventionen, die erforderlich sind, um aus tiefer Traurigkeit wieder aufzustehen. Gesprächstherapie vermittelt nicht die erforderliche körperliche, geistige und emotionale Kraft, mit der man Einsichten in Handeln umsetzen kann. Dafür – für das Wiederaufbauprojekt an Körper, Geist und Seele – brauchen wir praktische Techniken, die uns helfen, uns von innen heraus wiederaufzurichten. Wer ein einstürzendes Haus reparieren will, fängt beim Fundament an, nicht beim Dach. So müssen wir auch vorgehen.

Der Zustand der Depression ist allumfassend. Depression ist ein körperliches Problem, dem Tabletten nicht gewachsen sind; sie ist ein psychisches Problem, gegen das Worte nicht ankommen, und sie ist ein spirituelles Problem, das Techniken erfordert, mit deren Hilfe wir uns mit den abstrakten Qualitäten des Lebens verbinden können. Gespräche sind gut. Sie können äußerst hilfreich sein, aber sie reichen nicht an die tiefen körperlichen Wurzeln der Depression heran. Sie wirken sich auf Wahrnehmungen und Ansichten aus und helfen uns, die Beziehung zu uns selbst und anderen zu verändern. Das ist wunderbar, aber es reicht häufig nicht aus.

Glücklicherweise gibt es viele praktische Techniken, die unser ganzes Wesen positiv beeinflussen. Sie wirken in einem völlig anderen Spektrum als die Gesprächstherapie. Sobald unsere Gesamtgesundheit verbessert und unsere innere Heilquelle aktiviert ist, kann die Gesprächstherapie zunehmend hilfreicher werden. (Und dann müssen Sie hoffentlich nie wieder sagen „Ach, hätte, wäre, könnte ich nur.")

Was, wenn es eine andere Möglichkeit gäbe?

Sowohl Medikamente als auch Gesprächstherapie haben ihre Berechtigung. Dennoch besagen Studien zur Gesamteffektivität von Behandlungen, dass von allen Amerikanern, die einmal eine schwere depressive Episode haben und konventionelle Behandlungsmethoden anwenden, bei fünfzig Prozent anhaltende Symptome einer Depression zurückbleiben und bei weiteren fünfzig Prozent eine rezidivierende Episode auftritt. Siebzig Prozent der Betroffenen, die eine zweite Episode erleben, haben wahrscheinlich auch eine dritte. Darüber hinaus zeigen annähernd die Hälfte der ausschließlich mit konventionellen Mitteln behandelten Depressiven keinerlei Besserung. Fragen Sie sich warum? Wir haben uns dies gefragt, nachgeforscht und dieses Buch geschrieben.

Es gibt eine andere Möglichkeit. Überlegen wir einmal: Ihre Physiologie hat einen eingebauten Mechanismus, mit dem sie sich selbst reparieren kann. Es gibt eine innere Heilintelligenz, die die Wundheilung steuert. Diese Intelligenz spürt den Schmerz, der durch einen Schnitt in den Finger hervorgerufen wird, und setzt sofort eine Reaktionskette in Gang, um die Blutung zu stillen, Schorf zu bilden und die Hautneubildung anzuregen. Dieser Prozess verläuft elegant und mühelos und hat, vorausgesetzt er wird nicht unterbrochen, eine hundertprozentige Erfolgsquote. Er muss erfolgreich sein, denn Ihr Leben hängt davon ab. Was wäre, wenn es eine Möglichkeit gäbe, Ihre angeborene Heilintelligenz auch bei Depressionen auf den Plan zu rufen?

Depression ist ein Leiden, das Sie in vielerlei Hinsicht tief berührt: Ihr körperliches Wesen ebenso wie Ihr psychisches, emotionales, soziales und spirituelles Ich. Dies ist vielleicht der Grund, warum Ihnen alles weh tut, nichts mehr stimmt und die Probleme zuweilen unüberwindlich scheinen, wenn Sie depressiv sind. Glauben wir wirklich, dass eine einzige chemische Substanz oder vielleicht ein Komplex verschiedener Substanzen selbstständig ein Gefühl erzeugen kann? Können wir tatsächlich erwarten, dass wir unsere Probleme lösen, indem wir darüber reden? Wenn das ginge, würden wir es tun. Doch ein Problem kann nicht mit demselben Denken gelöst werden, durch das es entstanden ist.

Wir bestreiten nicht, dass an der Depression ein Ungleichgewicht in der Hirnchemie beteiligt ist. Wir wollen lediglich betonen, dass das Wechselspiel der Moleküle im Gehirn unglaublich kompliziert ist. Die Hirngesundheit wird durch wesentlich mehr beeinflusst als allein durch die Quantität der erzeugten Botenstoffe. Hormone zum Beispiel haben erhebliche Auswirkungen auf die Hirnfunktionen. Nahrungsmittel wiederum beeinflussen die Hormonproduktion, und unsere Gefühle steuern oft, wie wir uns ernähren – zum Guten oder zum Schlechten. Alle Aspekte unserer Physiologie sind miteinander verflochten. Mutter Natur ist Weberin, und sie hat sämtliche Fäden unseres Wesens zu einem einzigen Bildteppich verwoben, der durch unsere Lebensweise aufrechterhalten wird. Dies ist der springende Punkt ganzheitlichen Denkens.

Ganzheitlichkeit geht tiefer als das Auge reicht. Der Mensch ist mehr als die sterbliche Verpackung, die er bewohnt. Wir sind ein Geschöpf unseres Bewusstseins; und in einer tieferen Realität liegt unserem Wesen im Gesamten – Körper, Geist und Seele – ein energetisches Schwingungsmuster zugrunde. Aus ganzheitlicher Sicht ist Materie Energie und Energie Materie; daher existiert keine Trennung zwischen Körper (Materie) und Geist (Energie). Die Materie fließt, wohin die Aufmerksamkeit sie zieht, sagt man. Die Konsequenzen dieser Philosophie sind erheblich, bedeuten sie doch, dass wir unser Bewusstsein nutzen können, um unser Weltbild, unseren Geist und unseren Körper zu erschaffen – und um zu heilen. Wir tun dies, um ein bewusstseinsbasiertes Gesundheitsprogramm zu erstellen, das auf der Grundlage der uralten Wissenschaft des Ayurveda beruht.

Ayurveda: Den Stoff weben, aus dem Gesundheit ist

In der vedischen Zeit Indiens (vor etwa fünftausend Jahren) lebten weise Männer und Frauen, die ein Gesundheitssystem, das sogenannte *Ayurveda*, entwickelten. Zur Freude von Millionen Menschen wurde diese uralte Wissenschaft vor nicht allzu langer Zeit zu neuem Leben erweckt. Ayurveda bietet eine Anleitung, wie wir den Selbstreparatur-Mechanismus in Gang setzen können, der unserer Physiologie innewohnt. Es vermag dies zu leisten, weil es den Menschen von einer tieferen Realität aus betrachtet als die westliche Medizin. Ayurveda geht über die Untersuchung des Körpers hinaus und gelangt zu einer Untersuchung der zugrunde liegenden energetischen Muster, der Schwingungsessenz des Menschen. Seine Vorstellungen korrespondieren eng mit den Theorien der modernen Quantenphysik, die in zunehmendem Maße die energetische Natur von Körper, Geist und Seele des Menschen entschlüsseln.

Ayurveda gilt bei vielen als die erste ganzheitliche Gesundheitswissenschaft, und wir halten es für die höchste Form der Mind-Body-Medizin. Die Lösungen für Depressionen, die wir in diesem Buch anbieten, basieren auf dieser uralten Wissenschaft des Heilens. Egal, wo Sie auf dem Kontinuum psychischer und körperlicher Gesundheit stehen, der ayurvedische Weg wird Ihnen helfen. Ayurvedische Interventionen verbessern Ihr Wohlbefinden, ob Sie nun gegen eine schwere depressive Episode ankämpfen, den Trübsinn wegblasen wollen oder einfach etwas Unterstützung im Umgang mit Alltagsproblemen benötigen.

Wenn Sie im Moment Medikamente einnehmen und diese auch weiterhin nehmen möchten, dann wird Ihnen dieses ganzheitliche Programm helfen, zu strahlender Gesundheit zu gelangen. Andererseits kann es Sie auch darin unterstützen, von den Medikamenten wegzukommen, wenn Sie es mit Bedacht und in Absprache mit Ihrem Arzt anwenden. Ebenso kann Ayurveda Menschen helfen, die noch nie eine Depression hatten, aber genetische Veranlagungen im Zaum halten möchten, indem sie für einen optimalen Gesundheitszustand sorgen. Grundsätzlich kann dieses Wissen jedem helfen, der Depressionen in seinem Leben mit Stumpf und Stiel ausrotten möchte.

Uralte Wissenschaft, moderne Weisheit

Ayurveda ist das älteste naturmedizinische System der Welt. Modeerscheinungen kommen und gehen, doch Ayurveda hatte fünftausend Jahre Zeit, seine Macken zu bereinigen, Wirkungsloses zu verwerfen und Wirksames zu verfeinern. Es stammt aus der vedischen Kultur Indiens und ist damit der chinesischen Medizin mehrere hundert Jahre voraus.

Runzeln Sie jetzt die Stirn und fragen Sie sich, warum Sie noch nie davon gehört haben? Vielleicht haben Sie dies ja doch.

Ayurveda ist der Baum der Erkenntnis, an dem viele bekannte therapeutische Interventionen gewachsen sind: Zum Beispiel Aromatherapie, Klangtherapie, Energiemedizin, Kräuterheilkunde, Massagetherapie, Polarity, Chakra-Therapie und Yoga-Stellungen. Als vollständiges Gesundheitssystem wurde Ayurveda in der westlichen Welt allerdings erst in jüngerer Zeit bekannt. Wir und viele andere, die seine Vorteile erfahren haben, glauben, dass es von Dauer sein wird.

Ayurveda ist so langlebig, weil es uns selbst zu einem langen Leben verhilft. *Ayur* und *veda* sind zwei Worte aus dem Sanskrit, die „Wissen vom Leben" bedeuten. Dies erklärt, warum es im Ayurveda vor allem darum geht, uns zu vermitteln, wie wir vor Leben sprühen können, indem wir auf Schritt und Tritt für gute Gesundheit sorgen. Tatsächlich definiert Ayurveda Gesundheit als Zustand völligen körperlichen, psychischen, emotionalen, sozialen und spirituellen Wohlbefindens. Gesundheit ist nicht bloß die Abwesenheit von Krankheit und Gebrechen. Ayurveda, diese uralte Wissenschaft, ist der Inbegriff eines ganzheitlichen Ansatzes zu einem Leben mit Pfiff. Stellen Sie sich Ayurveda als die Sprecherin von Mutter Natur vor, die uns anleitet, wie wir einzelne Fäden (unser tägliches Handeln) zu einem strahlenden Bildteppich (unserer Physiologie) verweben können.

Ayurveda ist allerdings mehr als ein Handbuch zur Lebensführung. Es geht darum, den unglaublichen „inneren Arzt" zu erwecken und unser Heilungspotenzial zu verwirklichen. Wie wir noch erklären werden, kann der innere Arzt als die natürliche Intelligenz verstanden werden, die uns allen innewohnt. Diese natürliche Intelligenz kann eine Schnittwunde am Finger heilen, unsere Hirnchemie ins Lot bringen und sogar ein gebrochenes Herz heilen. Zu erklären, wie diese natürliche Intelligenz wirkt und wie man sie in Gang setzt, dies ist die Aufgabe von Ayurveda.

Warum erscheint dann die Auflösung von Depressionen so schwierig? Selbst wenn man eine Landkarte hat, liegt die Schwierigkeit doch oft darin, sie zu befolgen, sich korrekt zu orientieren, die Zeichen zu deuten, auf Kurs zu bleiben und an Kreuzungen die richtigen Entscheidungen zu treffen. Doch selbst für diese Herausforderungen schlägt Ayurveda eine

Lösung vor – den Horizont erweitern. Dies ist der alles entscheidende Schritt, die Lösung für den Erhalt des persönlichen Glücks und ein Leben mit Pfiff. Bevor Sie dieses Buch im Weiteren verwerfen, weil es Aussagen trifft, die übermäßig vereinfachend, unrealistisch und nicht überzeugend wirken, wollen wir Ihnen einen kurzen Einblick in das Glaubenssystem schenken, das dem ayurvedischen Weltbild zugrunde liegt.

Ayurveda ist uralt und doch ultramodern. Uralt ist es, wenn es nach der chronologischen Zeit gemessen wird; doch die Weisheitsjuwelen, die es enthält, sind zeitlos. Das ayurvedische Rahmenwerk wird von den Weisen in einer metaphorischen und poetischen Sprache beschrieben, nicht in einer modernen Terminologie. Ayurveda ist ultramodern, seiner Zeit voraus, weil seine grundlegenden Ideen heute von Spitzenforschern aus der modernen Wissenschaft und Technik erforscht und erläutert werden, unter anderem von Quantenphysikern und Molekularbiologen. Wir erwarten, dass Ayurveda in Zukunft, sobald die moderne Weisheit mit dieser uralten Wissenschaft Schritt halten kann, zum stehenden Begriff wird. Wenn Sie mehr über Ayurveda lesen, werden Sie oft merken, dass wir Ihnen etwas sagen, was Sie bereits ahnen, aus eigener Erfahrung bestätigen können und intuitiv als richtig erkennen. Das Schöne an diesem Gesundheitssystem ist: Es funktioniert!

Häufig muss das Hirn gefüttert werden, bevor das Denken sich öffnen kann. Deshalb haben wir vor, im gesamten Buch immer wieder Parallelen zwischen antiken Auffassungen und dem modernen wissenschaftlichen Wissen zu ziehen. Gleich zu Beginn wollen wir unterstreichen, dass Ayurveda ein vollständiges Gesundheitssystem darstellt. Seine Wurzeln reichen zwar bis in die uralte vedische Kultur Indiens zurück, doch seine Prinzipien sind universell anwendbar.

Das Leben mit den Augen der vedischen Weisen betrachtet

Die Weisen aus uralter Zeit und die Wissenschaftler der Moderne haben eine grundlegende Gemeinsamkeit: Beide streben danach, das Wesen der Welt und ihr Innenleben zu verstehen. Ihr Vorgehen bestimmt dabei die Kategorie, unter der sie einzuordnen sind: Weiser oder Wissenschaftler. Eine Erörterung, auf welche Weise beide Gruppen (sowie alle, die in der akademischen Welt zwischen ihnen stehen), zu Erkenntnissen gelangen, übersteigt den Rahmen dieses Buches. So soll es genügen, wenn wir sagen, dass dieses Thema durch die Flure der Universitäten schwirrt und zu vielbändigen akademischen Schriften anregt.

Soweit wir wissen, saßen die vedischen Weisen nicht auf sterilen Laborbänken, verwendeten Skalpelle oder experimentierten an Lebewesen. Sie verwendeten keine Mikroskope, setzten keine molekularbiologischen Techniken ein und hatten auch keine mechanischen Computer, um komplexe mathematische Gleichungen zu lösen. Was sie aber hatten, war die Erde um sie herum; sie war ihr Labor. Sie stellten Verbindungen her unter Verweis auf nichts anderes als das Leben, wie sie es sahen. Der Überlieferung nach wurde ihnen das Wesen der Welt in tiefer Meditation offenbart. (Auch Einstein hat meditiert, wissen Sie, und Sie können das auch.) Im Wesentlichen haben die vedischen Weisen Folgendes erkannt:

Wie der Makrokosmos, so der Mikrokosmos.
Wie das Atom, so das Universum.
Wie der menschliche Körper, so der kosmische Körper.
Wie der menschliche Geist, so der kosmische Geist.

Dieser Vers besagt, dass Lebewesen ein Mikrokosmos des Universums sind. Die vedischen Weisen haben verstanden, dass wir aus denselben Elementen bestehen wie der Kosmos und von denselben Kräften beeinflusst werden. Das Feuer, das tief im Bauch unserer Erde brennt, ist dieselbe Energie, die auch die Verdauung in unserem Magen und Darm antreibt. Aus demselben Element, aus dem die Erde besteht, auf der wir gehen, ist auch unser physischer Körper beschaffen. Der weite Raum, der uns umgibt, ist für das Universum so wichtig wie für die Vorgänge in unserem Gehirn. Die mineralische Zusammensetzung des Meerwassers ähnelt der Flüssigkeit in unseren Zellen. Die eleganten Vorgänge im Universum spiegeln sich in unseren Zellen.

Wenn die Menschen faktisch eine Widerspiegelung des Universums sind, dann sind sie auch allen Gesetzen unterworfen, die das Universum lenken. Dieselbe natürliche Intelligenz, die die Rhythmen der Jahreszeiten steuert, reguliert auch das Innenleben unserer Physiologie: Unser

Verdauungssystem, unseren Kreislauf, unsere Atmung, unsere Fortpflanzung, unser Hormon- und unser Nervensystem. Dieselbe Kraft, die einen Samen dazu gebracht hat, zu einer Eiche heranzuwachsen, hat eine einzelne Zelle dazu gebracht, zu dem Wunder heranzuwachsen, das Sie sind.

Doch bevor wir jetzt zu überschwänglich werden, wollen wir erklären, was die Idee von der natürlichen Intelligenz und der Lebensenergie mit der Aufgabe zu tun hat, unseren Alltag zu meistern. Unsere Physiologie ist eine Manifestation der natürlichen Welt. Die Lebensenergie ist blockiert, wenn unsere Verbindung zu dem Energiefeld, das der natürlichen Welt zugrunde liegt, gekappt wird. Krankheit entsteht, wenn der Fluss der natürlichen Intelligenz durch unseren Geist, unseren Körper und unsere Seele behindert wird.

Tag für Tag, mit jeder Handlung, die wir ausführen, und mit jeder Entscheidung, die wir treffen, lenken wir den Fluss dieser Lebensenergie. Unsere Entscheidung, im Einklang mit den Naturgesetzen oder ihnen zuwider zu leben, hat Konsequenzen. Sie bestimmt über die Gesundheit unserer Physiologie sowie über unser mentales und emotionales Wohlbefinden. Ziel von Ayurveda ist es, uns diese Gesetze zu lehren und daher den Fluss der Verbindung zur natürlichen Intelligenz wiederherzustellen.

Ayurveda beschäftigt sich mit dem Menschen, der die Symptome erlebt, statt mit den Symptomen als solchen. Statt des pauschalen westlichen Ansatzes, das Gehirn zu behandeln, bietet Ayurveda einen umfassenden Plan, der bei der Einzigartigkeit des individuellen Menschen ansetzt, von der geistigen Ebene ausgeht und mit dem Bewusstsein beginnt.

Statt sich auf die Behandlung eines Symptoms zu konzentrieren, spricht Ayurveda die zugrunde liegende Ursache an, die den Boden bereitet hat, damit eine Erkrankung sich entfalten kann. Deshalb haben wir mit einer Einführung in diese Wissenschaft vom Leben begonnen, die uns Erkenntnisse darüber bietet, wie man sein Leben führt, statt bloß zu beschreiben, wie man ein Symptom loswird. Aus diesem Grund glauben wir auch, dass Ayurveda uns lehren kann, glücklich zu sein.

Das nächste Kapitel bespricht die ayurvedische Sicht der Depression. Der Vorteil dieser Anschauung ist, dass sie das Tor zu Behandlung *und*

Vorbeugung von Depressionen öffnet. Nur eine multidimensionale Analyse des Problems kann für diese Erkrankung eine ganzheitliche Lösung erbringen. Packen wir das Problem an der Wurzel. Die Lösung für die Depression liegt in den Gedanken der vedischen Weisen.

Depression: langsames Einsickern im Keller oder dramatischer Tornado?

Bevor wir fortfahren, möchten wir Sie bitten zu überlegen, wie sich Ihr momentanes Leiden entwickelt hat, und zwar im Hinblick auf die vielen verschiedenen Aspekte Ihres Seins:

- Mit welcher Analogie würden Sie beschreiben, auf welch einzigartige Weise die Depression sich bei Ihnen zeigt? Überlegen Sie, wie Sie Ihre Depression erleben. Wie würden Sie sie schildern? Würden Sie sagen, sie sei langsam eingesickert, wie durch eine undichte Stelle im Keller eines Hauses? War sie erst dann gut zu erkennen, als sie bereits Schaden angerichtet hatte? Oder ist die Depression über Sie hereingebrochen wie ein dramatischer Tornado? Können Sie Ihren depressiven Schub auf ein bestimmtes auslösendes Ereignis zurückführen?

- Depression nimmt einen Verlauf – sie entwickelt und verändert sich. Was waren bei Ihnen die ersten verräterischen Anzeichen einer Depression? Haben sich die Symptome mit der Zeit verändert? Können Sie Gewohnheiten in Ihrem Lebensstil oder Ereignisse mit einer Verbesserung oder Verschlechterung Ihrer Symptome in Verbindung bringen?

- Depression entsteht nach und nach. Wie haben sich Ihre depressiven Symptome auf Ihr körperliches Ich (Ihre allgemeine Gesundheit sowie Ihre körperliche Stabilität und Kraft), Ihr mentales Ich (Ihr Denken und Ihre Wahrnehmung), Ihr emotionales Ich (Ihre Gefühle), Ihr soziales Ich (die Art, wie Sie mit anderen in Beziehung treten) und Ihr spirituelles Ich (Ihre Fähigkeit, achtsam zu bleiben für die abstrakten Aspekte des Lebens) ausgewirkt?

- Depression wird nach und nach rückgängig gemacht. Beschreiben Sie Interventionen, die erfolgreich zum Rückgang Ihrer Depression beigetragen haben. Achten Sie bei der Beschreibung darauf, welchen Seinsaspekt Sie dabei ansprechen. Mit anderen Worten: Wie konnten Sie Körper, Geist und Seele unterstützen, um wieder körperliches, mentales, emotionales und spirituelles Wohlbefinden herzustellen? Seien Sie ganz konkret.

- Denken Sie an eine Zeit in Ihrem Leben, als Sie keine Depression hatten. Ja, denken Sie an die beste Zeit in Ihrem Leben. Wie würden Sie Ihr physisches, mentales, emotionales und spirituelles Ich von damals beschreiben? Bitte machen Sie sich klar, dass dies eine Beschreibung Ihres wahren Wesens ist.

ZWEI
Warum Depression eintritt

Erleuchtung, Frieden und Freude werden uns nicht von jemand anderem gewährt. Die Quelle ist in uns.
Thich Nhat Hanh

Ayurveda zufolge steht es uns von Geburt an zu, glücklich zu sein. Insgeheim sehen die meisten Menschen dies genauso. Wir wissen intuitiv, dass wir zu mehr Positivität fähig sind, als wir häufig erleben. Wir spüren, dass es in uns eine Schatzkammer des Glücks und der Lebensfreude gibt, aber es fällt uns schwer, den Zugang dazu zu finden. Wir gehen durchs Leben, ständig – doch oft vergeblich – auf der Suche nach dem Schlüssel, der diese Schatzkammer aufschließt.

Was ist mit unserem Glück geschehen? Eigentlich haben wir den Zugang zu unserem Geburtsrecht gar nicht verloren, wir glauben nur, wir hätten den Schlüssel verlegt. In Wirklichkeit aber haben wir vergessen, dass und inwiefern jede Entscheidung, die wir treffen, jeder Schritt auf unseren Weg Auswirkungen auf unser Glück hat.

Die Sonnenblume kann gar nicht anders, als den Kopf der Sonne zuzuwenden. So überlebt und gedeiht sie. Wir hingegen verfügen über einen Intellekt, der uns Entscheidungsmöglichkeiten gibt. Im Gegensatz zur Sonnenblume vergessen wir oft, dass wir inhärenter Bestandteil der natürlichen Welt und ihren Gesetzen unterworfen sind. Bei vielen alltäglichen Entscheidungen über Ernährung, Schlaf, Bewegung und den Umgang mit unserer Zeit machen wir Fehler. Oft geschieht dies unabsichtlich; dennoch wirken unsere Fehler sich schädlich auf den Körper aus. So blockieren wir unsere Fähigkeit, Glück zu empfinden, und erzeugen Depressionen. Die gute Nachricht ist, dass wir die Auswirkungen unseres Handelns auch wieder rückgängig machen können. Indem wir die ganzheitliche Natur von Körper, Geist und Seele akzeptieren, finden wir den Schlüssel, öffnen die Schatzkammer und verwirklichen unser Geburtsrecht.

Das Neue am ayurvedischen Ansatz

Ayurveda kommt dahin, wo Therapie nicht hinreicht, und es bietet, was Medikamente nicht geben können. Es sagt uns, wodurch wir Depressionen hervorrufen und wie wir sie wieder rückgängig machen können. Ayurveda hat in seiner Werkzeugkiste viele praktische Techniken, mit denen wir unsere Lebensfreude zurückerlangen können. Es kann jedem helfen, egal wo er auf dem Kontinuum der Depression feststeckt. Wenn Sie unter einer depressiven Verstimmung leiden, die Tyrannei wiederholter depressiver Schübe durchgemacht haben oder einfach Ihr emotionales Wohlbefinden aufrechterhalten möchten – immer werden Sie ayurvedische Behandlungsformen finden, die zu Ihren individuellen Bedürfnissen passen.

Die ayurvedische Theorie der Physiologie stimmt eher mit Theorien überein, die moderne Physiker vertreten, als mit klassischen medizinischen Auffassungen. Sowohl die vedischen Weisen als auch heutige Quantenphysiker betrachten die menschliche Physiologie als ein Schwingungsmuster, das in einem Meer aus Bewusstsein (Intelligenz) existiert. Obwohl Jahrtausende zwischen ihnen liegen, beschreiben Weise und Physiker die Realität des Menschen im Universum mit ähnlichen Worten.

Das Verständnis des ayurvedischen Weltbilds verändert das Verständnis unserer Physiologie. Erstens halten die vedischen Weisen uns an, nicht zu denken, wir seien fest gefügte, unveränderliche Wesen. Ihnen zufolge befinden wir uns in ständigem Fluss und leben in einem Bewusstseinsmeer. Zweitens lehren sie uns, dass unsere Physiologie eine Erweiterung der Umwelt ist. Dies bedeutet, dass wir alles, was in diesem Bewusstseinsmeer existiert, beeinflussen und davon beeinflusst werden. Drittens behaupten die Weisen, dass unsere Physiologie ein Schwingungsmuster ist, das von der natürlichen Intelligenz geordnet wird.

Um unsere Physiologie verstehen zu können, müssen wir begreifen, wie die Natur arbeitet. Die Natur ordnet alles. Sie ist in Schichten aufgebaut, und was wir mit unseren Augen sehen, ist nur die manifeste Schicht.

Die verschiedenen Schichten der Natur entfalten sich in einer logischen Sequenz. Wenn wir uns durch die verschiedenen Schichten der Natur bewegen – wenn wir vom Sichtbaren zum Unsichtbaren gehen – offenbart sich uns Energie, die in unterschiedlichen Mustern strukturiert ist. Auf diese Weise entdecken wir, dass die Essenz unserer Physiologie Energie ist. Dies bestreitet jedoch nicht, dass wir in der manifesten Schicht solide Wesen sind. (Natürlich sehen Sie solide aus, fühlen sich solide an und sind solide.) Auf einer grundsätzlicheren Ebene jedoch sind Sie – Ihr vollständiges Ich – ein einziges nahtloses energetisches System, und jeder Aspekt Ihres Wesens hat Auswirkungen auf das Ganze. Wenn wir lernen, die zugrunde liegenden Schichten unserer Physiologie anzusprechen, können wir Gesundheit und Wohlbefinden sehr wirksam fördern.

Wodurch wird Depression hervorgerufen?

Depression nimmt einen Verlauf. Sie kann wie durch ein langsames Leck in Körper und Geist eines Menschen einsickern, wie Wasser in den Keller eines Hauses, oder sie kann wie ein Sturmwind plötzlich und mit dramatischer Gewalt über einen hereinbrechen. Depression wird durch Gene, Lebenssituationen und den allgemeinen Gesundheitszustand beeinflusst. Wir sollten die Auswirkungen der Spuren des Alltags auf unsere körperliche, geistige und emotionale Gesundheit nicht unterschätzen. Doch wo die Depression auch herkommen mag, Ayurveda schenkt uns Hoffnung, weil es Strategien bietet, mit denen wir sie uns vom Leibe halten können.

Die vedischen Weisen wollen nicht über Ihr Gehirn (oder Ihre Mutter!) sprechen. Für sie geht es nur um das Fließen der Lebensenergie in Ihrer

Physiologie. Ist die Lebensenergie erschöpft oder wird sie blockiert, treten physiologische Probleme auf, darunter auch Depressionen. Dies ist deshalb so, weil Energie alle Funktionen unterstützt. Im Grunde sind wir energetische Wesen.

Wenn Blockaden in unserer Physiologie den reibungslosen Energiefluss behindern, werden wir krank. Falls wir anfällig sind für Depressionen, schlägt die Krankheit in dieser Form zu. Lebensenergie ist die Kraft hinter unserem Denken; sie versieht uns mit der Fähigkeit, Freude zu bereiten und zu empfinden. Sie ist außerdem der Motor, der gute körperliche Gesundheit erzeugt. Unsere Stimmung, unsere Gedanken und unser allgemeiner Gesundheitszustand spiegeln die Übertragung von Lebensenergie aus der Natur auf unsere Physiologie.

Im Grunde erzeugt Depression, was unsere verfügbare Lebensenergie auslaugt oder blockiert. Übeltäter gibt es viele, aber chronischer Stress steht ganz oben auf der Liste. Als Nächstes folgen physiologische Alterungsprozesse (was nicht unbedingt dasselbe sein muss wie chronologische Alterungsprozesse). Mit zunehmenden Alter wird es immer schwieriger, die negativen Folgen von Stress von sich fernzuhalten; wir bauen leichter Hindernisse für den freien Fluss unseres Energienetzwerks auf. Wird das, was sich dabei anstaut, nicht regelmäßig und wirksam behandelt, drückt es am Ende auf die Stimmung.

Zum Verständnis, wie unsere Lebensenergie blockiert wird, gehört ein Grundprinzip: Als Energieumwandler nutzen wir unsere fünf Sinne, mit denen wir die Welt um uns herum erfassen. Tatsächlich verdaut der Mensch alles, was über die Sinne auf ihn einströmt. Du bist, was du isst; das gilt wortwörtlich. Hier wollen wir jedoch das Wort *essen* als den Prozess des Aufnehmens und Verdauens von allem definieren, was wir über Körper, Geist und Seele konsumieren.

Ist unsere körperliche, geistige oder emotionale Verdauungskraft nicht mehr optimal, werden wir von Unverdautem erdrückt, was in irgendeinem Aspekt unseres Seins zu einer Störung führt. Dieser Zustand drückt uns nieder – wir werden depressiv.

Ein weiterer ayurvedischer Grundsatz lautet, dass der Mensch, genau wie Tiere, Pflanzen und Mineralien, integraler Bestandteil der natürlichen Welt ist. Unsere Physiologie hat genetisch programmierte Biorhythmen, die eng auf die Rhythmen der Natur abgestimmt sind. Der Lauf unserer Evolution hat uns nicht davon weggeführt, dass wir dem Diktat von Mutter Natur zu gehorchen haben. Im Unterschied zu anderen Geschöpfen in der natürlichen Welt verfügen wir jedoch über die Fähigkeit, uns bewusst oder unbewusst Gewohnheiten zuzulegen, durch die wir physiologisch aus dem Gleichgewicht geraten. Denken Sie einmal darüber nach: Kein empfindendes Wesen in freier Natur arbeitet achtzehn Stunden am Tag, und Kühe essen um Mitternacht keine Pizza. Angewohnheiten, die gegen die Naturgesetze verstoßen, bringen Körper, Geist und Seele durcheinander und zeigen sich schließlich als Depression oder in Form anderer Erkrankungen.

Wir rufen Depressionen hervor, wenn wir unsere Lebensenergie auslaugen; wenn wir in unserem nahtlosen Energiesystem Schlacken anhäufen und ihm dadurch den Zugang zum freien Fluss unserer Lebensenergie blockieren; und wenn wir unsere Physiologie ins Ungleichgewicht bringen.

Wie wird Depression rückgängig gemacht?

Um Depressionen rückgängig zu machen, müssen wir ihr Gegenteil erzeugen: Vitalität. Glück ist das Nebenprodukt einer gesunden Physiologie, die randvoll ist mit Vitalität. Der höchste Quell der Vitalität ist die natürliche Intelligenz, die dem Universum zugrunde liegt. Vitalität erzeugen wir, indem wir den freien Fluss der natürlichen Intelligenz fördern.

Auf unserem Lebensweg entwickeln wir im Laufe der Zeit oft sehr eingefahrene Vorstellungen davon, wer wir sind, und vermögen dann nicht mehr, der zu werden, der wir sein könnten. Es gehört zur menschlichen Natur, dass wir ohne Intervention immer wieder zu denselben Lösungen und Gewohnheiten zurückkehren. Durch die Wiederholung der immer gleichen Muster in unserem Denken, Fühlen und Handeln erzeugen wir tiefe Rillen in unserem Nervensystem. Jeder Gedanke, jedes Gefühl und jede Handlung löst die Ausschüttung von Neurotransmittern aus, die wiederum unsere Physiologie strukturieren. Sind diese strukturellen Muster erst einmal fest etabliert, werden wir zur Wiederholung verleitet. Manche Wissenschaftler gehen daher sogar so weit zu sagen, dass wir nach unseren Denk-, Fühl- und Verhaltensmustern „süchtig" werden.

Um Depression heilen und wieder glücklich werden zu können, müssen wir unsere neuralen und biochemischen Muster verändern. Sowie diese psychophysiologische Veränderung eintritt, wird unser Repertoire an emotionalen, mentalen und Verhaltens-Reaktionen erweitert. Diese Erweiterung richtet jeden Aspekt unseres Seins auf Vitalität aus. Zur Veränderung unserer neuralen und biochemischen Muster brauchen wir laut Ayurveda allerdings etwas wesentlich Tieferes als über Probleme nachzudenken oder zu sprechen oder Tabletten einzunehmen.

Um Depressionen entgegenzuwirken, nutzt Ayurveda Strategien, die Körper, Geist und Seele mit Vitalität erfüllen und daher grundsätzlich depressionsauflösend wirken. Diese Strategien erzeugen eine dynamische Lebenskraft, lösen Blockaden auf und korrigieren Unausgewogenheiten. Weil sie sehr praktisch sind, sind sie leicht zu verstehen und umzusetzen.

Als Vermittler von Vitalität haben die ayurvedischen Strategien wichtige Faktoren gemeinsam. Erstens helfen sie uns, mit den Rhythmen der Natur in Einklang zu kommen. Falls energetische Blockaden vorhanden sind, aktivieren sie außerdem die Physiologie, so dass es zu einer Reinigung kommt. Damit helfen sie Geist und Körper, Klarheit zu erlangen. Darüber hinaus unterstützen sie uns bei der Optimierung unserer Verdauungsfähigkeit, so dass wir Gedanken, Gefühle und Nahrung effizient in verwertbare Energie umsetzen können. Diese Interventionen wirken auf der Ebene des Bewusstseins – der Grundlage unseres Seins – und entwirren daher die Wurzeln der Depression.

Die folgende Liste von Antidepressions-Strategien soll Ihr angeborenes Selbstheilungspotenzial freisetzen und die Möglichkeit schaffen, dass natürliche Heilung eintreten kann:

1. **Erkennen Sie, dass Bewusstsein Körper, Geist und Seele zugrunde liegt.** In Kapitel Drei besprechen wir, dass Bewusstsein – die Intelligenz, die die Natur leitet – die Grundlage von allem im Universum ist. Wir erklären, dass der menschliche Körper nicht bloß ein Stück Materie ist, sondern vielmehr ein Schwingungs-

muster, das aus einem zugrunde liegenden Energiefeld hervorgeht. Diese Auffassung kann der Auslöser für einen Paradigmenwechsel sein, der das Potenzial hat, die Medizin zu revolutionieren und die Art und Weise, wie wir Depression heute behandeln, radikal zu verändern.

2. **Lernen Sie, Ihre individuelle Manifestation der Depression zu erkennen.** Die ayurvedische Sicht der Depression erlaubt eine verfeinerte Einschätzung der Symptome. Sie setzt bestimmte Symptome in Bezug zu einem elementaren Ungleichgewicht in den verschiedenen Facetten des Seins. Je nach ihrer individuellen physiologischen Störung zeigen die Betroffenen einen der drei Archetypen der Depression: Luftige Depression, Brennende Depression oder Erdige Depression.

In Kapitel Vier stellen wir den Fall einer Luftigen Depression vor, die durch Angst gekennzeichnet ist. In Kapitel Fünf zeigen wir den Fall einer Brennenden Depression, die häufig durch eine Mauer aus Frustration, Wut und Reizbarkeit geprägt ist. In Kapitel Sechs schildern wir dann einen Fall von Erdiger Depression, die sich durch körperliche Trägheit und emotionale Lethargie auszeichnet.

3. **Optimieren Sie die Verdauung von Nahrungsmitteln und Erfahrungen durch Körper, Geist und Seele.** In den Kapiteln Sieben und Acht zeigen wir, dass Depression die Gesamtheit von Körper, Geist und Seele betrifft – nicht bloß das Gehirn. Depression kann von einer ineffizienten Verdauung von Nahrung durch den Körper und Lebenserfahrungen durch den Geist herrühren. In beiden Fällen können wir den freien Energiefluss blockieren und den Ausdruck von Glück dämpfen. Wenn unsere psychophysiologischen Funktionen effizient arbeiten sollen, muss unser Verdauungsfeuer auf allen Seinsebenen optimiert werden.

4. **Nähren Sie die Physiologie mit kraftvoller Ruhe.** Ruhe und Schlaf sind für die Auflösung von Depressionen so wichtig, dass wir diesen Themen zwei Kapitel gewidmet haben. In Kapitel Neun

besprechen wir, inwiefern regelmäßige Meditation der Physiologie tiefe Ruhe und dem Nervensystem Reinigung schenkt. In Kapitel Dreizehn zeigen wir, warum Schlafentzug Geist und Körper stressanfällig macht. Dieser Stress führt unweigerlich zu Blockaden in unserem energetischen Netzwerk oder zu Ungleichgewichten in unserer Physiologie. Erschöpfung erzeugt Depression: Tiefe Ruhe ist heilsam.

5. **Nutzen Sie maßgeschneiderte Bewegungsprogramme, Yoga-Stellungen und Atemtechniken, um Depression rückgängig zu machen.** Um Depressionen rückgängig machen zu können, müssen wir uns von der Idee verabschieden, dass eine Maßnahme pauschal für alle gelten kann. In den Kapiteln Zehn, Elf und Zwölf beleuchten wir, wie man Depression mithilfe von Atemtechniken, Bewegung und Yoga-Stellungen rückgängig machen kann. Wir leiten Sie an, ein Programm für sich zu entwickeln, welches Ihre individuelle Ausdrucksform der Depression anspricht. Als Vermittler von Vitalität dienen Atemtechniken, Bewegung und Yoga-Stellungen zur Belebung der Physiologie. Sie fördern die Erzeugung und den freien Fluss unserer Lebenskraft. Das Motto, das sich durch diese Kapitel zieht, lautet: Jedem Tierchen sein Pläsierchen. Wählen Sie die Heilungsstrategien, die zu Ihnen passen.

6. **Nutzen Sie Nahrungsmittel als Medizin.** Ayurveda regt uns an, Nahrungsmittel als Informationspakete zu betrachten, die uns die natürliche Intelligenz der Natur vermitteln. In Kapitel Vierzehn sprechen wir darüber, dass die Lösung für Depressionen in dem Happen an der Spitze Ihrer Gabel zu finden sein könnte. Ebenso wichtig ist unserer Überzeugung nach, dass nicht *was* wir essen, sondern *wie* wir essen Körper, Geist und Seele zum Strahlen bringt.

7. **Nutzen Sie Meditation als Medizin.** In Kapitel Neun führen wir aus, dass regelmäßiges Meditieren Stress abbaut, die körperliche, geistige, emotionale und spirituelle Energie steigert sowie das Be-

wusstsein erweitert. Wir zitieren wissenschaftliche Forschungen, die wiederholt und bestätigt worden sind und die Wirksamkeit von Meditation als antidepressive Strategie nachweisen.

Von den zahllosen Strategien, die zur Verfügung stehen, ist Meditation die wichtigste Vermittlerin von Vitalität. Meditation setzt alle Ihre Selbstheilungsmechanismen in Gang. Sie schenkt die tiefe Ruhe, die erforderlich ist, damit natürliche Heilung eintreten kann. Auf einer tiefen und doch subtilen Ebene reinigt sie Körper, Geist und Seele. Sie fördert unsere Verdauungsfähigkeit, indem sie unseren Stoffwechselofen entfacht. Am wichtigsten aber: Sie eröffnet uns den Zugang zu Glück und Vitalität – unserem Geburtsrecht.

Antidepressions-Strategien

Vollziehen Sie einen Paradigmenwechsel und verändern Sie Ihr Denken über die Grundlagen Ihres Seins. Hier kommen die sieben Strategien noch einmal in etwas knapperer Form. Welche würden Ihnen Ihrer Meinung nach am besten helfen?

1. Sich der Erkenntnis öffnen, dass der menschliche Körper kein Stück Materie, sondern vielmehr ein Schwingungsmuster ist, das aus einem zugrunde liegenden Energiefeld hervorgeht.
2. Ihre individuelle Manifestationsform der Depression im Hinblick auf Ihr energetisches Ich erkennen.
3. Die Verdauung von Nahrung und Erfahrungen durch Körper und Geist optimieren.
4. Die Physiologie durch kraftvolle Ruhe stärken.
5. Den freien Fluss der natürlichen Intelligenz in Ihrem Körper durch ein maßgeschneidertes Bewegungsprogramm, Yoga-Haltungen und Atemtechniken fördern.
6. Nahrungsmittel als Heilmittel nutzen.
7. Meditation als Medizin nutzen.

Den inneren Arzt wecken

Denken Sie an Ihren letzten Infekt – eine Erkältung zum Beispiel oder einen Magen-Darm-Virus. Woran haben Sie gemerkt, dass Sie krank werden? Was waren die ersten Anzeichen? Was haben Sie dagegen unternommen? Was hat Ihnen am besten geholfen? Was können Sie aus dieser Erfahrung über die Fähigkeit Ihres Körpers lernen, körperliche Gesundheit und Wohlbefinden wiederherzustellen? Sind Sie sich der heilsamen Körperintelligenz bewusst, die die Wundheilung steuert? Wo möchten Sie mit dem Prozess beginnen, Ihren inneren Arzt zu wecken?

DREI
Die vielen Gesichter der Depression

Je näher der Mensch der Selbsterkenntnis kommt, desto geringer wird die Wahrscheinlichkeit, dass er über seine eigenen Illusionen stolpert.
Arthur Miller

Die meisten Bücher über Depressionen führen eine lange Liste von Symptomen auf, damit die Leserinnen und Leser beurteilen können, ob sie tatsächlich an dieser Erkrankung leiden. Vielleicht haben Sie so eine Bestandsaufnahme gemacht und sich dabei gefragt, was Sie mit den Symptomen anfangen sollen, die nicht zu Ihrem Erleben der Depression passen. Bei näherem Nachdenken ist Ihnen vielleicht aufgefallen, dass einige Symptome widersprüchlich erscheinen. Zum Beispiel schlafen Sie, wenn Sie depressiv sind, entweder übermäßig viel oder Sie können überhaupt nicht schlafen; Sie essen oder essen nicht, Sie sind verängstigt und reizbar oder lethargisch und weinerlich. Fragen Sie sich dabei nicht, warum die empfohlene Behandlung ungeachtet Ihres individuellen Symptommusters pauschal für alle die gleiche ist? Wie ist das zu erklären?

Eine Universalbehandlung der Depression kommt zustande, wenn man den Körper mit einem mechanistischen Weltbild betrachtet. Hinter dem westlich-medizinischen Behandlungsansatz steht die Annahme, dass alle Körper gleich funktionieren. Die Logik dieses Ansatzes besagt, dass ein einziger Behandlungsplan in jedem Fall passen sollte, ungeachtet der Symptomenkonstellation, die jemand erlebt. In Wahrheit jedoch gibt es bei Depressionen keine Universalbehandlung.

Reduktionistisches Denken über Depression

Die westlich-wissenschaftliche Sicht des Körpers ist reduktionistisch. Sie betrachtet den Körper als Maschine, die aus verschiedenen Komponenten besteht, welche wiederum nach ihrer Funktion benannt werden. Mediziner untersuchen jedes System als einzelne Einheit, und die moderne medizinische Versorgung unterteilt die Behandlung des Körpers in Spezialgebiete. So behandelt zum Beispiel ein Dermatologe Hauterkrankungen, eine Neurologin Störungen an Gehirn und Nervensystem, ein Kardiologe Erkrankungen des Herzens und eine Endokrinologin unsere Hormone. Dies erklärt vielleicht, warum westliche Wissenschaftler sich bei der Untersuchung und Behandlung der Depression auf einen einzigen Körperteil konzentrieren – das Gehirn.

Wenn es um die Behandlung von Erkrankungen geht, bei denen unser ganzes Wesen durcheinandergerät, greifen reduktionistische Ansätze zu kurz. Depression ist ein solcher Fall. Sie hat verheerende Auswirkungen auf Atmung, Herz, Hormon- und Immunsystem, um nur einige wenige zu nennen. Auch Verdauung, Abwehrkräfte, Schlafvermögen, Denken, sexuelles Begehren und Motivation werden von einer Depression stark beeinflusst. Wissenschaftliche Studien haben wiederholt betont, dass Traurigkeit dem Herzen schadet und es tatsächlich eine enge Verbindung zwischen Depressionen und Herzerkrankungen gibt. Es ist nicht ungewöhnlich, dass sich unter einem depressiven Schub etwa bereits vorhandene Erkrankungen verschlechtern. So werden zum Beispiel bei manchen Menschen Hauterkrankungen wieder akuter, was auf eine Überreaktion des Immunsystems hindeuten kann; bei anderen schwinden die Abwehrkräfte, und sie fallen jedem Keim zum Opfer, dem sie ausgesetzt sind.

Erst seit Kurzem sagt die westliche Medizin, dass die verschiedenen Systeme – Verdauung, Nerven, Hormone, Atmung, Immunabwehr – zwar getrennt sind, dennoch aber in enger Wechselwirkung zueinander stehen könnten (was auch der Fall ist). Zum Glück rücken die Mind-Body-Medizin und das neu entstehende Gebiet der Psychoneuroimmunologie das Thema „Einheit von Geist und Körper" in der modernen Wissenschaft in den Vordergrund. Die vedischen Weisen haben diese Idee hingegen bereits vor langer Zeit begriffen. Sie suchten die Einheit, die allen Systemen in unserer Physiologie zugrunde liegt, statt sich auf die unterschiedlichen Funktionen der Systeme zu konzentrieren. Dies ist der ganzheitliche Ansatz, den wir bei der Erforschung des globalen Leidens Depression beachten sollten. Ein tieferes Verständnis der Wechselbeziehungen zwischen den vielen Aspekten unserer Physiologie erlaubt eine präzisere Diagnose und einen Behandlungsplan, der auf den individuellen Bedürfnissen des Einzelnen aufbaut.

Wechselnde Paradigmen der Depression

Schauen wir uns einmal an, wie sich die Sicht der Depression verändert hat. Unser heutiges mechanistisches Weltbild reduziert den Menschen auf eine Art Konstruktionsspielzeug, das in einer Hülle aus Haut steckt. Einst galt Depression als geistiges Leiden, und erst in moderner Zeit wird es auf ein chemisches Ungleichgewicht im Gehirn zurückgestuft.

Die Auffassung, dass Depression von einer Verkettung mehrerer Risikofaktoren herrührt, gewinnt an Popularität. Allerdings hinkt die Praxis der Theorie noch hinterher. Außerdem konzentriert sich die Behandlung selbst dann, wenn Körper, Geist und Seele in den Blick genommen werden, nach wie vor auf die Hirnfunktionen. Im besten Falle zielen die Interventionen allgemein auf eine Unterstützung der Hirnfunktionen durch eine gehirnfreundliche Ernährung (womit der Körper angesprochen wird), eine Veränderung der Denkmuster (womit der Geist angesprochen wird) und die Erkenntnis, dass wir ein „höheres Selbst" haben (was die Seele ansprechen soll). Für die psychophysiologische Veränderung, die erforderlich ist, um die Tyrannei der Depression zu beenden, muss unsere Kultur sich jedoch ein Paradigma zulegen, das zu Interventionen führt, die tief in unser innerstes Wesen eintauchen – ins Bewusstsein. Damit dies geschehen kann, muss an die Stelle des heutigen mechanistischen Modells ein Bewusstseinsmodell des Menschen treten.

Die vedischen Weisen haben den Menschen als Schwingungsmuster betrachtet, als ein nahtloses Energiesystem, dessen Ausgangspunkt das kosmische Bewusstsein ist. Das Individuum ist die Verkörperung eines

Feldes reiner Potenzialität. Mit anderen Worten, die Weisen glaubten, dass die dem Universum zugrunde liegende Intelligenz auch uns innewohnt. Diese natürliche Intelligenz steuert unser Innenleben mit derselben Sorgfalt und Präzision, mit der es auch das Aufblühen einer Blume im Garten, die Entwicklung eines Fötus oder die Heilung einer körperlichen, geistigen oder seelischen Wunde steuert.

Damit Sie nicht etwa glauben, es handele sich hierbei um esoterisches Geschwätz, wollen wir Ihnen sagen, dass neueste wissenschaftliche Forschungen auf den unterschiedlichsten Gebieten bestätigen, dass es tatsächlich eine Einheit zwischen Körper, Geist und Seele gibt. Aus der Tiefe des Berges an Beweisen wissenschaftlicher Spitzenforschung ruft eine Stimme: „Wacht auf und seht die Ganzheitlichkeit!" Wir glauben, es ist die Stimme der Vernunft.

Wir haben hier durchweg die Begriffe *Geist-Körper, Physiologie* oder *Körper, Geist und Seele* verwendet, um die grundlegende Einheit der Funktionen unseres Seins zu unterstreichen. Das elementare Ich – Ihre grundlegendste Form – lässt sich am exaktesten als nahtloses Energiesystem beschreiben. Wir sehen vielleicht nicht so aus, als veränderten wir uns ständig, tatsächlich jedoch befinden wir uns energetisch ständig im Fluss. Hinter unserer statischen äußeren Erscheinung werden alle unsere Funktionen – der dynamische innere Zustand biochemischer Reaktionen, die interne Kommunikation zwischen den Zellen und der ständige Energiefluss im ganzen Geist-Körper – von Leitprinzipien geregelt, die das gesamte System organisieren und regulieren und dafür sorgen, dass wir uns ständig an innere und äußere Veränderungen anpassen. Im Ayurveda werden diese Ordnungsprinzipien als *Doshas* bezeichnet.

Die Doshas kommen in allen Systemen unserer Physiologie vor. Auf diese Gemeinsamkeit (die Doshas) konzentriert sich Ayurveda, und nicht auf die Trennungen und Unterschiede. Ob wir es nun mit Zellen, Gewebe, Organen oder dem gesamten Geist-Körper zu tun haben, ihre Funktion wird durchweg von den Doshas oder Leitprinzipien geordnet. Mit diesem Wissen erkennen wir unseren Geist-Körper als unteilbar und seine Funktionen als untereinander in höchstem Maße verbunden.

Wenn Sie in den Spiegel schauen, sehen Sie eine feste Gestalt, die Sie anblickt. Dennoch wissen Sie, dass sich unter Ihrer Haut Organe, Muskeln, Gewebe und Knochen befinden, welche den Aufbau des Körpers ausmachen, den Sie vor sich sehen. Noch tiefer, auf der mikroskopischen Ebene, besteht das komplette Körpersystem aus Zellen. Auf molekularer Ebene ist der Baustein einer Zelle die DNS, die Blaupause aller biologischen Materie.

Atomteilchen (Protonen, Neutronen und Elektronen) existieren am Grund der Zellebene. Protonen, Neutronen, Elektronen und alle anderen subatomaren Teilchen sind konzeptuelle Darstellungen von Energieschwankungen. Hier, auf dieser tiefsten Quantenebene der Naturfunktionen, finden wir ein Feld reiner Potenzialität, ein Feld all dessen, was sein kann. Auf dieser Ebene finden wir die energetische Grundlage der Materie.

Durch vertiefte Forschungen in Biochemie, Genetik und Molekularbiologie versteht die moderne westliche Wissenschaft allmählich, wie die Materie funktioniert. Außerdem erlangt sie Erkenntnisse über die Auswirkungen von Energie auf Materie. Um jedoch die Funktionen auf der Quantenebene zu verstehen (wie Energie aus dem Feld reiner Potenzialität in unsere physische Realität übersetzt wird), müssen wir bis heute Orientierung beim vedischen Wissen suchen. Was haben die vedischen Weisen gewusst?

Das ayurvedische System der Doshas

Im Rahmen ihrer vertieften Naturstudien beobachteten die vedischen Weisen Energie in Form der fünf Elemente. Diese sind, vom Feinstofflichsten bis zum Greifbarsten: Äther, Luft, Feuer, Wasser und Erde. Alles in der Natur enthält diese fünf Elemente, und zwar in jedem Fall, egal ob wir von Mineralien, Pflanzen oder Tieren sprechen.

Dem vedischen Wissen zufolge verbinden sich diese fünf Elemente zu drei grundlegenden Feldern. Luft und Äther bilden gemeinsam das Vata-Dosha, Feuer und Wasser verbinden sich zum Pitta-Dosha, und Erde und Wasser ergeben zusammen das Kapha-Dosha. Aber die Doshas sind keine „Sache". Sie sind die Leitprinzipien in der Natur.

Die Doshas gehören zu den ersten Manifestationen, die aus dem Feld reiner Potenzialität in die Welt der Materie hinein aufkeimen. Vata-, Pitta- und Kapha-Dosha ordnen wiederum das Schwingungsmuster, aus dem Ihr elementares Ich besteht. Lassen Sie uns dies mit den Worten der modernen Physik erklären.

Wenngleich in einer ganz anderen Sprache, so klingt in der modernen Quantenphysik doch vedisches Wissen an. Quantenphysiker sagen, dass fünf Spin-Arten (Elemente) die Grundidee der Teilchenphysik bilden. (1) Spin 2 (Graviton) steht in Bezug zum Element Raum, (2) Spin 3/2 (Gravitino) steht in Bezug zum Element Luft, (3) Spin 1 (Kraftfelder) steht in Bezug zum Element Feuer, (4) Spin ½ (Materiefelder) steht in Bezug zum Element Wasser und (5) Spin 0 (Higgs-Feld) steht in Bezug zum Element Erde. Physiker behaupten, dass alles in der Schöpfung aus der Kombination dieser fünf grundlegenden Spin-Arten zu den drei Superfeldern Gravitation, Eichung und Masse abgeleitet ist. Gravitation geht aus der Kombination von Spin 2 (Raum) und Spin 3/2 (Luft) hervor und entspricht der klassischen Definition des Vata-Dosha. Eichung entsteht aus der Kombination von Spin 1 (Feuer) und Spin ½ (Wasser) und entspricht dem Pitta-Dosha. Materie entsteht aus der Kombination von Spin 0 (Erde) und Spin ½ (Wasser) und entspricht dem Kapha-Dosha.

Im Folgenden ein weiteres Denkmodell: Zur Erklärung, warum die Spin-Arten zur Erschaffung aller Formen von Materie grundlegend sind, wurde oft eine Analogie zu den Primärfarben hergestellt. Aus der Kombination der Farben Blau, Gelb und Rot entstehen alle anderen Farben des Regenbogens. Violett zum Beispiel besteht aus Rot und Blau. Somit stellt jede mögliche Manifestation der universellen Intelligenz eine Kombination der fünf Spin-Arten dar.

Die drei Doshas (Vata, Pitta und Kapha) wirken im Makrokosmos des Universums ebenso wie im Mikrokosmos des Menschen. Jeder Aspekt der natürlichen Welt, einschließlich des Menschen, ist ein Intelligenzmuster – und die Doshas regulieren die Funktionsweise dieses Intelligenzmusters. Das Wissen, wie die Doshas Ihren persönlichen Geist und Körper beeinflussen, ist der Schlüssel zu einem Leben in Harmonie mit der Natur. Die notwendigen Instrumente dazu sind Bewusstheit und Absicht. Wenn wir uns bewusst sind, wie die Doshas wirken, können wir unsere täglichen Entscheidungen und Gewohnheiten in gezielter Absicht angehen, um unsere Physiologie in einem ausgewogenen Zustand zu halten.

Denken Sie sich die Doshas als übergeordneten homöostatischen Mechanismus, der Ihren Geist-Körper im Lot hält. Das bedeutet, bei äußeren Veränderungen halten die Doshas Ihr inneres Gleichgewicht aufrecht. Dies ist überlebenswichtig: So halten Sie zum Beispiel selbst an einem kalten Wintertag Ihre Körpertemperatur konstant, was erforderlich ist, damit Ihre Physiologie richtig funktionieren kann.

Die Doshas übermitteln Ihrer Physiologie die Intelligenz der Natur. Die fungieren als Leitprinzipien zur Regulierung der wichtigsten Prozesse im Geist-Körper. Ihre Umgebung wirkt ständig auf Ihre Physiologie ein, doch um richtig funktionieren zu können, muss sie die Homöostase aufrechterhalten. Wird dieses natürliche Gleichgewicht nicht gewahrt, werden die physiologischen Funktionen beeinträchtigt. Die Doshas ermöglichen die Aufrechterhaltung der Homöostase.

Durch unser Alltagsleben handeln wir uns auf der Ebene der Doshas ein Ungleichgewicht ein. Werden diese Unausgewogenheiten nicht korrigiert, wird die Naturintelligenz nicht korrekt in unsere Physiologie übersetzt, und diese ist dann nicht mehr in der Lage, ihre Selbstheilungsmechanismen in Gang zu setzen. Bleibt ein Ungleichgewicht unkorrigiert, so stört es auf Dauer die korrekten Abläufe und verursacht schließlich Krankheiten.

Die Depression bildet da keine Ausnahme. Ayurveda zufolge sind Störungen auf der Ebene der Doshas die Wurzel aller Krankheitsprozesse. Ayurveda dringt bis zur Wurzel des Problems der Depression vor, weil es weiß, wie das Ungleichgewicht der Doshas, welches das Problem auslöst, diagnostiziert, behandelt und verhindert wird.

Puls-Diagnose: Dosha-Ungleichgewichte entdecken

Ayurvedische Ärzte und Heilpraktiker sind dafür ausgebildet, von der Physiologie ausgehende Schwingungsmuster zu erkennen. Sie tun dies hauptsächlich durch eine Technik, die als *Puls-Diagnose* bezeichnet wird. Diese lässt sowohl erkennen was auf der grobstofflichen körperlichen als auch was auf der Ebene der Doshas geschieht, wo die körperlichen Funktionsweisen reguliert werden. Der Puls bietet ein Fenster zum Zustand des Geist-Körpers, weil Blut die einzige Substanz ist, die durch jedes Organ, jedes Gewebe und jede Zelle in unserem Körper zirkuliert. Dabei nimmt es Informationen über Zustand und Arbeitsweisen der Physiologie auf. Diese Information zeigt das Blut in Form von Signalen an, deren Bedeutung von den vedischen Weisen sorgfältig erarbeitet worden ist. Daher führt das Ablesen des Pulses zu einer hoch differenzierten Diagnose.

Viele Ärzte, die sowohl eine Ausbildung in Ayurveda als auch in westlicher Medizin haben, bestätigen, dass die Pulsdiagnose weite Einblicke in die Physiologie eröffnet. Westliche Diagnose-Techniken können ein Problem erst dann erkennen, wenn offensichtliche Anzeichen und Symptome in der Physiologie erkennbar werden. Die Pulsdiagnose hingegen zeigt bereits die frühen Stadien eines Ungleichgewichts, die einer Krankheit vorausgehen. Dadurch, dass wir herausfinden, in welchem Zustand sich die Doshas befinden, können wir die zugrunde liegenden Ursachen unserer Symptome schon erkennen und behandeln, bevor diese sich überhaupt materialisieren. Symptome sind die letzte Stufe im Krankheitsprozess.

Dosha-Diagnose

Selbst wenn es in Ihrer Nähe keinen ayurvedischen Arzt oder Heilpraktiker gibt, können Sie dennoch Erkenntnisse über ein mögliches Ungleichgewicht in Ihren Doshas erlangen. Wenn Sie verstehen, wie die Doshas funktionieren, kommen Sie leichter an dieses aussagekräftige Wissen.

Jedes Dosha reguliert in der Physiologie ganz bestimmte Funktionen. Wenn Sie lernen, was in den Einflussbereich von Vata, Pitta und Kapha fällt, können Sie die Muster entziffern, die ein Ungleichgewicht anzeigen. Sobald Sie die Muster verstehen, lautet der nächste Schritt, die Weisheit der vedischen Weisen anzuwenden und ihr tiefes Verständnis von den Funktionsweisen der natürlichen Welt zu nutzen, um Ihre Physiologie wieder ins Gleichgewicht zu bringen.

Vata-Dosha reguliert das Nervensystem und ist daher die Leitintelligenz, die alle Bewegung koordiniert. Es ist an Energiefluss und Kreislauf in der Physiologie beteiligt und steuert die Kommunikation der Zellen

Die vielen Gesichter der Depression

und Organe untereinander. Dies deshalb, weil Kommunikation naturgemäß erfordert, dass Information zwischen den Objekten hin und her bewegt wird. Dadurch, dass Vata Informationen zwischen unserer Innen- und Außenwelt übermittelt, erhält es unsere inneren Biorhythmen sowohl aufrecht als auch im Einklang mit dem Tag- und Nachtzyklus und dem Lauf der Jahreszeiten. Vata-Dosha leitet die Anpassung des Körpers an Veränderungen – seien sie körperlich, geistig, psychisch, ernährungs- oder umweltbedingt.

Pitta-Dosha reguliert alle transformativen Prozesse in unserem Geist-Körper. Auf der körperlichen Ebene verwandelt Pitta-Dosha die Nahrung, die wir zu uns nehmen, in Energie. Aber seine Rolle ist nicht auf das Verdauungssystem begrenzt. Pitta wirkt überall da, wo eine Substanz in eine andere transformiert werden soll, daher fällt auch die emotionale und intellektuelle Verarbeitung von Erfahrungen in seinen Einflussbereich. Dieses Dosha bildet die Grundlage unseres Stoffwechsels, weil es für die Umwandlung physischer, mentaler und emotionaler Erfahrungen in Lebensenergie zuständig ist.

Kapha-Dosha hält alles zusammen. Kapha reguliert die Bildung physischer Strukturen; es ist verantwortlich für Kraft und Zusammenhalt von Zellen, Geweben, Organen, Muskeln und Knochen. Ähnlich reguliert Kapha auf mentaler und emotionaler Ebene Stabilität und Ausdauer unseres Denkens und emotionalen Verarbeitens. Die Unversehrtheit unserer Physiologie fällt in den Bereich von Kapha-Dosha. Es reguliert unser Immunsystem und ist eng mit dem Erhalt unserer Gesundheit angesichts von äußeren physischen Bedrohungen wie etwa Keimen verbunden.

Wie man die Idee vom Dosha auch verstehen kann

Der uralte ayurvedische Begriff des Dosha hat seine modernen Entsprechungen in Biologie, Molekularbiologie, Genetik und Quantenphysik.
Der Körper hat Tausende homöostatische Mechanismen, die alles

> regeln, von der Sauerstoffsättigung des Blutes bis zu komplexen Nierenfunktionen, die den Flüssigkeitshaushalt aufrechterhalten. Wie die Doshas haben auch diese homöostatischen Mechanismen nur ein Ziel: Die Lebensbedingungen in der inneren Umgebung konstant zu halten.
> Die DNS ist wie ein Mikrochip aus reiner biologischer Intelligenz, dem eine chemische Chiffre, der sogenannte genetische Code, eingeschrieben ist. Die Doshas funktionieren wie die DNS. Sie sind eine dynamische Blaupause, nach der jeweils die individuelle Physiologie erstellt wird.
> Die moderne Quantenphysik und Ayurveda beschreiben in unterschiedlichen Sprachen dasselbe Phänomen. Die Weisen sprechen von fünf *Mahabhutas*, die zur Bildung der einzelnen Doshas zusammenkommen, wohingegen die Physiker sagen, dass aus der Kombination von fünf Spin-Arten drei Superfelder entstehen. Beide sind sich einig, dass diese die Grundlage für sämtliche Aspekte der natürlichen Welt bilden.

Die drei Archetypen der Depression

Die Theorie von den drei Doshas gestattet eine spezifische Diagnose sowie eine maßgeschneiderte Behandlung der Depression. Alle Störungen, auch Depressionen, treten mit der Zeit ein. Ein Ungleichgewicht in einem Dosha ist ein Prozess, der beginnt, wenn ein bestimmtes Dosha das Übergewicht erlangt. Wird dieses Ungleichgewicht nicht korrigiert, tritt mit der Zeit eine Störung in den gesunden Funktionen der Physiologie ein. Schließlich zeigen sich spürbare Symptome, die auf das Ungleichgewicht in den Doshas zurückgehen. Je nach der individuellen Dosha-Störung zeigen die Betroffenen einen der drei Depressions-Archetypen:

1. **Luftige Depression.** Störungen im Vata-Dosha führen zu einer Depression, die sich als ein Verlust der Begeisterungsfähigkeit mit Nervosität als vorherrschender Sekundäremotion manifestiert. Den Betroffenen fällt das Einschlafen schwer. Die treibende inne-

re Wahrnehmung ist das Gefühl, überfordert oder durchgedreht zu sein. Die Wurzel des Problems findet sich wahrscheinlich in einer mangelnden Stabilität der Lebensmuster. Schwierigkeiten, eine große Veränderung im Leben zu bewältigen, können ein Auslöser für diesen Depressions-Archetyp sein. Die wichtigsten therapeutischen Maßnahmen bestehen in der Stärkung der Physiologie und der Stabilisierung des Nervensystems.

2. **Brennende Depression.** Wenn eine Störung des Pitta-Dosha eintritt, werden die Stoffwechselprozesse blockiert. Reizbarkeit und Frustration sind so vorherrschend, dass sie eine abgrundtiefe Traurigkeit oft maskieren können. Der Schlaf der Betroffenen ist gestört, weil der Geist schon aufwacht, lange bevor der Körper völlig ausgeruht ist. Die treibende innere Empfindung ist das Gefühl, dass einem alle Möglichkeiten versperrt sind. Eine extrem hohe Intensität im Umgang mit dem Leben und ein Muster der Übertreibung sind möglicherweise die Wurzel des Problems. Um diesen Depressionstyp aufzulösen, muss die Physiologie im wörtlichen wie im übertragenen Sinne abgekühlt werden. Eine Verminderung der Intensität ist für die Genesung ebenso entscheidend wie tiefe Ruhe.

3. **Erdige Depression.** Bei einer Störung des Kapha-Dosha verwandeln sich Solidität und Stabilität zu dem Gefühl, erdrückt zu werden. Lethargie, mangelndes Interesse und übermäßige Sentimentalität erwecken bei den Betroffenen den Eindruck, nicht von der Stelle zu kommen. Ein hohes Übermaß an Schlaf ist ein entscheidendes Merkmal dieses Depressions-Archetyps. Menschen mit einem Kapha-Ungleichgewicht dazu zu verhelfen, dass sie ihre Trägheit überwinden können, ist eine herausfordernde Aufgabe. Interventionen müssen die Schwere ansprechen, die auf allen Ebenen des Geist-Körpers empfunden wird. Ayurvedische Reinigungsbehandlungen sind bei der Auflösung dieses Depressionstyps eine große Hilfe.

In späteren Kapiteln werden wir drei Fälle besprechen, die die einzelnen Depressions-Archetypen anschaulich machen:

1. Arials Geschichte: Haltlos in der Welt. Dieser Fall illustriert die Luftige Depression, die von einer Störung im Vata-Dosha ausgelöst wird und durch Nervosität gekennzeichnet ist.

2. Barbaras Geschichte: Aufs Weinen brennen. Dieser Fall illustriert die Brennende Depression, die mit einem Ungleichgewicht im Pitta-Dosha verbunden und durch eine Mauer aus Wut und Reizbarkeit gekennzeichnet ist, hinter der sich Traurigkeit verbirgt.

Die Voraussetzungen der Depression: Hirnbotenstoffe und ihre elementaren Gegenstücke

Es ist nicht nur ein niedriger Serotoninspiegel, der Sie melancholisch macht. Depressionen entstehen durch eine Verkettung verschiedener Faktoren, und ihre Tentakeln erfassen Ihr gesamtes Wesen. Sobald sich die Depression erst einmal in Ihrer Physiologie festgesetzt hat, wirkt sie sich auch auf Ihre Neurotransmitter aus. Verschiedene Störungen in diesen biochemischen Stoffen führen zu unterschiedlichen Symptomen. Tatsächlich spiegeln die Störungen der Hirnchemie die Kategorien des elementaren Ungleichgewichts wider, wie Ayurveda sie erklärt.

Archetyp	Elementares Ungleichgewicht	Chemische Störung
Luftig	Vata-Ungleichgewicht	Niedriges Serotonin
Brennend	Pitta-Ungleichgewicht	Hohes Noradrenalin und/oder Dopamin
Erdig	Kapha-Ungleichgewicht	Niedriges Noradrenalin und/oder Dopamin

Die vielen Gesichter der Depression

3. Eds Geschichte: Neuen Schwung brauchen. Dieser Fall illustriert die Erdige Depression, ein Problem mit den Funktionen des Kapha-Dosha, was dazu führt, dass sich in vielen Aspekten der Physiologie Blockaden aufbauen.

Depression: Sie ist elementar!

Fragebögen vermögen die Tiefe und Breite eines vieldimensionalen Problems wie der Depression nur unzureichend zu erfassen, insbesondere da jeder Mensch eine einzigartige Physiologie besitzt. Sie können jedoch in eine generelle Richtung weisen. Dazu haben wir nachstehend eine Reihe von Fragen entwickelt, in der Hoffnung, dass Sie Ihre Depression beim Beantworten aus ayurvedischer Sicht betrachten können. Die Fallgeschichten in den folgenden Kapiteln werden Ihnen helfen, immer besser zu verstehen, inwiefern ein Ungleichgewicht in den Doshas zu den verschiedenen Manifestationen der Depression führt. Stufen Sie sich selbst aber erst ein, wenn Sie alle Kapitel gelesen haben.

Manche Menschen passen tatsächlich in ein eindeutiges Depressionsmuster; andere werden feststellen, dass ihre Manifestation der Depression eher einer Collage ähnelt und aus Teilen aller drei Depressions-Archetypen besteht. In wieder anderen Fällen erkennen die Betroffenen, dass sie abwechselnd eindeutige Symptome aus jeder der drei Kategorien gezeigt haben. Es ist durchaus nicht ungewöhnlich, dass jemand zum Beispiel von einer Kategorie in eine andere überwechselt. Vielleicht haben Sie zunächst eine Luftige Depression und entwickeln mit der Zeit – wenn die eigentliche Ursache nicht behandelt wird – weitere Ungleichgewichte, die schließlich zu einer Erdigen Depression führen.

1. Wenn Sie eine Depression erleben, was sind dann Ihre vorherrschenden sekundären Gefühle?
    - ° A. Angst und Anspannung
    - ° B. Wut und Groll
    - ° C. Emotionale Taubheit

2. Wenn Sie eine Depression erleben, was ist dann Ihr treibendes inneres Empfinden?
   - A. Das Gefühl, überfordert oder durchgedreht zu sein.
   - B. Gefühl der Frustration und das Empfinden, dass mein Vorwärtskommen von anderen blockiert wird.
   - C. Das Gefühl festzustecken und nicht die Kraft zu haben, dies zu ändern.
3. Wenn Sie eine Depression erleben, wie wirkt sich dies auf Ihr Schlafmuster aus?
   - A. Ich habe Einschlafschwierigkeiten.
   - B. Mein Schlaf wird vorzeitig unterbrochen.
   - C. Ich schlafe zu viel.
4. Wenn Sie eine Depression erleben, wie wirkt sich dies auf Ihr Verlangen nach Essen aus?
   - A. Ich habe kein Verlangen nach Essen.
   - B. Es wirkt sich nicht auf mein Verlangen nach Essen aus.
   - C. Mich verlangt dann nach Essen, das mich tröstet.
5. Wenn Sie eine Depression erleben, wie gehen Sie dann mit anderen um?
   - A. In Beziehungen fühle ich mich unsicher.
   - B. Ich neige dazu, meine Beziehungen kontrollieren zu wollen.
   - C. Entweder ich klammere oder neige dazu, mich ganz in mich zurückzuziehen.
6. Was ist im Allgemeinen Ihre erste Reaktion, wenn Sie sich emotional verletzt fühlen?
   - A. Ich weine.
   - B. Ich reagiere mit Sarkasmus und bissigen Bemerkungen.
   - C. Ich behalte meine Gefühle eher für mich.
7. Wie würden Sie sich beschreiben, wenn Sie nicht depressiv sind?
   - A. Ich bin eher begeisterungsfähig und lebhaft.
   - B. Ich bin eher dynamisch und intensiv.
   - C. Ich bin eher freundlich und unbeschwert.

8. Wie kommunizieren Sie mit anderen, wenn Sie nicht depressiv sind?
   - ○ A. Ich kann besser reden als zuhören.
   - ○ B. Ich werde schnell wütend, wenn die Leute zu viel quasseln.
   - ○ C. Ich bin ein guter und geduldiger Zuhörer.
9. Wie würden Sie Ihr Energieniveau beschreiben, wenn Sie nicht depressiv sind?
   - ○ A. Ich habe körperliche Eneregieschübe.
   - ○ B. Ich habe jede Menge Energie und Ausdauer.
   - ○ C. Ich nutze meine Energie langsam und stetig.
10. Wenn Sie daran denken, wie Sie depressiv wurden, was war Ihrer Meinung nach ein wichtiger Faktor, der zu Ihrer Depression beigetragen hat?
    - ○ A. Fehlende Stabilität in den Lebensmustern.
    - ○ B. Eine extrem intensive Lebensweise und eine Neigung zu Übertreibungen.
    - ○ C. Schwierigkeiten, Trägheit zu überwinden.

Wenn Sie hauptsächlich mit A geantwortet haben, haben Sie wahrscheinlich eine Luftige Depression; bei überwiegend B eine Brennende Depression und bei einer Überzahl an C-Antworten eine Erdige Depression. Wenn Ihre Antworten sich gleichmäßig auf alle drei Möglichkeiten verteilen, haben Sie wahrscheinlich eine Mischform der Depression.

Die Lektüre der folgenden drei Kapitel wird Ihnen helfen, dem physiologischen Ungleichgewicht, das Ihre Depression bestimmt, deutlicher auf die Spur zu kommen.

VIER
Luftige Depression

Wir müssen selbst die Veränderung werden, die wir uns in der Welt wünschen.
Mahatma Gandhi zugeschrieben

Die Luftige Depression wird durch Störungen im Vata-Dosha ausgelöst. Dieser Depressions-Archetyp ist gekennzeichnet durch einen Verlust an Begeisterungsfähigkeit sowie durch Einsamkeitsgefühle, Ängste, Sorgen und Befürchtungen. Die Betroffenen geben an, dass sie sich von einem Leben, das ihnen aus der Hand genommen scheint, überfordert fühlen. Sie fühlen sich innerlich ständig zugleich hierhin und dorthin gezogen. Sie empfinden sich als geistig überarbeitet und daher weniger kreativ, konzentrationsfähig und klar. Hinzu kommen ein instabiles Gedächtnis und wirre Gedanken, die zu unterschwelligen Ängsten und fehlender Erdung führen. Schmerzen, Unpässlichkeiten und ständige Müdigkeit sind körperliche Symptome, die mit einer Luftigen Depression häufig verbunden sind.

Vor die Wahl gestellt, zu kämpfen, zu fliehen oder „einzufrieren", wird sich jemand mit einer Luftigen Depression unter Stress für die Flucht entscheiden. Diese Flucht kann zum Beispiel die Form ständiger Beschäftigung annehmen, um sich nur ja nicht mit mentalen, emotionalen oder körperlichen Problemen auseinandersetzen zu müssen. In anderen Fällen halten die Betroffenen auch angesichts gegenteiliger Beweise hartnäckig an falschen Ideen und Überzeugungen fest, um der Auseinandersetzung mit einer tieferen Realität zu entgehen.

Einer der wichtigsten Faktoren, warum eine Luftige Depression entsteht und anhält, ist mangelnde Stabilität in den Lebensmustern. Episoden einer Luftigen Depression treten oft auf, nachdem die Betroffenen einer großen Veränderung ausgesetzt waren, welche die Struktur in ihrem Leben durcheinandergebracht hat. Andauernder Schlafmangel und geistige oder emotionale Erschöpfung sind häufig die Wurzel des Problems. Leider ist eine bestimmte Schlafstörung, nämlich die Insomnie oder Schlaflosigkeit, auch eines der ersten verräterischen Anzeichen für diesen Depressions-Archetyp. Wenn man nachts nicht mehr zur Ruhe kommen kann, wird eine depressive Episode dadurch noch verstärkt.

Ohne Korrektur kann ein Ungleichgewicht im Vata-Dosha potenziell ein Ungleichgewicht im Pitta-Dosha auslösen und sich in eine Brennende Depression verwandeln. In ähnlicher Weise kann eine langanhaltende Episode einer Luftigen Depression leicht zu einer Erdigen Depression werden. Die Physiologie zu stärken und das Nervensystem zu stabilisieren, sind die wesentlichen therapeutischen Techniken, um eine Luftige Depression rückgängig zu machen.

Arials Geschichte: Haltlos in der Welt

Als Arial zu sprechen begann, verschränkte sie die Arme vor der Brust. Mit jedem Wort, das sie sagte, schien ihr Körper weiter in sich zusammenzusinken. Ihr zart gebauter Körper wirkte viel zu dünn, und über ihrem Gesicht lag eine Maske aus Anspannung und Sorge. Mit zitternder Stimme erklärte sie: „Mein Leben entgleitet mir, und ich fühle mich innerlich leer und hohl. Ich habe keine Ahnung, was in letzter Zeit mit mir los ist. Ich habe eine schöne Familie und einen tollen Beruf, aber sehr oft kommt es mir vor, als sei das alles viel zu viel. Mein Mann ist wütend auf mich, weil ich die Begeisterung für das verloren habe, was wir bisher gemeinsam unternommen haben. Ich weiß nicht, was er von mir erwartet. Ich fühle mich total überfordert – wie ein Gummiband, das zu stark gedehnt wurde, so dass es seine ganze Elastizität verloren hat."

Für Arial war das Leben zu einer ständigen Aufholjagd geworden. Schon morgens beim Aufwachen fühlte sie sich überfordert: „Meine

Tage sind so durcheinandergeraten. Mir ist, als hätte ich gar keine Routine mehr. Jeder Tag ist anders, und mir kommt es so vor, als hätte ich nichts mehr im Griff."

Vor sechs Monaten hatte Arial eine jahrelang ersehnte Beförderung erhalten. „Wochenlang war ich wie im siebten Himmel", sagte sie. Mit der neuen Stelle war ein Umzug in einen anderen Bundesstaat verbunden, worüber sie hellauf begeistert war. Tränen strömten ihr übers Gesicht, als sie erklärte, ihre Arbeit käme ihr in letzter Zeit fade und das Streben nach Erfolg sinnlos vor. Es war schwieriger als gedacht, sich am neuen Ort einzuleben, und ihr fehlte ihre große Familie.

Arial fiel es außerdem schwer, mit den Anforderungen in ihrer neuen Position zurechtzukommen. Sie erklärte: „Im höheren Management weiß man nie, welche Krise als Nächstes kommt." Sie wischte eine Träne fort und erklärte, sie habe bisher noch keine größere Krise erlebt, verspüre aber den Drang, ständig auf der Hut zu sein. Weil sie stets mit dem unvermeidlichen Notfall rechnet, überprüft sie regelmäßig ihre Handy-Nachrichten – für den Fall, dass sie das Klingeln überhört haben sollte. „Mein Smartphone ist für mich zu einem Körperteil geworden", sagte sie.

Händeringend erklärte Arial, sie mache sich Sorgen, weil sie manchmal nicht mehr klar denken könne: „Ich habe Angst, dass mein Denken vernebelt und meine Antworten diffus sind." Als Gegenmaßnahme nimmt sie viele koffeinhaltige Getränke zu sich: „Kaffee am Morgen und Cola light am Nachmittag." Mittags isst sie nebenbei schnell eine Kleinigkeit, und nachmittags um vier sagt sie: „Mir ist, als würde ein Ventilator Konfetti in mir herumwirbeln!"

Bis zum Feierabend geht Arial auf dem Zahnfleisch; doch dann beginnt ihre Arbeit als Mutter. Mit Anspannung in der Stimme und niedergeschlagener Miene stammelte sie: „Ich mache mir Sorgen, ob ich noch genug Energie habe, um für meine Kinder emotional präsent zu sein – aber ich helfe ihnen bei den Hausaufgaben und fahre sie zu ihren Hobbys. Um elf Uhr abends könnte ich todmüde umfallen. Doch stattdessen liege ich wach und denke an alles, was morgen auf meiner Liste steht."

Zur Entspannung sitzt Arial normalerweise vor dem Schlafengehen etwa eine Stunde vor dem Fernseher. „Am liebsten sehe ich Filme voller

Action und Spannung", gibt sie an. „Alles andere langweilt mich." Ihre zweite Form der Entspannung ist der Sport: „Außerdem laufe ich jeden Tag. Das gibt mir Energie. Ich weiß gar nicht, was ich ohne das Laufen machen würde. Es ist die einzige Zeit am Tag, in der meine Gedanken nicht rasen."

Ayurvedische Diagnose

Aus ayurvedischer Sicht würde man bei Arial ein Ungleichgewicht im Vata-Dosha diagnostizieren, das zu einer Depression geführt hat. Ihre Symptome passen zum Archetyp der Luftigen Depression. Ihr vorherrschendes Problem ist die verlorene Begeisterung für die Dinge, die ihr früher Freude gemacht haben. Es zeigt sich, dass sie außerdem ängstlich ist.

Vata-Dosha, die Kombination der Elemente Luft und Äther, reguliert das Nervensystem. Dieses Dosha wird durch übermäßige Aktivität und ungenügende Ruhe gestört. Der Überschuss an Aktivität wirbelt die Luft auf, die Vata ausmacht, und verwandelt im Endeffekt eine Brise in einen Tornado. Aus westlich-medizinischer Sicht bedeutet dies, dass sich das Nervensystem in einem andauernden Zustand der Übererregbarkeit befindet, was unweigerlich zum Zusammenbruch führen muss. Unser Körper verlangt nach Ruhe, und wenn wir uns zu lange zu sehr verausgaben, geraten die körperlichen Mechanismen, die das physiologische Gleichgewicht fördern, durcheinander. Als wolle er versuchen, mit sich selbst Schritt zu halten, steigert der Körper seine Produktion an Botenstoffen, nicht nur im Gehirn, sondern in der gesamten Physis. Infolge dieses Raubbaus an Hormonen und neurochemischen Stoffen setzt irgendwann die körperliche Erschöpfung ein.

Was hat den Tornado ausgelöst? Nachdem sie ihre erträumte Beförderung erhalten hatte, schwebte Arial wochenlang „im siebten Himmel", wie sie sagte. Es ist nicht ungewöhnlich, dass wir unseren Lebensstil von unseren Gefühlen leiten lassen. Arial verspürte einen Energieschub und reagierte darauf mit Überaktivität. Ihr Nervensystem drehte auf und überdrehte dadurch schließlich. Die Physiologie kann einen ständigen

Erregungszustand nicht aufrechterhalten, ohne dass die dabei aus dem Gleichgewicht gerät. Die neue Stelle war der Auslöser für den Tornado, doch Arials Art der Anpassung an die damit verbundenen Anforderungen bewirkte, dass der Sturm unvermindert weitertobte.

Der Umzug in einen anderen Bundesstaat führte dem Tornado weitere Energie zu. Zusätzlich zu der körperlichen Beanspruchung durch das Ein- und wieder Auspacken führt ein Umzug dazu, dass wir psychisch und emotional im Wortsinne verrückt werden. Ein Umzug über eine große Entfernung bringt mit sich, dass man vieles verarbeiten muss, vom Atmen ungewohnter Luft bis zur Suche nach neuen Geschäften für die täglichen Einkäufe. Hat man sie gefunden, begegnet man dort lauter neuen Gesichtern, was Einsamkeitsgefühle auslöst. Darüber hinaus musste Arial ihren Kindern helfen, sich an ein neues Zuhause, eine neue Umgebung, eine neue Schule und neue Freunde zu gewöhnen. Neuheit bedeutet Veränderung, und die ständige Anpassung an diese Veränderung fordert den Menschen mit seinem ganzen Wesen: körperlich, emotional, mental und spirituell. Darüber hinaus belasten Veränderungen und die notwendige Anpassung daran die Physiologie – Nerven-, Immun-, Hormon- und Verdauungssystem – und können, mit ayurvedischen Begriffen gesprochen, eine Störung im Vata-Dosha auslösen.

Auf emotionaler Ebene bemerken wir als Erstes ein Nachlassen der Begeisterungsfähigkeit. Arial berichtete, ihr Mann mache sich Sorgen, weil sie ihre Lebensfreude und die Begeisterung für die Dinge verloren habe, die sie früher glücklich machten. Sie ist traurig und quält sich mit Sorgen. Die Stelle, die sie sich so sehr gewünscht hatte, kommt ihr nun sinnlos und uninteressant vor. Ihre stärkste innere Emotion ist das Gefühl, nichts mehr im Griff zu haben. Wie sie treffend formulierte: „Ich fühle mich so überfordert – wie ein Gummiband, das zu stark gedehnt wurde, so dass es seine ganze Elastizität verloren hat." Mit anderen Worten, Arial hat ihre Resilienz verloren.

Auf körperlicher Ebene ist sie, wie sie selbst zugibt, erschöpft. Paradoxerweise dezimiert sie ihre verbleibenden Energiereserven, indem sie Dinge tut, die ihr vorübergehend schnelle Energieschübe verleihen: Sie läuft und schüttet stark koffeinhaltige Getränke in sich hinein. Mittags nimmt sie nebenbei schnell etwas zu sich, sagt sie. In ihrem Tagesablauf

Luftige Depression

gibt es keinen Moment, in dem sie ihrem Körper etwas Gutes tut. Die Sorgen, die sie sich um ihre Beziehung zu Mann und Kindern macht, rauben ihr zusätzlich Lebenskraft.

Arial spricht von dem Gefühl, als verwirbele ein Ventilator Konfetti in ihrem Inneren. Dies ist eine sehr treffende Metapher für das, was infolge ihrer Vata-Störung mit ihrer Physiologie geschieht. Im Moment glaubt Arial nicht, dass sie innehalten kann. Sie ist der Gewohnheit verfallen, ständig auf Hochtouren zu laufen und alles im Schnellgang zu erledigen. In allem, was sie tut, sucht sie Stimulation. Auch dadurch, dass man sich Sorgen macht, stimuliert man den Geist, wenngleich nicht auf produktive Weise. Im Äußeren wühlen spannende Fernsehfilme das Gehirn genauso auf wie Jogging den Körper aufdreht. Kein Wunder leidet sie unter einem der wichtigsten Symptome einer schweren Vata-Störung: Schlaflosigkeit.

Psychologisch betrachtet, fehlt Arial die Erdung. Eine ihrer wichtigsten Stabilitätsquellen war bisher ihr Mann, und der zieht sich jetzt von ihr zurück. Diese Störung belastet ihr Herz, facht ihren emotionalen Wirbelwind noch weiter an und verstärkt den Teufelskreis der Instabilität. Ihr Vata-Ungleichgewicht hat Auswirkungen auf ihr klares Denkvermögen. Tatsächlich führt ein Vata-Ungleichgewicht dazu, dass die Betroffenen ihre Problemlösungsfähigkeiten verlieren. In Arials Fall bedeutet dies: Sie glaubt, ihren Mann zu verlieren, hat aber durch ihre fehlende Erdung das Gefühl, dass ihr die Ereignisse entgleiten. Stattdessen hält sie an dem fest, was sie im Griff hat – an ihrem Handy. Eine Vata-Störung führt häufig dazu, dass die Betroffenen über die Maßen wachsam werden und den Eindruck haben, hinter jeder Ecke lauere eine Krise.

Spirituell ist Arial haltlos. Leider ähnelt sie in dieser Hinsicht vielen, die sich im Netz der Überaktivität verstrickt haben. Während sie äußerlich vom einer Sache zur nächsten rennt, hat Arial das Gespür für ihr inneres Ich verloren. Auf einer oberflächlichen Ebene hat sie das Bewusstsein dafür verloren, welche Auswirkungen ihr Lebensstil auf ihr gesamtes Sein zeitigt. Auf einer tieferen Ebene hat sie ihre Verbindung zu dem unveränderlichen Aspekt des Lebens verloren, der in ihrem Inneren wohnt und allem zugrunde liegt.

Wieder Halt finden

Damit Arial wieder Halt finden und ihre emotionale Leere füllen kann, ist ein Ausgleich des Vata-Dosha erforderlich. Arial erfuhr, was der Ursprung ihres Ungleichgewichts ist und inwiefern ihre Lebensweise ihren Zustand noch verschlimmert hat. Bei Menschen wie Arial, die unter diesem Depressions-Archetyp leiden, hängt das Selbstwertgefühl im Allgemeinen davon ab, dass sie aktiv sind und ständig etwas zu tun haben.

Zunächst schlugen wir kurzfristige Interventionen vor. Kräuter linderten Arials Ängste und Schlaflosigkeit. Sie fand die dringend benötigte Ruhe und konnte wieder klarer denken. Sobald sie wieder mehr Energie hatte, konnte sie Änderungen an ihrem Lebensstil vornehmen.

Arial lernte außerdem zu meditieren. Sie begann eine mentale Technik auszuüben, die zutiefst hilfreich war. Diese nahm sie als regelmäßigen Bestandteil in ihren Alltag auf. Die tägliche Meditation half ihr, eine innere stützende Infrastruktur aufzubauen und ihre Bewusstheit, also das Spektrum ihrer bewussten Wahrnehmung, zu erweitern. Ihre spezielle Form der Meditation schenkte auch ihrem Nervensystem tiefe Erholung, wodurch sie zur Ruhe kommen konnte. Ihre Schlaflosigkeit verschwand endgültig.

Die nächste therapeutische Aufgabe lautete, Arial darin zu unterstützen, dass sie ihrer Physiologie etwas Gutes tun und ihre körperliche Energie wiederaufbauen konnte. Dazu musste sie unbedingt begreifen, dass ihre Physiologie Teil der natürlichen Welt ist und dem Diktat der Natur unterliegt. Diese Erkenntnis half ihr, die Abläufe in ihrem Alltag zu stabilisieren.

Ein Vata-Ungleichgewicht wird korrigiert, wenn die Betroffenen natürlichen Bio-Rhythmen folgen. Daher empfiehlt Ayurveda, dass wir uns von Aufgang und Untergang der Sonne leiten lassen. Wenn wir gegen zweiundzwanzig Uhr abends zu Bett gehen und um sechs Uhr morgens aufstehen, gewinnen wir die Unterstützung der Natur. Darüber hinaus wurde Arial ermutigt, sich die Zeit zu nehmen, ihre Hauptmahlzeit um zwölf Uhr mittags in einer ruhigen und gemütlichen Umgebung einzunehmen. Um diese Zeit brennt unser Verdauungsfeuer so heiß wie die

Mittagssonne, daher kann unsere Physiologie unser Essen am wirkungsvollsten verstoffwechseln (kochen). Eine gute Ernährung ist zur Auflösung einer Depression unbedingt notwendig.

Mit der Empfehlung, jeden Tag ungefähr zur selben Zeit zu essen, förderten wir die Regulierung von Arials Stoffwechsel. Außerdem rieten wir ihr zu wohlschmeckenden Speisen, die ihr individuelles Dosha-Ungleichgewicht ausgleichen würden: Warmes, gehaltvolles Essen, das ihrer Physiologie Erdung vermittelt. So gelangte Arial zu der Erkenntnis, dass Nahrung Medizin sein kann.

Wir neigen alle dazu, uns weiter in Richtung unseres Ungleichgewichts zu lehnen, und Arial bildete keine Ausnahme. Ihre überspannte Physiologie suchte irrtümlicherweise Trost in zielloser Aktivität. Das tägliche Laufen raubte ihr nur noch mehr Energie, daher schlugen wir ihr stattdessen eine Reihe erholsamer Yoga-Stellungen und Atemtechniken vor. Zunächst vermisste sie das Laufen sehr. Schließlich erkannte sie aber, dass ihr vor allem der Aufenthalt an der frischen Luft fehlte, daher unternahm sie nun morgens und abends einen Spaziergang mit ihrem Mann.

Wenn Sie sich fragen, wer denn schon Zeit für Meditation, Spaziergänge mit dem Partner und ein gemütliches Mittagessen hat, dann lautet sie Antwort: Sie. Wenn Ihre Physiologie erst einmal ins Gleichgewicht kommt, gewinnt Ihre innere Welt an Ordnung, und dies spiegelt sich in Ihrem Erfolg in der äußeren Welt. Alles erscheint leichter. Wenn Sie mehr geistige und körperliche Energie haben, steigt Ihre Effizienz. Die ayurvedischen Richtlinien einzuhalten, half Arial, sich mit ihrem inneren Quell der Kraft und Lebensfreude zu verbinden. Mit der Zeit stellte sich ihre angeborene Begeisterungsfähigkeit wieder ein – und ihre Ängste verschwanden.

Erkennen Sie sich im Spiegel?

1. Bei welchem Aspekt von Arials persönlicher Geschichte können Sie einen Bezug zu sich selbst herstellen?
2. Überlegen Sie, wie Arial auf die Situationen in ihrem Leben reagiert. Inwiefern ähneln Arials Reaktionen auf Lebenssituationen Ihren eigenen Tendenzen? Wo liegen die Ähnlichkeiten und Unterschiede zwischen Arials und Ihren Reaktionen auf die Stressoren des Lebens?
3. Auf welche Aspekte Ihres Seins wirkt sich eine Depression aufgrund Ihrer ganz persönlichen Tendenzen am ungünstigsten aus (auf ihr körperliches, mentales, emotionales oder spirituelles Ich)?
4. Wenn Sie vor Widrigkeiten stehen, welche Aspekte Ihres Seins schenken Ihnen dann Kraft?
5. Wie wirkt sich ein Ungleichgewicht im Vata-Dosha auf Ihre Physiologie aus?
6. Welche Aspekte Ihres Lebensstils könnten ein Vata-Ungleichgewicht in Ihrer Physiologie verstärken?
7. Welche Entscheidungen bezüglich Ihres Lebensstils könnten Ihr Vata-Dosha wieder ins Gleichgewicht bringen?
8. Welche hier beschriebenen ayurvedischen Interventionen finden Sie am interessantesten? Welche Interventionen könnten Ihnen Ihrer Meinung nach helfen?

FÜNF
Brennende Depression

Alles von echtem und bleibendem Wert ist immer ein Geschenk aus dem Inneren.
Franz Kafka zugeschrieben

Die Brennende Depression wird durch Störungen im Pitta-Dosha ausgelöst. Menschen mit diesem Depressionstyp berichten von dem Gefühl, ihre Bemühungen würden von anderen hintertrieben. Diese innere Wahrnehmung – dass ihnen ihre Möglichkeiten versperrt werden – führt zu einer alles durchdringenden Reizbarkeit und Frustration. Oft verbirgt sich hinter diesen starken emotionalen Reaktionen eine abgrundtiefe Traurigkeit. Auch unterschwellige Versagensängste oder die Befürchtung, man könne im Konkurrenzkampf seinen „Biss" verlieren, sind vorhanden. Menschen mit einer Brennenden Depression können Eifersuchtsanfälle erleben, die aus dem Gefühl erwachsen, andere hätten es leichter als sie.

Vor die Wahl gestellt, zu kämpfen, zu fliehen oder „einzufrieren", entscheiden sich Menschen mit einer Brennenden Depression unter Stress für das Kämpfen. Bei diesem Depressions-Archetyp ist oft eine eingeschränkte Wahrnehmung die Wurzel des Problems. Aufgrund eines verringerten Unterscheidungsvermögens sind Menschen mit einem Pitta-Ungleichgewicht häufig nicht in der Lage zu erkennen, wie sich ihr Verhalten auf andere auswirkt und welche Rolle sie selbst in einer beliebigen Situation spielen. Daher schieben sie die Schuld an ihrem Leiden anderen zu. Sie teilen scharfe Kritik aus und schreiben anderen vor, wie sie sich zu verhalten oder was sie zu tun haben. Oft besteht ein verstärktes Verlangen zu kontrollieren, wie andere etwas machen, vermutlich damit es „richtig", sprich auf *ihre* Art und Weise, gemacht wird. Um ihren Standpunkt deutlich zu machen, verfallen Menschen mit einer Brennenden Depression häufig auf Wutausbrüche oder Sarkasmus.

Oft treten Entzündungen am ganzen Körper auf, zum Beispiel Hautprobleme und Ausschläge (einschließlich Akne), Magengeschwüre und andere Störungen im Verdauungstrakt sowie Augenreizungen. Häufig wird auch von einer Zunahme der Migräneschübe berichtet. Die Betroffenen verspüren oft eine andauernde Muskelspannung. Auch Unterbrechungen des Schlafzyklus (frühmorgendliches Erwachen) werden häufig genannt.

Ein sehr intensives und von übertriebenem Konkurrenzdenken bestimmtes Leben kann die Wurzel des Problems sein. Die wichtigsten therapeutischen Techniken sind Maßnahmen zur Kühlung der Physiologie. Entscheidend ist, dass die Betroffenen ihr Bewusstsein und ihren Horizont erweitern.

Bei einem Menschen mit einem Pitta-Ungleichgewicht, das zu einer Brennenden Depression führt, findet man häufig auch ein Ungleichgewicht im Vata-Dosha. Wie der Wind ein Feuer anfacht, hat auch dieses Ungleichgewicht direkte Auswirkung auf das Pitta-Dosha und führt dazu, dass das Nervensystem ausbrennt. Die Aufmerksamkeit muss sich daher darauf richten, dass sich die Physiologie durch eine Linderung der Entzündungsprozesse auf allen Ebenen erholen kann. Die Betroffenen müssen sich beruhigen (das Vata-Dosha ins Gleichgewicht bringen) und abkühlen (das Pitta-Dosha ins Gleichgewicht bringen).

Barbaras Geschichte: Aufs Weinen brennen

Wie sie auf ihrer Stuhlkante saß, gab Barbara das klassische Bild eines angespannten und frustrierten Menschen ab. Ihr Chef hatte sie darauf hingewiesen, dass es ihr offensichtlich schwerfalle, ihre Wut im Zaum zu halten. Unnachgiebig erzählte Barbara eine ganz andere Geschichte:

„Komischerweise glaube ich, dass ich meinen Biss verloren habe. Ich bin fett und schwabbelig – genau wie mein Hirn. Das bin nicht ich. Ich konnte immer messerscharf denken. Ich konnte die Welt ausschalten und meine Arbeit erledigen. Alle haben zu mir aufgeschaut. Aber jetzt stimmt etwas mit mir nicht. Neulich habe ich mitbekommen, wie jemand sagte, ich sei eine herrische Nörglerin."

Barbaras Leiden verwirrte sie. „Ich vermute, dass ich manchmal reizbar bin, aber was soll's? Wenn alle tun würden, was sie sollen, wäre ich nicht so frustriert. Ich leiste Überdurchschnittliches – immer! Aber am Ende haben dann doch die Schaumschläger dieser Welt die Nase vorn." Mit dieser Feststellung begann sie eine Tirade gegen ihre Kollegen. Offensichtlich fühlte Barbara sich schrecklich missverstanden.

Besonders schwer fiel es ihr, eingehender über ihre Gefühle zu sprechen. Alle verbalen Fragemethoden prallten an einer Mauer aus Wut ab. Mit geröteten Augen, Tränen zurückhaltend, die darauf brannten herauszukommen, berichtete sie von einer Reihe beruflicher und privater Erlebnisse, die zu Frustration und Ernüchterung geführt hatten. Bis vor kurzem, so erklärte Barbara, habe sie sich nie die Zeit genommen, über ihre Gefühle nachzudenken oder, wie sie herablassend meinte, „Nabelschau zu betreiben". Stattdessen hielt sie ihre Gefühle anscheinend durch die aktive Teilnahme an sportlichen Wettkämpfen im Zaum. Tennis war ihr Lieblingssport, doch seit sie aufgrund einer Knieverletzung nicht mehr in der Wettkampfliga spielen konnte, hatte sie jegliches Interesse an Sport verloren. Wie zu ihrer Verteidigung brachte Barbara an: „Es gibt nichts Besseres als Tennis."

Sie klang einsam und verbittert, als sie erzählte: „Nach der Arbeit auf den Platz zu gehen, das fehlt mir. Jetzt gehe ich nach Hause, schaue in meine E-Mails und rufe ein paar Leute zurück, die auf den AB gesprochen haben. Dann schenke ich mir zur Entspannung ein oder zwei Glas Wein ein – wissen Sie, das ist gut fürs Herz."

Ayurvedische Diagnose

Obwohl Barbara sich nicht selbst als depressiv bezeichnet hat, zeigt sie das klinische Bild eines Menschen, der unter einer depressiven Verstimmung leidet. Schließlich gab sie zu, dass sie sich am Arbeitsplatz erschöpft fühle, weil sie nachts Durchschlafschwierigkeiten habe. Aufgrund stark verminderter Aktivität und vermehrtem Essen hat sie zugenommen. Ihr Selbstwertgefühl ist nach eigenen Angaben im Keller. Im Beruf kann sie sich nur schwer auf ihre Aufgaben konzentrieren.

Aus ayurvedischer Sicht hat Barbaras Ungleichgewicht im Pitta-Dosha zu einer Depression geführt. Ihre Symptome passen zum Archetyp der Brennenden Depression. Ihre vorherrschende innere Wahrnehmung ist, dass ihre Pläne durchkreuzt und ihr Möglichkeiten versperrt werden; im Äußeren drückt sich dies durch Frustration und Reizbarkeit aus. Doch hinter dieser Mauer aus Wut und Feindseligkeit verbirgt sich eine tiefe Traurigkeit.

Auf die Frage, ob sie schon einmal darüber nachgedacht habe, dass sie depressiv sein könnte, reagierte Barbara überrascht. „Sie glauben, ich bin depressiv? Ich bin einfach so", blaffte sie. Wie viele Menschen glaubte auch Barbara, depressiv zu sein, bedeute, wie unter einer dunklen Wolke zu leben oder starr vor Traurigkeit zu sein. Bei Menschen mit einer Brennenden Depression verdeckt jedoch im Gegenteil häufig Reizbarkeit eine traurige Stimmung und ein geringes Selbstwertgefühl. Barbaras Depression war sehr lange nicht erkannt worden, weil sie sich trotz ihres inneren Selbstempfindens nach außen hin überwiegend so gab, als wolle sie sich unverdrossen überall durchpflügen.

Pitta-Dosha reguliert die Umwandlung und Erzeugung von Energie auf allen Ebenen der Physiologie. Auf der physischen Ebene wirkt es wie ein Ofen in unserem Verdauungssystem, der uns hilft, Nahrung in Energie umzuwandeln. Auf der mentalen Ebene ist es die Kraft, die uns hilft, Lebenserfahrungen zu verdauen.

Pitta-Dosha wird gestört, wenn man die Dinge übertreibt, ständig etwas erzwingen will und sich nicht die Zeit nimmt, Erfahrungen zu verarbeiten. Ein Risiko für diese Art der Depression haben Menschen, die sich ständig antreiben, weil sie Erfolg mit Selbstwert gleichsetzen. Im Falle einer Brennenden Depression führt die ungezügelte Intensität schließlich dazu, dass die Betroffenen ausbrennen oder explodieren.

Schauen wir uns Barbara einmal näher an. Bildlich gesprochen ist sie wie ein Dampfkochtopf ohne Druckventil. Ihre innere Wahrnehmung, dass ihr Möglichkeiten versperrt und ihre Pläne durchkreuzt werden, ist der Deckel. Das Gefühl, blockiert zu werden, ist die Wurzel von Barbaras verbitterter Persönlichkeit. Wenn sich Druck aufbaut, kocht sie über. So erklärte sie: „Ich bin so frustriert, dass ich explodieren könnte." Der äußere Ausdruck dieses Ungleichgewichts ist Reizbarkeit, Feindseligkeit, Sarkasmus und scharfe Kritik gegenüber sich selbst und anderen. So lässt Barbara den inneren Druck, den Dampf ab, der sich in ihrer Physiologie angestaut hat.

Aus westlich-medizinischer Sicht beinhaltet eine Brennende Depression eine unausgewogene Produktion exzitatorischer, also erregender neurochemischer Botenstoffe, in erster Linie Noradrenalin und Dopamin. Wenn Noradrenalin und Dopamin im Gleichgewicht sind, sorgen sie für Antrieb, Entschlusskraft und Energie. Im Übermaß erzeugen sie ein Verlangen nach erlebnishungrigem Verhalten und Aggression. Darüber hinaus geht mit der übermäßigen Ausschüttung dieser Botenstoffe eine Flut von Stresshormonen einher – allen voran Cortisol – was körperliche Entzündungszustände begünstigt. Was im Mikrokosmos des Körpers existiert, ist auch im Makrokosmos des Geistes vorhanden. Daher ist es nicht ungewöhnlich, dass man im Körper der Betroffenen verbreitet Entzündungen findet, wobei die Symptome von Hautbeschwerden über Magengeschwüre und Sodbrennen sowie auf einer noch tieferen Ebene bis zu Herzerkrankungen reichen können. Wie wir in Barbaras Fall sehen, sind auch ihre Emotionen und mentalen Neigungen entzündlich geworden.

Was führt zum Burnout oder zur Explosion? Nahrung ebenso wie Erfahrungen werden in vier entscheidenden Schritten verstoffwechselt: Aufnahme (Nahrungszufuhr), Verdauung (Aufspaltung in die Bestandteile), Verwertung (Resorption der Nährstoffe) und Ausscheidung („Entsorgung" von Abfällen). Wenn sich das Pitta-Dosha im Gleichgewicht befindet, sind die Kapazitäten für einen effizienten Stoffwechsel groß. Mit anderen Worten, es ist eine ausgeprägte Fähigkeit vorhanden, sehr viel Stress auszuhalten, bevor man dessen negativen Auswirkungen erliegt. Mit ausgeglichenem Pitta-Dosha können Menschen äußerst umtriebig und oft auch in allen ihren Unternehmungen sehr erfolgreich sein.

Doch eines kommt zum anderen, und wenn man zu vieles mit hoher Intensität tut, führt dies häufig zu einem Ungleichgewicht. Das hell lodernde Pitta-Feuer erzeugt sehr viel Energie. Leider kann diese großartige Energie zum Schaden von Körper, Geist und Seele missbraucht werden. Im Prinzip fängt das Feuer dann an, sich selbst zu verzehren.

Das Problem von Menschen mit einem Pitta-Ungleichgewicht ist, dass sie zwar gut aufnehmen und verdauen können, die Verwertung jedoch fehlt, weil sie sich nicht die Zeit zum Verarbeiten nehmen. Sie verstoffwechseln so schnell, dass sie nicht darüber nachdenken, welche Auswirkungen ihr Lebensstil auf ihre körperliche Gesundheit hat. Ebenso wenig können sie einer Analyse ihrer Gefühle etwas abgewinnen. Wie Barbara so treffend formulierte: „Für eine Nabelschau fehlt mir die Zeit." Allmählich wird die Wahrnehmung eingeschränkt. Wie ein Pferd mit Scheuklappen ist Barbara ein Rennen gelaufen und hat dabei aus dem Blick verloren, welche Auswirkungen ihre Entscheidungen bezüglich ihres Lebensstils auf ihren Geist-Körper haben, wie es ihr emotional geht und welche Folgen ihr Verhalten für ihre Beziehungen entfaltet. Schließlich, und nicht ganz unwichtig, hat sie komplett den Bezug zu den spirituellen Aspekten des Lebens verloren. Dies ist geradezu ein Rezept für eine Brennende Depression.

Das Wunder der Brennenden Depression ist, dass die Betroffenen weiter funktionieren können, ohne zu merken, dass sie depressiv sind. Auf der emotionalen Ebene registrieren Menschen wie Barbara Frustrationen schnell. Sanftere Gefühle wie Traurigkeit hingegen werden vernachlässigt, bis sie Beachtung verlangen. Darüber hinaus löst ein Pitta-Ungleichgewicht die Tendenz aus, überkritisch mit sich selbst und anderen zu sein. Die Betroffenen denken praktisch nur noch an vermeintliche Verletzungen. Ihre Fähigkeit, etwas anderes als Frustration, Verletzung oder Wut zu empfinden, ist stark eingeschränkt.

In Barbaras Fall wurde ihr Verhalten durch ihre Emotionen beeinflusst – mit negativen Folgen für ihre Leistung und ihre Beziehungen im Beruf. Sie berichtete, ihr sei ein Antiaggressions-Training nahegelegt worden, hatte aber keinerlei Bewusstsein dafür, inwiefern ihr Verhalten diese Empfehlung ausgelöst haben könnte. Ihre intensive Flamme war zu einem Waldbrand geworden, der alles niederbrannte, was ihm in die Quere kam. Wie die meisten Menschen mit einem Pitta-Ungleichgewicht hatte Barbara sehr viel Energie für äußere Erfolge und konnte tatsächlich, wie sie gesagt hatte, Überdurchschnittliches leisten. Wenn jemand ständig rennt und sich keine Zeit zum Nachdenken nimmt, staut sich die Intensität immer weiter an und verbrennt sich schließlich selbst.

Im Umgang mit ihrem physiologischen Ungleichgewicht hatte Barbara negative Bewältigungsmechanismen entwickelt. Auf der körperlichen Ebene hatte sie zum Beispiel zu viel gegessen, weil sie hoffte, damit „das Brennen in ihrem Magen zu löschen". Sie wusste nicht, dass ein Magengeschwür die Ursache der unangenehmen Empfindungen war. Weil sie sich in ihrer Intensität verrannt hatte, bemerkte Barbara die Hinweise nicht, die ihr Körper ihr gab.

Außerdem hatte sie sich angewöhnt, jeden Abend ein, zwei Gläser Wein zu trinken. Kurzfristig verschaffte ihr dies eine Auszeit von ihrer Intensität, doch auf lange Sicht verstärkte es das Pitta-Ungleichgewicht in ihrer Physiologie noch, wenn sie Alkohol in sich hineinschüttete. Ein bis zwei Gläser Wein am Abend waren für Barbara, als hätte sie Benzin (das tatsächlich Alkohol enthält) in ein offenes Feuer gegossen. Alkohol entzündet die Physiologie, auch das Herz.

Der regelmäßige Alkoholkonsum führte außerdem zu einer Störung ihrer Schlafmuster. Sie hatte zwar keine Einschlaf-, wohl aber Durchschlafschwierigkeiten. Barbara gab an, nachts absturzartig einzuschlafen, nur um wenige Stunden später überhitzt, reizbar und unruhig wieder aufzuwachen. Oft lag sie dann mehrere Stunden wach und schlief erst in der Morgendämmerung wieder ein – kurz bevor der Wecker den neuen Tag ankündigte.

Alkohol im Sinn: Die Auswirkungen geistiger Getränke auf Ihren Geist-Körper

Trinken oder nicht trinken – das ist die Frage. Forschungsstudien haben gezeigt, dass maßvoller Alkoholkonsum gut ist für das Herz. Freudetrunken prosten seither viele mit einem Glas Wein ihrer Gesundheit zu. Inwiefern ist das gut für das Herz? Dadurch, dass Alkohol Ihnen, wenn auch nur kurzfristig, zur Entspannung verhilft, senkt er den Blutdruck, und dies ist wiederum gut für das kardiovaskuläre System. Außerdem heißt es, dass die Traubenhaut Stoffe enthält, die Plaques vermindern und sogar einem Schlaganfall vorbeugen können.

Leider ist eine mäßige Alkoholmenge zwar angeblich gut für das physische, aber schädlich für das emotionale Herz. Weil Alkohol Traurigkeitsgefühle auslöst, wirkt er als Depressivum. Die Traurigkeit kann sich allmählich zu Nervosität und Ängsten sowie im Laufe eines anschließenden Katers zu geistiger Lethargie und körperlicher Erschöpfung wandeln. Mit zunehmender Regelmäßigkeit und Menge des Konsums steigt die Wahrscheinlichkeit, dass die Symptome sich verschärfen und der Konsument oder die Konsumentin schließlich ängstlich und depressiv wird. Stimmungen werden durch Alkohol intensiviert. Wenn jemand depressiv ist, wird er durch das Trinken wahrscheinlich noch depressiver.

Alkohol kann beruhigend wirken und bei mäßigem Konsum Stress lindern. Manche Studien definieren moderaten Konsum mit zwei bis drei Gläsern Wein pro Woche. Alles, was darüber hinausgeht, erhöht den Stress für den Körper noch, insbesondere, wenn der Konsument vorübergehend aufhört oder wenn die Substanztoleranz steigt.

Weil Alkohol das zentrale Nervensystem verlangsamt und entspannt (im Wortsinne „de-pressiv", also druckabbauend wirkt), verlangsamt er auch Hirnfunktion, Atmung und Puls. Mit zunehmendem Alkoholkonsum können die Zellen und Organe des Körpers immer weniger effizient arbeiten. Schließlich wird man sediert und schläfrig.

Bei Menschen, die lange alkoholabhängig waren, kann die Substanz toxisch auf die Neurotransmitter wirken. Alkohol führt zu einer Erhöhung des Cortisols im Blut, was wiederum zum Absinken von Serotonin, Noradrenalin und Dopamin führt. Logischerweise würde man daher erwarten, dass Alkoholkonsum depressionsauslösend wirkt. Allerdings haben Studien gezeigt, dass Alkoholkonsum nicht zwingend Depressionen oder Ängste verursacht. Mit anderen Worten, nicht alle schweren oder langjährigen Trinker werden depressiv. Wenn Sie jedoch bereits unter einer Depression leiden, dann kann Alkohol dazu führen, dass die damit verbundenen Symptome erheblich verstärkt zum Ausdruck kommen.

Alkohol kann außerdem indirekt zur Ausbildung einer depressiven Verstimmung beitragen, und zwar auf unterschiedliche Weise. Erstens dämpft Alkohol zwar die Körperfunktionen, stimuliert aber häufig den Gefühlsausdruck. Er hemmt die Funktion von Hirnarealen, die uns die Verhaltenskontrolle ermöglichen, was dazu führt, dass wir Gefühle aller Art ungehemmter herauslassen – die guten, die schlechten und die hässlichen. Die Einnahme weiterer Drogen kann sowohl die Wirkung des Alkohols als auch die der entsprechenden Droge steigern, insbesondere wenn die andere Droge ebenfalls dämpfend auf das zentrale Nervensystem wirkt, also etwa ein Beruhigungsmittel oder ein Antihistaminikum (Allergie-Medikament) ist. Zweitens belastet Alkohol die Blutzuckerkontrolle und kann hypoglykämische Episoden (einen niedrigen Blutzuckerspiegel) auslösen, welche wiederum zu einer depressiven Verstimmung führen können. Drittens stört Alkohol den Schlaf und erschwert es somit den Betroffenen, die erholsame Ruhe zu finden, die jedermann benötigt, um gut funktionieren zu können.

Das Feuer kühlen

Bei einer weiteren Sitzung hatte Barbara kaum Platz genommen, schon trompetete sie: „Ich habe darüber nachgedacht, was Sie gesagt haben. Vielleicht bin ich ja wirklich depressiv. Es ist mir egal, was nicht stimmt. Ich möchte einfach nur, dass es wieder in Ordnung kommt und ich meinen Biss wiederhabe. Sagen Sie mir, was ich tun soll – ich mach's." Die vordringliche Aufgabe lautete, praktische Lösungen zum Abbau des inneren Drucks anzubieten, den Barbara verspürte. Um beim Bild des Schnellkochtopfes zu bleiben, kam es im ersten Schritt darauf an, das Druckventil ganz leicht zu öffnen.

Das wichtigste therapeutische Ziel bestand darin, Barbaras Physiologie Kühlung zu verschaffen. Eine Verringerung des Pitta-Dosha würde den physischen, mentalen und emotionalen Druck, den sie verspürte, drastisch abbauen. Daher führten wir Kräuter ein, die den Körper mit beruhigender, kühlender Energie versorgen. Mit nachlassender innerer Intensität fiel es Barbara leichter, Veränderungen an ihrem Lebensstil vorzunehmen. Sie reduzierte nicht nur ihren Alkoholkonsum, sondern begann, leichte und kühlende Nahrungsmittel zu sich zu nehmen, die ihr Ungleichgewicht aufheben konnten (siehe Kapitel Vierzehn).

Das mangelnde Schlafvermögen verursachte bei Barbara ein weiteres Ungleichgewicht – eine Störung in ihrem Vata-Dosha, welches das Nervensystem steuert. Diese Störung hatte den Effekt, dass das Feuer noch weiter angefacht wurde und Pitta noch stärker aus dem Gleichgewicht geriet. Unsere erste Empfehlung war, ihren Alkoholkonsum auf zwei bis drei Gläser Wein pro Woche zu beschränken. Außerdem wurden ihr Kräuter zum Ausgleich sowohl des Vata- als auch des Pitta-Dosha empfohlen. Darüber hinaus trug eine Selbstmassage mit Kräuterölen zur Abkühlung der Physiologie und zur Beruhigung des Nervensystems bei.

Außerdem empfahlen wir Yoga-Stellungen und Atemübungen zum Abbau ihrer Muskelspannung (zur Ableitung der „Hitze" in ihren Muskeln). Barbara erklärte, bei den kühlenden Atemübungen komme es ihr so vor, als gebe sie Hitze in Wellen durch die Nase ab.

Da wir alle dazu neigen, uns noch mehr in Richtung unseres Ungleichgewichts zu lehnen, fühlte Barbara sich zu heißen, scharf gewürzten Speisen hingezogen. So machten wir sie mit einem wichtigen ayurvedischen Prinzip vertraut: Ähnliches mehrt Ähnliches und Gegenteiliges gleicht aus. Zur Linderung der Hitze in ihrer Physiologie würde sie daher von der Zufuhr beruhigender, kühlender Energien profitieren. Was die Aufnahme über den Mund anbelangt, würden ihr Nahrungsmittel guttun, die ihren Verdauungstrakt nicht anheizten. Zur Aufnahme über ihre Sinne würde sie vom erfrischenden Anblick und den Klängen der Natur profitieren. Logisch und scharfsinnig wie sie war, spottete Barbara über diesen Vorschlag – für sie klang er, wie sie sagte, „zu esoterisch". Hier bot sich ihr die Chance zu einem Paradigmenwechsel.

Bahnbrechende wissenschaftliche Erkenntnisse besagen, dass die Essenz der physischen, konkreten, materiellen Welt Energie ist. Im Grunde ist alles ein Schwingungsmuster in einem Meer aus Intelligenz. Dies hat gravierende Folgen: Unsere Physiologie ist ein Auswuchs der natürlichen Welt. Barbara begriff, dass sie sich in ständiger Wechselwirkung mit der natürlichen Welt befand und ihre Teilhabe an der Natur zur Heilung nutzen konnte.

Ein Mondscheinspaziergang gehört zu den Rezepten, mit denen Pitta wieder ins Gleichgewicht gebracht werden kann. Während die Sonne wärmende Wirkung hat, bietet der Mond das Gegenteil: Er beruhigt und kühlt. Durch einen Spaziergang im Mondlicht würde Barbara ihre Physiologie mit einer ausgleichenden Schwingung erfüllen. Tatsächlich wurden diese Spaziergänge zu ihrer Lieblingsaktivität, was für Barbara ein weiteres wichtiges ayurvedisches Prinzip anschaulich machte: Die Welt ist unsere Apotheke, und ihre heilsame Wirkung wird durch die persönliche Erfahrung bestätigt.

Außerdem empfahlen wir Aromatherapie. Die vedischen Weisen wussten, was die moderne Wissenschaft bestätigt: Die Nase ist das Tor zum Gehirn. Aromen stimulieren wirkungsvoll den Riechnerv und lösen dadurch die Ausschüttung von Botenstoffen im Gehirn aus. Jedes Aroma hat eine bestimmte Schwingung, eine energetische Botschaft an die Physiologie. Für Barbara empfahlen wir ätherische Rosenöle. Rosen tragen die Energie des Mitgefühls, was Akzeptanz für einen selbst und andere ermöglicht.

In Barbaras Fall diente Mitgefühl als Gegenmittel gegen das verzweifelte Konkurrenzdenken, das sie innerlich antrieb und zugleich zerstörte. Die Erweiterung ihrer Bewusstheit war es schließlich, wodurch sie Harmonie und Gleichgewicht dauerhaft aufrechterhalten konnte. Meditation war eine Möglichkeit, den Deckel vom Schnellkochtopf zu nehmen. Sowie ihre Wahrnehmung sich erweiterte, konnte sie das „große Ganze" im Blick behalten und auch ohne die Scheuklappen übermäßiger Intensität konzentriert bleiben. Barbara war brillant und energiegeladener denn je und staunte zutiefst, dass sie zugleich Ruhe erleben und hellwach sein konnte. Im Beruf wurde Erfolg für sie wieder zur Regel – doch dieses Mal mit weniger Druck und mehr Freude. Allmählich konnte sie auch wieder lachen und sogar Sport treiben, weil es Spaß machte – nicht um zu gewinnen.

Erkennen Sie sich im Spiegel?

1. Bei welchem Aspekt von Barbaras persönlicher Geschichte können Sie einen Bezug zu sich selbst herstellen?
2. Überlegen Sie, wie Barbara auf die Situationen in ihrem Leben reagiert. Inwiefern ähneln Barbaras Reaktionen auf Lebenssituationen Ihren eigenen Tendenzen? Wo liegen die Ähnlichkeiten und Unterschiede zwischen Barbaras und Ihren Reaktionen auf die Stressoren des Lebens?
3. Auf welche Aspekte Ihres Seins wirkt sich eine Depression aufgrund Ihrer ganz persönlichen Tendenzen am ungünstigsten aus (auf ihr körperliches, mentales, emotionales oder spirituelles Ich)?
4. Wenn Sie vor Widrigkeiten stehen, welche Aspekte Ihres Seins schenken Ihnen dann Kraft?
5. Wie wirkt sich ein Ungleichgewicht im Pitta-Dosha auf Ihre Physiologie aus?
6. Welche Aspekte Ihres Lebensstils könnten ein Pitta-Ungleichgewicht in Ihrer Physiologie verstärken?
7. Welche Entscheidungen bezüglich Ihres Lebensstils könnten Ihr Pitta-Dosha wieder ins Gleichgewicht bringen?

8. Welche hier beschriebenen ayurvedischen Interventionen finden Sie am interessantesten? Welche Interventionen könnten Ihnen Ihrer Meinung nach helfen?

SECHS
Erdige Depression

Leben ist Bewegung. Je mehr Leben da ist,
je mehr Flexibilität da ist, desto flüssiger bist du,
desto lebendiger bist du.
Arnaud Desjardins

Die Erdige Depression wird im Allgemeinen durch ein Ungleichgewicht im Kapha-Dosha verursacht. Bildlich gesprochen, erstarrt bei diesem Depressions-Archetyp die typische Solidität und Stabilität des Erd-Elementes, wodurch die Betroffenen das Gefühl haben, auf physischer, mentaler und emotionaler Ebene „festzustecken". Ein Mensch mit einem Kapha-Ungleichgewicht sagt oft, er fühle sich vom Leben erdrückt und komme einfach nicht weiter. Die Erdige Depression ist gekennzeichnet durch körperliche und geistige Lethargie, Unlust sowie mangelndes Interesse und fehlende Motivation.

Tiefe Traurigkeit wurzelt oft in übertriebener Sentimentalität. Die Betroffenen hängen meist sehr daran, „wie es früher war". Die Fähigkeit, Vergangenes zu verstoffwechseln, ist häufig vermindert, daher tragen sie unverdaute Überreste aus früherer Zeit mit sich herum. Dies verhindert oft, dass sie im Leben vorwärtskommen.

Vor die Wahl gestellt, zu kämpfen, zu fliehen oder „einzufrieren", entscheiden sich Menschen mit einer Erdigen Depression unter Stress für das Einfrieren. Terminstress führt bei ihnen dazu, dass sie Dinge aufschieben, und stellt daher ein Leistungshindernis dar. Infolgedessen haben sie Schwierigkeiten, Projekte abzuschließen. Diese mangelnden Fortschritte und Erfolge verfestigen ihre Traurigkeit weiter. Oft sinkt ihr Selbstwertgefühl und die Sehnsucht nach der Zeit, als sie zufriedener mit sich waren, steigt. Leider fühlen sie sich wie gelähmt und nicht in der Lage, Veränderungen hin zu einem positiveren Seinszustand vorzunehmen.

Physische Manifestationen dieses Depressions-Archetyps sind unter anderem übermäßiges Essen und Schlafen, was häufig zu Gewichtszunahme und noch größerer Lethargie führt. Die hauptsächlichen therapeutischen Ziele lauten, den Betroffenen bei der Überwindung der Trägheit zu helfen und die Schwere anzugehen, die sie auf jeder Ebene ihres Geist-Körpers verspüren. Die therapeutische Aufgabe besteht darin, ihr Verdauungsfeuer (*Agni* auf Sanskrit) zu entfachen, und zwar in jedem Aspekt ihrer Physiologie: physisch, mental und emotional. Machen sich die Betroffenen darüber hinaus an die Reinigung ihrer Physiologie, fühlen sie sich nach und nach wieder lebendiger und zuversichtlicher. Erdige Depression wird oft nach einem ausgedehnten Schub einer Luftigen oder Brennenden Depression erlebt.

Eds Geschichte: Neuen Schwung brauchen

Als Ed die Praxis betrat, wirkte er, als laste die ganze Welt auf seinen Schultern. Apathisch und mit niedergeschlagenen Augen ließ er sich in einen Sessel fallen. Mit seinem korpulenten, stämmigen Körperbau erweckte Ed den Eindruck eines unbeweglichen Berges. Seine Stimme klang so zäh wie Melasse, und zuweilen hatte er Mühe, seine Sätze zu beenden. „So schlecht ging es mir vor etwa zehn Jahren schon einmal", sagte er. „Ich wollte heute eigentlich gar nicht herkommen, aber meine Frau sagt, ich stecke wieder im Dreck." Ergeben fügte er hinzu: „Wahrscheinlich hat sie recht; das hat sie meistens."

Im Gespräch mit Ed musste man ihm alles aus der Nase ziehen. Mühsam beschrieb er seinen ersten Kampf gegen die Depression. Damals war er dreiundzwanzig Jahre alt, und seine Verlobte hatte die Hochzeit abgesagt. Die zweite Episode kam kurz nachdem seine jüngste Tochter zum

Studium von zu Hause ausgezogen war. Jetzt, mit achtundfünfzig, sagte Ed, habe die Schwere kurz nach seinem Renteneintritt zugeschlagen. Davor hatte er, seit er dreißig war, im selben Job gearbeitet.

Hoffnungslosigkeit im Hinblick auf die Zukunft war in Eds Schilderung offenbar das Hauptmotiv. Er bestritt, suizidale Gedanken zu haben, räumte aber zögerlich ein: „Ich frage mich oft, was das alles noch soll." Er war in einen ungesunden Trott verfallen. Er hatte die Nacht zum Tag und den Tag zur Nacht gemacht. Häufig ging er um vier oder fünf Uhr morgens ins Bett und schlief dann bis dreizehn oder vierzehn Uhr. Fernsehen war Eds Hauptbeschäftigung. Er kicherte kaum merklich, als er schuldbewusst zugab: „Ich kann stundenlang Dauerwerbesendungen gucken." Er gab zu, dass er ständig irgendetwas futterte, besonders nachts. Im Laufe des letzten Jahres hatte er fünfundzwanzig Kilo zugenommen – „hauptsächlich durch süße Teilchen und Milchshakes", erklärte er.

Ed wunderte sich, dass er sich auch nach zehn Stunden Schlaf noch erschöpft fühlen konnte. Er konnte weder im Schlaf noch durch Essen Energie tanken. Nach seinen fett- und zuckerreichen Imbissen fühle er sich kurz gestärkt, berichtete er, danach aber verfalle er über Stunden in eine tiefe geistige Starre. „Meine Frau macht sich Sorgen, und das macht mir Kummer", schloss er.

Es war ganz offensichtlich, dass Eds Frau Janice sich Sorgen um ihren Mann machte. Sie erklärte: „Ich habe das Ganze schon einmal mitgemacht. Dieses Mal habe ich aber wirklich Angst, dass ich den Rest meines Lebens mit einem dauerglotzenden Stubenhocker verbringen muss." Janice zufolge war Eds momentaner depressiver Schub schwerer als die vorherigen. „Während der letzten Episode hat Ed gearbeitet. Jetzt hat er nichts mehr, was ihn zwingt, aufzustehen und in die Gänge zu kommen. Jetzt wirkt es, als sei er mir und auch sich selbst abhandengekommen. Er vergisst viel – er kann einen Gedanken nicht von heute bis morgen behalten. Wenn ich gefrustet bin und ihn an eine Hausarbeit oder eine Pflicht erinnere, dann vergräbt er die Füße im Boden wie ein trotziges Kind." Mit zitternder Stimme fuhr sie fort: „Ich glaube, er will mir überhaupt nicht helfen. Mehr noch, ich glaube, er liebt mich gar nicht mehr. Mir fehlt auch unser körperliches Zusammensein." Schüchtern ergänzte sie: „Nichts interessiert ihn, nicht einmal Sex."

Erdige Depression

Ayurvedische Diagnose

Eds Frau hat recht, wenn sie sich Sorgen um ihren Mann macht. Die Statistik über die Rückfallrate bei Depressionen ist niederschmetternd. Die Anzahl früherer Episoden lässt Vorhersagen über die Wahrscheinlichkeit einer weiteren Episode zu. Etwa fünfzig bis sechzig Prozent derjenigen, die eine erste Episode hatten, werden auch eine zweite haben. Wer zwei Episoden hatte, erleidet mit siebzigprozentiger Wahrscheinlichkeit eine dritte; und wer drei Episoden hatte, wird zu neunzig Prozent auch eine vierte erleben.

Dass Ed sich fragt, was das alles noch solle, ist verständlich. Jahrelang nahm er Antidepressiva und machte Psychotherapie. Vor fünfzehn Jahren wurde er in eine Klinik eingewiesen und erhielt Elektroschock-Behandlungen. Doch auf lange Sicht war keine dieser Interventionen erfolgreich. Keine konnte das Problem bei der Wurzel packen. Ayurveda zufolge muss Ed, wenn er seine Depression endgültig beseitigen will, begreifen, dass sein Lebensstil seine physiologischen Schwachstellen aktiviert. Dieses Wissen öffnet die Tür zu einer Vielzahl praktischer Techniken, mit denen er ins Gleichgewicht kommen und Rückfälle vermeiden kann.

Ed hat eine Neigung zu Erdiger Depression. Tiefe Traurigkeit, mangelndes Interesse und das Gefühl, festzustecken, sind die wichtigsten Manifestationen dieses Depressionstyps. Eds Frage, was das alles noch solle, ist ein Hinweis auf seine innere Wahrnehmung: Mangelnde Motivation, die zu Hoffnungslosigkeit führt. Übermäßiges Schlafen (Hypersomnolenz) und Essen werden oft als Trosttechniken benutzt. Mental und emotional sind übergroße Sentimentalität sowie die Bindung an die Vergangenheit die Wurzel seines Problems.

Kapha-Dosha reguliert Aufbau und Zusammenhalt der Physiologie im Ganzen. Es wird mit Stärke, Stabilität und Struktur verbunden. Wenn dieses Dosha überwiegt, erweckt der betreffende Mensch das Bild eines Berges. Mit seinem stabilen Körperbau und seiner gefestigten Präsenz wirkt Ed, als gehe er direkt aus der Erde hervor. Wenn er im Gleichgewicht ist, strahlt er, wo er geht und steht, Zufriedenheit und Würde aus.

Auf der physischen Ebene reguliert dieses Dosha biologische Stärke, natürliche Widerstandskraft (Immunabwehr) und einen guten Körperbau. Auf der psychischen Ebene vermittelt es geistige Stabilität, emotionale Ausdauer und mentales Stehvermögen. Wenn dieses gütige Dosha allerdings aus dem Gleichgewicht gerät, wird Stärke zu Starre und Stabilität zu Unbeweglichkeit. Menschen mit einem Kapha-Ungleichgewicht können so bewegungsunfähig werden, als seien sie in ihrer eigenen Struktur gefangen, sei es physisch, emotional oder mental.

Schlimmer noch, ein Ungleichgewicht im Kapha-Dosha führt zu toxischen Ablagerungen in der Physiologie. Diese Schlacken, das sogenannte *Ama* (Sanskrit für „unverdaut"), blockieren dann den Energiefluss in Körper, Geist und Seele. Alle Menschen verdauen Nahrung und Erlebnisse unterschiedlich. Bei einem Kapha-Ungleichgewicht verlangsamt sich die Verdauung, und es häuft sich *Ama* an. So war es auch bei Ed. Quelle seiner Traurigkeit sind bedrückende Schlacken.

Eds toxische Anhäufung bedrückender Schlacken kam deshalb zustande, weil sein Stoffwechselofen dichtgemacht hatte – körperlich in seinem Bauch und im übertragenen Sinne in seinem Geist. Verdauung und Verwertung – zwei der vier Komponenten des Stoffwechsels (siehe Kapitel Fünf) – arbeiten nicht zu seinen Gunsten. Was er über den Mund oder die Sinne aufnimmt, wird weder aufgespalten noch verwertet. Daher wird er auf keiner Ebene genährt. Der Grund für diesen Zusammenbruch liegt darin, dass das „Verdauungsfeuer" (*Agni*) im Innersten seines Wesens – das, was eines ins andere umwandelt – erstickt worden ist. Ohne dieses Feuer hat Ed keinen Funken Leben.

Ed hat drei depressive Episoden gehabt. Jede war mit einer wichtigen Veränderung in seinem Leben verbunden: Seine Verlobte trennte sich von ihm, seine Tochter zog zu Hause aus und er ging in Rente. Die Gefühle, die diese Ereignisse ausgelöst hatten, konnte Ed nur schwer verdauen und verarbeiten. In gewisser Weise könnte man sagen, Eds Schmerz rührt von emotionaler Verstopfung her.

Die Kehrseite unserer größten Stärke ist unsere größte Schwäche. Was Janice an Ed angezogen hatte, war seine Stabilität, Sicherheit und Zuverlässigkeit. Weil er jedoch aus dem Gleichgewicht geraten ist, hat sich seine Stabilität in Starre verwandelt. Angesichts seiner Pensionierung fühlt er sich hoffnungslos und kann sich nicht vorstellen, ein neues Leben zu gestalten. Er steckt in der Vergangenheit fest. Seine geistige und emotionale Struktur hat sich verhärtet, nicht unähnlich dem Erdboden nach einer Trockenheit. Aus Zuverlässigkeit ist die zwanghafte Neigung geworden, an vertrauten Abläufen festzuhalten. Wie seine Frau erklärt, ist aus dem verlässlichen Ed ein emotional klammernder geworden. Janice erstickt unter seinen häufigen Anrufen an ihrem Arbeitsplatz, bei denen er weinerlich fragt, wann sie endlich nach Hause kommt.

Ed ist in einem Lebensstil versunken, der die Schwere, die er in seinem Herzen spürt, noch verstärkt. Zusätzliche Kilos drücken ihn nieder. Er isst, um sich zu trösten. Doch statt ihn zu nähren, blockiert sein Essen den Energiefluss in Körper und Geist. Es wird nicht richtig verdaut und erzeugt daher toxische Schlacken. Die Folgen dieser „Verdauungsstörung" sind umwölktes Denken, das überwältigende Gefühl, nicht aus seiner Haut zu können, und die Unfähigkeit, Geist und Stimmung zu heben.

Veränderungen in Eds Lebensstruktur, wie etwa die Pensionierung, haben seinem Vata-Dosha, welches das Nervensystem reguliert, einen Schlag versetzt. Veränderungen sind für alle Menschen schwer, besonders aber für diejenigen, die bereits ein Kapha-Ungleichgewicht erfahren. Wenn seinem Nervensystem ein Schlag versetzt wird, fühlt Ed sich anders als sonst. Fast reflexhaft versucht er, seine Physiologie zur Ruhe zu bringen, um sich auch weiterhin so erleben zu können wie bisher. Zum Ausgleich des verunsichernden Gefühls, den Boden unter den Füßen zu verlieren, das die Veränderung in ihm ausgelöst hat, greift er zu allem, was ihn erdet: Feste Abläufe, zusätzliche Ruhe- und Schlafphasen sowie Trost durch süße, schwere und fette Speisen. Im Grunde lehnt er sich weiter in Richtung seines Ungleichgewichts. Kurzfristig bringen mehr Ruhe, übermäßiger Schlaf und schweres Essen Ed tatsächlich zur Ruhe, auf lange Sicht jedoch gerät sein Kapha-Dosha dadurch noch stärker aus dem Lot.

Ed zu sagen, er solle in Schwung kommen und seine emotionalen Lasten loslassen, wäre vergeblich. Dazu ist er körperlich erst in der Lage, wenn das Verdauungsfeuer seines Geist-Körpers wieder entfacht ist. Seine Physiologie muss wieder ins Gleichgewicht kommen. Sobald sie wieder ausgeglichen ist, kann Ed die Vergangenheit leichter hinter sich lassen und seine Zukunft gestalten. Psychisch und spirituell helfen ihm nun körperliche Interventionen. Um seinen Geist zu beleben, müssen wir zuerst seine körperliche Last erleichtern.

Das Feuer entfachen

Wir wollen Eds *Agni*, seine Verdauungskraft, auf körperlicher, geistiger und emotionaler Ebene entfachen. Körperlich wollen wir das vorhandene *Ama* aufspalten und seine Ausscheidung fördern. Zu diesem Zweck sind ayurvedische Reinigungszeremonien ein Muss. Stellen Sie es sich folgendermaßen vor: Wenn wir gut funktionieren wollen, sind wir nicht viel anders als unser Auto; auch wir müssen den Schmutz und Unrat aus unserem System entfernen. Wenn sich auf Zellebene Verunreinigungen und Gifte ansammeln, wird der Fluss der natürlichen Intelligenz überall behindert. Die Zellen verlieren ihren Zugang zu ihr. Sie vergessen, wie sie funktionieren. Das *Ama* aus Eds Physiologie zu entfernen, ist daher der erste Schritt zu seiner Genesung von der Depression.

Wir empfahlen Ed, sich ayurvedischen Reinigungstechniken, dem sogenannten *Panchakarma*, zu unterziehen. Panchakarma ist ein längerer Prozess, der darauf ausgerichtet ist, den Körper von Toxinen und unverdauter Materie, die von einer unguten Ernährung und Lebensweise herrühren, zu reinigen. Ein vollständiges Panchakarma ist eine Spezialbehandlung, welche die Aufsicht von Experten erfordert sowie arbeitsintensive Methoden umfasst, die von Ayurveda-Fachleuten angewandt werden. Einige Reinigungsmaßnahmen können jedoch auch zu Hause durchgeführt werden.

Ed leitete einen häuslichen Panchakarma-Reinigungsprozess ein. Seine Ernährung bestand aus leichten und warmen, leicht verdaulichen Speisen, die seine Physiologie mit Wärme und Lebendigkeit erfüllen (siehe Kapitel Vierzehn). Schon bald nach seiner Ernährungsumstellung gab er an, er fühle sich körperlich und emotional leichter. Jetzt konnte er sich allmählich mit der Vorstellung anfreunden, seinen Körper zu bewegen und spazieren zu gehen statt zu schlafen, wenn er am Vormittag eine Lethargie-Attacke verspürte. Dies war der erste Schritt zum Anfachen seines Verdauungsfeuers. Der zweite bestand darin, sich für die weitere

Reinigung die Kraft der Kräuter zunutze zu machen. Sinn und Zweck der Kräuter war es, eine gute Ausscheidung zu fördern und eine weitere Entstehung von *Ama* zu verhindern.

Nach und nach spiegelten Eds Biorhythmen die Zyklen der Natur wider. Dies war ein wichtiger Schritt auf seinem Genesungsweg aus der Depression. Wenn wir unseren inneren Biorhythmus stören – sei es durch ungenügenden oder übermäßigen Schlaf oder dadurch, dass wir tagsüber schlafen und nachts wach sind – verlieren wir die Unterstützung der Natur für einen gut funktionierenden Stoffwechsel. In der Nacht kommen die „Müllmänner" heraus und reinigen die Physiologie. Wenn wir aber wach sind, können diese nächtlichen Reiter (Immunzellen) ihre Aufgabe nicht erfüllen, und wir werden mit Müll (Toxinen oder *Ama*) verstopft. Ein jegliches hat seine Zeit und seinen Ort, und übermäßiges Schlafen, besonders tagsüber, ist ein Energieräuber. Es bringt unsere Physiologie nur noch mehr aus dem Gleichgewicht.

Wenn man ein Feuer anzünden will, braucht man stets ein wenig Sauerstoff. Deshalb verschrieben wir ayurvedische Atemübungen, um Eds Körper mit Sauerstoff anzureichern – oder, mit ayurvedischen Begriffen gesprochen, um sein Verdauungsfeuer anzufachen. Er fing an, diese Übungen regelmäßig zu machen, und bemerkte schließlich, es sei, als werde in seinem Gehirn ein Licht angeschaltet.

Darüber hinaus schlugen wir vor, Ed solle Meditieren lernen. Regelmäßige Mediation half Ed, die feinstofflicheren Aspekte seines Wesens zu reinigen, also Geist und Gefühle. Der Aufbau einer Verbindung zu den spirituellen Aspekten des Lebens half ihm außerdem, Veränderung als notwendigen Teil des Evolutionsprozesses zu sehen.

Erkennen Sie sich im Spiegel?

1. Bei welchem Aspekt von Eds persönlicher Geschichte können Sie einen Bezug zu sich selbst herstellen?
2. Überlegen Sie, wie Ed auf die Situationen in seinem Leben reagiert. Inwiefern ähneln Eds Reaktionen auf Lebenssituationen Ihren eigenen Tendenzen? Wo liegen die Ähnlichkeiten und Unterschiede zwischen Eds und Ihren Reaktionen auf die Stressoren des Lebens?
3. Auf welche Aspekte Ihres Seins wirkt sich eine Depression aufgrund Ihrer ganz persönlichen Tendenzen am ungünstigsten aus (auf Ihr körperliches, mentales, emotionales oder spirituelles Ich)?
4. Wenn Sie vor Widrigkeiten stehen, welche Aspekte Ihres Seins schenken Ihnen dann Kraft?
5. Wie wirkt sich ein Ungleichgewicht im Kapha-Dosha auf Ihre Physiologie aus?
6. Welche Aspekte Ihres Lebensstils könnten ein Kapha-Ungleichgewicht in Ihrer Physiologie verstärken?
7. Welche Entscheidungen bezüglich Ihres Lebensstils könnten Ihr Kapha-Dosha wieder ins Gleichgewicht bringen?
8. Welche hier beschriebenen ayurvedischen Interventionen finden Sie am interessantesten? Welche Interventionen könnten Ihnen Ihrer Meinung nach helfen?

SIEBEN
Das Leben verdauen

Wenn du Meister deines Körpers, deiner Worte und deines Geistes bist, wirst du dich vollkommener Gelassenheit erfreuen.
Shabkai

Traurig zu sein, ist an sich nichts Schlimmes. Tatsächlich kann das Gefühl der Traurigkeit sogar ein wichtiger Wegweiser sein, der uns sagt, dass etwas in unserem Leben nicht stimmt und der Aufmerksamkeit bedarf, oder es kann eine natürliche Reaktion auf schmerzliche Umstände (wie etwa Tod oder Scheidung) sein. Wenn wir unseren Emotionen zuhören, dienen sie uns als Führer. Sie können uns die Richtung weisen und uns über den Zustand unseres Seins informieren. Unsere Gefühle lassen uns wissen, ob wir in vielerlei Hinsicht auf dem richtigen Weg sind: In Ernährung und Beziehungen, körperlich, spirituell und beruflich. Traurige Gefühle können ein wertvoller Hinweis darauf sein, dass es an der Zeit ist, unsere Lebensweise zu ändern. Beispielsweise könnte Ihr Körper Ihnen sagen wollen, dass es angebracht ist, langsamer zu machen und sich mehr Ruhe zu gönnen. Ihre Niedergeschlagenheit bittet Sie möglicherweise, Ihrem Verhalten mehr Aufmerksamkeit zu schenken. Wie Fieber zu Beginn einer Erkältung kann sie als Warnung dienen, dass Ihr Körper mit einem Krankheitsprozess ringt. Traurigkeit kann ein Aufschrei des Geistes sein, der Ihnen sagt, dass sich eine wichtige Beziehung verändert und Aufmerksamkeit erfordert.

Emotionen sind ein Aspekt unseres gesamten Seins. Wir können nicht einfach eine einzelne isolieren, weil wir sie nicht mögen, und dann abhacken. Emotionen dienen einem Zweck. Sie geben unserem Leben Tiefe und Weite. Wenn wir uns die Botschaften bewusstmachen, die sie aussenden, unterstützen sie uns bei unserem Wachstum. Ein emotional gesunder Mensch erkennt Gefühle, benennt sie und nutzt sie als Wegweiser. Depression bekommt häufig dann den Fuß in die Tür zu unserer Psyche, wenn wir unsere innere Traurigkeit ignorieren. Wenn sie nicht beachtet wird, kann Traurigkeit letztendlich zu geistigen, körperlichen oder seelischen Blockaden führen. Auf diese Weise können Traurigkeitsgefühle sich von hilfreichen Führern zu finsteren Kerkermeistern wandeln, die uns unseres Geburtsrechts auf Glück und Lebensfreude zu berauben drohen. Wenn die Depression unsere Physiologie erst einmal im Griff hat, kann sie uns in einem Zustand der Unterdrückung gefangen halten. Doch die Energie fließt, wohin die Aufmerksamkeit sie zieht: Wenn wir unseren traurigen Gefühlen Aufmerksamkeit zuwenden, wenn wir sie als Wegweiser nutzen, dann lösen sich die Blockaden, und wir werden frei für andere Erfahrungen. Genau darum geht es bei einer effektiven Verstoffwechselung des Lebens.

Materie verarbeiten, das Leben verdauen

Den vedischen Weisen zufolge liegt eine der Hauptursachen aller mentalen und emotionalen Erkrankungen in der Unfähigkeit begründet, die durch die Lebenserfahrungen hervorgerufenen Emotionen zu verarbeiten. Eine Erfahrung zu verarbeiten, entspricht etwa dem Verdauen und Verstoffwechseln von Nahrung. Ja, man kann dies exakt in den Begriffen von $E = mc^2$ ausdrücken: Alle Materie ist Energie und alle Energie ist Materie. Wäre ein Erlebnis ein Stück Brot, dann würde dies bedeuten, dass Sie es in sich aufnehmen, aufspalten, die nützlichen Teile Ihrem Körper einverleiben und den Rest die Verdauungsrutsche hinunterschicken, damit er ausgeschieden wird.

Menschen, die ausgeglichen, gesund und in sich vollständig sind, können dies. Sie sind in der Lage, negative Erlebnisse und schwierige Gefühle in einem vernünftigen Zeitraum zu verarbeiten. Sie können Negativität loslassen und wieder nach vorne schauen. Andere benötigen zum Verarbeiten mehr Zeit.

Manche Menschen sind nicht in der Lage, Erlebnisse sehr schnell zu verarbeiten. Ihre Transformationskraft ist nicht optimal. Bei einer außerordentlich langsamen mentalen oder emotionalen Verdauung bleiben negative Eindrücke sehr lange bestehen. Diese negativen Eindrücke wirken sich wiederum auf aktuelle Gedanken und Gefühle aus, was zu emotionalen Unausgewogenheiten führt. Mit anderen Worten, auch wenn wir momentan keine Probleme haben, können wir doch durch frühere Erlebnisse dauerhaft traumatisiert sein.

Alte Lasten loslassen

Wenn wir emotionale Lasten mitschleppen, kann dies unsere Physiologie erschöpfen. Alte Probleme können in der Gegenwart zu emotionalen Belastungen werden. So erinnern wir uns zum Beispiel an eine negative Situation, die vor zehn Jahren eingetreten ist, und fragen uns: „Warum ist mir das widerfahren?"

Unser Geist kann sich in die Suche nach einer Antwort verbohren. Sitzt der Stress immer noch in unserem Geist, stellt das Gehirn das Erlebnis auf der Grundlage seiner Erinnerungen immer wieder nach. Der Körper erlebt das Trauma noch einmal und speichert die Erinnerung noch tiefer in seinen Geweben. Der Geist-Körper spürt das Erlebnis genauso stark wie zu dem Zeitpunkt, als das verletzende Ereignis eingetreten ist. Unsere *Wahrnehmung* des Lebens hat noch stärkere Auswirkungen auf uns als die Ereignisse an sich.

Ein Mensch mit einem ausgezeichneten emotionalen Stoffwechsel kann angesichts normaler Lebensstressoren resilient sein. Ein solcher Mensch steht wieder auf und schaut nach vorne. Ist unser emotionaler Stoffwechsel jedoch schwach, bleiben wir am Stress haften. Dies setzt einen Prozess in Gang, der Depressionen erzeugen kann. Wenn im Geist immer wieder alte Filme ablaufen, beeinflusst dies den Körper auf der Zellebene. Wir fahren uns buchstäblich in einer bestimmten Spur fest, weil wir uns an die Ausschüttung der Botenstoffe gewöhnen, die mit unseren eingeschliffenen neuralen Bahnen verbunden sind. Wir neigen dazu, immer wieder zum selben Denken, Fühlen und Verhalten zurückzukehren. Unsere Seinsweise und unser Weltbild zu ändern, ist allerdings kein Kinderspiel. Eine Veränderung der Art und Weise, wie wir Erlebnisse verarbeiten, erfordert einen psychischen Wandel. Wie erreichen wir diesen?

Obwohl wir Sie vor den Gefahren gewarnt haben, die das Mitschleppen emotionaler Lasten mit sich bringt, sagen wir nicht lediglich: „Lassen Sie einfach los!" (Womit alles gemeint ist, was Sie belastet: Ihre Überzeugungen, Ideen, früheren Krisen, heutigen Konflikte, Ihr Partner, Ihre Chefin.) Um Depressionen loszuwerden, müssen wir selbstverständlich bedrückende Belastungen in unserem System loslassen. Es ist absolut notwendig, Negativität und Stress jeglicher Art loszulassen, um gesund zu werden. Doch wir erkennen auch an, wie schwierig dies ist. Sie können Ihr Gehirn nicht einfach mit Willenskraft dazu zwingen. Dies erzeugt nur noch mehr Stress im System und ist kontraproduktiv. Würde der persönliche Wille ausreichen, würden wir ihn doch aller Wahrscheinlichkeit nach einsetzen; schließlich tut Unglück weh.

Ihnen zu sagen, Sie sollten einfach loslassen, würde daher verkennen, welche große Erschöpfung Ihre Physiologie durch das ständige Abspielen der alten Filme aus Ihrem Leben befallen hat. Ebenso wenig würde damit berücksichtigt, wie viel Energie erforderlich ist, um die angesammelten mentalen und emotionalen Schlacken, die Sie bedrücken, abzubauen. Entstressen und Entschlacken erfordern Energie und innere Stärke. Doch wenn wir depressiv sind, haben wir leider nicht die innere Stärke, einfach abzuschütteln, was uns bedrückt.

Um neu zu beginnen, müssen wir das Verdauungsfeuer in unserem Wesen entfachen. Sobald wir dies tun, fangen wir an, unsere Lebenserfahrungen effizient zu verdauen, so dass sie nicht an uns kleben bleiben und uns bedrücken. Ayurveda zufolge tun wir dies durch Erweiterung unseres Bewusstseins. Bewusstsein dient als der Brennstoff, der unser inneres Feuer entzündet und damit unsere Fähigkeit zur geistigen Wandlung verbessert. Wird unser Bewusstsein einseitig, könnte bald Depression folgen. Ein erweitertes Bewusstsein hingegen befreit uns von Stress, weil es uns hilft, das große Ganze zu sehen. Ereignisse und Umstände, aufgrund derer es uns früher schlecht ging, können wir nun aus einer anderen Perspektive betrachten. Doch Bewusstsein geht über das geistige Verarbeiten oder unser Intelligenzniveau hinaus.

Die Gefahr des Objekt-Bezugs

Für die vedischen Weisen ist der Intellekt nichts, was man mit einem Intelligenztest messen oder nach der akademischen Leistung eines Menschen beurteilen könnte. Vielmehr ist er die geistige Fähigkeit, die dafür zuständig ist, zwischen uns und allem anderen zu unterscheiden. Er ist außerdem jener Aspekt von uns, der zwischen dem Sichtbaren (der materiellen Welt, der Welt der Sinne) und dem Unsichtbaren (der Energiewelt, der geistigen Welt) vermittelt.

Objekt-Bezug tritt ein, wenn der Intellekt ausschließlich nach außen, auf die Objekte der Erfahrung gerichtet wird. Bei einer solchen Geisteshaltung lenken wir unser Bewusstsein nur auf das, was wir sehen, hören, berühren, schmecken und riechen können. Faktisch befasst sich der Intellekt nur mit dem, was er über die fünf Sinne aufnimmt, und glaubt nicht mehr, dass es jenseits dessen, was er wahrnimmt, noch etwas gibt. Die materielle Welt wird seine einzige Realität; die geistige Welt wird ignoriert. (Mit *geistig* meinen wir die abstrakten, immateriellen Aspekte des Lebens.)

In einem Zustand extremen Objekt-Bezugs hat sich unser Intellekt an eine äußere Welt ständiger Ablenkung verloren. Wir missachten das Innenleben des Ichs und konzentrieren uns ausschließlich auf Gegenstände außerhalb unserer selbst. Wenn der Geist ständig von einem äußeren Fokus zum nächsten wandert, führt dies schließlich zu Erschöpfung, Stress und Ängsten. Wenn man zum Beispiel das Glück in ungekannten Abenteuern oder in immer neueren und besseren Vergnügungen sucht, muss dies zwangsläufig Stress erzeugen. Letztendlich verschmutzen geistiger Müll und emotionale Erschöpfung den Geist und machen ihn zum fruchtbaren Boden für eine Depression.

Objekt-Bezug bedeutet, dass der Bezugspunkt unserer Existenz das Ego ist, unser soziales Ich. In einem Zustand extremen Objekt-Bezugs stellen wir nur Bezüge zu Dingen her, die außerhalb von uns liegen. Infolgedessen üben die sich ständig verändernden Umstände, Ereignisse,

Menschen und Dinge, die naturgemäß zur Außenwelt gehören, übermächtigen Einfluss auf uns aus. Zum Beispiel schätzen wir dann an uns nur, was wir besitzen, wie wir aussehen und wie viel Erfolg wir haben. Weil wir Erfüllung und persönliche Macht ausschließlich in den Objekten unserer Erfahrung suchen, fühlen wir uns verwundbar. Wir vergessen, dass wir mehr sind, als man auf den ersten Blick erkennt.

Angst und Verletzlichkeit gehen mit einem Zustand extremen Objekt-Bezugs deshalb einher, weil dann alles, was unserem Leben Sinn gibt, veränderlich und nicht von Dauer ist. Wenn sich unser Intellekt in extremem Maße auf die Außenwelt konzentriert, verlieren wir das Gespür für unseren Wert. Dann haben wir keine Ahnung mehr, über wie viel persönliche Macht wir verfügen. Wir verlieren den Kontakt zur grundlegenden Realität des Lebens.

Selbst-Bezug: Befreiung von der Tyrannei

Wenn die Außenorientierung unseres Bewusstseins Objekt-Bezug ist, dann ist das diametrale Gegenteil der Selbst-Bezug. Selbst-Bezug bedeutet, sein Bewusstsein nach innen zu wenden, um die Erfahrung der unveränderlichen inneren Welt, der unsichtbaren Welt, der Welt des eigenen Geistes zu gewinnen.

Im Zustand des Selbst-Bezugs wendet sich unsere Aufmerksamkeit tieferen Ebenen des Geistes zu. Auf subtile und doch zugleich tiefgreifende Weise erleben wir die einheitliche Natur des Lebens. Dies mehrt unsere Bewusstheit, denn es erfüllt uns mit natürlicher Intelligenz – mit der Intelligenz, die dem Universum zugrunde liegt und es reguliert. Selbst-Bezug verankert uns in einem tieferen Selbstempfinden. Angst und Verletzlichkeit lösen sich unweigerlich auf. Wenn man über die Fähigkeit verfügt, sowohl Selbst-Bezug als auch Objekt-Bezug zu erleben, verspürt man tiefere Freude an allen Aspekten des Lebens – den inneren und den äußeren.

Stellen Sie sich vor, Sie lebten mit der inneren Gewissheit „Ich bin größer als diese Umstände". Dieses Gefühl entsteht durch die Erfahrung des Selbst-Bezugs. Es ist ein Gefühl von Freiheit und Weite, das Erleichterung und neue Hoffnung schenkt. Insofern dient die Erfahrung des Selbst-Bezugs als Antidepressivum, und zwar als eines, das nicht in Pillenform daherkommt. Es gibt Ihnen nicht nur eine Perspektive, sondern es stärkt Sie auch. Die Ereignisse und Menschen um Sie herum können Sie vielleicht nicht ändern, doch durch die Veränderung Ihrer inneren Physiologie und Psyche können Sie Ihre Wahrnehmung ändern sowie eine neue Sicht der Dinge und tiefere Erkenntnisse gewinnen. Alte Umstände können nun völlig anders aussehen. Dies geschieht, wenn wir unsere Bewusstheit erweitern.

Selbst-Bezug ist uns nicht völlig fremd. Am einen oder anderen Punkt haben wir alle bereits einmal den Zustand des Selbst-Bezugs erlebt, und viele Menschen wissen, wie sie darauf zurückgreifen können. Normalerweise kommt sie in Gestalt eines spontanen intuitiven Erlebnisses, aber wir können uns auch systematisch und regelmäßig in den Zustand des Selbst-Bezugs versetzen. Dies ist keine reine Geistesübung und auch keine reflexive Art der Innenschau. Es ist die unmittelbare innere Wahrnehmung des Bewusstseins, das allen Gedanken und Gefühlen zugrunde liegt. Dieser Zustand des Gewahrseins ist auf vielfältige Art und Weise erreichbar, doch Meditation ist der Weg, den wir empfehlen. Durch eine geeignete Meditationspraxis kann man dafür sorgen, dass systematisch der Zustand des Selbst-Bezugs erreicht wird. Schließlich wird Ihre Praxis zum integralen Bestandsteil Ihres Lebens, was sich wiederum in Ihrer Wesensart widerspiegeln wird.

Gleichgewicht finden, Bewusstheit erweitern

Sich auf die äußeren Aspekte des Lebens zu konzentrieren, ist ein guter und notwendiger Prozess. In unserer erfolgsorientierten Welt verbringen allerdings die meisten Menschen ihre gesamte wache Zeit im Zustand des Objekt-Bezugs. Der Prozess des Selbst-Bezugs wird häufig vernachlässigt. Die große Ironie des Ganzen ist aber, dass wir uns durch ein solches Leben selbst um das Gleichgewicht betrügen, das wir für größtmöglichen Erfolg in unseren Unternehmungen brauchen. Dies liegt daran, dass wir unserer Bewusstheit, dem Spektrum unserer bewussten Wahrnehmung, Scheuklappen anlegen.

Wenn wir ausschließlich Objekt-Bezug erleben, schränken wir unsere Verbindung zu unserem inneren Energiequell ein. Auf der mentalen Ebene verlieren wir die Orientierung und Klarheit unseres Denkens. Geistige Ermattung überkommt uns und hemmt unsere Fähigkeit, geschmeidig durch die Übergänge hindurchzugleiten, die das Leben uns auferlegt. Auf emotionaler Ebene laufen wir Gefahr, gehandikapt zu werden und Gefühle nicht mehr in ihrer gesamten Bandbreite erleben zu können.

Den Selbst-Bezug zu vernachlässigen, kann eine Einladung für Probleme sein; eines davon ist die Depression. Wenn wir den Worten der vedischen Weisen lauschen, wird leicht verständlich, warum Depression zu einer Epidemie des modernen Lebens geworden ist: Ganze Gesellschaften sind süchtig nach äußerem Vergnügen, und dies in dem Bemühen, innere Erfüllung zu finden.

Machen Sie sich, um wahre und dauerhafte Erfüllung finden zu können, die Beschäftigung mit Selbst-Bezug zur regelmäßigen Übung. Dies ist nicht viel anders als das morgendliche Zähneputzen. Sie kämen wohl nicht auf die Idee, einen Tag zu beginnen, ohne Zeit für die Reinigung Ihres physischen Selbst zu finden. Warum sollten Sie dann Ihren Tag ohne die Reinigung Ihrer bewussten Wahrnehmung fortsetzen?

Durch den systematischen Prozess des Selbst-Bezugs erweitern wir unsere Bewusstheit. Wenn wir einen panoramaartigen Überblick über unser Leben haben, bekommen frühere und aktuelle Probleme einen anderen Stellenwert. Unser Geist kann mehr Schichten der Realität begreifen und daher das Leben in einer größeren Tiefe wahrnehmen. Wenn wir uns sowohl in Selbst-Bezug als auch in Objekt-Bezug üben, entsteht vor unserem geistigen Auge ein vollständigeres Bild des Lebens.

In diesem Sinne kann man sich Depression als ein Symptom einseitiger Bewusstheit denken. Häufig tritt sie auf, wenn der Geist erschöpft ist, weil er sich in einem Zustand extremen Objekt-Bezugs befindet. Das Ausmaß des Objekt-Bezugs bestimmt oftmals die Tiefe der Depression. In einem Zustand extremen Objekt-Bezugs können wir nicht begreifen, dass Erfüllung aus einem inneren Vorrat an Vitalität, Stärke und Freude kommt; sie kommt aus einer tiefen Energiequelle, aus der Intelligenz, die der physischen Welt zugrunde liegt. Ein Zustand extremen Objekt-Bezugs verschließt die Tore zu diesem Vorrat und verdammt den Menschen zu ewiger Armut – das heißt, wenn Sie Vitalität und ihr Nebenprodukt, das Glück, zu den Reichtümern des Lebens zählen.

Erst bei erweiterter Bewusstheit spüren wir die Auswirkungen unseres Lebensstils auf unsere Physiologie. Bewusstheit wirkt wie ein Sensor und hilft, uns auf unsere innere und äußere Umgebung einzustimmen. Sie ist die Fähigkeit, die es uns ermöglicht, Informationen zu verarbeiten und angemessen darauf zu reagieren. Im Alltagsgetriebe vergessen wir, dass wir ganze Wesen sind. Wir vernachlässigen es, bei jeder Entscheidung darüber, wie wir vorgehen wollen, die Gesamtheit unseres Wesens zu berücksichtigen. Wir vergessen, dass unsere Lebenskraft ganzheitlich und zugunsten aller Facetten unseres Wesens wirken muss. Wir lassen unsere Entscheidungen von unseren oberflächlichen Wünschen bestimmen und machen dadurch Fehler. Diese falschen Entscheidungen bringen unser System sogar noch weiter aus dem Gleichgewicht. Wie ein schiefer Turm unter der Einwirkung der Schwerkraft werden auch wir durch diese Dynamik in die Richtung unseres Ungleichgewichts gezogen.

Eingeschränkte Bewusstheit bedrückt den Körper. Auf der physischen Ebene unterbricht dies indirekt den freien Fluss unserer Lebenskraft. Wenn wir nicht intuitiv erfassen können, was unsere Physiologie braucht oder wie unser Lebensstil sich auf uns auswirkt, laufen wir Gefahr, in einen Wirbelsturm der Zerstörung zu geraten, der zu vielen Krankheiten führt – eine davon ist die Depression.

Wenn die Depression die Physiologie erst einmal erfasst hat, engt sie die Bewusstheit leider noch stärker ein. In dem Bemühen, der Depression zu entkommen, vergessen wir normalerweise, was in unserem besten Interesse liegt. Wir treffen schlechte Entscheidungen, wir schütten schlackenanhäufende Getränke in uns hinein und stopfen unser System mit wertlosem Essen voll. Wir bombardieren unser Bewusstsein mit geisttötender Unterhaltung. Wir vernachlässigen den freundlichen Umgang mit uns selbst, überfordern uns und betanken unseren Körper dann mit Koffein, Nikotin und anderen Stimulanzien. Wenn unsere Physiologie um Hilfe schreit, weigern wir uns, sie zu hören. Da bleibt es nicht aus, dass unser Stoffwechsel irgendwann zusammenbricht und unsere Vitalität (und Lebensfreude!) mit sich zieht. Die Schlacken, die uns bedrücken, ersticken das Stoffwechselfeuer unseres Wesens.

Ama: Die Schlacken der Depression

Wenn unsere Vitalität geschwächt und unser Stoffwechselfeuer niedergebrannt ist, häufen sich in unserem Geist-Körper leicht Schlacken an. Ayurveda zufolge sind Schlacken der Stoff, aus dem Krankheit besteht, weil sie auf verschiedenen Ebenen unseres Wesens den freien Fluss unserer angeborenen Intelligenz blockieren. Diese Schlacken oder *Ama* sind das Produkt eines ineffizient arbeitenden Stoffwechsels. Es gibt drei Arten von *Ama*: körperliches, geistiges und emotionales. Körperliches *Ama* hemmt unsere biologischen Prozesse und entsteht, wenn die Nahrung, die wir zu uns nehmen, nicht richtig verdaut wird. Emotionales *Ama* ist ein Überrest, der von einem Erlebnis auf das andere übertragen wird und so die uneingeschränkte Freude am Hier und Jetzt trübt. Geistiges Ama blockiert den Zugang zu unserem inneren Wissen und unserer Intuition.

Ama verfestigt die Depression und verursacht einige ihrer schwersten Symptome: Energiemangel und Erschöpfung, nebliges oder langsames Denken, schlechtes Gedächtnis, Appetitstörungen, erhöhte Schmerzempfindlichkeit, Kopf-, Rücken- und Muskelschmerzen, Verstopfung sowie eine schlechte Immunabwehr. Das erste, was Menschen empfinden, wenn sie einer Depression erliegen, ist oft ein Krankheitsgefühl. Nicht selten hört man von den Betroffenen Äußerungen wie: „Irgendetwas stimmt mit mir nicht." Wir können dies so verstehen, dass eine Anhäufung von *Ama* die Physiologie belastet. Vielleicht liegt es ja daran, dass das Auftreten einer scheinbar unerklärlichen Erkrankung oft der Vorbote einer Depression ist.

Ama ... mit anderen Worten

Die moderne Medizin erkennt *Ama* und die Gefahren, die es darstellt, an. Ärzte sprechen von überhöhtem Cholesterin, freien Radikalen, Transfettsäuren und Harnsäure als Krankheitsursachen. Dies alles sind Beispiele für *Ama*. Wenn jemand eine koronare Bypass-

> Operation hat, werden durch entzündete Plaques (ein moderner Begriff für *Ama*) verschlossene Arterien umgangen, um Herzprobleme zu vermeiden. Es wird uns empfohlen, unsere Zähne beim Zahnarzt regelmäßig professionell reinigen zu lassen Was entfernt der Zahnarzt? *Ama*!
> Wie die Augen die Fenster der Seele sind, so ist die Zunge das Fenster des Verdauungssystems. Ja, sie ist der einzige Teil des Verdauungstraktes, der für uns sichtbar ist. Manchmal können Sie *Ama* auf Ihrer Zunge entdecken.
> Wenn Sie *Ama* sehen möchten, dann essen Sie kurz vor dem Zubettgehen eine große Portion Eiscreme und betrachten Sie dann am Morgen Ihre Zunge im Badezimmerspiegel. Wahrscheinlich entdecken Sie einen weißen, pelzigen Belag. Damit haben Sie ein Beispiel für einen *Ama*-Typ, der Ihnen aus dem Spiegel entgegenblickt.

Alle Maschinen lagern Reststoffe ab, und wenn sie nicht gereinigt werden, funktionieren sie nicht richtig oder gehen ganz kaputt. In dieser Hinsicht ist unsere Physiologie nicht anders. Die regelmäßige Anwendung ayurvedischer Reinigungstechniken, mit denen die Physiologie von *Ama* gesäubert wird, gehört daher zu den notwendigen Maßnahmen für ein vitales Leben.

Mit den drei Archetypen der Depression steht *Ama* jeweils unterschiedlich in Zusammenhang.

Die Luftige Depression ist gekennzeichnet durch starke Ängste. Schuld daran sind mentales und emotionales *Ama*, also zugrunde liegende physiologische Ungleichgewichte, die sich in Form von Sorgen, Gedankenrasen und ständigen angstvollen Gedankenspielen manifestieren. Ein Ungleichgewicht im Vata-Dosha macht die Betroffenen anfällig für Schlafstörungen, die wiederum verhindern, dass die Physiologie gut funktionieren kann. Wir brauchen den Schlaf, um unsere Physiologie zu reinigen. Ohne ihn reichert sich körperliches, geistiges und emotionales *Ama* an. Menschen mit einem Vata-Ungleichgewicht sind tendenziell ständig in Bewegung, selbst wenn dies bedeutet, dass sie auf der Stelle treten. Ohne tiefe Ruhe, wie der Schlaf sie schenkt, laugt ihre ziellose Umtriebigkeit ihre Energiereserven aus. Die Erschöpfung erstickt daraufhin häufig ihr Verdauungsfeuer, wodurch ihre Verdauungsfähigkeit höchst unregelmäßig und ineffizient wird. Erschöpfung ist ein starker Erzeuger aller Arten von *Ama*.

Bedrückende Schlacken dämpfen das Lebensglück

Bitte beantworten Sie folgende Fragen:
- Wie ist Ihr Appetit: gut oder schlecht?
- Sind Ihre Ausscheidungen (Urin, Kot, Schweiß) normal, regelmäßig, frei fließend und ohne strengen Geruch?
- Fühlen Sie sich aufgebläht?
- Ist Ihre Haut strahlend und prall?
- Ist Ihr Atem frisch?
- Sind Ihre Zähne kräftig?
- Knacken und knirschen Ihre Gelenke?
- Bekommen Sie aus unerklärlichen Gründen Muskelkater und Muskelschmerzen?
- Haben Sie eine Sehschwäche?
- Wie ist Ihr Geschmacks- und Geruchssinn?
- Sehen und hören Sie noch so gut wie früher?
- Ist Ihnen oft kalt und feucht oder heiß und unwohl?
- Schlafen Sie gut?
- Fühlen Sie sich beim Aufwachen am Morgen frisch und ausgeruht?
- Fühlen Sie sich aktiv und voller Energie?
- Kommt Ihnen Ihr Hirn benebelt vor?
- Fühlen Sie sich emotional zerrissen und erschöpft?
- Erscheinen Ihnen Ihre Beziehungen sinnvoll?
- Ist Ihre Alltagstätigkeit erfüllend?
- Haben Sie das Gefühl, im Leben einfach nicht weiterzukommen?
- Waren Sie in letzter Zeit depressiv verstimmt?

> Der rote Faden, der sich durch diese Fragen zieht, ist die *Blockade*. In allen Bereichen Ihres Seins – vom Sehen und Hören bis zu Energie und Ausscheidung – können Obstruktionen bestehen. Anhand Ihrer Antworten auf diese Fragen können Sie das Ausmaß toxischer Ansammlungen in Ihrem System gut einschätzen. Diese Nebenprodukte behindern den freien Fluss der Lebenskraft oder vitalen Energie und sind eine Hauptursache der Depression.

Die Brennende Depression ist der Depressions-Archetyp, der mit geringster Wahrscheinlichkeit durch *Ama* verursacht wird. Erkennungszeichen eines hohen Pitta-Dosha ist eine starke Verdauungsfähigkeit: Die Fähigkeit, Dinge, und damit auch *Ama*, restlos zu verbrennen. Allerdings sind Übertreibungen und überstarke Gefühlsschwankungen typisch für Menschen mit einem Pitta-Ungleichgewicht. Hat die Depression in ihrer Physiologie erst einmal Fuß gefasst, laufen sie Gefahr, körperliches, geistiges und emotionales *Ama* anzuhäufen.

Die Erdige Depression zeigt am konkretesten, wie *Ama* eine Depression sowohl auslöst als auch aufrechterhält. Körperliche Lethargie und emotionale Stagnation sind Charakteristika dieses Depressions-Archetyps. Die Erdige Depression wird im Allgemeinen durch *Ama* ausgelöst, das sich auf allen Ebenen der Physiologie ansammelt und durch einen Teufelskreis entsteht. Zum Beispiel sorgt übermäßiges Essen oder schlechte Verdauung für eine Anhäufung von *Ama* in der Physiologie. Dieses *Ama* löst dann auf körperlicher und geistiger Ebene ein Gefühl der Schwere aus. Darauf reagieren die Betroffenen wiederum mit vermehrtem Ruhe- und Schlafbedürfnis – doch gerade dies ist das Letzte, was der Geist-Körper braucht. Mit der Zeit führt die körperliche Lethargie zu emotionalem Rückzug und gesellschaftlicher Isolation. Gefühle der Einsamkeit und vermeintlicher Zurückweisung überwältigen den Geist, was emotionales und mentales *Ama* erzeugt. Dies ruft wiederum weitere Ungleichgewichte in der Physiologie hervor. Der unausgeglichene Mensch sucht dann womöglich Stärkung und Trost in übermäßigem Essen und überlangem Schlaf. Übertriebene Sentimentalität und tiefe Anhänglichkeit, die Depressive dieses Typs außerdem plagen, führen dem Kreislauf physiologischer Gifte im Geist-Körper weitere Nahrung zu.

Lebenserfahrungen in Lebensenergie umwandeln

Beschäftigen Sie sich mit den folgenden Fragen, um vier wichtigen Ideen nachzuspüren.

1. Gefühle sind Wegweiser.
   Versuchen Ihre Gefühle, Sie auf einen Aspekt Ihres Seins hinzuweisen, der Ihre Aufmerksamkeit erfordert?
   Sagen sie Ihnen etwas über Ihre Lebensweise?
   Was geschieht, wenn Sie den Botschaften lauschen, die Ihre Gefühle Ihnen senden?
   Nehmen Sie entsprechende Veränderungen in Ihrem Leben vor?
   Geht es Ihnen daraufhin besser?
   Würde eine systematische Selbst-Bezugs-Praxis Ihnen helfen, die Hinweise treffender zu erfassen?

2. Die Energie fließt, wohin die Aufmerksamkeit sie zieht.
   Worauf richten Sie Ihre Aufmerksamkeit?
   Was laugt Ihre Lebensenergie aus?
   Können Sie nachvollziehen, dass ausschließlicher Objekt-Bezug zur Erzeugung körperlichen, geistigen und emotionalen *Amas* beiträgt?
   Befassen Sie sich mit dem Prozess des Selbst-Bezugs?

3. Probleme können nicht mit derselben Einstellung gelöst werden, durch die sie entstanden sind.
   Haben Sie es satt, emotionale Lasten mit sich herumzuschleppen, sind aber zugleich frustriert über Ihre Versuche, sie einfach loszulassen?
   Können Sie sich vorstellen, dass sich Ihre Einstellung verändern könnte, wenn Sie sich um die starke emotionale Erschöpfung kümmern, die dadurch angewachsen ist, dass Sie innerlich immer wieder dieselben alten Filme über Ihr Leben abspielen?

Sind Sie bereit, sich für sich selbst einzusetzen und Ihren Körper von Stress und Schlacken zu befreien, damit Sie die Energie und innere Stärke aufbringen können, wieder glücklich zu werden? Welche Art von *Ama* (körperliches, geistiges, emotionales oder spirituelles) verfestigt Ihren depressiven Zustand?

4. Bewusstheit heilt
   Inwiefern hat die Lektüre dieses Buches Ihnen bis hierher geholfen, Ihre bewusste Wahrnehmung von Depression und ganzheitlicher Genesung zu erweitern?

ACHT
Aus Bewusstsein werden wir

> Die wahre Entdeckungsreise besteht nicht darin,
> neue Landschaften zu suchen,
> sondern neue Augen zu bekommen.
> *Nach Marcel Proust*

Um die Wurzeln der Depression zu entwirren, müssen wir ins Bewusstsein abtauchen. Schließlich ist Ayurveda ein bewusstseinsbasiertes Gesundheitssystem; es sagt uns, dass wir Geschöpfe des Bewusstseins sind. Auf der grundsätzlichsten Ebene sind wir ein Ausdruck der universellen Intelligenz, die allem in der Natur zugrunde liegt. Mit anderen Worten: Bewusstsein ist die Essenz des Geist-Körpers. Ein Grundsatz des Ayurveda lautet, dass eine Unterbrechung im Fluss dieser zugrunde liegenden universellen Intelligenz (des Bewusstseins) an der Wurzel aller Krankheiten liegt.

Unsere Physiologie, unser Geist-Körper, geht aus Bewusstsein hervor. Wenn wir dieses Prinzip verstehen, können wir die Welt als Apotheke nutzen. Wenn wir Bewusstsein begreifen, können wir erst wertschätzen, welche Kraft durch ayurvedische Interventionen erzeugt wird. Ohne dieses Wissen entgeht uns möglicherweise die „Power" hinter den subtileren Empfehlungen. So vermögen wir etwa durch das Verständnis des Bewusstseins leichter zu erkennen, dass Aromatherapie mehr ist als angenehme Düfte. Essen ist mehr als Kalorienaufnahme, und Bewegung ist mehr, als Kalorien wieder loszuwerden. Schlafen legt den Körper nicht bloß flach. Mit Yoga erreichen Sie mehr als nur bessere Beweglichkeit. Und zu guter Letzt gehen die Auswirkungen von Atemtechniken weit über das Einatmen von Sauerstoff und Ausatmen von Kohlendioxid hinaus. Alle diese Interventionen regeln auf subtile, aber wirkungsvolle Weise den Fluss des Bewusstseins in und durch unsere Physiologie. Der Eckpfeiler von Ayurveda ist jedoch die Meditation, weil sie uns unmittelbar mit dem Bewusstsein verbindet.

Bewusstseinsbasierte ayurvedische Interventionen stecken voller revitalisierender Lebenskraft. Sie korrigieren Ungleichgewichte auf der wesentlichsten und elementarsten Ebene. Die universelle Intelligenz, die sie dem Geist-Körper zuleiten, lehrt diesen, auf optimale Weise zu funktionieren. Ayurvedische Interventionen verbinden unsere Physiologie mit der höchsten natürlichen Quelle der Vitalität – der universellen Intelligenz. Praktische Interventionen werden in den nachfolgenden Kapiteln besprochen. Jetzt wollen wir uns mit der die Grundlage von alledem befassen: Bewusstsein.

Bewusstsein und das einheitliche Feld

Was genau ist Bewusstsein? Diese Frage ist berüchtigt für ihre beinahe Unbeantwortbarkeit. Im Allgemeinen fällt sie in den Zuständigkeitsbereich von Philosophen und Theologen, doch heute sorgt sie auch unter Neurowissenschaftlern und theoretischen Physikern für Diskussionsstoff.

Für unsere Zwecke lautet eine grundlegende Antwort folgendermaßen: Bewusstsein ist Bewusstheit. Es ist die essenzielle Subjektivität des Geistes. Es ist das, was noch unterhalb von Denken und Fühlen liegt und am innigsten mit unserem Erleben verbunden ist. Bewusstsein kann auch als Energiefeld der Potenzialität definiert werden und damit als die der natürlichen Welt zugrunde liegende Schicht. Genau wie alles andere, was wir in der natürlichen Welt sehen, ist auch unsere Physiologie eine Manifestation dieses Energiefelds der Potenzialität.

Die vedischen Weisen bezeichneten Bewusstsein als *Veda*, ein Wort aus dem Sanskrit, das „alles Wissen" bedeutet. Den Weisen zufolge liegt allem reines Bewusstsein zugrunde. Um dies näher zu erklären, wählten sie oft die Analogie zu einem Eisberg. Der Eisberg stellt den Menschen in seiner Gesamtheit dar: Die Spitze symbolisiert den Körper; der Geist ist der Teil unmittelbar unterhalb der Wasseroberfläche; und Bewusstsein ist die ausgedehnte Basis, die allem zugrunde liegt.

Wie Albert Einstein haben auch die vedischen Weisen ihre Theorien in der Tiefe ihres Geistes erkannt. Bewusstsein, so erkannten sie, ist nicht nur ein Energiefeld, sondern der Urquell aller Energiefelder. Die moderne wissenschaftliche Forschung hat dazu geführt, dass Physiker heute den vedischen Weisen zustimmen. *Veda*, der Begriff der uralten Weisen, ist das, was die moderne Wissenschaft das *einheitliche Feld* nennt.

Wie das einheitliche Feld naturwissenschaftlich und mathematisch funktioniert – dies aufzuzeigen, ist heute zum heiligen Gral von Physikern geworden, die sich mit der Stringtheorie befassen. Als hochbedeutsam gilt es deshalb, weil es die Naturgesetze potenziell in einem einzigen, allumfassenden, schlüssigen Rahmen beschreiben könnte. Manche Wissenschaftler haben sich sogar von altem Wissen inspirieren lassen. Andere sind sprachlos angesichts der Parallelen zwischen ihren modernen Daten und den Erkenntnissen der Weisen. Tatsächlich verwenden Weise und Wissenschaftler zur Beschreibung der Essenz der natürlichen Welt nahezu identische Begriffe. Quantenphysiker und vedische Weise behaupten übereinstimmend: Alles ist Energie. Die vedischen Weisen haben allerdings nicht nur beschrieben, was das einheitliche Feld ist, sondern auch, wie es funktioniert.

Die Idee des einheitlichen Feldes ist leicht zu verstehen, wenn Sie zum Beispiel daran denken, wie Sie Ihren Toaster anschließen. Immer wenn Sie ein elektrisches Gerät benutzen, machen Sie von der Energie Gebrauch, die aus dem elektromagnetischen Feld hervorgeht. Wissenschaftler konnten auf die Energie aus diesem Feld zugreifen und sie sich zunutze machen, und jetzt profitieren Sie tagtäglich von diesem Wissen. Stellen Sie sich nun jedoch vor, dass es ein Energiefeld gibt, das um ein Vieltausendfaches stärker ist als das elektromagnetische Feld. Dieses wird als das einheitliche Feld bezeichnet.

Das einheitliche Feld enthält das Potenzial zur gesamten Vielfalt, die wir in der natürlichen Welt sehen. Die Impulse, die in diesem Urquell der Energie erzeugt werden, bewirken nacheinander die Entfaltung der vielen Schichten der Natur. Mit anderen Worten, die festen materiellen Gegenstände, die wir um uns herum wahrnehmen, sind in Wirklichkeit die Folge von Fluktuationen oder Wellen, die aus diesem zugrunde liegenden immateriellen Energiefeld hervorgehen. Daher ist alles, was unsere fünf Sinne wahrnehmen, einschließlich unserer Physiologie, eine Manifestation der Schwingungen aus dem einheitlichen Feld.

Unseren Geist-Körper kann man am besten als bewegtes Bewusstsein beschreiben. Unsere Physiologie befindet sich in einem ständigen Prozess des Neuerschaffens. Sie steht in dauerndem energetischen Austausch mit ihrer unmittelbaren Umgebung und auch mit dem Universum als Ganzes. Dieses Wissen war ein Geschenk der vedischen Weisen. Heute, in diesem Jahrhundert, entdeckt die Physik aufs Neue, was die Menschen im Altertum bereits wussten.

Das Verständnis, dass allem in der natürlichen Welt Bewusstsein zugrunde liegt, hat das Potenzial, die Medizin zu revolutionieren. Dies ähnelt der wissenschaftlichen Revolution, die durch die Fortschritte in der Molekularbiologie ausgelöst wurde. Die Molekularwissenschaft hat uns gelehrt, über die Zellebene hinauszublicken und aus der Erforschung der Funktionsweisen von Molekülen abzuleiten, was in den Zellen vor sich geht. So kam ein großer Fortschritt in der Medizin etwa dadurch zustande, dass die Molekularbiologie verstanden hat, welche Rolle freie Radikale bei der Verursachung von Krankheiten spielen. Ähnlich helfen uns auch Fortschritte in der theoretischen Physik, über das Materielle hinaus auf das Immaterielle zu schauen – auf das Bewusstsein.

Wenn auch in einer anderen Sprache, so beschreiben heutige Physiker doch uralte vedische Vorstellungen. So weist die Wissenschaft zum Beispiel darauf hin, dass Moleküle auch als stehende Wellen gedacht werden können. Moleküle erscheinen fest und unveränderlich, doch auf subatomarer Ebene sind sie schlicht Fluktuationen des zugrunde liegenden Quantenfeldes. Daraus schließen viele Physiker, Chemiker, Mathematiker und Molekularbiologen, dass der Körper nicht, wie früher angenommen, ein festes Stück Materie ist. Er ist vielmehr ein Schwingungsmuster, das aus einem zugrunde liegenden Energiefeld (dem *Veda* oder einheitlichen Feld) hervorgeht. Seine Atome und Teilchen sind ständig im Fluss. Konstant bleibt lediglich das zugrunde liegende Muster.

Bezieht man dies auf die Behandlung von Depressionen, so bietet Ayurveda die Möglichkeit, die quantenmechanischen Ungleichgewichte anzusprechen, die allen Krankheiten vorausgehen und diese auslösen. Die Weisen wussten, wie man die Schwingungen, die aus dem einheitlichen Feld hervorgehen, nutzt, um Wohlbefinden zu fördern und das physiologische Gleichgewicht aufrechtzuerhalten. Sie nahmen die Rhythmen der Natur in unserem Körper wahr und entwickelten Wissen über die Auswirkungen, die der energetische Austausch auf die menschliche Physiologie hat. Dieser Austausch kann für Gesundheit und Wohlbefinden genutzt werden; dies ist die Essenz bewusstseinsbasierter Interventionen.

Bewusstsein: die Kraft hinter den Interventionen

Die manifeste Welt ist eine Schöpfung des einheitlichen Feldes. Als Wesen von Bewusstsein dehnen wir unseren Geist-Körper durch unsere fünf Sinne, die über das Nervensystem eine direkte Verbindung zum Gehirn haben, ins Universum aus. Unser Gehirn wiederum ist das Tor zum Geist.

Ayurvedische Interventionen bieten ein praktisches Instrument zur Regulierung dieses energetischen Austauschs. Dadurch, dass sie uns bewusstmachen, was wir durch unsere Sinne in uns aufnehmen und wie wir das Aufgenommene verstoffwechseln, wirken sie medizinisch. Da sie bewusstseinsbasiert sind, berühren sie nicht nur den Körper (die Spitze des Eisbergs), sondern dienen auch als Gerüst, um den Geist zu unterstützen und die Seele zu stärken.

Die Grundformen ayurvedischer Interventionen werden im Folgenden kurz beschrieben. In Teil Zwei werden wir uns eingehender damit beschäftigen.

Aromatherapie

Die Nase ist das Tor zum Gehirn. Die Riechzellen sind mit dem Hypothalamus verbunden, der zentralen Schaltstelle des Gehirns, in der die Hormonreaktionen überwacht werden. Bestimmte Gerüche übermitteln dem limbischen System im Gehirn, das den Hypothalamus umgibt, feinstoffliche Botschaften. Da der Hypothalamus an der Verarbeitung von Emotionen beteiligt ist, beeinflussen Gerüche unser emotionales Gehirn. Darüber hinaus können Gerüche potenziell lebhafte Erinnerungen auslösen, weil sie auch Auswirkungen auf den Hippocampus haben, eine der wichtigsten Hirnregionen, in der wir unsere Erinnerungen speichern; stellen Sie sich den Hippocampus als eine Art Fotoalbum vor.

Aromen sind eine bewusstseinsbasierte Therapie, weil sie medizinische Schwingungen aus der Welt der Natur an unser Gehirn übermitteln. In der therapeutischen Anwendung können Düfte uns helfen, das Gleichgewicht unserer Schwingungen aufrechtzuerhalten oder wiederherzustellen.

Ernährung

Essen bewirkt mehr, als den Körper mit ausreichend Kalorien zu versorgen, um ihn am Laufen zu halten. Entsprechend sind auch Kräuter und Gewürze nicht bloß kulinarische Garnitur; sie lösen mehr aus als verführerische Reize an unseren Geschmacksknospen. Diese Geschenke von Mutter Erde sind kleine Pakete universeller Intelligenz. Die energetischen Qualitäten in Nahrungsmitteln, Kräutern und Gewürzen dienen als Wissensleitungen zu unseren Zellen. Die Natur ist ordentlich, und ihre Produkte sind dazu geschaffen, unserer Physiologie Ordnung zu vermitteln. Was wir zu uns nehmen, sollte uns auf der makromolekularen und, wichtiger noch, auf der energetischen Ebene nähren.

Bewegung

Vedische Weise werden Sie kaum im Fitness-Center schwitzen und schnaufen sehen. Erholung heißt ihre Devise. Übermäßiger Sport führt zu Entzündungsprozessen in der Physiologie. Außerdem stellt er eine zusätzliche kräftezehrende Belastung dar und erschöpft damit den Geist-Körper. Chronische Erschöpfung führt unweigerlich zur Erkrankung.

Bewegung sollte eine Form der Erholung sein, die zugleich unsere Physiologie neu belebt. Sie löst Blockaden (*Ama*) auf körperlicher, geistiger und emotionaler Ebene und stellt den Energiefluss wieder her, welcher wiederum die Zellregeneration ermöglicht.

Ausdauersport ist sicher gut; Ayurveda zufolge sollten Sport und Bewegung jedoch einen tieferen Sinn haben als lediglich den Aufbau von Muskelkraft. Die Wiederherstellung des Gleichgewichts im Geist-Körper ist ein Nebenprodukt guter und gesunder Bewegung.

Yoga

Yoga-Stellungen fördern die neuromuskuläre Integration. Durch diese stark verfeinerte Bewegungsart beeinflussen wir den Zustand unseres Nervensystems, was uns wiederum auf der geistigen Ebene beeinflusst. Yoga integriert Geist und Körper. Yoga-Haltungen stärken unsere körperliche Mitte und beleben uns zugleich von innen nach außen. Sie verbessern die Flexibilität von Körper und Geist. Andere Bewegungstechniken kommen und gehen, aber Yoga bleibt.

Atemtechniken

Wie wir atmen, ist eine Metapher für unsere Lebensweise. Mit jedem Atemzug informieren wir das Gehirn über unseren Seinszustand. Deshalb gilt Atmen als Praxis zur neurorespiratorischen Integration (zur Integration von Nerven- und Atemsystem). Lebensmuster lassen sich nur schwer allein durch den individuellen Willen brechen, doch diese Techniken stellen eine praktische Möglichkeit dar, unserer Physiologie wieder beizubringen, gesünder zu funktionieren.

Atmen versetzt uns sozusagen in den Chefsessel und hilft uns, unsere Lebensweise selbst in die Hand zu nehmen. Dadurch, dass wir uns bewusster werden, wie wir atmen, können wir zugleich besser einschätzen, wie es uns geht. Atmen ist mehr als der Austausch von Sauerstoff und Kohlendioxid, es beinhaltet auch eine energetische Kommunikation mit unserem physischen Umfeld. Es reguliert den Energiefluss durch unser nahtloses energetisches System.

Schlaf

Schlaf ist wohl noch wichtiger als die Ernährung. Für die vedischen Weisen war er die Amme aller Wesen, und die moderne Wissenschaft stimmt dem zu. Ruhe ist die Grundlage für Lebendigkeit; Erschöpfung öffnet der Depression Tür und Tor. Im Schlaf vollzieht sich eine tiefe physiologische Reinigung auf Zellebene. Zunehmend entdeckt auch die wissenschaftliche Forschung den ureigenen Wert des Schlafs.

Meditation

Meditation verbindet uns mit dem kosmischen Bewusstsein. Wissenschaftler, die sich sowohl mit dem vedischen Wissen als auch mit Quantenphysik befasst haben, sagen, dass wir zur direkten Verbindung mit dem einheitlichen Feld fähig sind. Die systematische Anwendung bestimmter Meditationstechniken reinigt unseren Geist, unsere „Pforte der Wahrnehmung". Meditation kann unsere Physiologie mit den Eigenschaften des Bewusstseins erfüllen: Lebendigkeit, Ordnung, Stille, Kreativität und Dynamik. Wer regelmäßig meditiert, erfährt physiologische Veränderungen, weil manche meditative Techniken die Energie des einheitlichen Feldes zugänglich und nutzbar machen.

**Die Wissenschaft hinter den Weisen:
Leben ist Schwingung**

Dr. Candace Pert ist eine angesehene Neurowissenschaftlerin und Pharmakologin. Am bekanntesten wurde sie durch ihre Entdeckung der Opiatrezeptoren im Gehirn. Ihre wissenschaftliche Kompetenz hat außerdem zu Fortschritten in der Psychoneuroimmunologie beigetragen, die sich mit den Verbindungen zwischen Geist und Körper beschäftigt. Es ist in der Medizin allgemein anerkannt, dass der Körper biomolekulare Fühler (Rezeptoren) hat, die über bestimmte chemische Verbindungen (Liganden) Botschaften erhalten, doch Pert hat dieses Wissen erweitert.

Die Verbindung zwischen Rezeptoren und Liganden dachte man sich wie die zwischen Schlüssel und Schloss. Inzwischen wurde diese mechanische Vorstellung revidiert, damit sie den Daten aus Perts Experimenten entspricht. Liganden binden sich durch eine individuelle *molekulare Schwingung* an Rezeptoren. Wie die vedischen Weisen behauptet und Quantenphysiker erklärt haben, ist Schwingung die Essenz der Funktion.

Pert zeigte außerdem, dass diese Rezeptoren nicht, wie einst gedacht, in einem bestimmten Organ verortet, sondern im gesamten Körper verteilt sind. Das Liganden-Rezeptoren-System gibt es nicht etwa nur in Nervensystem und Gehirn. Wurde einst angenommen, dass Neurotransmitter im Gehirn sitzen (daher der Name), wissen wir heute, dass es überall im Körper Knotenpunkte gibt. Es wird spekuliert, dass diese Knotenpunkte tatsächlich darüber entscheiden, welche Botschaften zur weiteren Verarbeitung ans Gehirn geschickt und welche ignoriert werden.

Ihr Geist sitzt nicht ausschließlich im Gehirn. Gedanken und Gefühle reisen in Form chemisch codierter Moleküle vom Körper zum Gehirn und umgekehrt. Daraus erkannte Pert die Untrennbarkeit von Körper und Geist.

Ein wichtiger neuronaler Knotenpunkt sitzt zum Beispiel im Darm. Das berühmte „Bauchgefühl" ist daher wohl mehr als eine bloße Redewendung. Das Bauchgefühl reflektiert eine wissenschaftliche Tatsache. Ihr Darm hat tatsächlich seinen *eigenen Kopf*. Dies könnte erklären, warum pharmazeutische Antidepressiva, die aufs Gehirn zielen, derart starke Nebenwirkungen auf den Magen-Darm-Trakt haben.

Ebenso wichtig ist das Wissen, dass der Geist-Körper nicht, wie man früher dachte, ein ausschließlich elektrisches Kommunikationssystem ist, das durch feuernde Nervenzellen reguliert wird. Unsere Zellen schwimmen in einem dynamischen Meer aus molekularchemischen Stoffen. Gedanken und Gefühle sind Informations-Moleküle und jederzeit bereit, die Landschaft des Geist-Körpers zu verändern.

> Das von Pert vorgeschlagene Paradigma lautet, der Körper ist ein multidirektionales Kommunikations-Netzwerk. Vedische Weise würden hinzufügen, dass alledem Bewusstsein zugrunde liegt.

Luftige Depression:
Den kosmischen Anker zu fassen bekommen

Arial, unsere Fallstudie für eine Luftige Depression, ist von Natur aus ein enthusiastischer, optimistischer Mensch. Klug und fleißig, wie sie ist, freute sie sich sehr über ihre Beförderung. Doch vor lauter In-die-Hände-Klatschen über den glücklichen Verlauf ihres Lebens entglitt ihr ihr kosmischer Anker.

Wir wollen Ihnen erklären, was wir mit einem *kosmischen Anker* meinen. Es gibt zwei Aspekte des Lebens: das Relative und das Absolute. Der relative Aspekt bezieht sich auf unsere Alltagserfahrungen, etwa unseren Beruf, Beziehungen und andere Tätigkeiten in der Welt. Dieser Aspekt des Lebens verändert sich ständig. Über ihn machen wir uns Sorgen, er jagt uns Ängste ein und lässt uns nachts wach liegen. Dies ist der Aspekt des Lebens, mit dem wir uns befassen, wenn wir uns im Zustand des Objekt-Bezugs befinden.

Der absolute Aspekt bezieht sich auf die unveränderlichen Teile des Lebens, auf die, denen der Wind der Veränderung nichts anhaben kann. Er umfasst das, was wir nicht sehen, aber als unsere abstrakte Natur erleben können – Bewusstsein. Zugang zum Absoluten erlangen wir dadurch, dass wir uns auf den Prozess des Selbst-Bezugs einlassen. Obwohl uns sowohl der relative als auch der abstrakte Aspekt des Lebens ständig zur Verfügung stehen, richten wir unsere Aufmerksamkeit doch häufig nicht auf die Erfahrung des Absoluten. Manchmal gelingt es uns noch nicht einmal, seine Existenz intuitiv zu erfassen. Doch gerade die Anerkennung des absoluten Aspekts des Lebens gibt uns einen Anker und stabilisiert uns in der relativen Welt.

Weil sie mitten in den vielen Veränderungen steckte, die sich innerhalb kürzester Zeit abspielten, richtete Arial ihre Aufmerksamkeit ausschließlich auf die relativen Aspekte des Lebens. Ihr Mann musste in der Stadt, in die ihre neue Position sie geführt hatte, eine Stelle finden. Auch neue Schulen für ihre Kinder mussten sie ausfindig machen. Arial musste sich ihren Mitarbeitern vorstellen und sich an eine berufliche Stellung mit größeren Herausforderungen und höheren Erwartungen anpassen. Sie musste sich im Kontext ihres neuen Lebens neu definieren. Weil sie in einem Zustand extremen Objekt-Bezugs feststeckte, reagierte sie auf alle genannten Faktoren automatisch mit Besorgnis.

Arials Verstand kreiste permanent um angstbeladene Gedankenspiele. Im Laufe des Tages steigen in uns immer wieder Gedanken auf, die den Zustand unseres physiologischen Gleichgewichts widerspiegeln. Wenn wir zum Beispiel ängstlich sind, spiegeln unsere Gedanken dieses Gefühl und das ihm zugrunde liegende Ungleichgewicht. Arials Verstand beging allerdings den Fehler, sich mit ihren Gedanken zu identifizieren. Sie fing an zu glauben, ihre Gedanken bildeten die Wirklichkeit ab. Ayurveda zufolge deutet dies auf ein Ungleichgewicht im Vata-Dosha hin.

Ungleichgewichte sind ein Hinweis auf Störungen unserer Verbindung zum Bewusstsein. Diese physiologischen Störungen setzen einen Domino-Effekt in Gang. Da ihre Bewusstheit eingeschränkt und ausschließlich auf die relative Welt konzentriert war, machte Arial zunehmend mehr Fehler in ihrem Lebensstil. Ihre Ängste waren eine grausame Kerkermeisterin. Sie schränkten ihr Blickfeld ein, wodurch sie den Eindruck gewann, sie habe keine Zeit oder Gelegenheit, sich so zu verhalten, wie es ihr zuträglicher wäre. Sie vernachlässigte alles Nährende für Geist und Seele. Ihre Gedanken, Gefühle und Verhaltensweisen manifestierten sich in ihrem physischen Körper. Sie war energetisch ausgelaugt und wurde depressiv.

Meditation war das Gegenmittel für Arials Depression. Sie schenkte ihr die tiefe Ruhe, welche die Schlaflosigkeit ihr geraubt hatte. Jetzt konnte sie schlafen – und ihr Geist-Körper konnte heilen. Ihr Nervensystem wurde stabil, sie fühlte sich wieder besser geerdet und hatte die Dinge eher im Griff. Die Meditation half Arial, sich mit dem zugrunde liegenden Feld der Potenzialität, dem universellen Bewusstsein, zu verbinden – mit dem unveränderlichen Aspekt des Lebens. Dies wiederum lud sie mit Energie auf, mit deren Hilfe sie ihre innere Haltung ändern konnte. Daraufhin konnte sie die Veränderungen, die sie durchmachte, wieder in einem klareren Licht sehen.

Auch Aromatherapie war für Arial eine Hilfe. Sowie ihr Geist-Körper wieder besser ins Gleichgewicht kam, nutzte sie ganz bestimmte Düfte, um gezielt emotionale und psychische Zustände herbeizuführen. Lavendel zum Beispiel verhalf ihrem Körper am Abend zur Entspannung. Rose und Jasmin halfen ihr, tagsüber ruhig und zentriert zu bleiben. Orange linderte ihre Ängste. Jedes ätherische Öl trug eine bestimmte medizinische Schwingung aus der natürlichen Welt in ihr Gehirn.

Brennende Depression: Feuerkopf und ernüchtertes Herz

Das Verhalten von Barbara, unserer Fallstudie einer Brennenden Depression, kam Brandpfeilen gleich. Ihr Schwung, ihre Zielstrebigkeit und Ausdauer halfen ihr, stets ins Schwarze zu treffen. Wiederholt erreichte sie ihre Ziele mit Erfolg. Jahrelang kam sie bestens durchs Leben, wenn sie sich bei allen Entscheidungen ausschließlich auf ihren scharfen Verstand verließ und auch die Feinheiten im Umgang mit Kollegen und Freunden, auf die sie immer wieder stieß, rein verstandesgemäß einordnete.

Für Barbara war das Leben ein Rätsel, das man lösen musste. Gefühle waren etwas für Dummköpfe, die die Spielregeln nicht kapiert hatten. Mit der Zeit gab ihr intellektuelles Leben ihr aber nicht mehr die emotionale Erfüllung, die sie sich wünschte. Sie brannte aus. Leider erkannte sie erst, als sie schwer depressiv war, dass sie mit Feuerkopf und ernüchtertem Herzen durch ihre Tage manövriert war.

Barbara war sich der Untrennbarkeit von Körper, Geist und Seele nicht bewusst. Wichtig war ihr nur der Körper, insbesondere ihr Gehirn. Gefühle waren für sie Zeitverschwendung. Dabei war ihr allerdings nicht klar, dass unerkannte Gefühle Blockaden in ihrer Physiologie verursachten und ihre Verbindung zum universellen Bewusstsein störten.

Körper, Geist und Seele sind ein einziges nahtloses Energiesystem. Wenn wir, wie Barbara, unsere bewusste Wahrnehmung allein auf einen einzigen Aspekt unseres Seins richten, schneiden wir uns von der Gesamtheit ab, die unsere wahre Natur ist. Diese Unverbundenheit verursacht Krankheit. Emotionen bleiben in der Physiologie stecken und verhindern den freien Fluss der universellen Intelligenz durch den Geist-Körper.

Yoga-Stellungen halfen Barbara zu erkennen, dass ihr Körper nicht bloß ein Stück Materie, sondern ein Schwingungsmuster ist, das aus einem zugrunde liegenden Energiefeld hervorgeht. Die Körperlichkeit der Yoga-Haltungen öffnete Barbara für Gefühlsempfindungen. Die Integration dieser Empfindungen machte den Weg frei, damit sie Bewusstheit entwickeln konnte. Allmählich verspürte sie Ganzheit – die Einheit aller Aspekte des Selbst. Ihre Lebenskraft, die nun nicht mehr durch feststeckende Gefühle blockiert war, konnte sich als neue Vitalität und unbändige Kreativität manifestieren.

Weitere ayurvedische Interventionen gaben ihr die Möglichkeit, gezielt die Ungleichgewichte anzusprechen, die ihrem physiologischen Leiden vorangegangen waren und es ausgelöst hatten. Barbara lernte schnell, die natürliche Welt zu nutzen, um in ihrem Geist-Körper einen Zustand ausgewogener Doshas aufrechtzuerhalten. Sie genoss ihre neuen Erfahrungen und begann, sowohl ihre Gefühle als auch ihre Intelligenz als Wegweiser durchs Leben zu nutzen.

Erdige Depression:
Bewusstsein fließen lassen

Ed, unsere Fallstudie zur Erdigen Depression, konnte weder die Vergangenheit loslassen, noch die Gegenwart genießen oder sich auf die Zukunft freuen. Seine enge Bindung ans Bekannte erzeugte die Sehnsucht, dass alles so bleiben sollte, „wie es immer schon war", und seine Übersentimentalität stand seiner Bewusstseinsentwicklung im Wege.

Als Veränderungen seinen Status quo zu stören drohten, wurde Ed depressiv. Er reagierte auf dieses Leiden mit dem Versuch, sich durch Essen und Schlaf zu beruhigen. Seine depressive Stimmung stand in direktem Zusammenhang mit seiner Unfähigkeit, mit Erfahrungen umzugehen –

das Leben zu verdauen. Eds Innenwelt war angefüllt mit den Überresten eines unverarbeiteten Lebens: Gefühle der Zurückweisung, die seit einer verlorenen Liebe in seiner Jugend schwelten; emotionale Leere nach der gesunden Trennung von einem erwachsenen Kind, das zu Hause auszieht; Unsicherheit und Identitätsverlust infolge seiner Pensionierung. Eine überstarke Bindung an Vorhersagbarkeit im Leben erzeugt *Ama* in jedem Aspekt des Seins – körperlich, geistig, emotional und spirituell.

Veränderung ist eine unvermeidliche Lebenstatsache, doch Ed kämpfte ständig dagegen an. Da er die Wogen der Veränderung in seinem Leben nicht zu glätten vermochte, wurde er überwältigend traurig. Die Schwere seines Herzens führte schließlich zu einem Verhalten, das den freien Fluss des Bewusstseins durch seine Physiologie blockierte.

Unter diesen Umständen steckte Ed so sehr fest, dass er sich kaum lange genug von seinen Gefühlen lösen konnte, um seine Situation objektiv zu betrachten. Sein Atemmuster spiegelte seinen emotionalen Zustand; es war ein konkretes Abbild seiner Lebensweise. Doch obwohl Ed seine Depression nicht objektiv sehen konnte, vermochte er seine Atemmuster völlig klar zu analysieren. Diese Erkenntnis war erhellend für ihn. Regelmäßige Atemübungen entfachten in Ed wieder einen Hoffnungsschimmer. Mit jedem Atemzug schulte er sein Nervensystem um und erfüllte seinen Körper mit Energie. Atmen war eine Übung in neurorespiratorischer Integration und als solche ein praktisches Mittel, mit dessen Hilfe seine Physiologie umlernen konnte. Mit jedem Atemzug ließ Ed alten Kummer aus seinem Leben los.

Atemübungen waren der erste Schritt, um Eds Geist-Körper zu einer Veränderung zu bewegen. Doch durch eine Physiologie, die mit *Ama* verschlackt ist, kann Bewusstsein nicht fließen. Ed musste mit einem konsequenten Bewegungsprogramm beginnen, um sein Verdauungsfeuer anzufachen. Durch die Bewegung konnte er das *Ama*-Problem lösen. Weil er seinen Körper bewegte, flößte er Körper und Geist ein Gefühl der Leichtigkeit und der Stärke ein.

Verbindung zum Bewusstsein herstellen

Die folgenden Fragen befassen sich mit drei wesentlichen Konzepten, die wir in diesem Kapitel vorgestellt haben. Sie sind darauf abgestimmt, Ihre Bewusstheit zu erhöhen. Indem Sie sie beantworten, lenken Sie Ihre Aufmerksamkeit auf Aspekte Ihres Lebens, die wahrscheinlich Einung und Neubelebung benötigen.

1. **Sie sind Teil der natürlichen Welt und befinden sich im ständigen Austausch mit Ihrer Umgebung.**
   Denken Sie an einen Aufenthalt in freier Natur.
   Wie fühlen Sie sich in der Nähe eines Gewässers?
   Wie fühlen Sie sich, wenn Sie in der Sonne sind?
   Wie wirkt sich der Wind auf Sie aus?
   Wie ist es für Sie, im Mondschein spazieren zu gehen?
   Wie fühlen Sie sich bei einem Spaziergang im Wald?
   Ist Ihnen bewusst, dass die Rhythmen der Natur Ihrer Physiologie einprogrammiert sind?
   Halten Sie sich jeden Tag oder jede Woche einmal in freier Natur auf?
   Wie gut sind Sie Ihrer Meinung nach mit der natürlichen Welt verbunden?

2. **Als Wesen von Bewusstsein dehnen wir unseren Geist-Körper durch unsere fünf Sinne ins Universum aus.**
   Denken Sie an die Informationen, die Sie mit Ihren fünf Sinnen gewinnen.
   Womit füttern Sie Ihren Geist durch Ihre Sinne?
   Von welchen Geräuschen sind Sie tagsüber zumeist umgeben?
   Welche Art der visuellen Stimulation finden Sie unterhaltsam?
   Welche Oberflächen ziehen Sie an?
   Wussten Sie, dass es in der natürlichen Welt sechs Geschmacksrichtungen gibt (süß, salzig, sauer, scharf, bitter und herb [oder zusammenziehend])?

Welche der sechs Geschmacksrichtungen überwiegt in Ihrer Ernährung?

Wussten Sie, dass Ihr Geruchssinn über das Nervensystem unmittelbar mit dem Gehirn verbunden ist?

Wussten Sie, dass Sie Ihren Geruchssinn nutzen können, um Ihre Gefühle zu steuern?

3. **Ziel ayurvedischer Interventionen ist es, die Schwingungen der natürlichen Welt in Ihre Physiologie einzubringen.**

Aromatherapie
- Haben Sie es schon einmal erlebt, dass ein Geruch ein Gefühl oder eine Erinnerung ausgelöst hat?
- Wussten Sie, dass Aromen medizinisch eingesetzt werden können, um Ihnen zu helfen, Ihre Schwingungen wieder ins Gleichgewicht zu bringen?

Ernährung
- Haben Sie Nahrungsmittel schon einmal als kleine Pakete universeller Intelligenz betrachtet?
- Wussten Sie, dass Nahrungsmittel dazu da sind, Ihrer Physiologie Ordnung zu vermitteln?
- Sind Sie sich der Auswirkungen von Nahrungsmitteln auf Körper, Geist und Seele bewusst?

Bewegung
- Wussten Sie, dass Sportarten, die für Ihre physiologischen Bedürfnisse ungeeignet sind, Ungleichgewichte auslösen kann?
- Haben Sie schon einmal bis zur völligen energetischen Erschöpfung Sport getrieben?
- Haben Sie sich nach dem Sport schon einmal leichter, glücklicher und energiegeladener gefühlt?
- Wussten Sie, dass angemessene Bewegung den Energiefluss wiederherstellt, der die Zellregeneration ermöglicht?

- Nutzen Sie Ihr Bewegungsprogramm, um Ihren Geist-Körper wieder ins Gleichgewicht zu bringen?

Yoga-Stellungen
- Wussten Sie, dass Yoga-Stellungen unmittelbare Auswirkungen auf alle Organsysteme im Körper haben: Auf Nerven-, Hormon-, Fortpflanzungs-, Verdauungs-, Immun-, Skelett- und Lymphsystem?
- Wussten Sie, dass Yoga-Asanas (Stellungen) den Energiefluss in Ihrem Körper regeln?
- Haben Sie Yoga schon einmal ausprobiert?
- Glauben Sie, dass Yoga für Sie hilfreich sein könnte?

Atemübungen
- Wussten Sie, dass Sie durch eine Verbesserung Ihrer Bewusstheit für Ihren Atem effizienter mit Ihren Gefühlen umgehen können?
- Wussten Sie, dass Atmen Sie in direkte energetische Kommunikation mit Ihrer physischen Umgebung bringt?
- Ist Ihnen bewusst, dass Sie durch Ihren Atem den Energiefluss regulieren?
- Haben Sie schon einmal aufgrund einer belastenden Situation eine Veränderung in Ihrem Atem bemerkt?

Schlaf
- Wussten Sie, dass Schlaf den Körper besser nährt als Essen?
- Wussten Sie, dass Schlaf auf der Zellebene physiologische Reinigung ermöglicht?
- Wussten Sie, dass Schlafmangel ein wichtiger Vorläufer der Depression ist?
- Nehmen Sie nach einer Nacht, in der Sie tief und erholsam geschlafen haben, Veränderungen in Ihrer geistigen Klarheit und Ihrem emotionalen Wohlbefinden wahr?

Meditation
- Wussten Sie, dass Meditation eine geistige Technik ist?
- Wussten Sie, dass Meditation Sie unmittelbar mit dem kosmischen Bewusstsein verbinden kann?
- Wussten Sie, dass Meditation die Physiologie von Stress reinigt?
- Wussten Sie, dass Meditation den Körper mit den Eigenschaften des Bewusstseins (Lebendigkeit, Ordnung, Stille, Kreativität und Dynamik) tränkt?
- Meditieren Sie oder haben Sie vor, eine Meditationstechnik zu erlernen?

Ayurveda
- Wussten Sie, dass alle ayurvedischen Interventionen zum Ziel haben, Sie wieder mit der Schwingungsessenz des Bewusstseins zu verbinden?
- Wussten Sie, dass Ganzheit – Integration mit dem Bewusstsein – Gesundheit bringt?
- Wussten Sie, dass Glück das Nebenprodukt von Gesundheit ist?
- Sind Sie genauso begeistert von den positiven Resultaten von Ayurveda wie wir?

Teil 2

Glücklich werden

NEUN
Meditation: Die Dunkelheit überwinden

Mitten im Winter habe ich erfahren,
dass es in mir einen unbesiegbaren Sommer gibt.
Albert Camus

Unser Geist kann eine Stimmung nicht auf einer abstrakten Grundlage aufrechterhalten. Das heißt, wir können uns nicht unglücklich, wütend, niedergeschlagen oder fröhlich fühlen, ohne dass unser Geist eine Erklärungsmöglichkeit für diese Stimmung findet. Weil wir den Fehler machen, depressive Gefühle einem Grund zuzuschreiben, begehen wir oft noch einen weiteren Fehler: Wir glauben, dass sich etwas in der äußeren Welt ändern muss, damit es uns bessergeht. Dem ist schlichtweg nicht so. Um Charles Dickens zu zitieren: „Die Menschen, die in der Natur und an ihren Nächsten alles trübe und düster sehen, haben recht; aber diese dunklen Farben sind nur der Widerschein ihrer verbitterten Augen und Herzen. Die wahren Schattierungen sind zart und erfordern einen klareren Blick."

Es ist die innere Welt, die nach Veränderung ruft, und Meditation ist die wirkungsvollste Technik, um innere Veränderungen herbeizuführen. Durch regelmäßiges Meditieren sorgen wir dafür, dass Selbst-Bezug systematisch eingeübt wird, und erfüllen unsere Bewusstheit mit der Intelligenz, die dem Universum zugrunde liegt und es reguliert. Eine systematische Selbst-Bezugs-Praxis gibt uns nicht nur festen Halt, sondern erweitert auch unseren Horizont. Dadurch sehen wir das Leben in einer größeren Breite und Tiefe. Meditation ist der wichtigste Vermittler von Vitalität und hilft uns, Depressionen rückgängig zu machen.

Die vielen Methoden zur Erforschung unseres Seins

Biofeedback, Konzentrationsmeditation, kognitive Umstrukturierung, geführtes Bilderleben, Hypnose, Achtsamkeitsmeditation, Benson-Meditation, progressive Muskelentspannung, Techniken der sensorischen Deprivation, transzendentale Meditation, Qigong, aktivitätsorientierte Meditationen, Urklang-Meditation, Tai Chi, achtsamkeitsbasierte Stressreduktion, Gehmeditation, Vipassana, Ninjutsu, Zen-Meditation, buddhistische Meditation, christliche Meditationstechniken, Kundalini-Meditation, Kriya-Yoga, Selbstbefragungsmeditation, Tratak-Meditation, und kathartische Tanzmeditation – es gibt sehr viele Möglichkeiten! Die Liste ließe sich endlos fortsetzen. Wie können wir uns zurechtfinden, angesichts der vielen Meditationstechniken, die uns zur Verfügung stehen?

Meditationstechniken unterscheiden sich signifikant voneinander. Manche nutzen Konzentration oder gezielte Aufmerksamkeit für ein inneres Erleben wie Körperempfindungen, Gefühle, Gedanken oder Erinnerungen. Andere Techniken konzentrieren sich auf äußere Reize wie Bilder, Geräusche oder Melodien. Wieder andere greifen auf die Verstandeskraft des Meditierenden zurück.

Auch die Ausführung der verschiedenen Techniken variiert. Manche müssen aktiv betrieben werden, indem man Geisteskraft und Entschlossenheit aufbringt, andere hingegen erfordern passive Empfänglichkeit und ein Gefühl der Anstrengungslosigkeit. Manche Techniken kommen im Paket mit einem Glaubenssystem, andere sind schlicht mentale Instrumente zum Stressabbau.

Es gibt also viele Möglichkeiten zur Erforschung unseres Seins. Bei Zen-Buddhistischen Praktiken wird die Konzentration auf das Erleben des Atems gelenkt, oder die gedankliche Aufmerksamkeit wird auf Paradoxa (sogenannte *Koans*) gerichtet, die mit dem Verstand nicht zu lösen sind. Taoistische Praktiken konzentrieren sich auf das Zirkulieren feinstofflicher Energie durch die Körperkanäle. Einige Yoga-Traditionen zielen auf die Erzeugung und Verteilung von Energie durch bestimmte Körperzentren, die sogenannten *Chakras*. Wieder andere Formen bedienen sich der Wiederholung bestimmter Silben, der *Mantras*; je nach Tradition kann diese Wiederholung im Stillen oder nach außen hörbar erfolgen. Die gewählte Silbenfolge kann, muss aber nicht, einen Sinn ergeben.

Die vielen Meditationsformen unterscheiden sich in Vorgehensweise, Inhalt, Gegenstand, Glaube und Ziel. Bei der Achtsamkeitsmeditation bringt man den Geist dazu, sich darauf zu konzentrieren, was im gegenwärtigen Augenblick vor sich geht, wobei das übliche Geplapper der Gedanken einfach wahrgenommen wird, ohne es zu werten. Man kann auch auf Körperempfindungen achtsam sein. Der Integrale Yoga betont die Haltung des Suchens und die innere Ruhe. Kriya-Yoga nutzt Techniken der Konzentration auf den Atem und auf Gott. Das christliche Gebet der Sammlung verwendet ein Wort der Liebe, um im Inneren die Empfänglichkeit für Gott zu wecken. Meditationspraktiken im Theravada-Buddhismus betonen die leidenschaftslose Beobachtung der Vergänglichkeit dessen, worüber meditiert wird: Empfindungen, Gedanken oder sogar das Selbst.

Machen wir einen Fehler, wenn wir alle diese Praktiken als im Grunde gleich betrachten? Die Forschung zeigt, dass verschiedene Techniken deutlich unterschiedliche Wirkungen haben, die jeweils von der Art der Praxis abhängen. Zum Beispiel können die Techniken, die sich auf den Atem konzentrieren, gute Resultate für die Gesundheit der Atemwege erzielen, wohingegen die Techniken, die sich auf den Einsatz geistiger Fähigkeiten konzentrieren, zu verbesserter Hirnaktivität und klarerem Denken führen können.

Doch die Auffassung, dass alle Meditationsformen dasselbe sind – dass Meditation im Grunde generisch ist – hat sehr viel Verwirrung gestiftet. Darüber hinaus sorgte die Vermutung, dass alle Meditationstechniken zum selben Ergebnis führen, für einen Wildwuchs zahlloser meditativer Techniken. Unzählige sind wissenschaftlich nicht überprüft, und ihre Wirkung ist nicht erwiesen. Sie haben sich im Grunde einfach auf das Ansehen der etablierteren Meditationsarten verlassen. Wenn solche Techniken sich dann als wirkungslos erweisen, trifft dieses Urteil alle Meditationsformen.

Unter dem Deckmäntelchen der Meditation hat eine unüberschaubare Fülle verschiedener Techniken Hoffnungen geweckt, die sie nicht erfüllen konnten. Wer sie ausprobiert hat, kam oft zu dem Schluss, dass Meditation bei ihm nicht wirkt oder er einfach nicht meditieren kann. Damit wollen wir lediglich sagen, dass verschiedene Methoden unterschiedliche Resultate erbringen und daher individuell genau abgewogen werden sollten. Wie findet man sich nun unter den vielen Möglichkeiten zurecht und entscheidet sich für eine Meditationstechnik, die zu einem passt?

Die Technik der Transzendentalen Meditation

Trotz der Vielzahl der verfügbaren Meditationsmethoden empfehlen wir nachdrücklich die Technik der Transzendentalen Meditation (TM). Wir sind uns bewusst, dass für jeden Menschen eine andere Meditationstechnik geeignet sein mag, doch TM empfehlen wir vor allem deshalb, weil sie streng auf ihre Wirksamkeit geprüft wurde. Darüber hinaus muss für diese Technik keinerlei Glaubenssystem befolgt werden – es ist weder ein Dogma noch eine Philosophie damit verbunden, und von ihrer Ausübung abgesehen, erfordert sie keinerlei Veränderungen der Lebensweise.

Da es in diesem Buch um Depression geht, möchten wir eine Meditationstechnik hervorheben, die nachweislich zu physischen Veränderungen im Geist-Körper führt. Wenn wir aus der Depression heraus und zu einer glücklicheren Gemütsverfassung kommen wollen, müssen wir eine psychophysiologische Veränderung vollziehen und brauchen eine meditative Methode, die uns zu dieser Veränderung verhilft. TM ist eine einfache, natürliche und mühelose mentale Technik, die den Geist über Gedanken und Gefühle hinaus an einen Ort ruhevoller Wachheit führt. Zugleich ist sie rein wissenschaftlich aufgebaut und erbringt wissenschaftlich überprüfbare Resultate. Dies und unsere persönliche Erfahrung hat uns von ihrem Wert überzeugt.

Wenn die TM-Technik regelmäßig praktiziert wird, führt sie unweigerlich zu positiven Ergebnissen. Forschungen haben gezeigt, dass diese Methode völlig unabhängig von den Erwartungen des Ausübenden funktioniert. Es ist ein wenig so, als ob man einen Tennisball in der Hand hält und dann loslässt – der Ball fällt zu Boden, ob man es glaubt oder nicht. Ganz genauso wirkt sich die TM-Technik auf Ihre Physiologie aus, ob Sie es erwarten oder nicht.

Lassen wir die wissenschaftliche Forschung für sich sprechen. Es gibt viele wissenschaftliche Studien, die über einen Zeitraum von mehreren Jahrzehnten hinweg durchgeführt wurden und nachweisen, dass die TM-Methode zuverlässig die nachfolgend beschriebenen Vorteile bringt.

Was ist Transzendentale Meditation?

Die TM-Technik ist eine Mantra-Meditation. Ein Mantra ist eine nur innerlich oder auch äußerlich hörbare Silbenfolge. Im Fall der TM-Technik wird das Mantra innerlich gehört. Meditations-Experten zufolge ist ein Mantra nur dann effektiv, wenn es mit den grundlegenden Biorhythmen des zentralen Nervensystems im Einklang steht. Dies liegt daran, dass das Mantra nach dem physikalischen Resonanzprinzip funktioniert. Resonanz ist das Phänomen, bei dem ein schwingendes Objekt ein anderes in Schwingung versetzt, ohne dieses direkt zu berühren. Wenn man zum Beispiel eine Stimmgabel anschlägt, kann man eine zweite, ähnliche Stimmgabel allein dadurch zum Schwingen bringen, dass man sie neben die erste hält.

Zur Erklärung, warum ein Mantra sorgfältig ausgewählt werden muss, hat die Forschung eine neurologische Theorie entwickelt. Das Mantra gelangt über das Sprachzentrum des Gehirns im Schläfenlappen, wo Erinnerungen gespeichert werden, ins zentrale Nervensystem. Offensichtlich bedeutet ein Mantra die unmittelbare Einspeisung von Ruhe und Ordnung, wodurch sanftes und einfaches Wiederholen die innersten Aspekte unseres Gehirns und unseres Seins erreicht.

Dieses Mantra oder der einfache Klang nimmt uns durch alle Schichten des Geistes mit an einen Ort innerer Stille und erzeugt die Erfahrung, zugleich hellwach und vollkommen ruhig zu sein. Zum besseren Verständnis kann man den Geist mit dem Meer vergleichen. Wie im Meer existieren auch an der Oberflächenschicht des Geistes Wellen, die für die geistige Aktivität stehen, sowie wir aber in die tieferen Schichten des Geistes vordringen, erleben wir Ruhe und Frieden. Die tiefste Schicht sowohl des Meeres als auch des Geistes ist ein Ort tiefer Ruhe. Die TM-Technik ermöglicht die Erfahrung dieser Geistesschicht, weshalb sie als *transzendental* bezeichnet wird. Durch diese meditative Methode transzendieren wir Gedanken und Gefühle und erleben den Frieden, der unserem Sein zugrunde liegt. Die meditative Erfahrung ist angenehm. Allerdings meditieren wir nicht um der Erfahrung als solcher willen, sondern wegen der ganzheitlichen Wirkung, die die Meditation auf uns ausübt. Es gibt physiologische Korrelate zur Ausübung der TM-Technik. Durch unsere Praxis geht es uns emotional allmählich besser, und wir denken klarer, weil unsere Physiologie optimaler funktioniert.

Transzendentale Meditation erlernen

Kann man die TM-Technik aus einem Buch lernen? Obwohl diese Methode natürlich und leicht zu erlernen ist, *muss* sie mit einem ausgebildeten Lehrer erlernt werden. Um die TM-Technik unterrichten zu können, muss man einen halbjährigen Präsenzkurs absolvieren. Meditation ist zugleich hoch wirksam und subtil. Es ist wirklich erstaunlich, dass eine mentale Technik, die den Geist aus der groben Schicht aktiven Denkens in immer feinere Bereiche führt, überhaupt unterrichtet werden kann. Der Prozess des Erlernens der TM-Technik vollzieht sich auf einer feinen Ebene und muss von einem ausgebildeten Lehrer angeleitet werden, der in vorgeschriebener Weise unterrichtet. Im Anhang finden Sie unter der Rubrik *Quellen* Hinweise darauf, wie Sie einen ausgebildeten Lehrer finden können.

In folgenden Schritten wird die TM-Technik erlernt:
- **Informationsvortrag.** Im Rahmen dieses unverbindlichen Vortrags erklärt ein Lehrer die wissenschaftlichen Grundlagen der Technik und was sie leisten kann.
- **Vorbereitender Vortrag.** Diese Sitzung gibt dem Lehrer Gelegenheit, die Funktionsweise der TM-Technik zu erklären. Der Brennpunkt liegt auf der genauen Erklärung, wie die Technik wirkt, inwiefern sie sich von anderen unterscheidet, woher sie kommt, wie sie unterrichtet wird und warum sie auf eine bestimmte Weise unterrichtet wird.

- **Persönliches Interview.** Bei diesem Einzeltreffen mit Ihrer TM-Lehrerin oder Ihrem TM-Lehrer ist Zeit, persönliche Fragen zu besprechen und, falls Sie sich entschlossen haben, die Technik zu erlernen, einen Termin für Ihre erste Sitzung zu vereinbaren.

Die Technik wird über einen Zeitraum von vier aufeinanderfolgenden Tagen je zwei Stunden täglich unterrichtet. Am ersten Tag erhalten Sie Unterweisungen für die Technik. An den drei darauffolgenden Tagen erhalten Sie weitere Anleitung und Antworten auf Ihre persönlichen Fragen. Diese Treffen geben Ihnen Gelegenheit, Ihre Erfahrungen und praktische Einzelheiten der Technik zu besprechen. Außerdem beschäftigen Sie sich näher mit dem Ziel der TM, nämlich einem stressfreien Leben unter voller Ausschöpfung Ihres geistigen und körperlichen Potenzials.

Die Vorteile der Transzendentalen Meditation

Die Transzendentale Meditation hat nachweislich die folgenden Vorteile:

Auflösung von tiefsitzendem Stress. Wenn man die vedischen Weisen nach der Ursache von Depressionen fragte, würden sie auf Stress hinweisen, der tief im Nervensystem sitzt. Ja, der große Feind der öffentlichen Gesundheit steht auch hier ganz oben auf der Liste. Stress ist die Hauptursache der physiologischen Ungleichgewichte, die uns für alle Arten der Depression anfällig machen. Stress besteht im Wesentlichen aus Schlacken im Nervensystem – oder, wie die Weisen sagen würden: „Er ist *Ama!*" Stress baut Blockaden in unserer Physiologie auf und behindert damit das freie Fließen der Lebensenergie, dämpft das Verdauungsfeuer und erzeugt *Ama.* Stress auf mentaler und emotionaler Ebene verzerrt die Wahrnehmung und hemmt alle Ausdrucksformen.

Eine beträchtliche Anzahl von Studien hat gezeigt, dass die TM-Technik vorhandenen Stress aus der Physiologie entfernt. In einer Studie zur posttraumatischen Belastungsstörung bei ehemaligen Vietnam-Soldaten trug Meditation zum Beispiel entscheidend zur Wiederherstellung der mentalen und physischen Gesundheit bei. Andere Studien haben gezeigt, dass die Praxis die Fähigkeit zum Umgang mit Stress verbessert. Menschen, die TM ausüben, haben übereinstimmend einen niedrigeren Spiegel an Cortisol und anderen Stresshormonen.

Vermittlung tiefer Ruhe. Depression beraubt Sie oft Ihrer Fähigkeit, zu tiefer Ruhe zu finden. Schlaflosigkeit ist zum Beispiel ein Erkennungszeichen der Luftigen Depression. Der innere Tornado, der sich durch ein Vata-Ungleichgewicht aufbaut, verhindert, dass das Nervensystem sich beruhigen kann, und macht aus den Nächten einen Albtraum des Wachliegens. Bei der Brennenden Depression kommt der Schlaf leicht, endet aber abrupt. Frühmorgendliches Erwachen ist ein Kennzeichen dieses Depressionstyps. Andererseits zeigt die Erdige Depression anschaulich, dass nicht alle, die schlafen, wirklich zur Ruhe kommen. Überlanger Schlaf und Nickerchen zwischendurch erschweren die Lethargie noch, die die Betroffenen erleben.

Elektroenzephalographische Untersuchungen zeigen, dass die TM-Technik einen einzigartigen Bewusstseinszustand erzeugt, der sich vom Wach-, Schlaf- oder Traumzustand unterscheidet. Dieser Bewusstseinszustand bewirkt eine profunde Ruhe, die wesentlich tiefer ist als der Schlaf. Neurowissenschaftler, die die Gehirnfunktionen während einer TM-Sitzung analysiert haben, bezeichnen ihn als ruhevolle Wachheit. Es treten spontan physiologische Veränderungen ein, die dem Geist-Körper helfen, wieder ins Gleichgewicht zu kommen. Sie werden nicht nur schneller ein- und durchschlafen können, sondern auch besser schlafen. Forschungen zeigen, dass die TM-Technik eine wirksame Behandlungsform bei Schlafstörungen ist.

Linderung von Ängsten. Ängste sind in allen Industrieländern epidemisch. Könnte dies mit ein Grund dafür sein, warum auf der ganzen Welt auch die Depressionsraten steigen? Ängste und Depression gehen Hand in Hand, insbesondere im Fall der Luftigen Depression. Ängste verhindern, dass Gesundheit, Kreativität und Intellekt voll zum Ausdruck kommen können. Medizinische Fachleute schätzen, dass sechzig bis neunzig Prozent aller körperlichen Erkrankungen durch geistige Anspannung und Ängste verschlimmert werden.

Von Neurowissenschaftlern ist zu erfahren, dass das Erleben unter der TM-Technik das exakte Gegenteil des Erlebens unter Ängsten ist. Regelmäßige Meditation hat stabilisierende Wirkung auf eine aufgewühlte Physiologie. Dieser ausgleichende Akt ist unmittelbar in seiner Wirkung und kumulativ in seinen Folgen. Ängste führen zu psychischer Unbeweglichkeit und blockieren den Energiefluss in Geist und Körper. Ein Abbau dieser Ängste schafft die Voraussetzungen dafür, dass unsere Intelligenz, Energie, Kreativität und Glück aufblühen können.

Bewusstheitserweiterung. Durch die Ausübung der TM-Technik erwerben wir ein Weitwinkelobjektiv, durch das wir das Leben betrachten. Die Erweiterung des Spektrums unserer bewussten Wahrnehmung öffnet die „Blende" unseres geistigen Auges. Wenn wir ein Ereignis panoramaartig überblicken, können wir es besser verstehen. Dieser tiefere Blickwinkel schenkt uns größere Flexibilität angesichts von Veränderungen und lässt die Übergangsphasen im Leben leichter an uns abperlen.

Die TM-Technik verbessert nachweislich die körperliche, emotionale und psychische Resilienz. Dies bedeutet, dass wir unter allem, was uns vermeintlich niederdrückt, auch wieder hervorkommen können. Erweiterte Bewusstheit stattet uns mit einem Schutzmantel gegen Depression aus.

Überlegen Sie, ob Sie Meditieren lernen sollen?

Wir bitten Sie eindringlich, sich eine Praxis zu suchen, die zu Ihnen passt. Berücksichtigen Sie bei Ihrer Entscheidung für eine Meditationspraxis folgende Fragen:
Welche Meditationstechniken haben Sie ausprobiert?
Fiel Ihnen die Technik leicht?
Was wünschen Sie sich von Ihrer Meditationspraxis?
Brauchen Sie bei der Technik, die Sie sich vorgenommen haben, Einfachheit oder Komplexität?
Wie viel Zeit sind Sie bereit, der Praxis zu widmen?

> Was muss passieren, damit Sie der Meditation einen festen Platz in Ihrem Tagesablauf einräumen können?
> Wünschen Sie sich eine Technik, die mit einer Philosophie oder einem Glaubenssystem verbunden ist?

Meditation als Medizin:
Sich großartig fühlen auf natürliche Art

Im Rahmen einer 1989 im *Journal of Clinical Psychology* veröffentlichten Studie wurden über hundert Stress-Management- und Entspannungstechniken daraufhin untersucht, ob sie Ängste mit gleicher Effektivität abbauen. Diese Meta-Analyse, bei der Stress-Studien aus annähernd zwei Jahrzehnten untersucht wurden, ergab, dass TM Ängste mehr als doppelt so stark verringert wie jede andere Technik. Wurden nur Studien mit streng wissenschaftlichem Design berücksichtigt, zeigte sich sogar, dass die TM-Technik Ängste mehr als viermal so stark verringert wie alle anderen Techniken.

Eine Meta-Analyse von Studien zur Selbstaktualisierung zeigte, dass die Effekte der TM-Technik wesentlich größer sind als die von Konzentrationsübungen, Kontemplation und anderen ähnlichen Techniken. Daher ist die TM-Technik also eine der besten Methoden zur Aufhebung von Faktoren, die Depressionen verursachen. Sehen wir uns einmal an, inwiefern sie die Integration des Geist-Körpers verbessert.

Innere Kontrollüberzeugung

Es heißt, das einzig Beständige im Leben sei die Veränderung. Flexibilität ist die Eigenschaft, die uns angesichts von Veränderungen Kraft gibt. Sie vereinfacht die Anpassung und lässt uns Überhangsphasen im Leben leichter durchstehen. Flexibilität an Körper, Geist und Seele hilft uns, die schwierigen Bälle, die das Leben uns zuspielt, und die Belastungen des Alltags besser zu „packen".

Im Rahmen einer Studie sollte erforscht werden, wie sich die Ausübung der TM-Technik auf die innere Kontrollüberzeugung auswirkt. Dieser Parameter wird mit Flexibilität, psychischer Anpassungsfähigkeit, geringer Anspannung und der Fähigkeit in Verbindung gebracht, einer komplexen Umgebung effizient Informationen zu entnehmen und diese zu nutzen. Im Vergleich zu einer nicht meditierenden Kontrollgruppe zeigten die Studienteilnehmer, welche die TM-Technik ausübten, eine signifikant höhere Kontrollüberzeugung.

Eine innere Kontrollüberzeugung vermittelt uns Einsicht in die Zusammenhänge zwischen unserem Verhalten und der Umwelt sowie Weitblick für die Konsequenzen unseres Tuns. Die Wissenschaftler entwickelten die Theorie, dass die Meditierenden – da die TM-Technik das innere Selbstempfinden stabilisiert sowie die Integration von Denken und Handeln verbessert – verstärkt das Gefühl haben, ihr Leben selbst in der Hand zu haben. Dies wiederum fördert die Fähigkeit, flexibel zu sein und Unvorhersehbares leichter bewältigen zu können. Veränderungen der Wahrnehmung stellen sich dann ganz von selbst ein.

Physiologische Anpassungsfähigkeit

TM verbessert die Anpassungsfähigkeit des Nervensystems an Veränderungen. Die regelmäßige Meditationspraxis bindet die Physiologie in einen täglichen Kreislauf ein, in dem auf tiefe Ruhe wiederum Aktivität folgt. Studien haben gezeigt, dass die gesamte Physiologie in der Phase tiefer Ruhe einen Zustand profunder Entspannung erreicht, die durch eine natürliche Veränderung von Puls, Atemfrequenz und Atemvolumen gekennzeichnet ist. Der Sauerstoffverbrauch sinkt beträchtlich, was besagt, dass die Physiologie minimal arbeitet. Dieser Zustand tiefer Ruhe erhöht das Gleichgewicht im autonomen Nervensystem.

Im Gehirn der Meditierenden geschieht sogar noch mehr. Das EEG misst die elektrische Energie, die von Nervenzellen im Gehirn erzeugt wird. Studien zeigen, dass die Hirnwellenmuster, die von den verschiedenen Hirnarealen ausgesandt werden, synchroner werden. Dies deutet auf eine verstärkte Regelmäßigkeit der Hirnfunktionen und lässt darauf schließen, dass die verschiedenen Hirnteile als kohärentes Ganzes zusammenarbeiten. Andere Studien haben gezeigt, dass diese verbesserten Hirnfunktionen (Kohärenz im Denken) mit zunehmender regelmäßiger Meditation immer länger anhalten.

Die Ausübung der TM-Technik stabilisiert außerdem das Nervensystem. Diese Stabilität bleibt auch nach dem Ende der Meditationssitzung erhalten. Die Wissenschaftler erklären dies so: Meditation reduziere den Rauschpegel des Nervensystems und gebe dadurch mehr Energie für Wahrnehmung, Denken und zielgerichtetes Handeln frei.

Psychische Anpassungsfähigkeit

Wer die TM-Technik ausübt, erlebt auch, dass sie die psychischen Verarbeitungsmechanismen unmittelbar beeinflusst. Meditation verbessert unsere Anpassungsfähigkeit an Ereignisse und neue Situationen und entwickelt sie weiter. Die Tyrannei wiederkehrender depressiver Schübe endet, wenn wir positive Charakterzüge entwickeln, die gar nicht erst zulassen, dass eine depressive Verstimmung sich festsetzt.

Eine Studie hat untersucht, wie sich die TM-Technik auf die Entwicklung der Selbstaktualisierung auswirkt. Laut Definition in dieser Studie umfasst Selbstaktualisierung die folgenden Eigenschaften: Eine aufgeschlossene, empfängliche und einfühlsame Haltung; Fröhlichkeit und Humor; überwiegend positives Denken; Spontaneität und unvoreingenommene Wertschätzung; Selbstgenügsamkeit; Verlust der Angst vor dem Tod sowie Akzeptanz für sich selbst, die Natur und andere. Die Teilnehmer, die die TM-Technik durchschnittlich sechs Wochen lang ausgeübt hatten, zeigten im Vergleich zu einer Gruppe Nicht-Meditierender eine signifikant höhere Selbstaktualisierung. Am höchsten war der Grad der Selbstaktualisierung bei langfristig (im Durchschnitt dreiundvierzig Monate) Meditierenden, was zeigt, dass die Vorteile der TM-Technik kumulativ sind.

Aus diesen wissenschaftlichen Ergebnissen lässt sich schließen, dass die TM-Technik in jeder Hinsicht zu Integration und Wachstum führt. Wird das Nervensystem verfeinert, entwickelt sich die Persönlichkeit des Meditierenden ganz von selbst in Richtung einer Selbstaktualisierung.

Zahlreiche Forschungsergebnisse zeigen, dass Meditierende positivere Beziehungen unterhalten. Diese Studien verweisen außerdem auf vermehrtes Selbstvertrauen – was sinnvoll erscheint, denn Selbstvertrauen verbessert die Fähigkeit zu positiven Beziehungen. Je mehr wir mit uns selbst einverstanden sind, desto mehr haben wir zu geben – und Geben ist die Grundlage positiver Beziehungen. Mit zunehmendem Selbstvertrauen sind gute Beziehungen das Sahnehäubchen.

Reinigung

Nur durch tiefe Ruhe erwecken wir den inneren Arzt. Wenn sie nur die Gelegenheit erhält, kann sich die Physiologie tatsächlich regenerieren, sozusagen neu erschaffen. Deshalb ist Schlaf so enorm wichtig. Ein regelmäßiges Schlafmuster kann helfen, die Spuren, die der Verschleiß durch den Alltagsstress hinterlässt, zu beseitigen. In einer gesonderten Studie zeigte sich, dass eine Teilnehmergruppe, die die TM-Technik praktizierte, sich nach vierzig Stunden Schlafentzug sehr viel schneller erholte als eine nicht meditierende Kontrollgruppe.

Tief verwurzelten Stress aufzulösen, erfordert jedoch eine profundere Ruhe. Die Möglichkeit dazu bietet TM. Während der Meditation befindet sich die Physiologie in einem tiefen Ruhezustand – wesentlich tiefer als im normalen Schlaf. Dieser tiefe Ruhezustand erhöht die Effizienz der natürlichen Reinigungsprozesse in der Physiologie. Der Reinigungsprozess beginnt während der Meditationssitzung und setzt sich nach Sitzungsende fort.

Sowie der Körper sich reinigt, normalisieren sich auch seine Funktionen. Um analysieren zu können, wie Meditation auf die Reinigung des Geist-Körpers wirkt, haben die Wissenschaftler die Erholung von Stress untersucht. Bestimmte außergewöhnliche Ereignisse lösen großen Stress aus. So zeigten zum Beispiel nach dem Vietnamkrieg viele Soldaten bei ihrer Rückkehr Symptome einer posttraumatischen Belastungsstörung. Eine Untersuchung der Auswirkungen der TM-Technik ergab eine Verringerung der schweren Stresssymptome emotionale Abgestumpftheit, Schlaflosigkeit, Ängste, familiäre Probleme und Depression. Zugleich zeigen sich bei den Meditierenden signifikante Verbesserungen in mehreren weiteren psychischen und sozialen Bereichen. Die TM-Technik versetzte diese Veteranen in die Lage, effektiver auf anspruchsvolle Lebenssituationen zu reagieren.

Die Reinigung des Nervensystems von Stress wirkt sich positiv auf den Geist aus. Sowie die Meditierenden beginnen, Negativität abzuschütteln, machen sie Platz für positive Gedanken und Gefühle. Die Meditierenden erleben, dass Selbstsicherheit, Toleranz, geordnetes Denken und Selbstachtung ansteigen. Dies liegt teilweise daran, dass die TM-Technik die Folgen der Ängste umkehrt, die mit einer beeinträchtigten Funktionsfähigkeit in fast allen Lebensbereichen verbunden wird – physiologisch, psychomotorisch, intellektuell und emotional.

Integration und persönliches Wachstum

Gesundheit liegt vor, wenn jede Zelle im menschlichen Körper kohärent und unter Ausnutzung ihrer vollen Kapazität funktioniert. Glück ist ein Nebenprodukt dieses Zustands. Glück hängt von der Verfeinerung der physiologischen Funktionen ab. Die Integration von Körper, Geist und Seele ist die Essenz des persönlichen Wachstums.

Eine Reihe von Studien hat gezeigt, dass die TM-Technik Persönlichkeitsveränderungen hin zu innerem Wachstum und Selbstintegration bewirkt. In einer Studie wiesen Teilnehmer, die die TM-Technik ausübten, bei den folgenden Charakterzügen signifikant positive Verbesserungen auf: Selbstbestimmung, Zeitkompetenz, Selbstaktualisierung, Spontaneität, Gespür für die eigenen Bedürfnisse, Selbstakzeptanz und die Fähigkeit zu herzlichen zwischenmenschlichen Beziehungen. Am meisten beeindruckt, dass diese Verbesserungen bereits nach zwei Monaten regelmäßiger Ausübung der TM-Technik eintraten.

Die Chemie des Glücks

Die moderne Forschung hat Licht in die Auswirkungen von chronischem Stress auf Hormone und Hirnchemie gebracht. Wie festgestellt wurde, sind klar erkennbare neurochemische Mechanismen für diese Effekte verantwortlich. So zeigen zum Beispiel Personen unter chronischem

Stress allgemeine Beeinträchtigungen in Gehirn und Hormonsystem. Chronischer Stress wirkt sich auf die Hypothalamus-Hypophysen-Nebennierenrinden-Achse (oder HPA-Achse, wie sie in Anlehnung an die englischen Bezeichnungen fachbegrifflich genannt wird) aus. Der Hypothalamus ist die übergeordnete Steuerungsregion im Gehirn, und die Hypophyse ist die übergeordnete Steuerungsdrüse im Hormonsystem.

Depressive Menschen weisen dieses Beeinträchtigungsmuster in der HPA-Achse ebenfalls auf. Während einer depressiven Episode steigen der Spiegel des adrenocorticotropen Hormons (ACTH) und die Cortisol-Ausschüttung. Der Spiegel von Serotonin, Noradrenalin, Dopamin und anderen biochemischen Stoffen schwankt infolge einer Anpassungsreaktion auf die Veränderungen in der HPA-Achse. Ein weiterer betroffener Stoff ist das Melatonin, ein Hormon, das mit dem Schlaf in Verbindung steht. Wenn das Serotonin durch akuten und chronischen Stress erheblich reduziert wird, steigt außerdem die Aktivität im Locus caeruleus an, einer Hirnregion, die an Ängsten, Wut, Angst und Frustration beteiligt ist.

Drogen unterschiedlichster Klassifizierung, von Tranquilizern und Schlafmitteln bis zu Alkohol und Marihuana, hemmen vorübergehend die Aktivität im Locus caeruleus und verringern dadurch Ängste, Wut, Sorge und Frustration. Dennoch ist die Wirkung dieser Substanzen im besten Fall vorübergehend, und ihre Nebenwirkungen sind negativ. Die Drogen selbst sind Stressoren für die Physiologie und führen auf allen Ebenen des Geist-Körpers zu weiteren Störungen.

Die TM-Technik hingegen hat positive Auswirkungen auf Gehirn und das Hormonsystem. Studien lassen darauf schließen, dass die Ausübung der TM-Technik den Serotoninspiegel hebt und, wichtiger noch, den Cortisolspiegel senkt. Da der Cortisolspiegel den Funktionsstatus der HPA-Achse anzeigt, können wir daraus ableiten, dass die TM-Technik die durch chronischen Stress ausgelöste Überaktivität in der HPA-Achse verringert. Auf diese Weise dient die TM-Technik als wirksame Behandlung der Depression.

Ein Vorgeschmack auf die TM-Erfahrung

Die wissenschaftlichen Forschungen, die wir in diesem Kapitel vorstellen, gründen auf der Technik der Transzendentalen Meditation, wie sie von Maharishi Mahesh Yogi gelehrt wurde. Diese Technik hat ihren Ursprung in der vedischen Überlieferung des alten Indien und wurde in der westlichen Welt durch Maharishi Mahesh Yogi eingeführt. Der Titel *Maharishi* bedeutet „großer Seher". Maharishi war Physiker und ein spiritueller Mensch, der den tiefen Wunsch besaß, anderen bei der Verwirklichung ihres vollen Potenzials zu helfen. Durch die Wiederbelebung einer uralten meditativen Technik und die Anregung zu wissenschaftlicher Forschung über ihre Wirksamkeit leistete er einen Beitrag zur gesellschaftlichen Entwicklung.

Die TM-Technik kann man nur dann anwenden, wenn man sie bei einem qualifizierten Lehrer erlernt. Ihre Vorteile erntet man, wenn man zweimal täglich zwanzig Minuten meditiert – am Morgen und am Spätnachmittag oder frühen Abend. Manche glauben zunächst, sie hätten nicht die Zeit, diese Praxis in ihren Tagesablauf einzubauen. Doch die meisten Menschen lernen schnell, dass die Ausübung der TM-Technik ihnen Zeit schenkt, statt sie ihnen wegzunehmen. Dies liegt daran, dass die Meditierenden durch die regelmäßige Praxis eine größere innere Ruhe und mehr Energie verspüren. Weil sie sich weniger überfordert und eher Herr der Lage fühlen, erreichen sie leichter mehr.

Ein großer Vorteil dieser Technik liegt darin, dass sie sich in Ihren Lebensstil einfügt. Man kann sie überall ausüben, zum Beispiel im Zug oder im Bus, im Büro oder zu Hause. Sobald man an das Mantra denkt, kommt der Geist ganz von selbst zur Ruhe, daher können äußere Geräusche die Praxis nicht beeinträchtigen.

Wenn wir die TM-Technik ausüben, sitzen wir still, schließen die Augen und denken an das Mantra. Wir konzentrieren uns nicht auf das Mantra und versuchen auch nicht zu verhindern, dass uns andere Gedanken kommen; wir geben nur behutsam dem Mantra den Vorzug. Die behutsame Wiederholung des Mantras erlaubt dem Geist, immer feinere Ebene des Denkprozesses zu erleben, bis Denken und Fühlen transzendiert werden.

Sinn und Zweck des Mantras ist es, dem Geist ein Hilfsmittel an die Hand zu geben, womit er nicht nur das Mantra selbst, sondern den gesamten Denkprozess transzendieren kann. In der TM-Technik resultiert daraus die Erfahrung einer tiefen inneren Stille, wobei der Geist hellwach und doch vollkommen ruhig ist.

Eine Beschreibung der äußerst lebendigen und doch ruhevollen Erfahrung, die bei der Ausübung der TM-Technik eintritt, kann immer nur abstrakt wirken. Es ist, als versuchte man, den Geschmack einer Erdbeere zu beschreiben. Der Geschmack ist sehr real, aber man muss die Frucht kosten, um das Erlebnis in seiner ganzen Fülle zu erkennen. Genauso ist es mit der TM-Technik. Nur die regelmäßige Ausübung kann Ihnen den vollen Geschmack vermitteln.

Depression auflösen: Die Elemente des Seins ins Gleichgewicht bringen

Die TM-Technik ermöglicht eine Bewusstseinserweiterung, wodurch wir uns der Auswirkungen unseres Lebensstils deutlicher gewahr werden. Diese Bewusstheit hilft uns, uns zu verändern. Weil die TM-Technik uns ein Gefühl der Erfüllung und der Ruhe gibt, schenkt sie uns zugleich Hoffnung.

Schwer depressive Menschen glauben, dass es ihnen nie wieder besser gehen wird. Das erste Abtauchen von der oberflächlichen Ebene des Geistes ins transzendente Bewusstsein vermittelt uns ein Erlebnis, durch das wir wissen können, dass es tatsächlich möglich ist, die Art und Weise, wie wir uns selbst erleben, zu verändern. Selbst wenn die Depression sich nicht sofort auflöst, „weiß" der Depressive nun, dass eine andere Art des Empfindens möglich ist. Ein verzweifelter Mensch braucht einen Hoffnungsschimmer, und Hoffnung ist der erste Schritt auf dem Weg zu einer neuen Lebenseinstellung.

Mit der Erweiterung des Bewusstseins kommt ein Gefühl der Erfüllung, und dadurch können wir unseren Lebensumständen objektiver gegenübertreten. Depressive Menschen sprechen oft davon, dass sie sich von Problemen überfordert fühlen. Die TM-Technik schenkt uns durch ihre vielen positiven Wirkungen ein besseres Gespür für Objektivität. Objektivität wiederum vermittelt uns bessere Problemlösungs-Fähigkeiten, und wenn Probleme gelöst werden, kommen wir besser in unsere Kraft, was wiederum die Depression auflöst.

Lesen Sie nun, inwiefern die regelmäßige Anwendung der TM-Technik jeweils zur Linderung der drei Depressionstypen Luftig, Brennend und Erdig beigetragen hat.

Gelassenheit gewinnen

Kaum dass sie von ihrer Beförderung erfahren hatte, rauschte Arial mit vollen Segeln in die Überaktivität. Ihr hektischer Lebensstil trug zu ihrer Erschöpfung bei, bis Ängste sich ihrer Physiologie bemächtigen konnten; schließlich neigen wir alle in Richtung unseres Ungleichgewichts. Ängste sind ein Hinweis auf ein erschöpftes Nervensystem und das Erkennungszeichen einer Luftigen Depression.

Als Arial ängstlich wurde, brachte sie dieses Gefühl zunächst mit verschiedenen Sorgen in Verbindung. Nachts hatte sie Schlafschwierigkeiten und tagsüber wirbelte sie herum, um es allen recht zu machen – ihren Kindern, ihrem Mann, ihrer Chefin und ihren Kollegen. Sie wurde von ihren Ängsten förmlich überflutet und fragte sich, wie es auch anders sein könnte, wenn es doch so viele Gründe dafür gab.

Ängste deuten darauf hin, dass sich im Geist-Körper emotionales *Ama* abgelagert hat. Arial glaubte, ihre Erdung und das Gefühl des Aufgehobenseins verloren zu haben. Sie gab an, sich ohnmächtig und einsam zu fühlen; ihr sei, als ruhten alle Lasten auf ihren Schultern.

Ängste gebären größere Ängste, und die TM-Technik erzeugt eine physiologische Erfahrung, die das Gegenteil von Ängsten darstellt. Sie unterbricht den Angstkreislauf, indem sie der Physiologie tiefe Ruhe und die Erfahrung innerer Gelassenheit schenkt. Durch die Meditation erneuerte Arial ihr Energieniveau und gewann ihre innere Kontrollüberzeugung zurück. Sie hatte wieder das Gefühl, die Oberhand über ihr Leben zu haben, statt unter den Alltagsereignissen begraben zu werden. Darüber hinaus verband sie sich erneut mit ihrem inneren Selbst – jenem Aspekt ihres Wesens, der stets ruhig bleibt. Sie transzendierte das mentale Rauschen, das ihr ständig ihre beklemmenden Sorgen vorspielte, und gelangte von dieser oberflächlichen auf eine tiefere Geistesebene.

Die Ruhe, die sie durch ihre Praxis gewann, gab ihrem Körper neue Kraft und verbesserte ihre psychische Anpassungsfähigkeit. Alltagsereignisse konnten Arial nun nicht mehr aus der Bahn werfen. Stattdessen konnte sie sich an neue Situationen anpassen. Die Meditationserfahrung erhob sie über die mentalen und emotionalen Automatismen und ermöglichte ihr, sich als stabil zu erleben. Wenn wir ausgeruht und ruhig sind, werden wir mit dem Alltagsstress besser fertig und bauen einen Schutz gegen Ängste auf.

Selbstbewusstsein aufbauen

Menschen, die an einer Brennenden Depression leiden, erleben Wut und Enttäuschung. Barbaras Chef verwies sie an ein Antiaggressions-Training, und sie hatte mitbekommen, dass Arbeitskollegen sie als „Drachen" bezeichneten. Ihr gesamtes Selbsterleben war heiß und feurig. Barbara hatte keine Ahnung, dass sie depressiv sein könnte; sie sah das Problem nicht bei sich. Ihrer Vorstellung nach würde es ihr bessergehen, wenn die anderen ihr Denken und Handeln änderten. Barbaras mentale und emotionale Energie war nach außen, auf die externe Welt gerichtet. Ihr fehlte es an Selbstbewusstsein und Gespür für ihre Innenwelt.

Selbstbewusstsein existiert auf einem Kontinuum. Die meisten Menschen verfügen zumindest über ein Mindestmaß an Bewusstheit hinsichtlich ihres körperlichen, geistigen und emotionalen Befindens. Mehrheitlich sind wir uns bis zu einem gewissen Grad bewusst, wie wir andere und wie andere uns beeinflussen. Wenn uns jedoch die Wut übermannt, wie dies bei Barbara der Fall war, kann in jedem Aspekt unseres Geist-Körpers ein signifikanter Verlust an Selbstbewusstheit eintreten, was letztendlich Folgen hat für unser Sein und unsere Lebensweise.

Ayurveda zufolge liegt dem Gefühl der Wut mangelnde Erfüllung zugrunde. Wir alle haben Wünsche. Wenn unsere Wünsche blockiert werden, fühlen wir uns hintergangen und geben dieser Enttäuschung in Form von Wut Ausdruck. Oft gehen mit der Wut auch Verbitterung, Feindseligkeit und Eifersucht einher. Die Lösung kommt, wenn wir Selbstbewusstheit aufbauen.

Bewusstheit erlaubt uns, uns selbst sehr gut kennenzulernen. Sie bringt Erkenntnisse über alle Aspekte unseres Seins. Wenn wir bewusst sind, wissen wir, welche Nahrungsmittel uns schaden, und können essen, was gesund für uns ist, sowie meiden, was uns nicht guttut. Barbara hatte ein Magengeschwür und aß trotzdem ständig scharf. Sie war sich nicht bewusst, dass die Speisen, die sie wählte, ihr körperliches Leiden noch verschlimmerten.

Barbaras mangelnde Bewusstheit betraf auch ihre Wirkung auf ihre Kollegen. Ihr Gehirn registrierte die soziale Interaktion, aber sie konnte ihre Rolle in Beziehungen nicht einschätzen. Die Wut, die Barbara in sich trug, übermannte ihre Fähigkeit, ihre feineren Gefühle sowie die Gefühle anderer zu verstehen. Aufgrund ihrer begrenzten Selbstbewusstheit konnte sie das voll entfaltete Potenzial ihrer Gefühle nicht erleben. Die Technik der Transzendentalen Meditation war ein Instrument, das Barbara half, Selbstbewusstheit zu entwickeln, weil es die engen Mauern ihres inneren Lebens einriss. TM setzte negative Gefühle frei, ohne dabei zusätzlichen Stress auszulösen.

Barbara war zutiefst gestresst, weil sie sich ihr Leben lang nur mit ihrer Arbeit identifiziert hatte. Jahrelang stand ihr Selbstempfinden ausschließlich in Bezug zu ihrem Erfolg am Arbeitsplatz und ihrer Position in der Firma. Durch die Anwendung der TM-Technik verfeinerte sich Barbaras Wahrnehmung zusehends, und sie konnte sich nach eigenem Empfinden und innerer Bewusstheit einschätzen. Nun fühlte sie sich nicht mehr ständig be- und verurteilt. Sowie ihre Physiologie stabiler wurde, wurde Barbara selbstsicherer und konnte sich besser auf ihre eigene Natur verlassen, statt ihre Selbstachtung von der vermeintlichen Meinung anderer abhängig zu machen.

Durch die Meditation verlor Barbara keineswegs das, was ihr so wichtig war: ihre Konkurrenzfähigkeit. Im Gegenteil, wenn wir meditieren, werden der physische, mentale und emotionale Aspekt unseres Seins integriert, und wir erlangen persönliches Wachstum. Barbara konnte nun eher das große Ganze sehen, statt sich nur auf den beruflichen Aspekt ihres Lebens zu beziehen. Durch die Anwendung der TM-Technik stiegen ihre Kreativität und ihre Selbstachtung, deshalb wurden ihre Leistungen am Arbeitsplatz effektiver.

Mit Leichtigkeit erfüllen

Das körperliche *Ama*, das Eds Physiologie verstopfte, drückte ihn nieder. Er kam sich schwer, hoffnungslos und ohnmächtig vor. Seine Depression holte jeden Aspekt seines Lebens ein. Ed konnte sich kaum noch von hier nach da bewegen. Durch übermäßiges Essen und Schlafen neigte er noch mehr in Richtung seines Ungleichgewichts und steigerte seine körperliche Unausgewogenheit weiter.

Unser individuelles Selbsterleben ist unser Realitäts-Maßstab. Eds Realität war seine Depression. Er steckte so tief im Sumpf seiner Depression, dass er glaubte, es werde ihm nie wieder besser gehen. Weil er keine Hoffnung hatte, hatte er auch keinerlei Motivation, mit Sport zu beginnen oder sein Ess- und Schlafverhalten zu ändern. Obwohl Eds Depression hauptsächlich von physischem *Ama* herrührte, half ihm die mentale Technik der TM-Methode, die notwendigen Veränderungen einzuleiten.

Wir wissen, dass wir uns alle mit unserer Realität identifizieren, und der erste Schritt zur Überwindung der Depression besteht darin, unser inneres Selbsterleben zu verändern – das Spektrum unserer bewussten Wahrnehmung zu erweitern. Wenn wir uns als ruhig und erfüllt erleben, ist dies das Gegenteil depressiven Empfindens. Die Anwendung der TM-Technik zeigte Ed, dass man sich auch anders fühlen kann. Dies gab ihm einen Hoffnungsschimmer, und der war alles, was er brauchte. Durch Hoffnung konnte er seine Umstände objektiver sehen, was ihn wiederum in die Lage versetzte, Probleme zu lösen; und als er erst einmal mit dem Problemlösen begonnen hatte, spürte er, dass er wieder in seine Kraft kam. Schritt für Schritt konnte Ed die notwendigen Veränderungen vornehmen, um seine Depression zu überwinden.

Die TM-Technik fördert die psychische Reinigung. Sie beschäftigt sich mit keinerlei Negativität, daher erfolgt die Reinigung mühelos. Die Reinigung des Geist-Körpers ist notwendig, weil wir mit der Zeit in den Bereichen unserer Physiologie, die dafür anfällig sind, Belastungen aufbauen. Diese Belastungen erzeugen Toxizität. Welche Toxizität sich aufbaut, hängt davon ab, wofür die Betroffenen anfällig sind. Wie und wo die Toxizität sich aufbaut – ob in den körperlichen, geistigen oder emotionalen Aspekten unseres Seins – kann von genetischen oder situationsbedingten Faktoren abhängen. Doch ungeachtet der Ursachenforschung müssen wir uns alle regelmäßig Zeit für die körperliche, geistige und emotionale Reinigung nehmen. Meditation stellt sicher, dass für diesen Prozess gesorgt ist.

Ed hatte körperliches und geistiges *Ama*. Als er in den Ruhestand ging, blieb er im alten Trott hängen. An seine neue Rolle konnte er sich einfach nicht anpassen. Er reagierte darauf mit übermäßigem Essen und Schlafen. Schließlich griff die Toxizität in seiner Physiologie auf sein gesamtes Sein über, und er konnte nicht mehr funktionieren. Eds Stärken, nämlich seine stetige und stabile Lebensweise, standen ihm nun plötzlich im Weg. Er musste sowohl seinen Geist als auch seinen Körper reinigen, um seine innere Kraft zu erkennen und angesichts von Veränderungen Flexibilität gewinnen zu können.

Durch die Anwendung der TM-Technik vermochte Ed tiefere Ebenen seines Geistes zu erleben. Die tiefere Geistesebene ist reines Bewusstsein oder die der Natur zugrunde liegende Intelligenz. Reines Bewusstsein ist die Grundlage allen Fortschritts. Dass er sich durch die Meditation nach innen wendete, brachte Ed zu sich selbst zurück. Nach und nach erkannte er eine Vielzahl an Gefühlen und fing an, diese Gefühle zu nutzen, um sich auf seinem Lebensweg zurechtzufinden. Vermehrte Selbstbewusstheit und die Auflösung tiefsitzender Belastungen halfen Ed, sein Potenzial zu erkennen und sich aus dem Morast der Depression zu erheben.

Die Vorteile der Meditation messen

Meditation ist wie Zähneputzen: Wenn Sie die Vorteile lebenslang genießen wollen, müssen sie es täglich tun. Wir kämen nicht auf die Idee, den Tag mit ungeputzten Zähnen zu beginnen, doch das „Polieren" unseres Bewusstseins durch den Prozess der Meditation glauben wir vernachlässigen zu können.

Wir denken, dass die Menschen sich deshalb nicht systematisch und regelmäßig mit einer Meditationspraxis befassen, weil sie noch keine gefunden haben, die zu ihnen passt. Vielleicht haben sie versucht zu meditieren, aber erwartet – und nicht erlebt – dass sofort etwas dabei herauskommt. Wenn Sie nicht regelmäßig meditieren, dann ist es an der Zeit, dass Sie sich fragen, warum.

Wir wissen immer nur, was wir selbst erlebt haben. Dies ist unsere einzige Realität. Wenn wir mit einer wirksamen Praxis beginnen, fangen wir an, uns zu verändern. Normalerweise sind wir uns dieser Veränderungen nicht einmal bewusst, bis andere sagen, dass etwas an uns anders geworden ist. Diese Veränderungen treten rasch, aber subtil ein. Man kann die Erfahrung mit dem Sitzen in der Badewanne vergleichen. Dass das Wasser abkühlt, merkt man erst, wenn es sich kühl anfühlt. Feinste stufenweise Veränderungen bemerken wir erst, wenn sie deutlich spürbar werden. Sie können jedoch ganz sicher sein, dass Sie sich durch Meditation verändern werden und sich diese Veränderungen, sobald sie erst einmal begonnen haben, ständig weiter manifestieren werden.

Mit einer wirksamen Praxis werden in allen Parametern Ihres Lebens und in allen Aspekten Ihres Seins Veränderungen eintreten. Die Auswirkungen einer regelmäßigen Meditationspraxis sind subtil, aber tiefgreifend. Am Anfang sind die Fortschritte zuweilen, aber durchaus nicht immer, schwer messbar. Mit der Zeit jedoch werden die Vorteile jedem Meditierenden ersichtlich.

Die folgenden fünf Fragen helfen Ihnen, eine Praxis zu finden und einzuschätzen, wie es Ihnen damit geht.
1. Haben Sie eine Meditationspraxis?
- Üben Sie regelmäßig und systematisch eine Meditationspraxis aus? Wenn nicht, was hält Sie davon ab?
- Glauben Sie, Sie hätten nicht die Zeit dazu?
- Brauchen Sie äußere Unterstützung durch einen ausgebildeten Lehrer?
- Kommt Ihnen der Gedanke an Meditation wie eine Überforderung vor, so als würde Ihnen noch eine weitere Pflicht aufgebürdet?
- Verlangt Ihre Technik von Ihnen eine Verhaltensweise, die Ihnen schwerfällt, wie etwa Konzentration, den Geist zu leeren oder über lange Zeiträume stillzusitzen?

2. Dient Ihre Meditationspraxis Ihnen als Quell der Vitalität? Ob Ihre Meditationspraxis Sie mit dem Bewusstsein verbindet, erkennen Sie an folgenden Auswirkungen:
   - Sie hilft Ihnen, das Spektrum Ihrer bewussten Wahrnehmung zu erweitern.
   - Sie erfüllt Sie mit Energie und Vitalität.
   - Sie reinigt Ihre Physiologie auf der physischen Ebene. Sind Sie zum Beispiel seltener erkältet oder vergrippt? Verfügen Sie über ein erhöhtes Maß an körperlicher Energie?
   - Sie reinigt Sie auf der emotionalen Ebene. Spüren Sie zum Beispiel, dass alte Verletzungen und alte Wut heilen? Können Sie Dinge besser loslassen?
   - Sie reinigt Sie auf der mentalen Ebene. Haben Sie zum Beispiel den Eindruck, dass Sie klarer denken können? Fallen Ihnen kreative Möglichkeiten zur Lösung von Problemen ein? Sind Ihre rasenden Gedanken langsamer geworden oder haben sie sogar ganz aufgehört? Können Sie sich besser konzentrieren?
   - Sie reinigt Sie auf der sozialen Ebene. Haben Sie zum Beispiel mehr Freude daran, mit anderen Menschen zusammen zu sein? Können Sie zwischenmenschliche Konflikte mit Standfestigkeit und klarem Kopf lösen?
   - Sie reinigt Sie auf der spirituellen Ebene. Können Sie das Leben zum Beispiel wie durch ein Weitwinkelobjektiv sehen? Können Sie besser im gegenwärtigen Augenblick leben und das Leben genießen?

3. Sind Sie bei Stress resilienter?

4. Vermittelt die Meditation Ihnen die tiefe Ruhe, die Ihre Physiologie braucht, um gut funktionieren zu können?

5. Ist Ihre Meditation etwas, worauf Sie sich freuen, weil sie einfach und mühelos ist?

Den Geist nutzen, um den Körper zu entspannen

Das Gehirn, dem sehr häufig vorgeworfen wird, es sei die Hauptursache der Depression, kann in Wirklichkeit dazu genutzt werden, das Problem zu beheben. Dies ist möglich, weil Ihre Physiologie wie ein Ökosystem funktioniert. Eine positive Intervention an beliebiger Stelle kann dem Ganzen Gesundheit und Strahlkraft verleihen. Die folgenden Geist-Körper-Übungen vermitteln zwar nicht die Fähigkeit, Gedanken und Gefühle zu transzendieren, aber es sind angenehme Entspannungstechniken. Betrachten Sie die folgenden drei Übungen einfach als eine erste Vorahnung, wie wir unseren Geist nutzen können, um den Körper zu entspannen.

Geist-Körper-Übung 1: Prana ist gute Medizin
1. Setzen Sie sich bequem und ruhig hin.
2. Legen Sie die Hände mit den Handflächen nach oben auf die Oberschenkel.
3. Entspannen Sie den Kiefer und legen Sie die Zungenspitze unmittelbar hinter Ihren Zähnen an den Gaumen.
4. Beobachten Sie Ihren Atem beim Einatmen und Ausatmen, einfach so, wie er ist.
5. Verbinden Sie in völliger gedanklicher Ruhe *So* mit dem Einatmen und *Ham* mit dem Ausatmen.

Die Wirkung dieser Übung beruht darauf, dass ihre symbolische Bedeutung verstanden wird. *So* bezieht sich auf das Göttliche; *Ham* auf das Ich. Beim Einatmen (*So*) inhalieren wir das Leben (Prana) und führen uns die Güte des Universums zu. Wenn wir ausatmen (*Ham*), exhalieren wir unsere begrenzte Individualität (unser Ego), das, was uns nicht mehr dient, um Platz zu schaffen für mehr Prana. Immerhin ist Prana göttliche Medizin.

Geist-Körper-Übung 2: Stress verdampfen
Sie brauchen Folgendes:
- Einen Inhalator oder eine Schüssel mit dampfend heißem Wasser
- Einen Kurzzeitmesser (Küchenwecker)
- Ein ätherisches Öl Ihrer Wahl. Unser Vorschlag lautet, dass Sie einen stimmungsaufhellenden Duft wie Pfefferminze, Zitrone oder Eukalyptus verwenden, wenn Sie einen schnellen belebenden Effekt erzielen wollen. Wenn Sie sich Beruhigung wünschen, greifen Sie zu Düften wie Lavendel, Sandelholz oder Rose.

Anleitung
1. Sobald der Inhalator funktionsbereit ist und Sie ein paar Tropfen ätherisches Öl ins Wasser gegeben haben, stellen Sie den Kurzzeitmesser auf zehn oder fünfzehn Minuten. So können Sie in die Übung eintauchen, ohne an die Zeit denken zu müssen.
2. Setzen Sie sich bequem und in Ruhe hin.
3. Legen Sie die Zungenspitze unmittelbar hinter Ihren Zähnen an den Gaumen.
4. Lassen Sie Ihren Bauch weich werden (jawohl, erlauben Sie sich, Ihren Bauch hervortreten zu lassen) – dies ist ein entscheidender Schritt. Bei entspanntem Bauch können sich Zwerchfell und Lungen besser ausdehnen.
5. Genießen Sie den warmen Dampf, der Ihnen in die Nase steigt.
6. Genießen Sie das Gefühl des warmen Dampfes auf Ihrer Gesichtshaut.

Steigern Sie das Ganze noch ein wenig:

7. Lassen Sie Ihre Lungen ganz ohne Anstrengung Ihrerseits ihre Arbeit tun – atmen.
8. Lassen Sie Ihr Gehirn ganz ohne Anstrengung Ihrerseits seine Arbeit tun – denken.
9. Lassen Sie Ihr Herz ganz ohne Anstrengung Ihrerseits seine Arbeit tun – in Ihrer Brust schlagen.
10. Ihre Aufgabe ist es einzig und allein, auf das Gefühl des warmen Dampfes zu achten.

11. Achten Sie auf das Gefühl, wenn der Atem in Ihren Körper einströmt (Einatmen) und Ihren Körper wieder verlässt (Ausatmen).
12. Beim Einatmen sollte Ihr Bauch sich ausdehnen, als wolle er der Brust Platz schaffen, damit sie die Luft in die Lungen aufnehmen kann.
13. Beim Ausatmen sollte Ihr Bauch sich ganz von selbst wieder zusammenziehen, als wolle er der Brust von unten Druck geben, damit sie die Luft aus den Lungen austreiben kann.
14. Achten Sie darauf, ob Sie einen langen und tiefen Atemzug tun können.

Steigern Sie das Ganze noch ein wenig:
15. Lassen Sie die Schultern fallen, kreisen Sie sanft mit dem Kopf und dehnen Sie die Nackenmuskeln.
16. Inhalieren Sie den warmen Dampf und spüren Sie ihm nach, wie er in Ihre Nase eintritt und die Kehle hinabrinnt. Folgen Sie ihm mit Ihrer Fantasie die Luftröhre hinunter bis in die Lungen. Wenn die Lungen sich ausdehnen und das Zwerchfell sich zusammenzieht, sollte Ihr Bauch leicht hervortreten.
17. Halten Sie ein, zwei Sekunden inne.
18. Atmen Sie aus.
19. Entspannen Sie nun aktiv Ihre Bauchmuskeln, damit Ihr Atem noch leichter in die Lungen gelangt.

Steigern Sie das Ganze noch einmal:
20. Wenn Sie die oben genannten Schritte beherrschen, dann versuchen Sie, die Dauer des Ein- und Ausatmens zu verlängern. Achten Sie darauf, dazwischen so lange den Atem anzuhalten, wie es Ihnen angenehm ist.

Diese Geist-Körper-Übung hat viele Vorteile.
- Sie verbessert Ihre Atmung. Durch die Verbesserung der Durchblutung in Ihren Nebenhöhlen verbessert sie die Atmung im Allgemeinen. Dies hilft Ihnen, sich auf die Atemtechniken vorzubereiten, die wir in Kapitel Elf vorschlagen.
- Der warme Dampf beruhigt und reinigt auch die Haut.

- Sie ernten die Vorteile der Aromatherapie. Je nach dem ätherischen Öl, das Sie verwenden, schickt der Duft eine klare Botschaft direkt an Ihr Gehirn.

Geist-Körper-Übung 3: Die Unterstützung der Natur spüren
Sie brauchen Folgendes:
- Ein kleines Buch, das Sie sich auf den Bauch legen können.

Anleitung
1. Legen Sie sich flach auf den Boden (nicht aufs Bett).
2. Spüren Sie nach, welche Teile Ihres Körpers vollständig auf dem Boden aufliegen.
3. Beim Einatmen sollte Ihr Bauch sich ausdehnen, als wolle er der Brust Platz schaffen, damit sie die Luft in die Lungen aufnehmen kann.
4. Beim Ausatmen sollte Ihr Bauch sich ganz von selbst wieder zusammenziehen, als wolle er der Brust von unten Druck geben, damit sie die Luft aus den Lungen austreiben kann.
5. Achten Sie darauf, ob Sie einen langen und tiefen Atemzug tun können.
6. Stellen Sie sich vor, dass Ihr Körper mit dem Boden verschmilzt. Lassen Sie mit jedem Ein- und Ausatmen zu, dass Sie immer mehr mit dem Boden verschmelzen. Lassen Sie den Boden Ihr Gewicht tragen.
7. Spüren Sie nach, wie Ihre Rückenmuskeln beim Einatmen gegen den Boden gedrückt werden. Machen Sie sich bewusst, dass Ihr Atem Ihre Muskeln von innen nach außen massiert.
8. Lassen Sie sich von dem angenehmen Gefühl, dass Ihre Rückenmuskeln massiert werden, dazu motivieren, immer tiefer zu atmen.
9. Sobald Sie ganz mit dem Boden verschmolzen sind, legen Sie sich das kleine Buch auf den Bauchnabel. Beobachten Sie, wie das kleine Buch bei jedem Ein- und Ausatmen steigt sind sinkt.

ZEHN
Atmen: Ihre Lebenskraft fließen lassen

Immer wenn mir die Luft wegbleibt,
fange ich wieder an zu atmen.
L. Frank Baum

Wie wir atmen, so leben wir, heißt es. Wie wir atmen, sagt etwas über unser emotionales Leben aus. Ist Ihnen schon einmal aufgefallen, was mit Ihrer Atmung passiert, wenn Sie ängstlich, gestresst oder glücklich sind? Wenn wir ständige Bewusstheit für unsere Atmung entwickeln, können wir sehr viel darüber lernen, wie sich Ereignisse auf unser inneres Empfinden auswirken. Dies liegt daran, dass Hirn, Nervensystem, Herz und Lungen im Einklang miteinander arbeiten. Je nach Stimmung lassen sich ganz bestimmte Atemmuster erkennen. Achten Sie zum Beispiel einmal auf die Kurzatmigkeit, die ein angespannter Geisteszustand voller Ängste und Befürchtungen auslöst. Ein Augenblick des Stresses kann Ihnen buchstäblich den Atem nehmen.

Veränderungen der Atmung sind allerdings nicht auf negative Erlebnisse beschränkt. Denken Sie ans Lachen. Ein aufrichtiges Lachen, tief aus dem Bauch heraus, überflutet unsere Zellen mit Glücksbotenstoffen aus dem Gehirn. Es zwingt uns zu ungehemmtem, tiefem und vollem Atmen, wodurch wir stagnierende Energie abgeben können. Nach einem Lachen aus vollem Bauch und voller Kehle fühlen wir uns gereinigt und erleichtert. Vielleicht bringt es uns sogar dazu, das Leben aus einer anderen Perspektive zu sehen. Das Lachen aus dem Bauch heraus hat uns Frischluft zugeführt und den Weg freigemacht für neue Gedanken.

Atmen erfordert die koordinierte Zusammenarbeit von Nerven- und Atmungssystem. Daher gilt es als Übung in neurorespiratorischer Integration. Ein einziger Atemzug verlangt ein komplexes Wechselspiel von Gehirn, Nerven, die sich über den gesamten Körper erstrecken, Herz und Lungen. Wenn wir unseren Atem unserer willentlichen Kontrolle unterstellen, können wir unsere neuronalen Netzwerke neu einstellen. Mit anderen Worten, wir können unser Atmungssystem nutzen, um unserem Nervensystem beizubringen, wie es funktionieren soll. Die Fähigkeit zur Förderung der Integration von Geist und Körper liegt also buchstäblich vor unserer Nase. Wir können unser Gehirn lehren, wie es das Leben wahrnehmen soll, statt uns der Tyrannei unserer Wahrnehmung zu unterwerfen. So gesehen ist die Atmung ein Lehrwerkzeug für das Leben.

Es ist ein Ziel von Ayurveda, uns zu beizubringen, wie wir mit erweiterter Bewusstheit leben und das Zusammenspiel von Geist und Körper verstehen können. Dazu gibt es eine wunderbare Gelegenheit, wenn wir nämlich lernen, mit willentlicher Intention zu atmen. Ayurvedische Atemtechniken geben uns die großartige Chance, immer mehr zum Herrn über unsere Physiologie zu werden.

Wenn wir depressiv sind, verändert sich unsere Atmung, und dies verlängert die depressive Verstimmung. Die vedischen Weisen wussten, dass der feine Akt des Atmens als Vermittler von Vitalität dient, weil er Wohlbefinden und Glück fördert. Durch neurorespiratorische Integration sind wir in der Lage, unsere Physiologie in ihren Reaktionen auf Lebensereignisse zu unterstützen. Wenn wir unseren Atem im Griff haben, erlangen wir die Kontrolle über unsere emotionalen Reaktionen. Wir können lernen, bewusst Dampf abzulassen, einen Seufzer der Erleichterung zu tun und Stress wegzuatmen – indem wir Geist und Atem integrieren.

Prana ist gute Medizin

Atemtechniken sich hochwirksam. Wird die Leistung unserer Atemwege mit der unseres Nervensystems verflochten, so hat dies Auswirkungen auf unsere Verdauungs-, Immun-, Kreislauf- und Hormonfunktion. Neurorespiratorische Integration beeinflusst alle Körperfunktionen, die unwillkürlich (das heißt unbewusst) gesteuert werden. Das Erleben der Atemregulierung ist ein wichtiger Schritt zur Regulierung unserer Physiologie: Blutdrucksenkung, Verlangsamung des Pulses, Veränderung von Nerven und Kreislaufbahnen, Absenken des Stresshormonspiegels und Steuerung von Produktion und Ausschüttung von Botenstoffen im Gehirn. Richtig und regelmäßig angewandt, ermöglichen uns diese wirkungsvollen Techniken tatsächlich die willkürliche (das heißt, bewusste) Steuerung unseres mentalen und emotionalen Zustands.

An einem Atemzug ist mehr als der Sauerstoff, der durch die Nase gelangt. Atmen mobilisiert unsere Lebensenergie, unsere Essenz. Den vedischen Weisen zufolge ist der Atem ein Leiter für *Prana*, ein Sanskrit-Begriff für „Urimpuls". Dies ist die Lebensschwingung an sich, die uns als Einzelne mit dem Kosmos verbindet. *Prana* ist die vitale Lebenskraft, die über die physischen, mentalen, emotionalen und spirituellen Aspekte unseres Seins herrscht. Sie ist das, was uns als lebendige, organische Wesen definiert.

Für die Auflösung von Depressionen ist es ausschlaggebend, dass wir uns unseren vitalen Atem wieder zu eigen machen. Zur Energieregulierung im Geist-Körper ist Atmen ebenso wichtig wie Verdauen. Unsere Atemqualität beeinflusst unser Energieniveau, und unser Energieniveau hat direkte Auswirkung auf unser Wohlbefinden. Vitales Atmen flößt unserem nahtlosen energetischen Netzwerk Leben ein. Wird die Atmung behindert, erhält der Körper nicht die Schübe an Lebensenergie, die er braucht, damit Glück den Schleier der Depression durchdringen kann.

Wie wir unsere Erlebnisse verstoffwechseln, wird uns deutlich, wenn wir uns bewusst machen, wie sich unsere Atmung in Reaktion auf die Lebensumstände verändert. Gesundes Atmen umfasst dieselben Schritte wie die gesunde Verarbeitung von Nahrung oder Erlebnissen: Aufnahme, Verdauung, Verwertung und Ausscheidung. Durch den ausgewogenen und effizienten Akt des Einatmens und Ausatmens stärken und reinigen wir die Physiologie fortwährend.

Überlegen Sie einmal, wie Sie sich fühlen, wenn Sie den Atem anhalten. Während Sie darauf warten, dass Sie endlich ausatmen dürfen, stellen sich rasch körperliches Unwohlsein und emotionale Unruhe ein. Achten Sie auf die Welle der Erleichterung, die Körper und Geist durchflutet, wenn Sie die Luft herauslassen. Denselben Effekt hat es, wenn Sie stattdessen nicht einatmen. Die Lektion hinter dieser Atembeobachtung lautet: Die Unterbrechung des natürlichen, ausgewogenen Fließens der Lebensenergie verursacht Stress. Atmen lehrt uns, vollständig einzusaugen, aufzuspalten und aufzunehmen, was uns nährt, sowie loszulassen, was uns nicht mehr dient.

Um vollständig leben zu können, müssen wir lernen, vollständig zu atmen. Wir werden mit der Fähigkeit in diese Welt hineingeboren, natürlich und effizient zu atmen. Babys und Kleinkinder machen spontan vitale Atemzüge. Es ist nicht verwunderlich, dass junge Wesen alles, was das Leben zu bieten hat, unerschrocken und mit ungebrochener Begeisterung und Neugier in sich aufnehmen. Leider stellen sich mit schwierigen Lebenserfahrungen auch eingeschränkte Atemmuster ein, die mit einer gedämpften Begeisterung für neue Erfahrungen einhergehen. Statt die leichte Bauchatmung, wie Kinder sie haben, beizubehalten, lernen wir als Erwachsene, hauptsächlich in die Brust zu atmen. Diese Art der Atmung verstärkt unweigerlich das Stress- und Anspannungsniveau in unserem Körper. Unsere Aufgabe ist es nun, dieses Muster zu verlernen und unseren rechtmäßigen Vitalitätszustand wiederherzustellen, indem wir neu lernen, was wir als Kinder wussten.

Atemübungen bieten Zugang zur natürlichen Heilapotheke unserer Physiologie. Regelmäßig angewandt, stellen diese Techniken einen gesunden Ersatz für ein Glas Wein oder beruhigende Medikamente dar. Wie eine Tasse starker Kaffee können Atemübungen energetisierend wirken, weil sie Gehirn und Nervensystem stärken – jedoch ohne die gesundheitsschädlichen Nebenwirkungen des Koffeins. Atemzüge vertreiben den Nebel im Gehirn. Ein vitaler Atem kann Traurigkeit besser wegpusten als jedes Antidepressivum, sei es nun synthetisch oder natürlich hergestellt.

Weil Atemtechniken die Sauerstoffzufuhr zum Gehirn erhöhen, verbessern sie zugleich die Durchblutung und versorgen die Hirngewebe. Damit ist im Wesentlichen bereits gesagt, wie Atemtechniken eine depressive Verstimmung auflösen. Individuellere Ungleichgewichte in der Physiologie können mit speziellen Atemtechniken angesprochen werden. Schauen wir uns einmal an, wie bestimmte Atemtechniken wirken, um die verschiedenen Depressions-Archetypen aufzulösen.

Luftige Depression:
So legen sich die Winde der Veränderung

Arial fühlte sich in der Welt ohne Anker. Ihre depressive Verstimmung war von Ängsten begleitet. Ihre Reaktionen auf mehrere plötzliche Veränderungen in kurzer Zeit lösten eine Störung im Vata-Dosha aus. Ihr Nervensystem war stark in Mitleidenschaft gezogen. Schlaflosigkeit, extrem erhöhte Wachsamkeit, ständige Sorgen und Hyperaktivität waren Anzeichen ihres physiologischen Ungleichgewichts.

Wie atmete Arial? Als wir sie beobachteten, wie sie über ihre Traurigkeit sprach, fiel uns auf, dass ihre Brust sich anscheinend in sich zusammenzog, als wolle sie ihr Herz schützen. Als sie der Traurigkeit, die sie empfand, Ausdruck gab, wurde ihr Bauch hart, und sie nahm die Atemluft in kleinen Schlucken durch den Mund auf. Als sie gebeten wurde, ihren Tagesablauf zu schildern, schossen erratische Luftstöße aus ihrem Mund. Arials Atemmuster waren ein sichtbares Anzeichen für die Funktionsweise ihrer Physiologie.

Unsere Atemmuster spiegeln unser Leiden. Wille allein kann unser Befinden nicht ändern, aber wir können uns mit Willenskraft dazu bringen, anders zu atmen. Dadurch verändern wir unsere Physiologie und lösen die Transformation unserer mentalen, emotionalen und körperlichen Gesundheit aus.

Eine flache Atmung war zugleich Symptom und Ursache von Arials Angstzuständen. Abgehacktes, unregelmäßiges Atmen führt zu einem ungenügenden Austausch von Sauerstoff und Kohlendioxid, wodurch wiederum das Herz schneller schlägt, um das Blut mit Sauerstoff anzureichern. Ein solchermaßen erhöhter Puls verstärkte Arials Ängste. Weil ihr Herz pochte, ihre Gedanken rasten und ihre Gefühle außer Kontrolle waren, entwich schlichtweg ihre Vitalität aus ihrer Physiologie.

Als Arials Ängste immer stärker wurden, ließ ihre Atemeffizienz nach. Gefangen in einem Tornado mentalen Aufruhrs, kam Arial buchstäblich nicht mehr zum Lufthole. Ihre flachen Atemzüge gaben weder ihrer Physiologie die Unterstützung, die sie benötigte, noch lösten sie die Ausschüttung der Botenstoffe aus, die ihr Nervensystem gebraucht hätte, um ruhig und heilsam zu arbeiten.

Bewusstheit zu erlangen, war ein entscheidender Schritt für Arial. Es war äußerst wichtig, dass sie sich ihrer Atemmuster bewusst wurde. Schnell erkannte sie, dass sie sich angewöhnt hatte, durch den Mund zu atmen, insbesondere wenn sie ängstlich war. Arial lernte, dass dies eine ineffektive Art der Atmung ist. Sie nahm nicht genug Sauerstoff auf (um ihre Zellen zu nähren) und stieß nicht genug Kohlendioxid aus (um ihre Zellen zu reinigen), als dass sie ihre physiologische Gesundheit hätte aufrechterhalten können. Ebenso wenig förderten ihre Atemmuster ihre psychische Gesundheit, noch vertrieben sie die Ängste.

Arials Nervensystem musste auf eine ruhige und heilsame Funktionsweise trainiert werden. In einem ersten Schritt lernte sie daher, durch die Nase statt durch den Mund zu atmen. Der Mund ist zum Essen und Sprechen, die Nase zum Atmen da – und zwar sowohl nach Auffassung der vedischen Weisen als auch der modernen Wissenschaft. Mundatmung füllt bestenfalls die oberen Lungenlappen. Durch den Mund zu atmen hat denselben Effekt wie nach Luft zu schnappen: Es schickt eine Botschaft ans Gehirn, dass die Physiologie unter Stress steht – woraufhin die Physiologie in den Schnellgang umschaltet.

Wenn Luft durch die Nase eintritt, wird jener Teil des Gehirns angesprochen, der dem Nervensystem eine entspannende Nachricht sendet. Ein tiefer, voller Atemzug sorgt außerdem dafür, dass auch die unteren Lungenlappen mit Sauerstoff versorgt werden. Wenn die unteren Lappen sich erweitern, um den Luftschwall aufzunehmen, werden Dehnrezeptoren aktiviert. Diese Rezeptoren lösen die Ausschüttung biochemischer Stoffe aus, die den Gedankensturm zum Erliegen bringen, aber die Physiologie neu beleben. Für eine Physiologie, die von Ängsten und Erschöpfung überwältigt wird, ist dies ein großartiges Gegenmittel.

Der zweite Schritt bestand in der Verbesserung von Arials Atemeffizienz. Dazu erlernte sie eine spezielle Atemübung, die sogenannte *Dreiteilige Atmung*. (Siehe Beschreibung an späterer Stelle in diesem Kapitel.) Durch diese Technik werden alle Lungenlappen vollständig belüftet und damit ein angemessener Austausch von Sauerstoff und Kohlendioxid sichergestellt. Das rhythmische Aufnehmen und Abgeben von Luft erzeugt außerdem ein Gefühl emotionaler Ruhe und körperlicher Stabilität. Mithilfe der Dreiteiligen Atmung versorgte Arial ihre Zellen mit Nährstoffen und machte ihren Gefühlen Luft.

Eine weitere Technik, die Arial erlernte, ist die *Wechselnde Nasenlochatmung*. (Siehe Beschreibung an späterer Stelle in diesem Kapitel.) Sie berichtete, diese Technik verringere den Lärmpegel in ihrem Kopf. Tatsächlich hat die wissenschaftliche Forschung bestätigt, dass die Wechselnde Nasenlochatmung die Koordination von rechter und linker Hirnhälfte verbessert. Arial erkannte schnell, dass sie diese Technik zur Vorbereitung auf geistige Arbeit nutzen konnte. Schon wenige Minuten schärften ihr Denkvermögen.

Arial begann und beendete ihren Tag mit fünf Minuten dieser beruhigenden Atemübungen. Die Vorteile dieser Praxis zeigten sich schnell. Fast sofort bemerkte sie, dass sie ihre Fähigkeit, tief und voll durchzuatmen, tagsüber jederzeit abrufen konnte, um gut mit ihren Gefühlen zurechtzukommen. Ein Verkehrsstau war für sie nun eine Gelegenheit, diese Übungen zu machen, statt Grund zur Panik.

Doch das ist noch nicht alles. Da die Physiologie aus einem Netzwerk wechselseitig voneinander abhängiger Systeme besteht, kann eine ineffiziente Atmung den Boden für Depressionen, aber auch andere körperliche Leiden bereiten. Zum Beispiel arbeiten die Organe bei einer flachen oder unregelmäßigen Atmung nicht mit ihrer vollen Kapazität. Eine flache Atmung verringert die Blutversorgung der Bauchorgane und beeinträchtigt dadurch sämtliche Verdauungsfunktionen. Sehr häufig ist festzustellen, dass ängstliche und depressive Menschen auch Verdauungsprobleme haben.

Arials gedämpfter Appetit spiegelte ihre traurige Stimmung. Ihr fehlendes Verlangen nach Nahrung reflektierte ihr schwaches Verdauungsfeuer. Wenn sie doch aß, traten Blähungen und Verstopfung auf. Sobald sie jedoch mit den Atemtechniken begann, verbesserte sich ihre Verdauung. Diese Verbesserung stand in unmittelbarem Zusammenhang mit der verbesserten Durchblutung in ihrem Bauchraum.

Die Muskeln um den Solarplexus überlagern den Darm und andere Verdauungsorgane. Wenn wir tief durchatmen, sorgen wir dafür, dass diese Muskeln von oben nach unten auf unsere Verdauungsorgane drü-

Atmen: Ihre Lebenskraft fließen lassen

cken, was eine sanfte Stimulation erzeugt. Eine tiefe Atmung stellt außerdem sicher, dass das Zwerchfell, eine Muskel-Sehnen-Platte, die teilweise an der Leber befestigt ist, sich vollständig ausdehnt und wieder zusammenzieht. Sowie das Zwerchfell sich auf und ab bewegt, werden die Leber und andere innere Organe mobilisiert. Dies sorgt dafür, dass stagnierendes Blut von Leber und Darm zum Herzen gelangt, wo es gereinigt werden kann.

Als Arials Atmung voller geworden war, erlernte sie schließlich eine weiter fortgeschrittene Atemtechnik, die sogenannte *Summende Bienen-Atmung* (siehe Beschreibung an späterer Stelle in diesem Kapitel). Das Summen erzeugt eine Schwingung, die beruhigend auf das Nervensystem, zugleich aber anregend auf die Drüsen in der Halsregion, insbesondere auf die Schilddrüse, wirkt. Arial stellte begeistert fest, dass die Atemübungen, die sie machte, ihr tiefgreifend halfen: „Ich weiß, dass diese drei Übungen körperliche Auswirkungen auf mich haben. Sie beruhigen und energetisieren mich deutlich. Es geht mir besser, ich esse besser, schlafe besser und denke besser."

Brennende Depression: Den Rauch zerstreuen

Zu Barbaras Ungleichgewicht im Pitta-Dosha gehörte, dass jeder Aspekt ihres Seins durch Intensität und Druck gekennzeichnet war. Zugleich sehnte sie sich brennend danach, weinen zu können, weil sie spürte, dass ihr im Konkurrenzkampf der Biss abhanden kam. Eine Mauer aus Wut und Groll diente als Damm, der die Flut aus Traurigkeit und Enttäuschung zurückhielt. „Der Drachen", wie Barbara sich scherzhaft selbst nannte, brauchte eine Möglichkeit, seine überschüssige körperliche und emotionale Hitze auszuleiten.

Wie atmete Barbara? Sie nahm sich selbst als gebremst wahr, und ihre Atmung spiegelte diese innere Wahrnehmung. Es war, als würden ihre Lungen in ihrem Brustkorb wie in einem Rippenkäfig gefangen gehalten. Ihr Atem ging stoßweise, als wollten ihre Lungen sich ausdehnen und versuchen, die eingrenzenden Mauern umzupusten. Ihre Einatmung war zuweilen von beeindruckender Tiefe. Dennoch hatte es nicht den

Anschein, als ströme die Energie, die sie einsog, durch ihre gesamte Physiologie. Dieser mangelnde Energiefluss war teilweise für ihre Kopfschmerzen sowie die ständige Verspannung in Nacken und Rücken verantwortlich. Schließlich ist Schmerz das Signal des Körpers, dass es in der Physiologie eine Energieblockade gibt. Barbaras Atemmuster ähnelte ihrem Verhalten im Leben: Sie drückte alles durch, den Fuß immer fest auf dem Gaspedal.

Logisch und praktisch wie sie war, entwickelte Barbara Interesse an Atemtechniken, nachdem sie von den Krankheiten erfuhr, die von einer ineffizienten Atmung herrühren. Barbara musste ein natürliches, angenehmes Atemmuster finden, das die überschüssige Hitze, die sie in ihrem Geist-Körper verspürte, ausleiten und ihre Reizbarkeit und Frustration lindern würde.

Für Barbara war es wichtig, dass sie sich auf die Verlängerung ihres Ausatmens konzentrierte. Sie übte dies, indem sie durch die Nase ein- und durch einen Strohhalm ausatmete. Sowie ihr Ausatmen länger wurde, vertiefte sich auch ihr Einatmen. Barbara stellte fest, dass diese Atmung die Anspannung in ihrem Körper verringerte. Ihr war jetzt nicht mehr, als trüge sie eine Rüstung.

Danach erlernte Barbara eine Atemübung, die als die *Siegreiche Atmung* bezeichnet wird (siehe Beschreibung an späterer Stelle in diesem Kapitel). Die Siegreiche Atmung vertreibt die überschüssige Hitze, die durch unnötige mentale Reibung erzeugt wird. Sie bringt Herz und Lungen ins Gleichgewicht, kühlt die Physiologie und löst die innere Beengtheit. Weil sie die Atemeffizienz erhöht, entzündliche Prozesse lindert und die Zelloxidation reduziert, verringert sie die Abnutzung der Physiologie. Es überrascht nicht, dass Olympiateilnehmer im Rahmen ihres Trainings in dieser Atemtechnik ausgebildet werden.

Die Siegreiche Atmung verbesserte Barbaras Fähigkeit zum Erfolg, weil sie ihr half, ihre Kapazitäten maximal auszunutzen. Mit der Zeit stellte sie fest, dass sie automatisch in diese Atemtechnik verfiel, sobald sie spürte, dass sich ihr Befinden verschlechterte, sei es auf dem Tennisplatz oder im Beruf. Triumphierend rief Barbara aus: „Jetzt kann ich noch einen drauflegen, ohne auszubrennen!"

Barbara erlernte eine weitere Atemtechnik, die *Kühlende Atmung* (siehe Beschreibung an späterer Stelle in diesem Kapitel). Diese Atemtechnik befreit die Physiologie rasch von überschüssiger Hitze und ist daher eine wunderbare Atemübung für den Sommer; aber sie hilft uns auch, die trockene, künstliche Wärme zu ertragen, die im Winter oft in Innenräumen herrscht. Die Kühlende Atmung hilft uns, einen kühlen Kopf zu bewahren, selbst wenn wir stundenlang am Computer saßen und unser Geist durch mentale Aktivität „heiß gelaufen" ist.

Die Technik funktioniert wie ein Ventil, das die allmähliche und kontrollierte Abgabe inneren Drucks erlaubt (wie er sich etwa aufbaut, wenn Wut in einem aufwallt).

Die Kühlende Atmung hatte zwei Geschenke für Barbara: Erstens gab sie ihr ein weiteres Instrument zur Wiederherstellung ihres physiologischen Gleichgewichts an die Hand; und weil sie außerdem feststellte, dass sie öfter von dieser Technik Gebrauch machte, entwickelte sie zweitens größere Bewusstheit dafür, wie sie von ihrer äußeren Umwelt beeinflusst wurde.

Erdige Depression: Das innere Feuer schüren

Ed musste lebendiger werden. Das wollte er auch, aber er wusste nicht wie. Gleichermaßen von seiner Traurigkeit wie von seiner Körperfülle niedergedrückt, sah er keinen Ausweg aus der tiefen Depression, die er erlebte. Ein Ungleichgewicht im Kapha-Dosha hatte ihn in einen Stubenhocker verwandelt. Sein Verdauungsfeuer war so schwach, dass er weder Nahrung noch Erlebnisse verdauen konnte. Eds Physiologie war zum Speicher für physisches, emotionales und mentales *Ama* geworden. Diese Schlacken verstopften seinen Geist-Körper, blockierten den Fluss seiner Lebenskraft und vergällten jede Freude.

Wie atmete Ed? Beim Einatmen ging sein Bauch nach innen, beim Ausatmen drängte er nach außen; dies ist das genaue Gegenteil eines gesunden Atemmusters. Eds extremer Motivationsmangel zeigte sich in seiner Atmung. Wenn wir ihn beobachteten, konnten wir sehen, dass sein Körper mit jedem Atemzug in sich zusammensank. Anscheinend hielt er beim Sprechen den Atem an, weshalb seine Stimme wie ein Flüstern klang. Er war nicht in der Lage, Energie aufzubringen, fühlte sich wie gelähmt und apathisch.

Ed musste sich bewegen und bewegt werden. Er hatte erfahren, dass belebende Aktionen seine Atmung vertiefen. Das therapeutische Ziel war, ihm zum Erlebnis des Gegenteils zu verhelfen, dass nämlich die bewusste Vertiefung des Atems die Physiologie belebt.

Der Blasebalg-Atem (auf Sanskrit: *Bastrika*) ist eine stärkende Atemübung (siehe Beschreibung an späterer Stelle in diesem Kapitel). Der Begriff spielt auf den Blasebalg eines Schmiedes an, mit dem dieser das Feuer anfacht. Der Blasebalg-Atem entfacht das Stoffwechselfeuer und schmilzt dadurch *Ama* ab, die Schlacken, die den freien Fluss der Lebensenergie in der Physiologie verhindern.

Die Blasebalg-Atmung trug entscheidend zur Anhebung von Eds Energieniveau bei. Ein paar Runden dieser Technik, gleich als Erstes am Morgen ausgeübt, spornten Ed zur Bewegung an. Auch wenn er tagsüber spürte, dass Lethargie sich breitmachen wollte, brachte ihn diese Übung ganz von selbst wieder in Schwung. Da er sie regelmäßig mehrmals am Tag ausführte, verspürte Ed eine Anhebung seines allgemeinen Energieniveaus. Die Übung fachte sein Verdauungsfeuer an, so dass sein Stoffwechsel mehr verbrannte und er an Gewicht verlor. Das Schläfchen nach dem Essen gehörte der Vergangenheit an. Wenn das Verdauungsfeuer stark ist, verdauen wir effizient und fühlen uns nach einer Mahlzeit energiegeladen statt matt.

Die zweite Übung, die Ed erlernte, war die *Schädelerhellungs-* oder einfach *Schnellatmung*, *Kapalabathi* auf Sanskrit (siehe Beschreibung an späterer Stelle in diesem Kapitel). Ed war sehr erpicht darauf, eine Atemtechnik zu erlernen, die versprach, die Spinnweben aus seinem Kopf zu fegen und ihn wieder so helle zu machen, wie er war, wenn er nicht unter einer depressiven Episode litt. Diese Technik war so effizient, dass der Ingenieur in ihm unbedingt wissen wollte, wie sie wirkt.

Sowohl die Blasebalg-Atmung als auch die Schädelerhellungsatmung bringen das Kapha-Dosha ins Gleichgewicht. Sie wirken, weil sie das Blut rasch mit Sauerstoff anreichern. Schnelles Ausatmen, das durch starkes Einziehen des Bauches unterstützt wird, vertreibt abgestandene Luft aus den unteren Lungenlappen, so dass sauerstoffreiches Blut an seine Stelle treten kann. Das starke Einziehen des Bauches stärkt zugleich die Bauchmuskeln und massiert die inneren Organe.

Unter dem Aspekt der Depression betrachtet, stimulieren die Blasebalg- und die Schädelerhellungsatmung das Nerven-Netzwerk in der Bauchhöhle, welches Verdauung und Stoffwechsel reguliert. Diese Übungen führen zur Ausschüttung zweier stimulierender Substanzen: Adrenalin und Noradrenalin. Wie Sie sich wahrscheinlich erinnern, ist Letzteres einer der Hirnbotenstoffe, die bei einer Erdigen Depression nur mangelhaft vorhanden sind. Eine Anhebung des Spiegels dieses biochemischen Stoffes im Blut führt zur Stimmungsaufhellung und in jeder Hinsicht zu einer Verbesserung der physiologischen Leistung.

Atemübung fürs ganze Leben

Die folgenden Atemübungen sind einfache, bewährte Techniken, die jederzeit und überall leicht angewendet werden können. Sie steigern Ihr Energieniveau, wenn Sie erschöpft sind, und beruhigen Ihre Physiologie, wenn Sie sich konzentrieren müssen oder entspannen möchten – und zwar indem sie Ihnen helfen, Ihre Physiologie zu regulieren. Irgendwann sitzen *Sie* wieder am Steuer – drücken aufs Gas, wenn Sie Belebung brauchen, und treten fest auf die Bremse, wenn Sie Luft holen müssen (im wörtlichen und im übertragenen Sinne!).

Bitte beachten Sie, dass die folgenden Atemübungen aufeinander aufbauen. Es wird vorausgesetzt, dass Sie die Dreiteilige Atmung beherrschen, bevor Sie zur Wechselnden Nasenlochatmung, Summenden Bienenatmung, Siegreichen oder Kühlenden Atmung übergehen. Die Schädelerhellende Atmung und die Blasebalg-Atmung sind fortgeschrittene Techniken, die erfordern, dass Sie die Zwerchfellatmung vollständig beherrschen, bevor Sie sich an ihnen versuchen.

Dreiteilige Atmung

Dies ist eine reinigende und ausgleichende Atemübung. Es geht darum, bewusst drei verschiedene Bereiche Ihrer Lunge zu füllen. Füllen Sie zunächst den unteren Bereich und beobachten Sie dabei, wie Ihr Bauch sich ausdehnt, gehen Sie dann weiter zur mittleren Brustregion und kommen Sie zum Schluss durch ein leichtes Anheben des Schlüsselbeins zu den oberen Lungenräumen. Gehen Sie gedanklich mit Ihrer Absicht mit, wenn Sie Ihren Atem lenken, und Sie werden eine zutiefst befreiende, weitende Wirkung verspüren, wenn die Anspannung aus Ihrem Körper weicht.

Anleitung
1. Stehen oder sitzen Sie aufrecht, die Wirbelsäule ist gerade.
2. Atmen Sie regelmäßig durch die Nase ein.
3. Füllen Sie den unteren Teil Ihrer Lungen. Ihr Bauch weitet sich und tritt hervor.
4. Füllen Sie den mittleren Teil Ihrer Lungen. Dabei weiten sich Ihre unteren Rippen (das Brustbein) sowie die Brust und treten vor.
5. Füllen Sie den obersten Teil Ihrer Lungen. Ziehen Sie den Bauch leicht ein, während sich Ihre Schlüsselbeine dehnen.
6. Atmen Sie doppelt so langsam aus wie Sie eingeatmet haben. Ihr Bauch zieht sich ganz von selbst wieder zusammen und kehrt zu seiner natürlichen Position zurück.
7. Schließen Sie das Ausatmen ab, indem Sie zulassen, dass Ihr Bauch sich leicht nach innen und oben zieht.

Was tut diese Atemübung für Sie?
- Sie mehrt Ihre innere Ruhe,
- verbessert die Entgiftung von Toxinen im Blut durch die Lungen,
- verbessert die Sauerstoffsättigung des Blutes, was der Leber und anderen Verdauungsorganen zugutekommt,
- verringert die körperliche Anspannung in Bauch, Brust und Rücken,
- steigert die Aufnahme von Lebensenergie (*Prana*) aus der Luft.

Wechselnde Nasenloch-Atmung

Den vedischen Weisen zufolge verlaufen in unserem Körper annähernd zweiundsiebzigtausend röhrenartige Kanäle, die sogenannten *Nadis*.

Diese uralte Vorstellung passt gut zu der modernen Auffassung, wonach Nerven wie Kanäle fungieren und elektrische Impulse durch den Körper leiten. Wenn wir den Zufluss von *Prana* in unseren Geist-Körper maximieren wollen, ist es entscheidend wichtig, dass wir unsere energetischen Pfade hindernisfrei halten. Diese Atemübung ist unerlässlich zur Beruhigung rasender Gedanken und eines beschleunigten Pulses.

Anleitung

1. Sitzen Sie mit aufrechter Wirbelsäule und machen Sie dreißig Sekunden lang die Dreiteilige Atmung.
2. Wenn Sie so weit sind, schließen Sie die Augen und atmen Sie tief durch. Halten Sie den Atem so lange an, wie es Ihnen angenehm ist.
3. Legen Sie die rechte Hand an die Nase und schließen Sie das rechte Nasenloch mit dem Daumen.
4. Atmen Sie langsam und tief durch Ihr linkes Nasenloch ein.
5. Sobald Ihre Einatmung abgeschlossen ist, behalten Sie den Atem ein paar Sekunden lang in Ihren Lungen.
6. Öffnen Sie das rechte Nasenloch, indem Sie den Daumen davon lösen und schließen Sie das linke, indem Sie Zeige- Mittel- oder Ringfinger dagegen drücken.
7. Atmen Sie durch das rechte Nasenloch vollständig aus.
8. Wiederholen Sie diesen Zyklus etwa zwei Minuten lang oder länger, wenn Ihnen dies angenehm ist.

Beispiel für Wechselnde Nasenlochatmung

Was tut diese Atemübung für Sie?
- Sie koordiniert die Funktion beider Hirnhälften,
- verbessert Denken und Konzentration,
- bringt mentale Klarheit,
- gleicht Vata-Dosha aus.

Summende Bienen-Atmung (*Brahmari pranayama*)

Brahmar ist Sanskrit und bedeutet „Biene". Diese Atemübung heißt Brahmari, weil dabei ein bienenähnliches Summen erzeugt wird. Das Summen verursacht eine resonante Schwingung in Kopf und Hals. Diese Schwingung wiederum wirkt beruhigend auf die Physiologie, weil sie das parasympathische Nervensystem stimuliert, welches die muskuläre, physische, mentale und emotionale Entspannung einleitet.

Anleitung
1. Sitzen Sie mindestens eine Minute lang mit aufrechtem Kopf und gerader Wirbelsäule in einer bequemen Haltung. Schließen Sie sanft die Augen und werden Sie sich Ihres Körpers bewusst. Lippen geschlossen, Kiefer entspannt, Zähne leicht auseinander.
2. Halten Sie sich die Ohren zu, indem Sie entweder die Zeigefinger hineinstecken oder die Ohren mit den Handflächen bedecken, wobei Ihre Ellbogen nach außen zeigen.
3. Atmen Sie nun durch beide Nasenlöcher ein und machen Sie dabei ein hohes Summgeräusch, das aus Ihrer Kehle kommt. Schließen Sie dazu Ihre Stimmritze (in Ihrer Kehle) teilweise. Zunächst klingt das vielleicht wie ein Schnarchen. (Hinweis: Wenn Sie sich daran gewöhnt haben, den Luftstrom durch die Stimmritze zu kontrollieren, können Sie sich darauf konzentrieren, vollständig und tief Luft zu holen und dann darauf aufbauen und ein Summ- oder Schnarchgeräusch erzeugen. Die Betonung liegt bei dieser Übung auf dem Ausatmen.)
4. Atmen Sie langsam aus und geben Sie dabei ein Geräusch wie eine summende Biene von sich.

5. Richten Sie Ihre Aufmerksamkeit darauf, wie die Schwingung des Geräuschs sich in Kopf und Hals fortsetzt.
6. Tun Sie dies einige Minuten lang und steigern Sie allmählich auf zehn bis fünfzehn Minuten. Atmen Sie zwischendurch bei Bedarf zur Erholung einige Atemzüge lang normal.

Was tut diese Atemübung für Sie?
- Durch die Aktivierung des parasympathischen Nervensystems hilft sie, Stress und Ängste abzubauen,
- sie klärt Kopf und Hals und versetzt sie in Schwingung,
- regt die Drüsen im Kehlkopfbereich, insbesondere die Schilddrüse, an,
- bringt die Hormonausschüttung ins Gleichgewicht,
- löst die Ausschüttung von Serotonin aus,
- hilft Spannungen in Kopf und Nacken abzubauen, lindert dadurch Kopfschmerzen und beugt ihnen vor,
- tonisiert das Nervensystem und weitet die Blutgefäße im Gehirn, mehrt dadurch den Blutfluss,
- unterstützt die Behandlung von Schlaflosigkeit.

Die Siegreiche Atmung (*Ujjayi*-Atmung)

Diese Atemübung ähnelt der Dreiteiligen Atmung. Der wesentliche Unterschied besteht darin, dass die Kehle beim Ein- und Ausatmen leicht zusammengezogen wird.

Anleitung
1. Atmen Sie durch die Nase ein und ziehen Sie dabei Ihren Kehldeckel (Ihre Kehle) leicht zusammen, als wollten Sie leise „i" sagen.
2. Atmen Sie mit weiter leicht zusammengezogener Kehle durch die Nase aus. (Ihr Atem sollte rauschen wie eine sanfte Meereswelle.)

Was tut diese Atemübung für Sie?
- Sie steigert die Effizienz der Blutgefäße, die Blut zu den Lungen und zum Herzen führen,
- hat beruhigenden Einfluss, der Ängste auflöst,
- befreit den Geist von Stress. (Tatsächlich stellt sich diese Atmung

von selbst ein, wenn Sie sich bei plötzlichem Stress sammeln wollen.)

Die Kühlende Atmung (*Shitali* oder *Sitkari*)

Diese Atemübung ist gut für Menschen mit einem Ungleichgewicht im Pitta-Dosha. Sie kühlt die Physiologie, die hohen Temperaturen ausgesetzt worden ist, körperlich ab. Sie wirkt auch zur Aufhebung hitziger Gefühle und aufgewühlter Gedanken. Im Geist schafft sie Raum für einen kühlen Hauch frischer Luft. Wird diese Atemübung durch eine eingerollte Zunge ausgeführt, nennt man sie *Shitali*; wird die Zunge nicht eingerollt, heißt sie *Sitkari*.

Anleitung
1. Sitzen Sie mit aufrechter Wirbelsäule.
2. Beobachten Sie ein paar Minuten lang das natürliche Ein- und Ausströmen Ihres Atems.
3. Rollen Sie die Zunge von den Seiten her ein, so dass sie eine Röhre bildet. Wenn Sie die Zunge nicht seitlich einrollen können, dann drücken Sie die Zunge an die Zähne und überspringen Sie die Schritte 4 und 6.
4. Strecken Sie die eingerollte Zunge aus dem Mund.
5. Saugen Sie beim Einatmen die Luft sanft durch die Mittelöffnung Ihrer Zunge ein. Stellen Sie sich vor, Sie trinken die Luft durch einen Strohhalm (Ihre eingerollte Zunge oder Ihre leicht geöffneten Zähne).
6. Wenn sich der abschließende Teil Ihres Einatmens dem Ende nähert, ziehen Sie die Zunge wieder in den Mund und schließen Sie die Lippen.
7. Halten Sie den Atem so lange an, wie es Ihnen möglich ist.
8. Lassen Sie dann den Atem langsam und sanft durch die Nase ausströmen.
9. Wiederholen Sie diesen Zyklus bis zu zehn Mal.

Was tut diese Atemübung für Sie?
- Sie verringert Pitta-Dosha,

- entfernt hitzige Gefühle und aufgewühlte Gedanken,
- schafft Raum im Geist für einen kühlen Hauch frischer Luft.

Warnhinweis: Die starken Kontraktionen des Bauches, die für die Schädelerhellungs- und Blasebalg-Atmung erforderlich sind, sind kontraindiziert, wenn Sie gerade menstruieren oder schwanger sind. Weil die Kontraktionen den Druck im Brustraum erhöhen, können sie bestehende Atembeschwerden oder kardiovaskuläre Erkrankungen verschlimmern. Gehen Sie daher vorsichtig vor. Auch Menschen mit einem Zwerchfellbruch, Unterleibsbeschwerden oder einem akut schmerzenden Bandscheibenvorfall sollten diese Übungen nicht machen. Idealerweise sollten diese Übungen eine Stunde vor oder zwei Stunden nach einer Mahlzeit ausgeführt werden.

Schädelerhellende Atmung (*Kapalabathi*)

Diese Atemübung entzündet das Feuer in Ihrem Geist-Körper und reinigt das gesamte System, nicht nur die Atemwege. Sie durchflutet die Physiologie mit pranahaltigem Sauerstoff, hebt daher die Stimmung und belebt den Körper.

Anleitung
1. Führen Sie ein paar Minuten lang die Dreiteilige Atmung aus, so dass Sie volle, tiefe Atemzüge machen. Dies schafft Raum im Oberkörper und bereitet Sie auf diese Übung vor.
2. Sitzen Sie mit aufrechter Wirbelsäule. Achten Sie während der gesamten Übung darauf, dass Gesicht und Nacken entspannt sind, aber halten Sie Ihren Rumpf aufrecht und gerade. Der Fokus liegt bei dieser Übung auf einer starken und kraftvollen Pumpbewegung (Bauchmuskelkontraktionen) in Ihrer Nabelregion.
3. Atmen Sie aktiv durch die Nase aus und ziehen Sie dabei ruckartig den Bauchnabel an die Wirbelsäule (ziehen Sie den Bauch ein).
4. Während Ihre Bauchmuskeln in ihre natürliche Lage zurückkehren (Ihr Bauch sich wieder ausdehnt), atmen Sie passiv durch die Nase ein. Mit anderen Worten, Ihr Körper nimmt den Atem ein-

fach infolge der natürlichen Ausdehnung Ihrer Bauchmuskeln in sich auf.
5. Achten Sie darauf, dass Sie vollständig einatmen, bevor Sie erneut aktiv atmen.
6. Das Ausatmen sollte alle zwei bis drei Sekunden erfolgen. Wichtig ist, dass Sie sich darauf konzentrieren, den Bauch kraftvoll einzuziehen, um so ein vollständiges aktives Ausatmen herbeizuführen.
7. Wiederholen Sie die Übung ein bis drei Minuten lang.

Was tut diese Atemübung für Sie?

- Sie entfacht das Verdauungsfeuer,
- stimuliert den Vagusnerv, also den Hirnnerv mit großer und allgemeiner Auswirkung auf die Physiologie, insbesondere das Herz und das Verdauungssystem,
- erhöht die körperliche und geistige Ausdauer,
- erhöht die Stressresistenz, wahrscheinlich durch Ausschüttung von „Wohlfühlhormonen" wie Oxytocin und Prolactin,
- reduziert Suchtimpulse,
- entfernt Toxine von den Lungenschleimhäuten,
- erhöht die Ausschüttung von Adrenalin und Noradrenalin,
- bringt das autonome Nervensystem ins Gleichgewicht.

Blasebalg-Atmung (Bastrika)

Die Blasebalg-Atmung besteht aus einer Reihe schneller, kräftiger Runden mit Zwerchfellatmung und ist ein ausgezeichnetes Tonikum, wann immer Ihre Energie schwindet. Sie ähnelt der Schädelerhellenden Atmung mit Ausnahme des Tempos. Im Gegensatz zur Schädelerhellenden Atmung sollen Sie bei dieser Atemübung eine Minute oder länger jeweils einen Atemzug pro Minute machen.

Wenn Ihnen bei dieser Übung leicht schwindlig wird, ist dies ein Anzeichen dafür, dass Ihre Physiologie sich noch nicht vollständig an die hohen Sauerstoffmengen akklimatisiert hat, die durch diese Übung in Sie einströmen. Ist dies der Fall, hören Sie auf, ruhen Sie sich ein paar Minuten aus und versuchen Sie es dann noch einmal. Ayurveda empfiehlt immer, so zu arbeiten, dass man sich wohlfühlt. Es kann auch sein, dass ein leichtes Prickeln auftritt, weil diese Übung den Nerventonus steigert. Das Prickeln lässt mit der Zeit nach.

Anleitung
1. Sitzen Sie mit aufrechter Wirbelsäule.
2. Atmen Sie kraftvoll durch die Nase ein und dehnen Sie den Bauch aus.
3. Atmen Sie kraftvoll aus, indem Sie den Bauch mit einem Ruck gegen die Wirbelsäule ziehen.
4. Atmen Sie schnell, kräftig und jeweils gleich lang ein und aus, wobei Einatmen und Ausatmen jeweils etwa eine Sekunde dauern.
5. Machen Sie zwischen Ein- und Ausatmen keine Pause. (Sie sollten klingen wie eine kleine Dampflokomotive.)
6. Machen Sie diese Übung in Zyklen zu je zehn Atemzügen.
7. Ruhen Sie sich aus, indem Sie ein paar Sekunden lang die Dreiteilige Atmung ausführen.
8. Insgesamt sollten Sie die Übung drei bis fünfzehn Minuten machen.

Ziel ist es, diese Übung eine Minute lang ununterbrochen mit jeweils einem Atemzug pro Sekunde machen zu können. In diesem Fall sollten zwei oder drei einminütige Zyklen mit jeweils einer kurzen Pause dazwischen genügen.

Was tut diese Atemübung für Sie?

- Sie entfacht das Verdauungsfeuer,
- stimuliert den Vagusnerv, also den Hirnnerv mit großer und allgemeiner Auswirkung auf die Physiologie, insbesondere das Herz und das Verdauungssystem,
- erhöht die körperliche und geistige Ausdauer,
- erhöht die Stressresistenz, wahrscheinlich durch Ausschüttung von „Wohlfühlhormonen" wie Oxytocin und Prolactin,
- reduziert Suchtimpulse,
- entfernt Toxine von den Lungenschleimhäuten,
- erhöht die Ausschüttung von Adrenalin und Noradrenalin,
- bringt das autonome Nervensystem ins Gleichgewicht.

Mythen, die uns die Luft zum Atmen nehmen

Mythos 1: Wenn man den Bauch entspannt, wird er dicker. Wenn Sie Ihren Bauch beim Atmen entspannen, dann schwächt dies weder Ihre Muskeln noch wird Ihre Leibesmitte schwabbelig. Im Gegenteil, wenn wir zulassen, dass der Bauch sich frei ausdehnen und zusammenziehen kann, fördern wir die Gewichtsabnahme. Dieser zusätzliche Vorteil tritt deshalb ein, weil das Blut frei zu den Fettzellen zirkulieren und damit Nährstoffe zu- und toxische Abfallprodukte abführen kann, wenn wir dem Bauch gestatten, sich im Atemrhythmus zu bewegen. Darüber hinaus müssen sich die Bauchmuskeln, wie alle anderen Muskeln auch, zwischen den Kontraktionen vollständig entspannen, um richtig funktionieren zu können. Wir ermutigen Sie ausdrücklich loszulassen, Ihren Bauch von Ihrem Atem bewegen zu lassen und sowohl die Entspannungs- als auch die Kontraktionsphase des Atemzyklus zu erleben. Sowie Sie dies tun, atmen Sie Ihre Depression weg – und helfen Ihrer Physis.

Mythos 2: Den Bauch einzuziehen, stärkt den Rücken. Der Atem ist tatsächlich ein Instrument, das die Wirbelsäule massiert. Die sanfte Dehnkraft, die beim Atmen erzeugt wird, übt Zug auf die Wirbelsäule aus: Jedes Ein- und Ausatmen dehnt und kontrahiert die Knochen in der Wirbelsäule, erzeugt Bewegung und schafft Raum zwischen ihnen. Dieser Prozess verringert die Wahrscheinlichkeit für eingeklemmte Nerven, Knochenabbau und arthritische Beschwerden. Dem Bauch beim Atmen Bewegung zu gestatten, fördert einen gesunden Rücken. Die Bandscheiben zwischen den Wirbeln wirken wie Stoßdämpfer und funktionieren wie ein Schwamm. Durch Flüssigkeitsaufnahme bleiben sie dick und gesund. Da es etwa ab dem zwanzigsten Lebensjahr keine direkte Blutzufuhr zu den Bandscheiben mehr gibt, kann Flüssigkeit nur noch durch körperliche Bewegung hineingelangen. Wenn wir expansiv atmen, muntern wir nicht nur unseren Geist auf, sondern wir beleben auch unser Rückgrat.

Starke Bauchmuskeln stabilisieren die Wirbelsäule. Insbesondere beim Heben von Lasten sollten die Bauchmuskeln zur Unterstützung des Rückens eingesetzt werden. Wird der Bauch jedoch ständig eingezogen, erhöht dies Anspannung und Steifheit in den Muskeln des unteren Rückens; wenn Sie bereits an Rückenschmerzen leiden, kann dies den Schmerz verstärken. Das Zwerchfell ist an der Vorderseite der Lendenwirbel befestigt, daher spiegelt sich jede Kontraktion dieses wichtigen Atemmuskels sofort in der Funktion der Wirbelsäule. Zuzulassen, dass Ihr Bauch sich beim Atmen bewegt, ist die beste Art, Ihren Rücken gesund zu erhalten.

Überprüfen Sie Ihr Atemmuster

Wie wir atmen, so leben wir – schauen wir deshalb einmal, wie Sie atmen. Sitzen Sie still und achten Sie auf Ihren Atem. Lenken Sie Ihre Aufmerksamkeit auf Ihr Atemmuster und beantworten Sie folgende Fragen:

Atmen Sie durch die Nase oder den Mund ein?
Durch welches Nasenloch atmen Sie vorwiegend ein?
Weitet sich Ihr Bauch beim Einatmen?
Fühlt es sich für Sie so an, als trete eine Welle pranahaltiger Luft in Ihren Körper ein und wieder aus?

Durch die Antworten auf diese Fragen können Sie feststellen, wie gesund Ihre essenzielle Atmung ist. Eine natürliche Atmung verläuft folgendermaßen:

1. Der Atem tritt durch die Nase ein.
2. Der Bauch dehnt sich beim Einatmen aktiv aus und zieht sich beim Ausatmen passiv zusammen.
3. Im Atemzyklus besteht ein ständiger rhythmischer Fluss; wie eine schimmernde Welle durchläuft der Atem den gesamten Körper und hinterlässt ein Gefühl der Entspannung.

Dies ist die Atmung wie Mutter Natur sie für uns vorgesehen hat. Wenn Sie sich jedoch ein ineffizientes Atemmuster zugelegt haben, können Sie sich dieses auch leicht wieder abgewöhnen. Indem Sie Ihre Aufmerksamkeit bewusst auf den Atem richten, können Sie Ihr natürliches und gesundes Atemmuster wiederherstellen.

ELF
Sport: Den Geist in Bewegung bringen

Wenn wir jedem Individuum das richtige Maß an Nahrung und Bewegung zukommen lassen könnten, hätten wir den sichersten Weg zur Gesundheit gefunden.
Hippokrates

Für die vedischen Weisen war Bewegung ein Vermittler von Vitalität. Sie verstanden nicht nur, welche Kraft in körperlicher Bewegung liegt, sondern sie wussten auch, wie man die antidepressive Wirkung der Bewegung maximiert. Die moderne Wissenschaft äußert sich ähnlich und bestätigt, dass Bewegung tatsächlich ein Gegenmittel gegen Niedergeschlagenheit ist. Betrachten Sie einmal folgende wissenschaftliche Daten:

- Bewegung kann zu einem ständigen Rückgang von Depressionen führen. Im Rahmen einer Studie mit depressiven Frauen wurde die Wirkung von Bewegung gemessen. Die Interventionen waren folgende: (1) Ausdauersport, (2) Entspannungsübungen und (3) keinerlei Bewegung oder Übungen. Nur bei den Frauen aus der Gruppe, die Ausdauersport betrieb, verbesserte sich die Stimmung.
- Bewegung hat stärkere dauerhafte Effekte als Medikamente. In einer Studie wurde die Wirkung von Antidepressiva, Bewegung sowie einer Kombination aus Antidepressiva und Bewegung auf die Symptome einer Depression verglichen. Nach sechzehn Wo-

chen zeigten sich bei allen drei Gruppen ähnliche Verbesserungen. Sechs Monate später jedoch ging es der Gruppe, die sich ausschließlich bewegt hatte, besser als den anderen beiden Gruppen. Weniger als ein Drittel der Sporttreibenden ohne Medikamente hatte einen depressiven Rückfall, wohingegen über die Hälfte der Teilnehmer aus der Gruppe mit Medikation und aus der Gruppe mit Medikation und Sport einen Rückfall erlitt.
- Ängste werden beim Sport signifikant verringert; diese Wirkung hält noch mehrere Stunden danach an.
- Eine Meta-Analyse von Studien zur angstreduzierenden Wirkung von Bewegung hat gezeigt, dass zwanzig Minuten Sport ausreichen, um den natürlichen Beruhigungseffekt einzuleiten.

> **Wie viel Bewegung reicht, damit es mir besser geht?**
>
> Es hat sich bestätigt, dass zwanzig Minuten moderater Sport die Stimmung heben. Die Forscher untersuchten Menschen, die unterschiedlich lange Sport trieben. Nach zehn Minuten Bewegung fühlten sich die Teilnehmer weniger depressiv und weniger durcheinander. Bei zwanzig Minuten war die Linderung größer, und dreißig Minuten brachten gegenüber zwanzig Minuten keine weitere Verbesserung. Die Schlussfolgerung: Zwanzig Minuten Bewegung heben die Stimmung, aber wenn Sie nur begrenzt Zeit haben, profitieren Sie auch von zehn Minuten schnellem Gehen.

Die Traurigkeit abschütteln: das Zauberwort heißt Bewegung

Es besteht keinerlei Zweifel, dass Bewegung Ihren Geist aufrüttelt und die Depression aus Ihrer Physiologie vertreibt. Die vedischen Weisen wussten, dass Bewegung, als Vermittlerin von Vitalität, uns hilft, Depressionen abzuwehren, und zwar aus folgenden Gründen:

- Bewegung feuert den Stoffwechsel-Ofen an.
- Bewegung hilft, die geistige und die körperliche Verdauung zu optimieren, sie steigert die Fähigkeit des Gehirns, Serotonin, Dopamin und Noradrenalin sowie weitere wichtige Stoffe, die Auswirkungen auf das klare Denken haben, zu erzeugen und zu nutzen. Sie erhöht die Verfügbarkeit aller anderen Stoffe im Körper, wie zum Beispiel Hormone und Enzyme. Bewegung massiert außerdem Ihre inneren Organe, wodurch sich deren Leistungsfähigkeit erhöht.
- Regelmäßige und angemessene Bewegung verhindert, dass *Ama* (Gifte) sich im Geist-Körper absetzt.
- Vertiefte Atmung und erhöhter Puls verbessern den Blutfluss. Alle lebenswichtigen Organe, auch das Gehirn, profitieren von einer besseren Sauerstoffversorgung. Sauerstoffgesättigtes Blut versorgt die Zellen mit mehr Nährstoffen und entsorgt mehr Toxine aus dem System. Sauerstoff ist die wichtigste Zutat für die Energieerzeugung in den Zellen.
- Bewegung fördert den freien Fluss der natürlichen Intelligenz, die den physischen Prozessen zugrunde liegt.

Ayurveda zufolge hemmt Stress den Fluss der natürlichen Intelligenz. Die westlich-wissenschaftliche Forschung hat gezeigt, dass Bewegung die Körpertemperatur erhöht und dadurch einen entspannteren physiologischen Zustand einleitet. Körperliche Aktivität der richtigen Art und im richtigen Umfang verbessert unsere Reaktionsfähigkeit auf Stress. Sie sorgt dafür, dass dem Körper das Stresshormon Cortisol so zur Verfügung steht, wie es von Natur aus vorgesehen ist – kurzfristig, in kleinen Mengen und zum Schutz. Cortisol wird nur dann problematisch, wenn es ununterbrochen und über längere Zeiträume hinweg ausgeschüttet wird. In diesem Falle unterdrückt es das Immunsystem.

Käme ein neues Medikament auf den Markt, das Depression so gut linderte wie Sport, würden die Leute danach schreien. Als echtes natürliches Antidepressivum verändert körperliche Bewegung (Sport) das Profil der chemischen Stoffe in Gehirn und Körper. Sie sorgt dafür, dass stimmungsaufhellende Botenstoffe wie Serotonin, Dopamin und Noradrena-

Sport: Den Geist in Bewegung bringen

lin auf ausgewogene und aufeinander abgestimmte Weise ausgeschüttet werden. Wenn Sie ein Bewegungsprogramm wählen, das Ihren körperlichen Bedürfnissen entspricht, gibt es keine Nebenwirkungen, sondern nur den Vorteil, dass Sie sich körperlich stark und psychisch stabil fühlen.

Bewegung für den Körper bewegt auch den Geist. Bewegung erfüllt Körper, Geist und Seele mit Leichtigkeit, sagen die vedischen Weisen. Die moderne Wissenschaft pflichtet ihnen bei: Eine tägliche Sauerstoffinfusion – zwanzig Minuten Bewegung – hilft, der schädlichen Wirkung der Depression entgegenzuwirken. Warum schrecken wir dann so häufig vor dem Sport zurück? Warum ist es so schwer, in Bewegung zu kommen, insbesondere wenn wir am Boden sind? Das Problem ist, dass wir positive Möglichkeiten finden müssen, Bewegung in unseren Alltag zu integrieren. Hier liegt die moderne Vorstellung von Sport und Bewegung daneben.

Die vedischen Weisen werden Sie nie schwitzend und schnaubend im Fitness-Studio antreffen. Ayurveda zufolge bietet Sport mehr als kardiovaskuläres Training und Gesundheit des Bewegungsapparats sowie die Verbrennung zusätzlicher Kalorien zur Gewichtsabnahme. Sport sollte nie die Strafe dafür sein, dass man sich dem Genuss des Essens hingegeben hat. Er ist vielmehr dazu da, den Energiefluss im Körper wieder in Gang zu bringen und damit den Regenerationsprozess des Körpers zu unterstützen.

Unsere Physiologie ist in ständiger Veränderung begriffen. Der Prozess der Zellerneuerung endet nie; die Zellen erschaffen sich ständig neu. Bewegung sorgt dafür, dass dieser natürliche Prozess auf optimale Art und Weise ablaufen kann, weil sie die gesamte Physiologie ankurbelt.

Ein gesundheitsförderndes Bewegungsprogramm aktiviert Ihren inneren Quell der Freude. Sowohl Galen, der Urvater der modernen Medizin, als auch die vedischen Weisen raten: „In erster Linie nicht schaden." Auf wirklich effektive Bewegung angewandt, bedeutet dies:

- Planen Sie spielerisch, statt sportlich. Wenn es Ihnen keinen Spaß macht, fangen Sie gar nicht erst an.
- Wer sich nicht quält, der nicht gewinnt? Glauben Sie das nicht. Sagen Sie sich stattdessen: Wer sich nicht quält, der viel gewinnt.

- Nutzen Sie bei der Zusammenstellung Ihres Bewegungsprogramms Ihr Gespür für Ihre inneren Bedürfnisse.
- Wählen Sie die einzelnen Übungen klug; das Ziel ist, Ihr individuelles Dosha-Gleichgewicht wiederherzustellen und zu halten.

Arials Geschichte:
Der Versuch, der Depression davonzulaufen

Flink und unruhig, wie sie ist, kommt Arial leicht auf die Füße und ist körperlich sehr biegsam. Sie hat einen natürlichen Hang zu starker körperlicher Aktivität. Besonders liebte sie das Laufen, denn es verschaffte ihr Erleichterung von dem Stress, der ihren Geist gefangen hielt. Doch wohin Arial auch lief, ihre Depression folgte ihr leider auf dem Fuß.

Arial litt zusehends unter Schlaflosigkeit. Mit der Zeit wurden die schlaflosen Phasen häufiger. Darüber hinaus fiel ihr auf, dass ihre Gelenke sich kalt und trocken anfühlten und den ganzen Tag über schmerzten. Weil sie glaubte, Sport könne dagegen helfen, steigerte sie ihr tägliches Laufpensum von fünf auf acht Kilometer. Leider steigerten sich damit auch ihre Ängste und ihre Unruhe, als versuchten sie, mit ihr Schritt zu halten. Ihr Sportprogramm laugte sie aus.

Arial litt unter einem Ungleichgewicht im Vata-Dosha. Ihre Symptome waren verräterische Anzeichen dafür, dass Vata noch erhöht wurde und ihr Bewegungsprogramm ihr mehr schadete als nutzte. Es liegt in der menschlichen Natur, dass wir in Richtung unseres Ungleichgewichts neigen, und je ausgelaugter Arial war, desto mehr betrachtete sie ihr Sportprogramm als Lösung. Als sie begriff, welche Gefahren übertriebener Sport mit sich brachte, reduzierte sie Art, Ausmaß und Intensität ihres Musters langsam, aber stetig. Arial begann mit langsamem Joggen und flottem Gehen. Maßvoll ausgeführt, wirken beide Bewegungsarten beruhigend auf Vata.

Zwei ayurvedische Prinzipien beschreiben treffend, was an Arials Sportprogramm falsch war: (1) Wir neigen alle in Richtung unseres Ungleichgewichts und (2) Ähnliches mehrt Ähnliches. So gesehen, liebt Arial das Laufen, weil es zu ihrem inneren Selbstempfinden passt: Immer in Eile sein, ständige Unruhe verspüren und schnelle Erfolge erzielen wollen. Zugleich brachten das Laufen und schnelle Fortbewegungsarten sie stärker aus dem Gleichgewicht und versetzten sie in chronische Angstzustände. Das Innere spiegelt das Äußere und umgekehrt.

Anstrengende Tätigkeiten in hohem Tempo – wie das Laufen benötigen – steigerten bei Arial mit der Zeit das physiologische Ungleichgewicht im Vata-Dosha noch. Das Laufen belastete ihr ohnehin bereits stark beanspruchtes Nervensystem. Bedenken Sie nur, welche Auswirkungen dies auf ihre geistigen Fähigkeiten hatte. Wenn sie im Gleichgewicht war, verfügte Arial über eine rasche Auffassungsgabe und viel Schwung; wenn sie allerdings aus dem Gleichgewicht geriet, wurde ihr Denken geradezu sprunghaft und impulsiv. Mit der Zeit manifestierten sich ihre Ängste in Form von zunehmender Vergesslichkeit und Konzentrationsschwierigkeiten. Dieser Zustand bereitete den Boden dafür, dass ihr vermehrt Fehler unterliefen, was zu einer Lawine aus Schlaflosigkeit, Gedankenrasen, Befürchtungen, Ängsten, Sorgen, Unzulänglichkeitsgefühlen, dem Eindruck, nichts mehr im Griff zu haben, sowie einer tiefen Traurigkeit anschwoll. Doch süchtig nach dem schnellen Stressabbau, den der Sport ihr verschaffte, war sie sich der schädlichen Auswirkungen, die das Laufen auf ihre Physiologie hatte, nicht bewusst.

Ein Ungleichgewicht im Vata-Dosha führt dazu, dass die physische Energie schubweise kommt. Menschen mit diesem Ungleichgewicht laufen Gefahr, sich körperlich zu verausgaben. Oft fehlt ihnen die Ausdauer für kontinuierlich fordernde Sportarten wie Langstreckenlauf oder Wettkampfsport. Wenn sie sich über den Ermüdungspunkt hinaus treiben, laufen sie Gefahr, eine erschöpfte Physiologie herbeizuführen, welche wiederum eine Vorläuferin der Depression ist.

Für Arial war es wichtig, Bewusstheit für ihre körperlichen Möglichkeiten zu entwickeln und sich nicht zu überanstrengen. Sie musste zuhören, was ihr Körper sagte, und durfte seine Belastbarkeitsgrenze nicht überschreiten. Es war für sie normal gewesen, so lange Sport zu treiben, bis ihre Muskeln brannten und zitterten, bis ihr der Schweiß in Strömen lief und sie schwer atmete.

Der Körper schätzt Akte physischer Güte. Leichtes Ausdauertraining sowie Aktivitäten, die Gleichgewicht und Beweglichkeit fördern, wie

Yoga und Pilates, beruhigten Arials Nervensystem. Ihr Geist-Körper kam zur Ruhe und ihr Vata-Dosha wieder ins Gleichgewicht.

Lieber Rhythmus als Schwung

Ein Vata-Ungleichgewicht manifestiert sich in einer ängstlichen Depression. Dieser Depressions-Archetyp entspricht der westlich-wissenschaftlichen Auffassung von einer Serotoninmangel-Depression. Nervosität, Schlaflosigkeit und übermäßige Sorgen sind die Erkennungszeichen einer Luftigen Depression. Vata-Energien sind am leichtesten zu stören, zum Glück aber auch am leichtesten wieder ins Gleichgewicht zu bringen.

Wenn es darum geht, das Vata-Gleichgewicht wiederherzustellen, ist Schwung, wie wir bei Arial gesehen haben, weniger wichtig als Rhythmus. Wenn Sie sich in Arials Geschichte wiedererkennen, dann sollten Sie Ihren Körper nicht überfordern und Ihren Geist nicht überreizen. Suchen Sie Aktivitäten, die Ihrer Physiologie Rhythmus geben. Beherzigen Sie die Empfehlung für folgende serotoninsteigernde Aktivitäten.

Bewegen Sie sich entspannend und angenehm an der frischen Luft, zum Beispiel in Form von

- Gehen in mäßigem Tempo
- Fahrradfahren
- Kanufahren
- Wandern
- Golf

Suchen Sie sich rhythmische, beruhigende und sanfte Bewegungsformen für drinnen, unter anderem:

- einfaches Dehnen (Stretching)
- sanftes Yoga
- Pilates
- Tai Chi oder Qigong
- Leichtes Ausdauertraining (etwa zwanzig bis dreißig Minuten täglich)

Sport: Den Geist in Bewegung bringen

> **Drei serotonin-erhöhende Prinzipien für den rasenden Körper und Geist**
>
> 1. Beschäftigen Sie sich mit sanfter, rhythmischer oder wiederholender Bewegung.
> 2. Verschaffen Sie sich so oft wie möglich Gelegenheit, in freier Natur und am Wasser zu sein.
> 3. Lassen Sie sich möglichst viel Wärme zukommen: Erzeugen Sie innere Wärme oder tragen Sie warme Kleidung.

Wie zu viel Training zum Burnout führen kann

Die Erschöpfung aufgrund längerer übertriebener sportlicher Betätigung kann nicht nur das Vata-Dosha aus dem Gleichgewicht bringen, sondern auch das Kapha-Dosha beeinträchtigen. Als Selbstschutzmaßnahme kapert der Körper den rasenden Geist. In dem Bemühen, die Physiologie wieder ins Gleichgewicht zu bringen, klappt der Geist-Körper zusammen, damit er die Ruhe bekommt, die er braucht, um sich von seiner Erschöpfung zu erholen, sei sie mental, körperlich oder emotional. Daher erlebt jemand mit einer längerwierigen Vata-Depression häufig einen Schub einer Erdigen Depression. Kapha-Dosha gleicht das Ungleichgewicht im Vata-Dosha aus, indem es dem Geist-Körper Schwere verleiht. So überrascht es nicht, wenn sich die Betroffenen lustlos aufs Sofa fläzen.

Zu viel Training kann die Physiologie auch überhitzen und zu einem Pitta-Übergewicht führen. Wie ein Ventilator, der auf hoher Stufe eingeschaltet und vor ein Feuer gestellt wird, kann Vata entweder die Flamme auspusten oder das Feuer weiterverbreiten. Da wir in Richtung unseres Ungleichgewichts neigen, reagieren Menschen mit überschüssigem Pitta darauf leider mit übertriebenem Konkurrenzdenken, sogar sich selbst gegenüber. Sie schrauben die Leistungserwartungen immer höher, gehen noch längere Distanzen und legen ständig höhere Gewichte auf. Mit der Zeit brennen die inneren Flammen nicht nur den Geist, sondern auch den Körper aus. Häufig entwickeln sich dann entzündliche Erkrankungen wie

Magengeschwüre, Darmentzündungen, Furunkel und Herzerkrankungen. An dieser Stelle schreitet dann die natürliche Intelligenz des Geist-Körpers ein, um das Ungleichgewicht zu korrigieren.

Weil Kapha das Dosha ist, das die Physiologie kühlt, steigt es als natürliche physiologische Reaktion an, wenn der Geist-Körper vor dem Burnout durch überschüssiges Pitta steht. Wenn Kapha ansteigt, fühlt man sich wie ein nasser Lappen. Traurigkeit und Lethargie werden zum ständigen Begleiter. Aufgrund des Energiemangels werden Ziele nicht mehr mit der bisherigen Effizienz erreicht. Daraufhin werden die Betroffenen von Wellen der Wut und Reizbarkeit überrollt. Hier muss man unbedingt begreifen, dass man deshalb zum Stubenhocker wird, weil der Geist-Körper sich erholen und einen gesunden Zustand wiedererlangen will. Mit ayurvedischen Interventionen kann die Grundursache der Depression geheilt werden.

Barbaras Geschichte: Das Haus niederbrennen

An guten Tagen findet Barbara die Intensität ihrer Arbeit – die Termine und den Druck – berauschend gut. Aufgrund ihres Erfolgsdrangs geht sie alles sehr zielstrebig an – auch ihren Sport. Körperliche Aktivitäten, die keine Herausforderung darstellen, langweilen sie meist. Spazierengehen findet sie zum Beispiel äußerst unattraktiv. Ein erbittertes Tennis-Match oder eine harte Runde Squash sind schon eher ihr Stil.

Anfänglich war Sport für Barbara eine Möglichkeit, Dampf abzulassen, doch als sie ihren Groll und ihre Reizbarkeit mit ins Fitnessstudio nahm, wurden die Workouts immer heißer. Je frustrierter sie beruflich und privat war, desto verbissener trieb sie Sport. Barbara brannte ihren Körper nieder. Sie erlitt öfter Migräneschübe. Ihre Haut war gereizt, und sie bekam unerklärliche Ausschläge. Ihre Augen litten häufiger als sonst unter Rötungen und Reizungen. Aus ayurvedischer Sicht sind dies alles Symptome eines Ungleichgewichts im Pitta-Dosha.

Barbaras Brennende Depression bereitete ihr große Probleme. Sie durchkreuzte ihren beruflichen und privaten Erfolg. Verbitterte Menschen haben keine großen Chancen auf Erfolg im Beruf, und wenn man

Sport: Den Geist in Bewegung bringen

bereits in den frühen Morgenstunden aufwacht, hilft einem das nicht gerade, tagsüber den Überblick zu behalten.

Eine Brennende Depression ist durch Frustration und Reizbarkeit auf allen Seinsebenen gekennzeichnet. Aus westlich-medizinischer Sicht äußert sich ein Überschuss an Pitta-Dosha in einer Erhöhung von Dopamin und einer Verringerung von Serotonin. Barbaras aggressives Sportprogramm erhöhte das Dopamin zusätzlich und verringerte das Serotonin weiter. Ihr Körper war chronisch angespannt.

Einen Menschen mit einem Pitta-Ungleichgewicht davon zu überzeugen, dass körperliche Aktivität die Depression auflösen kann, ist normalerweise nicht schwer. Wie Barbara benötigen die meisten den Sport sogar, damit es ihnen gut geht. Schwierig wird es, wenn man sie dazu überreden muss, eine Bewegungsform zu finden, bei der es nur ums Vergnügen und nicht darum geht, ein vorgegebenes Ziel zu erreichen.

Etwas erzwingen zu wollen oder sich von der Hitze des Wettkampfs mitreißen zu lassen, ist typischerweise der Untergang von Menschen mit überschießendem Pitta. Sie lieben Sport meist wegen der damit verbundenen körperlichen Anforderungen und des Wettbewerbscharakters. Ihr Schwung und ihre Zielstrebigkeit können so ausgeprägt sein, dass sie sich ihres Konkurrenzdenkens noch nicht einmal bewusst sind.

Barbaras Herausforderung ist das lockere Trainieren, zu lernen, nichts zu erzwingen, sondern vielmehr den Prozess als solchen zu genießen. Doch mit der Vorstellung, die Dinge auf die leichte Schulter zu nehmen, kann sie sich kaum anfreunden. Die Idee, etwas einfach aus Spaß zu machen, war ihr völlig fremd. Spaß war ein Mitnahme-Effekt des Sieges. Sich diese Tendenzen bewusst zu machen, ist ein ausschlaggebender Faktor für dopamin-senkenden, serotonin-erhöhenden „Spiel-Sport". Achten Sie genau auf das Ausmaß Ihrer Freude und den Grad der Intensität. Wenn das, was Sie tun, nicht leicht ist und Ihnen keinen Spaß bereitet, dann hören Sie auf. Schalten Sie um auf etwas anderes oder verringern Sie die Intensität.

Ein gutes Bewegungsprogramm für Barbara beinhaltet Wasser, welches das Pitta-Dosha beruhigt. Tatsächlich fand Barbara, dass Schwimmen sich ausgezeichnet zum Spannungsabbau und zur Straffung der Physiologie eignete. Zunächst fiel es ihr schwer, sich nicht dazu anzutreiben, eine feststehende Anzahl von Bahnen zu schwimmen, kaum dass ihr Körper ins Wasser geglitten war. Schließlich aber lernte sie, sich auf die Freude am Tun zu konzentrieren statt allein auf ihre Zielstrebigkeit. Als sie ausgeglichener wurde (dem Nachlassen ihrer Symptome nach zu urteilen), konnte sie sich sagen, dass guter Sport und die Freude daran wichtiger waren als ein Sieg – und eines Tages konnte sie ihren Worten sogar Glauben schenken!

Vier dopamin-senkende, serotonin-erhöhende Prinzipien

1. Maximieren Sie Ihre Möglichkeiten zum Aufenthalt in einer kühlen, natürlichen Umgebung, vorzugsweise in der Nähe von Wasser.
2. Minimieren Sie Tatendrang, Wettbewerbscharakter und hohe Intensität in Ihrer gewählten Sportart.
3. Planen Sie täglich Zeit für Spiel und Spaß ein.
4. Minimieren Sie Ihren Kontakt mit Hitze.

Zu weiteren empfehlenswerten Aktivitäten für Barbara gehört alles, was entspannend, erfreulich und vorzugsweise abkühlend ist, wie etwa folgende Bewegungsarten im Freien:

- Schwimmen
- Spazierengehen oder Wandern in mäßigem Tempo
- Rudern oder Kanufahren mit geringer Intensität
- Windsurfen
- Reiten
- Mountainbiken
- Golf
- Wintersport ohne Wettbewerbscharakter

Eine empfehlenswerte Bewegungsform für drinnen ist alles, was sanfte, wiederholte Bewegungen beinhaltet, etwa Folgendes:

Sport: Den Geist in Bewegung bringen

- Mäßiges Ausdauertraining
- Mäßig intensives Yoga
- Tai Chi oder Qigong

Eds Geschichte: Shake your *Buddhi*!

Auf dem Höhepunkt seiner körperlichen Gesundheit hatte Ed einen starken und stämmigen Körperbau. Als Teenager war er Crossläufer und gewann mehrere Preise. Zu Beginn des Rennens war er der Meute häufig nicht voraus, doch seine angeborene Ausdauer und Muskelkraft zahlten sich aus, daher setzte er sich während des Rennens oft an die Spitze und überquerte als Erster die Ziellinie. Ed erinnerte sich, dass er sich nach einem schweißtreibenden Training oft erfrischt und belebt gefühlt hatte, und seine Physiologie profitierte eindeutig von hartem, ausdauerndem Training. Danach ging es ihm gut!

Ed mochte den Geländelauf, aber es war der Teamgeist, der ihn dazu angetrieben hatte, zum Training zu erscheinen. Von sich aus würde er das Laufen nicht als Freizeitbeschäftigung wählen. Als Ed verheiratet war und Kinder hatte, fand er kaum noch Zeit für Sport. Außerdem war er zu müde, um aktiv zu werden.

Ein länger anhaltendes Kapha-Ungleichgewicht manifestiert sich mit hoher Wahrscheinlichkeit als Energie- und Motivationsmangel, sozialer Rückzug, Verlust des Interesses an der Welt, Konzentrationsprobleme und Schwierigkeiten, wach und aufmerksam zu bleiben. Wir schlafen zu lange, werden davon aber nur noch müder. In dem Versuch, Energie zu gewinnen, essen die Betroffenen zu viel, aber offenbar kommt dabei lediglich eine Gewichtszunahme heraus. Schließlich drücken die zusätzlichen Pfunde die Stimmung noch weiter. Man fühlt sich abhängig, anhänglich sowie in seinen Gewohnheiten sehr eingefahren und hat daher große Schwierigkeiten, in die Gänge zu kommen. Ein Kapha-Ungleichgewicht führt dazu, dass die Betroffenen buchstäblich in die Erde einsinken – und zu wenig Energie oder Motivation haben, um sich selbst aus dem feuchten Grund herauszuziehen, in dem sie versumpfen. Dies ist das Bild der klassischen Erdigen Depression.

Um eine Erdige Depression aufzulösen, benötigt man Aktivitäten, die einen mitreißen. Solche Aktivitäten sprechen jenen Zweig des Nervensystems an, der die Physiologie aktiviert. Stimulierende Bewegung würde Eds *Buddhi* (das Wort, das ähnlich klingt wie das englische „body" für Körper, stammt aus dem Sanskrit und bedeutet „Geist") erschüttern und dabei die geistige Abstumpfung und körperliche Stagnation aufrütteln, die er empfand. Ein Adrenalinschub bringt die Physiologie auf einen Satz in Schwung.

Ed muss sich auf die Überholspur begeben, wenn er seine Erdige Depression auflösen will. Dieser Depressions-Archetyp ist der einzige, der von energischer Bewegung profitiert. Körperliche Aktivität, die einen Menschen mit Kapha-Ungleichgewicht über seine Komfortzone hinausführt, ist gut. Hitze verbrennt *Ama*, daher fördert ein Schweißausbruch die Entgiftung der Physiologie. (Dies setzt voraus, dass die Betroffenen so fit sind, dass sie Sport treiben können, ohne dem Körper Verletzungen zuzufügen.)

Zu wenig Bewegung und Sport sind der sicherste Weg zur Verstärkung eines Kapha-Ungleichgewichts. Eines der ersten Symptome eines Kapha-Ungleichgewichts ist fehlende Motivation, den Körper zu bewegen. Diesen Kreislauf durchbricht man am besten durch die Anregung von Geist und Sinnen. So schlugen wir zum Beispiel vor, Ed solle anregende Musik hören – schnelle Tanzmusik mit harten Rhythmen – um sich zum Spazierengehen zu motivieren. Ed baute regelmäßige Sauna-Besuche in seinen Alltag ein. Wenn jemand mit einem Kapha-Ungleichgewicht meint, nur die Motivation zum Fernsehen aufbringen zu können, empfehlen wir ihm Fitness-Videos – dadurch wird zumindest sein Geist zum Nachdenken über Bewegung angeregt. Auch Menschen sind ein ausgezeichneter Anreiz. Ed ging gerne mit Freunden spazieren und machte daraus eine soziale Aktivität. In Gesellschaft spazieren zu gehen, bot ihm Anreiz, in Bewegung zu kommen.

> **Fünf noradrenalin- und dopamin-steigernde Prinzipien, die Ihre Welt ins Wanken bringen**
>
> 1. Bewegen Sie sich (und bleiben Sie dabei). Laufen Sie oder betreiben Sie schnelles Gehen.
> 2. Tun Sie irgendetwas, wodurch Sie einmal am Tag richtig ins Schwitzen kommen.
> 3. Betreiben Sie dynamisches, anregendes Krafttraining.
> 4. Betreiben Sie Sport mit Wettkampfcharakter oder umgeben Sie sich mit ehrgeizigen Menschen.
> 5. Umgeben Sie sich mit trockener statt feuchter Wärme; gehen Sie lieber in die Sauna als ins Dampfbad.

Empfehlenswerte Aktivitäten, vorzugsweise in der Gruppe, sind unter anderem:

- Dynamisches Ausdauertraining
- Laufen
- Schnelles Gehen
- Training mit Gewichten
- Mannschafts-Sport mit Wettkampfcharakter
- Jede spannende Aktivität im Freien, vorzugsweise in trockener Hitze

Übertraining und freie Radikale

Die neuesten Forschungen auf dem Gebiet der Sportphysiologie bestätigen die Klugheit der vedischen Weisen. Sport muss in Qualität und Quantität an die physiologischen Bedürfnisse des einzelnen Menschen angepasst werden. Falscher Sport kann einen Entzündungszustand im Körper hervorrufen und zum physiologischen Burnout führen.

Überanstrengung erzeugt freie Radikale, also Sauerstoffmoleküle in hochreaktiver Form, die andere Moleküle schädigen. Nicht alle freien

Radikale sind schlecht – manche sind notwendig und dienen als Teil unserer Abwehr gegen Keime. Ein Überschuss an freien Radikalen kann jedoch zu schweren Schäden an unseren Zellen und sogar an unserer DNS führen.

Freie Radikale werden durch viele Faktoren erzeugt, nicht nur durch Überanstrengung, sondern auch durch geistigen Stress, übermäßige Sonneneinstrahlung, Tabak- und Alkoholkonsum sowie Umweltverschmutzung. Ein bedeutender gesundheitlicher Vorteil von Fitness ist, dass wir durch moderaten Sport die Anzahl der freien Radikale verringern können. Übertriebener Sport jedoch überlastet die Physiologie, beschleunigt Stoffwechselprozesse und erzeugt überschüssige freie Radikale.

Übertraining baut zwar möglicherweise schöne Muskeln auf und kann sogar der kardiovaskulären Gesundheit förderlich sein, aber der Physiologie insgesamt verhilft es nicht zu optimaler Gesundheit; Ayurveda zufolge ist es sogar gefährlich. Ein Training mit fünfzig Prozent der eigenen Leistungsfähigkeit hat viele Vorteile, zum Beispiel werden dadurch freie Radikale eliminiert. Ein weiterer wichtiger Vorteil besteht darin, dass Menschen im Allgemeinen regelmäßiger trainieren, wenn sie sich dabei nicht überfordern. Training mit fünfzig Prozent Ihrer Kapazität bedeutet, dass Ihnen Ihr Sport Freude macht und Sie sich noch lange danach belebt fühlen – nicht erschöpft.

Die Warnsignale des Übertrainings

Uns scheint, dass viele Menschen dazu neigen, entweder überhaupt keinen oder zu viel Sport zu treiben. So sehr wir möchten, dass Sie anfangen, regelmäßig zu trainieren, wichtig ist auch, dass Sie wissen, wann Sie aufhören müssen. Es gibt sechs Anzeichen dafür, dass Sie mit Ihrem Sportprogramm zu weit gegangen sind:
1. Keuchen oder Kurzatmigkeit,
2. ungewöhnlich starkes Schwitzen,
3. unangemessene Erschöpfung,
4. Schwindel,

> 5. Puls über Ihrem optimalen Pulsbereich,
> 6. Schmerzen in Brust, Rücken oder Armen, die auch anhalten, wenn Sie Ihr Tempo drosseln.
>
> Gehen Sie sofort zum Arzt, wenn Sie während oder nach dem Sport eines dieser Warnsignale bemerken. Insbesondere wenn Sie in schlechter körperlicher Verfassung sind, ist außerdem zu empfehlen, dass Sie sich von Ihrem Arzt beraten lassen, bevor Sie mit einem neuen Sport beginnen.

Schrittweise aus der Depression

Wenn das Universum Ihre Apotheke ist, dann sollte Ihre Medizin nur ein paar Schritte weit weg sein. Denken Sie daran, dass wir im Grunde ein Schwingungsmuster sind – Bewusstsein auf zwei Beinen. Als solches befinden wir uns in ständigem energetischen Austausch mit unserer Umwelt. Aus der Depression wegzugehen, zieht es daher nach sich, dass wir uns eine tägliche Infusion der heilsamen Schwingungen der Natur verschaffen. Je nach dem Typus Ihres individuellen Ungleichgewichts gehört es zu den tiefgreifenden therapeutischen Interventionen, dass Sie sich angewöhnen, täglich in der freien Natur spazieren zu gehen, insbesondere am frühen Morgen. Am frühen Morgen erwacht die Natur zum Leben; wenn wir um diese Zeit nach draußen gehen, erwacht auch unsere Physiologie zum Leben. Ein frühmorgendlicher Spaziergang in freier Natur erfüllt unseren Körper mit der Schwingungsqualität der Lebendigkeit, die um diese Tageszeit in der Natur vorhanden ist.

Wenn Sie jedoch am frühen Morgen noch nicht einmal einen kurzen Spaziergang machen können, dann geben Sie deshalb das Spazierengehen bitte nicht auf. Sie können das Auto in etwas größerer Entfernung zu Ihrem Arbeitsplatz parken oder sich in der Mittagspause Zeit für einen Spaziergang an der frischen Luft nehmen. Vielleicht kennen Sie den Ausspruch, man solle sich im Leben Zeit dafür nehmen, an den Rosen zu schnuppern. Wenn wir achtsam werden, geht es uns besser, weil wir uns die Zeit gönnen, unsere Umwelt mit allen Sinnen wirklich in uns aufzunehmen. Wenn Sie spazieren gehen, dann riechen Sie *tatsächlich* an den Rosen – achten Sie auf die Natur um Sie herum; erfreuen Sie sich am Anblick von Bäumen, Blumen oder Vögeln; und schauen Sie sogar zum Himmel. Den Himmel können Sie auch in der Stadt sehen, und der Blick nach oben lenkt Ihre Aufmerksamkeit weg von den Alltagssorgen und hin zu einer anderen, größeren Dimension.

Wenn Sie jeden Tag spazieren gehen, insbesondere wenn Sie morgens gehen, werden Sie feststellen, dass dies ihr Gefühlsleben extrem anhebt. Der Vorschlag, sich beim Spaziergang Zeit zu nehmen, um auf die Natur zu achten, ist kein esoterisches Gefasel. Es ist ein klinisch erwiesener Rat. Das, worauf wir unsere Aufmerksamkeit richten, wächst in uns. Wenn wir unsere Aufmerksamkeit auf die Schönheit der Welt um uns herum richten, mehren wir auch Frieden und Schönheit in uns.

Auf den Zeitpunkt kommt es an

Wissenschaftliche Studien haben gezeigt, dass das Morgenlicht antidepressive Wirkung hat. Tatsächlich wurden bei depressiven Personen mit Morgenlicht effektiver klinische Fortschritte erzielt als mit Mittags- oder Abendlicht.

Ayurveda weiß Folgendes: Ein Spaziergang am frühen Morgen, vorzugsweise zwischen sechs und zehn Uhr, wirkt einer Depression entgegen und beugt ihr vor. Warum ist der Zeitpunkt so wichtig? Wie auf alles in der Natur wirken die Doshas auch auf die Qualität der Energie ein, die zu den verschiedenen Tageszeiten erlebbar ist. In den Stunden zwischen sechs und zehn Uhr morgens ist die Welt, so erklärt Ayurveda, durch eine schwere lethargische Qualität gekennzeichnet, wie sie für das Kapha-Dosha typisch ist. Ein Spaziergang am frühen Morgen erfüllt den Geist-Körper mit Leichtigkeit und Lebendigkeit, weil körperliche Aktivität zu dieser Tageszeit die mit diesem Dosha verbundenen sitzenden und schweren Eigenschaften ausgleicht. Den Sonnenaufgang zu erleben, verleiht Körper und Geist zusätzlich Ener-

> gie – denken Sie daran, dass wir über die Sinne die Schwingungsnatur unserer Umwelt in uns aufnehmen.
>
> Moderne Wissenschaftler schlagen vor, dass man einer Depression durch die antidepressive Wirkung einer Phasenvorverschiebung entgegenwirken kann. Diese tritt ein, wenn die Betroffenen Morgenlicht ausgesetzt werden. Studien lassen vermuten, dass Morgenlicht unmittelbar auf die Produktion von Serotonin einwirkt. Die Herstellung dieses Neurotransmitters korreliert wiederum mit der Erzeugung von Melatonin im Körper. Ein Morgenspaziergang kann Licht in Ihr Leben bringen, indem er Ihren Tag aufhellt und Ihnen hilft, abends besser einzuschlafen.

Ihr Bewegungsprogramm:
Was hat das mit Liebe zu tun?

Körperliche Bewegung schmiedet eine Verbindung zwischen Bewusstheit und Ihrer Physiologie. Insbesondere wenn die Aktivität im Freien ausgeübt wird, kann sportliche Bewegung die Rhythmen der Natur in Ihren Geist-Körper übertragen. Allerdings bringt das alles nichts, wenn die Art Ihrer Bewegung nicht zu Ihren körperlichen Bedürfnissen passt. Dies können Sie sehr gut einschätzen, wenn Sie Licht in Ihre Beziehung zum Sport bringen:

Haben Sie sich Ihrem Körper entfremdet?
- Gibt es in Ihrem Leben keinen regelmäßigen Sport?
- Was hat dazu geführt, dass es um Ihre Beziehung zum Sport so schlecht bestellt ist?
- Gab es eine Zeit in Ihrem Leben, in der körperliche Aktivität mühelos in Ihren Tagesablauf gepasst hat?
- War es die Einstellung „wer sich nicht quält, der nicht gewinnt", die Sie ausgebrannt und Ihre Motivation erschöpft hat?
- Haben Sie den Sport aufgegeben, weil Sie glaubten, keine Zeit dafür zu haben? Blicken Sie ein wenig tiefer – normalerweise

geht es gar nicht um die Zeit. Wenn Sie etwas gerne tun, dann nehmen Sie sich auch Zeit dafür.

Bekommen Sie in Ihrer momentanen Beziehung zum Sport die Liebe, die Sie sich wünschen?

- Macht Ihnen Ihr momentanes Bewegungsprogramm Freude?
- Sehen Sie Ihrem Sport mit freudiger Erwartung entgegen?
- Freuen Sie sich auf diese Zeit, weil sie ein Quell der Erholung ist?
- Ist Sport für Sie eine Schinderei, etwas wozu Sie sich disziplinieren müssen, weil man Ihnen gesagt hat, dass es gut für Sie ist?
- Wenden Sie für Ihr Bewegungsprogramm mehr Energie auf als Sie bekommen?
- Steigert Ihr Bewegungsprogramm Ihre Lebensfreude?
- Strafft Ihre körperliche Aktivität Ihre Muskeln und schmiert sie Ihre Gelenke? Oder versuchen Ihre schmerzenden Muskeln und knirschenden Gelenke Ihnen etwas zu sagen: dass Sie nämlich Ihren Körper in Grund und Boden trainieren?
- Ist Ihre Beziehung zu Ihrem Bewegungsprogramm eine Verbindung, die im Himmel geschlossen wurde?

Wenn Sie sich Ihrem Körper entfremdet und festgestellt haben, dass Ihr Bewegungsprogramm keine Verbindung ist, die im Himmel beschlossen wurde, dann empfehlen wir Ihnen, sich die allgemeinen ayurvedischen Prinzipien in diesem Kapitel noch einmal anzusehen. Konzentrieren Sie sich auf ein Programm, welches das Dosha wieder ins Gleichgewicht bringt, das am dringendsten der Aufmerksamkeit bedarf:

- Wenn Sie Ängste haben, bringen Sie Vata-Dosha ins Gleichgewicht.
- Wenn Sie Frustration und Reizbarkeit verspüren, bringen Sie Pitta-Dosha ins Gleichgewicht.
- Wenn Sie emotionale und körperliche Lethargie erleben, bringen Sie Kapha-Dosha ins Gleichgewicht.

Die meisten Menschen erleben eine Mischung verschiedener Symptome. Wenn dies auch bei Ihnen der Fall ist, dann sprechen Sie das vorherrschende Problem an. Wenn Sie nicht erkennen können, welches Gefühl vorherrscht, dann besagt eine Daumenregel, dass man zuerst Vata-Dosha ins Gleichgewicht bringen sollte. Der Grund dafür liegt darin, dass das Nervensystem in den Bereich von Vata-Dosha fällt und ein optimal funktionierendes Nervensystem ausschlaggebend für die Regulierung des gesamten Geist-Körpers ist.

Im *Charaka Samhita*, der uralten vedischen Schrift über Ayurveda, steht über den Sport: „Durch Körperübungen erlangt man Leichtigkeit, Arbeitsfähigkeit, Festigkeit, Toleranz für Schwierigkeiten, Beseitigung von Unreinheiten und Anregung der Verdauung." Die folgenden Fragen können eine Leitlinie zur Einschätzung der gesundheitlichen Vorteile sein, die Sie durch Ihren Sport erhalten:

- Verhilft Ihnen Ihre körperliche Aktivität dazu, dass Sie sich energetisch weniger verstopft fühlen?
- Hilft sie Ihnen, sich von den Alltagsmühen des Lebens nicht unterkriegen zu lassen?
- Fühlen Sie sich gestärkt an Körper, Geist und Seele?
- Bringt sie Ihrem Denken Klarheit?
- Sind Ihre Abwehrkräfte besser geworden?
- Hat sich Ihre Fähigkeit, Nahrung zu verdauen, verbessert?
- Schlafen Sie nachts besser und wachen Sie erholt auf?
- Fühlen Sie sich weniger depressiv?

Wenn Sie sich bei der Suche nach einem Bewegungsprogramm, das Ihren Geist-Körper wieder ins Gleichgewicht bringen kann, von ayurvedischen Richtlinien leiten lassen, sollten Sie die oben aufgeführten Fragen überwiegend mit „ja" beantworten können.

ZWÖLF
Yoga: Haltung fürs Leben

Der ganze Zustand des Leibes, wird er nicht durch Ruhe und Trägheit zerrüttet, durch Leibesübungen aber und Bewegungen im Ganzen wohl erhalten.
Platon

Vielleicht haben Sie Bilder von Yoga übenden Menschen gesehen, die sich dabei unwahrscheinlich verbiegen. Dann haben Sie womöglich gedacht: „So etwas könnte ich nie! So beweglich bin ich nicht." Doch selbst wenn Sie sich nicht verbiegen können (wie die meisten Menschen), können Sie doch auf jeden Fall Yoga machen.

Yoga entwirrt die verschlungenen Wurzeln der Depression durch die heilsame Kraft der Bewusstheit. Yoga-Haltungen gestatten uns, unsere bewusste Wahrnehmung auf den Körper zu richten. Diese Aufmerksamkeit ist wie Wasser für eine Pflanze. Sie versorgt die Physiologie mit Nahrung und Lebendigkeit und erfrischt und verjüngt sie.

Körperliche, mentale und emotionale Störungen werden durch Yoga wirksam behandelt. Interdisziplinäre wissenschaftliche Forschungen bestätigen dies in zunehmendem Maße. Wieder einmal sind sich die vedischen Weisen und moderne Wissenschaftler einig, dass wir durch Vor- und Rückbeugen, Drehen und Dehnen den Würgegriff der Depression lösen können. Yoga-Haltungen regen auf natürliche Weise die Ausschüttung von stimmungsaufhellenden und hirnstabilisierenden Botenstoffen in der Physiologie an und lindern dadurch die vielen, mit einem depressiven Zustand verbundenen Symptome: Ängste, Lethargie und Schlafprobleme.

Ayurveda empfiehlt das tägliche Üben von *Asanas* (das ist der Sanskrit-Begriff für Körperhaltungen), um Bewusstheit für den Energiefluss zu entwickeln, Blockaden aufzulösen, die Doshas wieder ins Gleichgewicht zu bringen und unsere Verbindung zum kosmischen Bewusstsein zu stärken. Die Asanas befreien den Geist-Körper aus der hartnäckigen Umklammerung der Depression. Yoga ist der wichtigste Vermittler von Vitalität, denn von Bewegung zu Bewegung gelingt ihm ganz elegant Folgendes:

- Es packt das Problem an der Wurzel, indem es unsere Energiereserven auffüllt.
- Es erweckt den inneren Arzt, indem es unsere angeborenen körperlichen, mentalen, emotionalen und spirituellen Selbstheilungskräfte aktiviert.
- Es fördert die integrative Zusammenarbeit des Geistes mit Gehirn, Körper und Atem.
- Es fördert die neuromuskuläre Integration – die Fähigkeit, über unser Muskel- und Skelettsystem das Nervensystem zu beeinflussen und umgekehrt.

Yoga-Stellungen sind konkrete und praktische Instrumente zur biophysiologischen Rekonstruktion. In der festen Masse aus Fleisch und Knochen, die wir unseren Körper nennen, befindet sich ein Netzwerk aus Kanälen, die Energie und natürliche Intelligenz weiterleiten. Die Lebenskraft – die Energie, die wir aus der Verdauung von Gedanken, Gefühlen und Nahrungsmitteln gewinnen – fließt durch diese Kanäle. Muskel- und Skelettsystem halten die Kanalbündel zusammen, doch unsere Haltung und unser Atem leiten den Energiefluss im ganzen Netzwerk. Eine Yoga-Praxis stöpselt den Energieabfluss durch unseren infolge der Belastungen des Lebens überaktiven Geist und Körper zu. Im Grunde revitalisiert sie uns – sie erfüllt uns mit Lebensenergie!

Der Energiefluss hinter den Stellungen

Yoga-Stellungen sind tatsächlich ein Gymnastikprogramm, aber zugleich wesentlich mehr. Die Forschung hat gezeigt, dass sie eine Form von Medizin sind, die viele Probleme löst und eine gute Gesundheit fördert.

Yoga-Stellungen wirken ganzheitlich, sie berühren uns auf einer ganz grundlegenden körperlichen Ebene, sorgen aber auch für mentales und spirituelles Wohlbefinden. Yoga spricht strukturelle Ungleichgewichte im Körper an, etwa Knochen-, Gelenk- oder Muskel-Probleme. Diese uralte Praxis hat nachweislich auch eine positive Wirkung auf Atem-, Immun-, Hormon-, Verdauungs- und Herz-Kreislauf-System. Indem sie uns hilft, unseren Körper gesund zu erhalten, bereitet die Yoga-Praxis den Boden für eine vollständigere Manifestation des Geistes. Unser Bewusstsein erstrahlt am besten durch einen gesunden Körper voller Vitalität. Yoga-Asanas erleichtern den Umgang mit unserer Lebensenergie.

Jede Asana hat eine eigene Wirkung auf den physischen Körper. Im Allgemeinen steigern stehende Haltungen Kraft und Energie, wohingegen sitzende Haltungen für Stabilität in der Wirbelsäule und Beweglichkeit in den Beinen sorgen. Vorwärtsbeugen wirken auf den Ast des Nervensystems, der eine Entspannungsreaktion auslöst, was angenehm beruhigenden Einfluss hat. Rückwärtsbeugen wirken hingegen auf den Ast des Nervensystems, der uns stimuliert. Außerdem verlängern sie die Wirbelsäule und bauen Kraft in den Rückenmuskeln auf. Eine Yoga-Sitzung ist also ein komplettes Aufbauprogramm für unseren physischen Körper. Dennoch stellt dies lediglich den Ausgangspunkt des Heilungsprozesses dar.

An den Stellungen ist tatsächlich mehr dran als die körperlichen Effekte, die von den exotischen Verrenkungen herrühren. Asanas kümmern sich um den Körper, damit der Geist-Körper allmählich heilen kann. Die wahre Kraft der Stellungen liegt in der Aufmerksamkeit, die wir den körperlichen Empfindungen schenken, die sie hervorrufen. Bewusstheit heilt den Körper, und Absicht heilt den Geist. Richtig ausgeführt, bringen die Haltungen die Doshas ins Gleichgewicht, und Gleichgewicht entspricht

Glück und Gesundheit. Yoga-Stellungen verfügen über ein außerordentliches Potenzial, die Selbstheilungskräfte der Physiologie freizusetzen. Wenn wir unseren Körper in eine Stellung dirigieren, orchestrieren wir zugleich die Bewegung der Energie durch unser nahtloses energetisches System. Die Folge ist Integration. Eine regelmäßige Yoga-Praxis integriert die physischen, mentalen, emotionalen und spirituellen Aspekte des Seins, das heißt, sie vereint sie und sorgt dafür, dass sie koordiniert zusammenwirken.

Halten Sie sich vor Augen, dass der physische Körper den vedischen Weisen zufolge eine Manifestation von Bewusstsein ist. Denken Sie sich Ihren Körper als Kristallisation der mentalen, emotionalen und Verhaltensmuster, die Ihr Geist erzeugt hat. Es ist nicht übertrieben, wenn man sagt, dass unsere Lebensgeschichte unserem Geist-Körper eingeschrieben wird. Mit anderen Worten, die langjährigen Gefühls- und Verhaltensmuster bestimmen die Körperform und die Energieverteilung in der Physiologie.

Wie wir uns auf psychischer Ebene fühlen, spiegelt sich darin, wie wir uns auf physischer Ebene bewegen und umgekehrt. Dies zeigt sich deutlich in unserem Alltag. Unsere Körpersprache reflektiert unser Selbstempfinden und unseren Umgang mit unserer Energie. Was für eine Geschichte erzählt ein in sich zusammengesackter Körper über seinen überlasteten Geist! Ein kräftiger Schritt und ein vorgerecktes Kinn deuten auf geistige Entschlossenheit und mutigen Schwung. Die Körperhaltung ist in der Tat ein Spiegel der Gefühle.

Was, wenn wir dies auch umgekehrt herbeiführen könnten – das heißt, absichtlich eine Haltung einnehmen, um ein Gefühl zu erzeugen? Genau dazu verhelfen uns Yoga-Asanas. Bestimmte Stellungen schenken uns ein Gefühl von Stärke und Macht, andere erzeugen Ruhe und wieder andere stimulieren und erregen die Physiologie. In unserem Bewusstsein ist alles Wissen vorhanden; leider errichtet der Stress, in den wir im Alltag geraten, eine Barriere vor unserem positiven inneren Erleben sowie vor aller Zufriedenheit, Mitgefühl, Gelassenheit, Liebe und Stärke, die uns von Geburt an zustehen. Durch die Ausführung von Yoga-Asanas holen wir diese mächtigen positiven Aspekte unseres Bewusstseins wieder in unsere bewusste Wahrnehmung.

Die verschiedenen Körperenergien ähneln den unterschiedlichen Instrumentengruppen in einem Orchester. Die Asana ist wie der Dirigent, der seinen Stab schwingt und den Musikern die Richtung vorgibt, damit eine Symphonie entsteht. Wenn die Aufmerksamkeit des Dirigenten von der einen zur anderen Gruppe wechselt, verändert sich auch die Energie, die von seinen Gesten ausgeht. Musikalischer Klang und Harmonie entstehen als Reaktion auf die Bewegungen des Dirigenten. Wenn wir Yoga machen, werden wir zum Dirigenten und synchronisieren unsere inneren Energien.

Die geistige Kraft hinter den Gesten des Orchesterdirigenten ist ebenso wichtig wie die Bewegungen; ähnlich ist auch der Impuls oder die Aufmerksamkeit hinter der Asana ebenso wichtig wie die Asana selbst. Mit anderen Worten, je nachdem wie wir unsere Aufmerksamkeit dirigieren, kann dieselbe Asana für uns Unterschiedliches bewirken. Der energetische Einfluss einer Asana hängt von Faktoren ab wie der Geschwindigkeit, mit der wir die Haltung ausführen, der Kraft, die wir aufwenden, und vor allem davon, wie wir in der Haltung atmen.

Für größtmöglichen Nutzen sollten Yoga-Stellungen als Übung in Achtsamkeit ausgeführt werden. Die Aufmerksamkeit, die wir auf unseren Körper richten, bestimmt, wie befreiend die Praxis für unser Bewusstsein ist. Wird die Asana ohne Bewusstheit ausgeführt, können sich die Auswirkungen der Praxis auf die körperliche Ebene beschränken – auf das Dehnen und Straffen der Muskeln, vermehrte Beweglichkeit der Wirbelsäule und das Schmieren der Gelenke. Dies ist an sich bereits sehr gut, aber warum an dieser Stelle aufhören? Die höchste Heilkraft liegt im Bewusstsein. Die natürliche Intelligenz fließt, wohin die Aufmerksamkeit sie zieht. Sehr häufig berichten Übende, dass während der Yoga-Praxis aus Ihrem Herzen heraus Glück entsteht. Irgendwann hält dieses Gefühl auch außerhalb Ihrer Praxis an.

Die Stellungen

Yoga-Stellungen sind von der Natur inspiriert. Offenbar wollten die vedischen Weisen sich bestimmte Eigenschaften zunutze machen; dies taten sie, indem sie ihre Beobachtungen in Körperhaltungen fassten. Jede Stellung führt uns einen positiven Aspekt des Bewusstseins vor Augen. Durch eine regelmäßige Yoga-Praxis verleiben wir uns diese günstigen Eigenschaften ein und nehmen sie daraufhin mit in unseren Alltag.

Die Dreiecks-Stellung lässt uns den Zustand der Gleichmut erleben, der möglich wird, wenn wir die drei Aspekte unseres Seins – Körper, Geist und Seele – miteinander verbinden.

Die Berg-Stellung bringt uns in Kontakt mit unserem Selbstvertrauen.

Die Baum-Stellung versichert uns, dass die Lebensstürme uns nicht umwerfen können, wenn unsere Füße fest auf der Erde verankert sind.

Die Kobra-Stellung macht unsere Bewusstheit hellwach.

Die Krieger-Stellung erfüllt uns mit der Kraft, Angst zu überwinden.

In der Schildkröten-Stellung bilden unsere Rückenmuskeln einen körperlichen Schutzschild, damit wir unsere Innenwelt gut gesichert erleben können.

Die Stellung des Kindes führt uns wieder in die umsorgte Geborgenheit, die wir als Babys erlebt haben.

Zwei Stellungsfolgen – Sonnengruß und Mondgruß – werden an späterer Stelle in diesem Kapitel beschrieben.

Eine Stellung bleibt jedoch so lange bloß eine Körperhaltung, wie wir das Bewusstsein dahinter nicht verstehen. Wie im vorherigen Abschnitt bereits gesagt, sind die Energie und die Aufmerksamkeit, die wir in die Stellung legen, genauso wichtig wie die Stellung selbst. Dies erfordert, dass wir uns beim Ausführen der Stellungen nicht nur der formellen Abläufe, sondern auch des mentalen und emotionalen Zustands bewusst sind, den sie in uns hervorrufen. Durch unsere Absicht und Aufmerksamkeit erweitern wir unsere Bewusstheit. Dadurch wiederum dienen die Haltungen als Instrumente, um die Depression an der Wurzel aus dem Geist-Körper zu entfernen.

Die Architektur, sei es eines Gebäudes oder des Körpers, dient als Blaupause für den Aufbau des Bewusstseins. Die offenen Räume, die abgeschiedenen Regionen und andere Gestaltungsmerkmale beeinflussen, wie das Gebäude genutzt, wie Energie im gesamten Gebilde verteilt wird. In ganz ähnlicher Weise hinterlassen Yoga-Stellungen ihren energetischen Abdruck im Körper. Die Stellung ist die Architektur, die das innere Gestaltungsmuster beeinflusst. Auch wenn wir nicht sehen können, wie die Architektur der Stellung sich auf unseren inneren Raum auswirkt, können wir dennoch den Effekt erleben, und zwar durch die mentalen, emotionalen und körperlichen Empfindungen, die die Stellung hervorruft. Genau wie ein Gebäude so gestaltet sein sollte, dass es seine vorgegebene Funktion aufwertet, muss auch der Körper so eingestellt werden, dass er den freien Fluss der natürlichen Intelligenz ermöglicht. Indem wir Yoga machen, gestalten wir unseren inneren Aufbau um und reißen beengende Mauern ein, damit sich im Allerheiligsten unseres Herzens freudige Gefühle versammeln können.

Die Verbindung zwischen Yoga und Ayurveda

Mit ayurvedischen Prinzipien ist die Heilkraft von Yoga leicht zu erklären. Ayurveda zufolge entwickeln wir Krankheiten aufgrund von zwei Faktoren: (1) Ungleichgewichte in den ordnenden Kräften der Natur –

den drei Doshas – die unsere Physiologie regulieren, und (2) Blockaden für den freien Fluss unserer Lebensenergie.

Sowohl Yoga als auch Ayurveda haben eine verbesserte Gesundheit und letzten Endes die Vereinigung mit dem Selbst, also dem geistigen Prinzip, zum Ziel. Yoga-Übungen sind ein Instrument, mithilfe dessen man Selbstbewusstheit entwickeln und damit eine ruhigere Gemütsverfassung erfahren kann.

Der Grad an Selbstbewusstheit, den man erlangen kann, kennt keine Grenzen. Der Geist ist ein weites Meer, und durch Meditation und Yoga können wir in seine Tiefen tauchen. Stellen Sie sich einen schichtweisen Aufbau Ihres Geistes vor, wobei die oberste Schicht die Umtriebigkeit und das Rauschen enthält, die wir im Alltagsleben erfahren. Je tiefer Sie sich in die Schichten des Geistes versenken, in desto höherem Maße erleben Sie eine innere Stille und Ruhe. Je ruhiger Ihr Geist wird, desto mehr wächst Ihre Intuition. Die Erfahrung der inneren Ruhe hilft Ihnen, in Ihre Mitte zu kommen, und dies trägt Sie durch alle Hindernisse und Herausforderungen. Dies ist die Verfassung eines gesunden Menschen, eines Menschen, der die Einheit von Geist und Körper erreicht hat. Im Sanskrit lautet das Wort für „gesund" *swastha*, was „im Selbst gegründet sein" bedeutet. Glück ist Ayurveda zufolge ein Nebenprodukt der Gesundheit.

Alle ayurvedischen Interventionen haben zum Ziel, uns dabei zu unterstützen, dass wir einen Zustand erreichen können, in dem der physische Körper, die Sinne und der Geist vollständig integriert sind und im Einklang miteinander agieren. Yoga-Stellungen auszuführen, ist für diesen Daseinszustand unabdingbar. Tatsächlich gilt Yoga als die ideale ayurvedische Bewegungsform, weil es den Geist verjüngt, die Verdauung verbessert und den Stress abbaut, den wir uns durch das Alltagsleben aufladen. Yoga spricht daher die drei zentralen ayurvedischen Prinzipien zum Erhalt guter Gesundheit an: Erneuerung der Energie, Verbesserung der Verdauung und Reinigung der Physiologie.

Weil sie körperlichen Stress auflösen und den Geist beruhigen, sind Yoga-Asanas ein entscheidender vorbereitender Schritt für die Meditation. Bei jedem Ereignis oder jeder Aktivität wissen wir, wie man sich vorbereitet; unvorbereitet zu sein, schmälert das Erlebnis. Nicht anders bei der Meditation – und die Ausführung von Asanas ist eine lohnende Vorbereitung auf diese Aktivität.

Yoga-Stellungen berühren ein wesentliches Anliegen des Ayurveda: die Entgiftung. Die Haltungen und ihre dazugehörenden Atemtechniken reinigen die inneren Organe von Giften. Wer regelmäßig an einem Yoga-Kurs teilnimmt, löst das *Ama* (die Schlacken) in seinem Körper. Wenn er aber Ernährungsgewohnheiten und einen Lebensstil beibehält, die die Bildung von *Ama* fördern, dann verschiebt er damit die Schlacken lediglich. Wer Yoga macht, muss wissen, wie er den Entgiftungsprozess durch die von Ayurveda empfohlene Ernährung und Lebensführung fördert. Yoga und Ayurveda greifen daher ineinander; sie unterstützen ihre wechselseitigen Ziele. Das Körperliche und das Spirituelle spiegeln und beeinflussen einander.

Yoga-Stellungen und die Doshas

Als Wissenschaft von der Gesundheit lehrt uns Ayurveda, wie die Doshas unser Leben regulieren und wie wir sie zu unserem Wohl kanalisieren können. Ayurveda vermittelt uns das Wissen; Yoga hilft uns, es umzusetzen. Eine regelmäßige Yoga-Praxis gleicht die Doshas aus und verhindert so den Ausbruch von Krankheiten. Durch die dehnende, zusammenziehende, anregende und beruhigende Natur der Stellungen werden Position, Proportion und Fluss der Doshas aufrechterhalten. Durch Yoga bleiben die Doshas Kräfte der Gesundheit, statt zu Auslösern von Krankheit und Depression zu werden.

Die einzelnen Asanas sprechen die Doshas jeweils auf ganz bestimmte Art und Weise an. Durch ihre Auswirkung auf Vata, Pitta und Kapha – die Prinzipien, welche die Körperfunktionen koordinieren – nehmen die Asanas auf einer ganz grundlegenden Ebene tiefgreifenden Einfluss auf die Physiologie. Yoga-Stellungen haben das Potenzial, einen oder mehrere Aspekte des Geist-Körpers ins Gleichgewicht zu bringen; sie bewahren die Harmonie unseres Körperbaus und unserer Energie. Die Stellungen lösen Störungen in den Doshas auf und sorgen damit dafür, dass der Energiekreislauf in der gesamten Physiologie aufrechterhalten bleibt.

Wie bereits erklärt, regulieren die Doshas jeden Aspekt unseres Wesens. Verstöße gegen die Weisheit werfen sie aus der Bahn. Manchmal verhalten wir uns wider besseres Wissen so, dass es unserem inneren Gleichgewicht schadet: Wir essen spät am Abend schwere Speisen; wir essen, bevor die vorangegangene Mahlzeit verdaut ist; wir treiben zu viel oder zu wenig Sport – all dies sind Beispiele für ein Verhalten, das zu Ungleichgewichten führt. Immer wenn wir im Widerspruch zu den Rhythmen der Natur leben, schaden wir unserem inneren Gleichgewicht. Jedes Dosha hat im Körper einen vorrangigen Funktionsbereich. Die Hauptregion von Vata-Dosha ist der Dickdarm, von Pitta der Dünndarm und von Kapha die Lunge. Wenn wir dies wissen, begreifen wir, wie die Yoga-Stellungen die Doshas im Gleichgewicht halten. Im Allgemeinen wirken die Stellungen folgendermaßen ausgleichend auf die Doshas:

- Vorwärtsbeugen im Sitzen bringen Vata-Dosha ins Gleichgewicht, indem sie Druck auf den Unterbauch ausüben und damit Spannungen im Dickdarm abbauen. Diese Aktion wirkt einer Aufblähung des Darms entgegen.
- Vorwärtsbeugen und Drehungen sind günstig, um Pitta-Dosha ins Gleichgewicht zu bringen. Drehungen erreichen dies dadurch, dass sie Druck auf den Dünndarm ausüben; und Vorwärtsbeugen schieben die Energie nach unten und aus dem Körper heraus. Solche Asanas verbessern außerdem die Durchblutung des Rumpfes. Infolgedessen verbessern sie die Reinigung von Leber und Gallenblase. Da die Leber das Hauptentgiftungsorgan des Körpers ist, helfen solche Asanas der Physiologie, Giftstoffe aus dem System zu entfernen. Mit ayurvedischen Begriffen gesprochen, bedeutet dies, dass sie Hitze (Entzündungen) und Stress in Dünndarm und Mittelbauch abbauen und daher Blut und Leber kühlen (entgiften).
- Rückbeugen stimulieren Brustbereich und Magen, die Region von Kapha-Dosha, und lösen damit Energiestaus in diesem Bereich. Der Prozess, bei dem Energie nach oben und aus dem Körper herausgeführt wird, wird durch tiefe Atmung und Pulsanstieg unterstützt.

Die Doshas regulieren auch unser mentales und emotionales Leben. Ein Ungleichgewicht im Vata-Dosha erzeugt Befürchtungen und Ängste, so dass man sich nicht geerdet und instabil fühlt. Ein Ungleichgewicht im Pitta-Dosha überhitzt das System, was zu Wut, Groll, Reizbarkeit und Eifersucht führt. Wenn Kapha-Dosha unausgeglichen ist, können dessen Stabilität und Festigkeit erstarren und zu übermäßiger emotionaler Anhänglichkeit sowie dem Gefühl der Stagnation führen.

Die Ausführung von Yoga-Asanas lindert alle diese Probleme, indem sie Vata-Dosha erdet und beruhigt, Pitta kühlt und Kapha leichter macht. Wenn Sie Ihre Physiologie mit einer gesunden Lebensweise unterstützen, lindert Ihre regelmäßige Yoga-Praxis geistige Unruhe, vertreibt geistige Trägheit und fördert klares Denken und gelassene Gefühle.

Arials Geschichte: Die Winde der Veränderung zur Ruhe kommen lassen

Eine Yoga-Praxis für Arial würde sich in erster Linie darauf konzentrieren, sie von Kopf bis Fuß zu entschleunigen – ihren überaktiven Geist zu beruhigen und zu besänftigen und ihren Körper zu stabilisieren, indem sie mit beiden Füßen auf den Boden kommt. Sie musste unbedingt begreifen, dass ihre Physiologie regelmäßige Ruhe und Entspannung braucht. Diese Vorstellungen können allerdings schwer nachvollziehbar sein, besonders wenn man in den reißenden Strom exzessiver Umtriebigkeit geraten ist. Außerdem ist wahre Entspannung mehr als bloßes Ruhen. Zur Entspannung gehört, unsere inneren Energien ins Gleichgewicht zu bringen und wiederherzustellen. Zur Wiederherstellung des Gleichgewichts gehört die Abgabe aufgestauter Energie. Hier kommen Yoga-Asanas und Atemtechniken ins Spiel.

Arial flog auf Yoga wie eine Biene auf Nektar. Sie macht gerne etwas Neues, hat Freude an Bewegung und neigt zu körperlicher wie geistiger Expressivität. Weil sie von geselliger Art war und Struktur brauchte, war die Anmeldung zu einem regelmäßig stattfindenden Kurs für sie genau das Richtige. Schon bald spürte sie die Vorteile der Übungspraxis an ihrem Körper. Das Knacken und Knirschen ihrer Knochen sowie die

Schmerzen in Nacken und Schultern ließen deutlich nach. Die massierende Wirkung, die ihre Yoga-Praxis auf Muskeln und Gelenke ausübte, verringerte die Spannung in diesen Bereichen. Aus ayurvedischer Sicht zeigten Arials Schmerzen und Beschwerden eine Blockade von Vata-Dosha in diesen Körperregionen an. Die Yoga-Asanas linderten die austrocknende Wirkung von Vata-Dosha auf ihren Rücken und ihre Knochen.

Zur Behandlung der übrigen Symptome ihres Vata-Ungleichgewichts – in erster Linie Übererregung und Schlaflosigkeit – führte Arial ein ayurvedisches Zu-Bett-geh-Ritual ein, um ihr Nervensystem auf den Schlaf vorzubereiten: Sie übte Umkehrhaltungen. Yoga-Praktizierende geben an, dass regelmäßig ausgeführte Umkehrhaltungen beruhigend auf Nervensystem und Denken wirken.

Aus westlich-medizinischer Sicht liegt dies daran, dass bei Umkehrhaltungen das Blut zum Gehirn strömt. Wenn das vermehrte Blutvolumen durch die großen Blutgefäße, die Karotiden oder Halsschlagadern, zum Kopf fließt, werden diese Gefäße gedehnt. Die Nervenbündel in den Karotiden registrieren dieses Ausdehnen. Da sie die Aufgabe haben, den Blutdruck stabil zu halten, reagieren sie darauf mit dem Absenden der Nachricht an das Herz, dass es seine Pumpleistung verlangsamen soll. Außerdem weisen sie die Blutgefäße in den Extremitäten an, sich zu weiten, um mehr Blut aufnehmen zu können. Die Folge ist, dass man sich nach einer Umkehrhaltung insgesamt entspannt fühlt und der Herzschlag langsamer wird.

Die Lektion, die Arial aus ihrer Yoga-Praxis ins Leben übernahm, lautete: *Tue* weniger und *sei* mehr.

Vata-beruhigende Prinzipen bei einer Luftigen Depression

Um Vata-Dosha ins Gleichgewicht zu bringen, sind bei der Ausführung der Asanas Wärme und Gelassenheit erforderlich. Eine erholsame Praxis ist am besten. Sie lässt sich durch Einhaltung folgender Grundsätze erreichen:

Geistige Ausrichtung
- Behalten Sie einen geschmeidigen und gleichmäßigen Rhythmus bei.
- Halten Sie jede Stellung kurz.
- Gehen Sie fließend in jede Haltung hinein und wieder heraus. Stellen Sie sich dazu vor, Sie bewegten sich durch eine dickflüssige Masse, wie zum Beispiel warmen Schlamm.

Körperliche Ausrichtung
- Halten Sie sich warm, um Verletzungen vorzubeugen.
- Überdehnen Sie nicht.
- Sorgen Sie für körperliche Stabilität, indem Sie sich auf die Grundlage jeder Haltung konzentrieren.
- Drehen Sie die Beine nach innen und drücken Sie die Unterseiten Ihrer Beine in den Boden.
- Pressen Sie bei stehenden Haltungen Ihren großen Zeh fest auf den Boden.
- Aktivieren Sie in jeder Haltung Ihre Muskeln – stellen Sie sich vor, Ihre Muskeln umarmten Ihre Knochen.
- Achten Sie darauf, sich körperlich nicht zu verausgaben.

Spirituelle Ausrichtung
- *Tun* Sie weniger und *seien* Sie mehr – bleiben Sie während der gesamten Praxis geistig präsent.
- Nach der Praxis sollten Sie sich körperlich gestärkt, emotional genährt und spirituell geerdet fühlen.
- Lassen Sie Ihre Praxis von Ihrem Atem leiten – konzentrieren Sie sich darauf, das Einatmen zu verlängern.

Barbaras Geschichte: Das geistige Auge öffnen

Barbaras Körper neigte bei körperlicher Aktivität zur Überhitzung. Auf die Idee, Yoga zu machen, reagierte sie emotional gereizt und angespannt. Sie behauptete, sie sei stark, aber nicht sehr beweglich, und habe nicht die Geduld, etwas zu versuchen, worin sie ihrer Meinung nach bestimmt nicht gut wäre.

Bei Barbara würde eine Asana-Praxis entscheidend zur Verbesserung ihrer Selbstbewusstheit beitragen; denn ein wesentlicher Teil der Asana-Praxis besteht im Lauschen auf das Feedback des Körpers. Bewusstheit dafür zu entwickeln, welche Auswirkungen die Stellungen im Moment auf Sie haben, ist das Geheimnis der Heilung. So entwickelt sich innere Bewusstheit. Sie ist der Schlüssel, der das Tor zum Einklang mit dem inneren Selbst öffnet.

Barbara trieb sich aus Gewohnheit stets zu Höchstleistungen an. Sie neigte zu Übertreibungen. Es war wichtig, dass sie nicht mit Übereifer an ihre Praxis heranging. Zunächst hatte sie die Tendenz, bei den Haltungen zu bleiben, die sie gut ausführen konnte, und lehnte die Haltungen ab, die sie nicht gut beherrschte. Doch gerade diese boten ihr oft die größten Vorteile.

Wenn es achtsam praktiziert wird, lehrt uns Yoga, den Eifer und den Druck, die uns anpeitschen, abzustellen. Zuweilen kann es günstig sein, seine Yoga-Praxis bis an die äußerste Grenze zu treiben; ebenso wichtig, wenn nicht sogar noch wichtiger, ist allerdings, einfach den Prozess des Einnehmens einer Stellung zu genießen. Für Barbara war es wichtig, sich auf die Empfindungen zu konzentrieren, die die Stellungen in ihr weckten, wenn sie ihren Körper durch die Praxis führte. Im Laufe ihrer Praxis erlangte sie ein Gespür für ihren inneren Energiefluss.

Erholsame Stellungen halfen Barbara bei weiteren Manifestationen ihres Pitta-Ungleichgewichts, vor allem bei Migräne-Kopfschmerzen und hohem Blutdruck. Wir schlugen ihr vor, die Stellungen mit geschlossenen Augen auszuführen und dabei eine Yoga-Kopfbedeckung zu tragen. Haltungen mit Vorbeugen kühlten Barbaras Physiologie und entspannten sie. Die Kopfbedeckung half ihr, sich nach innen zu wenden und auf das innere Erleben ihres Geist-Körpers während der Praxis zu konzentrieren. Die Lektion, die Barbara aus ihrer Yoga-Praxis ins Leben mitnahm, lautete: Sich selbst und andere ohne Wertung zu beobachten.

Pitta-beruhigende Prinzipien bei Brennender Depression

Eine Yoga-Praxis zum Ausgleich von Pitta-Dosha sollte zu Mitgefühl, Akzeptanz und entspannter Anstrengung ermuntern. „Cool bleiben" ist äußerst wichtig. Im Folgenden einige grundlegende Richtlinien:

Geistige Ausrichtung
- Halten Sie sich stets vor Augen, dass weniger mehr ist!
- Haben Sie Spaß an Ihrer Praxis, indem Sie sich und Ihre Stellungen nicht allzu ernst nehmen.
- Lassen Sie Ihren Blick weich werden oder praktizieren Sie mit geschlossenen Augen.
- Lächeln Sie.
- Lassen Sie in Ihrer Praxis Freiheit und Kreativität zu. Verändern Sie sie. Halten Sie nicht an einem bestimmten Stil oder einer Stellungsfolge fest.
- Konzentrieren Sie sich auf die physischen Empfindungen Ihres Körpers, nicht auf Ihr Gehirn.
- Nutzen Sie das Ausatmen zum Loslassen hitziger Gefühle wie etwa aufgestautem Ärger, Frustration und Stress.

Körperliche Ausrichtung
- Bleiben Sie gedanklich cool und überhitzen Sie Ihren Körper nicht.
- Praktizieren Sie in einer gut belüfteten Umgebung.
- Hören Sie auf Ihren Körper und gehen Sie nicht über Ihre Grenzen – mit anderen Worten, bewegen Sie Ihren Körper so, dass Sie die Dehnung, aber keinen brennenden Schmerz spüren.

- Achten Sie darauf, dass Sie um sich herum reichlich Platz haben.
- Atmen Sie durch den Mund aus, wenn Ihr Körper sich überhitzt (aber atmen Sie immer durch die Nase ein).
- Wenden Sie in den Stellungen die Siegreiche Atmung (Ujjayi-Atmung) an (siehe Kapitel Zehn).
- Konzentrieren Sie sich darauf, das Ausatmen zu verlängern.
- Achten Sie kontinuierlich auf Ihren Atem und darauf, wie er durch Ihren Körper fließt.
- Begeben Sie sich sanft in seitliche Drehungen und brustöffnende Haltungen hinein.
- Achten Sie kontinuierlich auf die Position Ihrer Rippen. Halten Sie sie mit Ihrem Körper umschlossen und lassen Sie sie nicht hervorstehen.
- Praktizieren Sie in mäßigem Tempo.

Spirituelle Ausrichtung
- Meiden Sie Urteile über und Kritik an sich.
- Denken Sie daran, dass Yoga kein Wettkampf ist.

Eds Geschichte: Die Bürde seines Herzens erleichtern

Ed muss um physisches, mentales und emotionales *Ama* erleichtert werden. Yoga kann dabei sehr hilfreich sein. Es baut physisches *Ama* ab, indem es die Entgiftungsprozesse im Körper anregt. Außerdem verbessert es die körperliche Kondition und fördert die Gewichtsregulierung. Yoga lindert Stress, indem es den Cortisol-Spiegel senkt. Dies ist deshalb wichtig, weil Stress aus ayurvedischer Sicht der Haupterzeuger von mentalem *Ama* ist. Darüber hinaus reagiert Ed auf Stress mit übermäßigem Essen, was unweigerlich zur Entstehung von körperlichem *Ama* führt.

Yoga erhöhte Eds allgemeine Bewusstheit für die Auswirkungen seiner Verhaltens- und Ernährungsentscheidungen auf seine Physiologie. Wenn er zum Beispiel zu viel fett- und zuckerreiche Nahrungsmittel zu sich nahm, spürte er die schädlichen Auswirkungen in seiner Yoga-Praxis.

Mit wachsender Bewusstheit baute er nicht nur die *Ama*-Last in seinem Körper ab, sondern häufte außerdem keine weitere an. Darüber hinaus verhindert die Aufmerksamkeit für Körperempfindungen, auf die im Yoga Wert gelegt wird, die Anhäufung von emotionalem *Ama*. Ed lernte zu unterscheiden, ob er aus Hunger oder aus Gewohnheit beziehungsweise Langeweile aß.

Am Morgen praktizierte Ed regelmäßig den Sonnengruß (siehe Anleitung an späterer Stelle in diesem Kapitel), um wach zu werden und Energie zu schöpfen. Er wurde dazu angeleitet, seine Praxis mit Schwung zu machen, um seinen Puls in den aeroben Bereich zu treiben und dadurch die Stimulation zu erhalten, die er brauchte. Schwitzen hatte für Ed therapeutische Wirkung. Die Haut ist das größte Entgiftungsorgan, und Schwitzen beseitigt Giftstoffe, die sonst Leber und Nieren belasten würden. Zum Abschluss seiner Yoga-Praxis stand er mit straffen Schultern und strammer Brust da und fühlte sich neu belebt.

Ed freute sich insbesondere über seinen Energiezuwachs. Dies regte ihn an, in anderen Aspekten seines Lebens ebenso in die Gänge zu kommen, auch in seinem Intimleben. Ein weiterer unerwarteter Vorteil seiner regelmäßigen Yoga-Praxis war sein merklich verbessertes Immunsystem. Ohne es zu merken, hatte Ed den größten Teil seines Lebens mit schleimverstopftem Kopf und Brustraum verbracht. Sobald er anfing, Yoga zu machen, gingen seine Nebenhöhlen auf, und er bekam keine Erkältung mehr. Jahreszeitlich bedingte Allergien gehörten der Vergangenheit an. Auch seine Fähigkeit, Atemübungen zu machen, verbesserte sich, sowie seine oberen Atemwege freier wurden.

Die Lektion, die Ed aus dem Yoga ins Leben mitnahm, lautete: Er konnte in seine Kraft kommen. Stellung für Stellung löste er seine tief verwurzelten Ohnmachtsgefühle auf.

Kapha-beruhigende Prinzipien bei Erdiger Depression

Eine Yoga-Praxis zum Ausgleich von Kapha-Dosha sollte auf eine Anregung des Energieflusses zielen, innere Hitze erzeugen, offene Räume im Körper schaffen und ein Gefühl der Leichtigkeit erzeugen. Dies ist zu erreichen, wenn einige grundlegende Richtlinien eingehalten werden.

Geistige Ausrichtung
- Konzentrieren Sie sich darauf, Weite im Körper und in Ihrem Energiefeld zu schaffen.
- Fordern Sie sich.
- Nutzen Sie Ihr geistiges Auge (Ihre innere Bewusstheit) und achten Sie genau auf Ihre Körperhaltung.
- Bewahren Sie sich ein offenes Herz. Tun Sie dies symbolisch, indem Sie die Brust herausstrecken und die Schultern straffen, so als öffneten Sie die Tür zu ihrem Herzen.

Körperliche Ausrichtung
- Praktizieren Sie mit Schwung und Tempo.
- Praktizieren Sie an einem warmen Ort.
- Atmen Sie während der Praxis stark und kraftvoll.
- Geben Sie nicht auf – wenn Sie die Stellung auflösen wollen, halten Sie sie noch einen Atemzug lang.
- Richten Sie Ihren Blick stets konzentriert nach oben, als wollten Sie einen kurzen Einblick in die Zukunft erhaschen.
- Halten Sie zwischen Einatmen und Ausatmen kurz den Atem an.
- Bleiben Sie in Bewegung.
- Machen Sie zwischen den Stellungen nur ganz kurze Ruhepausen.
- Führen Sie Ihre Stellungen exakt aus (strecken Sie zum Beispiel den Arm ganz gezielt mit geraden, durchgestreckten Fingern aus).

Spirituelle Ausrichtung
- Fühlen Sie sich stabil in Ihrem Körper und lassen Sie zu, dass Ihr Geist sich hoch aufschwingt.
- Lassen Sie los – fangen Sie damit an, indem Sie vorgefasste Meinungen über sich aufgeben, zum Beispiel darüber, was Sie können und was nicht.
- Begrüßen Sie Veränderungen.

Yoga-Stellungen und die Körpersysteme

Yoga-Stellungen haben tiefgreifende Auswirkungen auf alle Körpersysteme. Darüber hinaus erzeugen sie Energiemuster, die Ihr Energiefeld – und Ihr Leben – verändern können.

Das Skelettsystem

Knochen sind lebendiges Gewebe. Sie wirken statisch in Form und Stärke, tatsächlich aber können Sie durch Gebrauch gekräftigt oder durch Inaktivität geschwächt werden. Schwerkraft spielt bei der Knochengesundheit und -entwicklung eine wichtige Rolle. Deshalb regt der Belastungsaspekt des Yoga eine gesunde Zellregeneration in den Knochen an. Im Weltraum, ohne den Zug der Schwerkraft, bauen die Knochen ab, und die Muskeln werden schwächer. Belastende Übungen regen die Neubildung von Knochenzellen an und verändern die Knochenarchitektur dauerhaft. Auf diese Weise wird das Skelettsystem gesund und stark erhalten.

Eine gute Abfolge von Yoga-Stellungen mobilisiert alle Gelenke im Körper. Dies bewirkt einen verstärkten Blutzufluss in der jeweiligen Region, was wiederum die Lubrikation (das Schmieren) der Gelenke fördert. Schmerzende Gelenke sind kein unvermeidliches Symptom des Alterns. Darüber hinaus beugt die regelmäßige Ausführung von Yoga-Asanas der Osteoporose vor und kann sie rückgängig machen.

Die Dehnung der Wirbelsäule beugt der Austrocknung und Degeneration der Bandscheiben vor, die in der Wirbelsäule als Stoßdämpfer fungieren. Die Knorpel, aus denen die Bandscheiben bestehen, haben keine eigene Blutversorgung; daher sind sie darauf angewiesen, dass durch Bewegung Blut aus den umliegenden Gefäßen mobilisiert wird und sie mit Nährstoffen versorgt. Druck und Zug, die durch Rückbeugen, Vorbeugen und Drehungen erzeugt werden, halten die Bandscheiben gesund, weil sie verhindern, dass sie austrocknen und degenerieren. Das Abpolstern jedes Wirbels, wie es die Bandscheiben leisten, schützt die Nerven, die aus der Wirbelsäule austreten, und verhindert, dass sie gequetscht oder eingeklemmt werden. Dies wiederum verhindert Ischiasschmerzen und das Phänomen des scheinbaren Schrumpfens mit zunehmendem Lebensalter.

Das Muskelsystem

Yoga-Stellungen lehren uns, das Muskelsystem zu nutzen, in Form zu bringen, aufzubauen und auszugleichen. Im Gegensatz zu den meisten Sportarten erhöht eine Asana-Praxis die Muskelkraft und, wichtiger noch, verbessert die Beweglichkeit. Muskelschwäche trägt zu vielen körperlichen Einschränkungen bei. Arthritis und Rückenschmerzen – zwei der häufigsten Gründe, warum Menschen medizinische Hilfe in Anspruch nehmen – stehen in unmittelbarem Zusammenhang mit der Gesundheit der Muskeln, die die Knochen stützen. Muskeln, die gedehnt und gekräftigt werden, sind weniger anfällig für Verletzungen als eine kurze, verspannte Muskulatur. Überstarke Muskelspannung verursacht Fehlhaltungen und ineffiziente Energienutzung.

Die Yoga-Philosophie besagt, dass emotionale Spannungen und Traumata im Muskelsystem gespeichert werden. Yoga-Stellungen fördern die Auflösung gespeicherter emotionaler Erinnerungen. Gelöste Aufmerksamkeit für den Körper ermöglicht die Entfaltung von Selbstbewusstheit und fördert die Auflösung alter Erinnerungen, die im Körper gespeichert sind. Obwohl Yoga-Stellungen ausgesprochen körperlich sind, gehört zur Praxis auch sehr viel geistige Konditionierung und Entwicklung. Wir lernen, unsere Bewusstheit auf alle Körperregionen auszudehnen und unsere Aufmerksamkeit zugleich auf bestimmte Stellen zu richten. Die Befreiung von emotionalem Übergepäck erleichtert die Bürde des Geistes und gibt freudigen Empfindungen Raum.

Das Kreislaufsystem

Gute Gesundheit, Vitalität und Abwehrkräfte erfordern, dass alle Körperflüssigkeiten in Venen, Arterien, Kapillaren, Lymphsystem und sogar in Knochen, Mark und Bandscheiben frei fließen können. Das Kreislaufsystem einmal täglich bei seinem Pumpen zu unterstützen, ist wesentlicher Bestandteil eines guten Programms zur Gesunderhaltung. Körperliche Bewegung fördert außerdem Spannungsabbau und Entgiftung des Körpers.

Yoga-Stellungen bewirken viele einzigartige Effekte für den Kreislauf. Viele Haltungen leiten den Blut- oder Flüssigkeitsstrom gezielt bestimmten Körperteilen, Drüsen oder Organen zu, die sonst nicht stimuliert würden. Wann nehmen Sie zum Beispiel eine Umkehrhaltung ein, wenn nicht während einer Yoga-Sitzung? Wann sonst heben Sie die Wirkung der Schwerkraft auf?

Umkehrhaltungen verstärken die Durchblutung im Oberkörper. Die Vorteile eines Blutflusses entgegen der Schwerkraft sind erheblich. Diese Wirkung überträgt sich auf das Lymphsystem, das wesentlich für eine gute Immunabwehr verantwortlich ist. Das viele Drücken und Pressen in den Yoga-Haltungen hält den Flüssigkeitsstrom aufrecht und verhindert Stauungen. Werden Schild- und Zirbeldrüse sowie die Hypophyse reichlich mit Sauerstoff und nährstoffreichem Blut versorgt, bleibt ihre optimale Leistungsfähigkeit erhalten.

Das Atmungssystem

Yoga verbessert Haltung und Atmung. Die Atemkapazität wird durch Kraft und Beweglichkeit des Thorax (Brustbereichs) beeinflusst. Eine gebückte Körperhaltung sowie eine steife Brust, starre Rippen und eine angespannte Zwischenrippenmuskulatur setzen der Luftmenge, die Sie einatmen können, körperliche Grenzen. Außerdem können Sie dann Ihr Zwerchfell, die große Muskel-Sehnen-Platte, die Ihren Körper belüftet, nicht vollumfänglich einsetzen. Auch dies schränkt Ihre Atemfähigkeit stark ein – was wiederum Auswirkungen auf Ihr Nervensystem hat, weil dieses durch den Atem mit am stärksten beeinflusst werden kann. Ein gut durchlüfteter Körper verleiht Ihrem Geist Flügel.

Das Verdauungssystem

Ayurveda zufolge liegt die Grundlage der Gesundheit in den Verwertungs- und Ausscheidungsorganen. Hippokrates sagte: „Lasst eure Nahrung eure Medizin sein." Wenn die Traurigkeit Ihre Verdauungsleistung zum Erliegen gebracht hat, dann wird Yoga Ihren Appetit und Ihre Fähigkeit, Nahrung zu verdauen, deutlich anregen, weil die Asanas das Verdauungsfeuer schüren und den Darm straffen. Umkehrhaltungen, Drehungen und Vorbeugen verstärken den Energiefluss zum Verdauungssystem. Wird die Wirbelsäule weniger stark zusammengedrückt, können die Nerven die Verdauungsorgane besser versorgen. Vorbeugen, Drehungen und Anheben des Unterleibs regen die Peristaltik (die koordinierten Darmbewegungen) an und fördern die innere Reinigung. Außerdem beleben sie die inneren Organe wie etwa Bauchspeicheldrüse, Nieren und Leber.

Das Hormonsystem

Unser Energieniveau wird stark von der Fitness unserer Hormondrüsen bestimmt. Unsere Hormone wirken auf alle Wachstums-, Entwicklungs- und Funktionsaspekte im Körper ein. Es sind komplexe chemische Botenstoffe, die Informationen und Anweisungen zwischen den Zellen übertragen. Zum Beispiel hängen die Zellfunktionen, unsere Stoffwechselrate und unsere Fortpflanzungsfähigkeit von der biochemischen Signalübertragung zwischen den verschiedenen Körpersystemen ab. Das wachsende Gebiet der Psychoneuroimmunologie bestätigt, dass der Zustand unseres Hormonsystems sich darin widerspiegelt, wie gut unser Geist und unser Immunsystem funktionieren. Studien haben gezeigt, dass Umkehrhaltungen, Rückbeugen und Drehungen sich günstig auf die Gesunderhaltung des Hormonsystems auswirken.

Das Nervensystem

Die Nerven in der Wirbelsäule können als Verlängerung des Gehirns betrachtet werden. Die Nerven, die in der Wirbelsäule verlaufen, treten durch kleine Öffnungen aus. Wird die Wirbelsäule nicht gesund erhalten, werden die Öffnungen zwischen den Bandscheiben kleiner und die Nerven der entsprechenden Muskeln oder Organe können eingeklemmt werden. Schwäche in Knien und Beinmuskulatur sowie das schlechte Gleichgewicht, das mit dem Alter oft verbunden wird, können ein Anzeichen dafür sein, dass die elektrischen Impulse der Spinalnerven beeinträchtigt sind. Aber das muss nicht sein.

Yoga-Stellungen tragen zur Verlängerung der Wirbelsäule bei und schaffen dadurch Platz zwischen den Wirbeln. So bleiben die natürlichen Zwischenräume zwischen den Wirbeln erhalten, und ein Einklemmen der Nerven wird verhindert. Darüber hinaus lernen wir in sitzenden und stehenden Haltungen, Nervenenergie in unsere Extremitäten, insbesondere in die Zehen, zu lenken. Durch dieses Training bleiben die Nervenbahnen frei und aktiv, so dass die elektrischen Impulse effizient fließen können. Wenn wir lernen, die Nerven, die alle Körperteile aktivieren, mit Energie zu versorgen, verbessern sich Denkvermögen, Aufmerksamkeit und Geisteskraft.

Wenn der Körper den Geist in Schwung bringt

Es gibt keine Universalregel, insbesondere nicht wenn es darum geht, wie wir die Stellungen auszuführen haben. In diesem Abschnitt stellen wir zwei Asana-Folgen vor: Sonnengruß und Mondgruß. Der Sonnengruß ist eine Folge von zwölf Dehnübungen, die kontinuierlich fließend ausgeführt werden. Die energetische Absicht, die Sie zur Ausführung des Sonnengrußes motiviert, sollte sich nach Ihrem jeweiligen Dosha-Ungleichgewicht richten. Soll eine Erdige Depression aufgelöst werden, so muss jede Haltung mit Schwung ausgeführt werden, so dass Sie sie in den Bereich eines Herz-Kreislauf-Trainings bringt. Mit anderen Worten, setzen Sie sich zum Ziel, in Schweiß auszubrechen. Bei einer Luftigen Depression bringt ein sanfter und rhythmischer Ablauf Ordnung ins innere Chaos. Bei einer Brennenden Depression ist der Sonnengruß ungeeignet; hier empfiehlt sich vielmehr eine kühlende Praxis wie etwa der Mondgruß.

Sonnenenergie: Die Energie des Selbst nutzbar machen

Im Folgenden finden Sie die Anleitung für den Sonnengruß. Beginnen Sie mit der Illustration in der oberen Mitte und gehen Sie im Uhrzeigersinn vor.

1. **Gebetshaltung.** Stehen Sie zu Anfang so, dass Ihr Gewicht gleichmäßig auf beide Füße verteilt ist. Drücken Sie die Handflächen in Brusthöhe gegeneinander. Atmen Sie entspannt und bleiben Sie etwa fünf Sekunden in dieser Stellung.
2. **Armstreckung.** Atmen Sie ein und führen Sie dabei die Arme in weitem Bogen über den Kopf. Strecken Sie die Ellenbogen durch, führen Sie sie hinter Ihre Ohren und legen Sie die Handflächen aneinander. Schieben Sie das Steißbein nach unten, drücken Sie die Fersen fest in den Boden und ziehen Sie den Nabel nach innen Richtung Wirbelsäule. Wölben Sie zugleich die Brust nach oben und strecken Sie Arme und Kopf nach hinten.
3. **Stehende Vorwärtsbeuge.** Atmen Sie aus und beugen Sie Ihren Körper nach vorne und unten. Halten Sie die Knie leicht gebeugt.
4. **Tiefer Ausfallschritt** (auch Starter-Position oder Sprinter). Atmen Sie ein und treten Sie dabei mit dem linken Fuß nach hinten. Beugen Sie das rechte Bein in einem 90-Grad-Winkel. Heben Sie Brust und Kopf und schauen Sie nach vorne. Drücken Sie die Hüfte nach unten zum Boden.
5. **Herabschauender Hund.** Atmen Sie aus und setzen Sie dabei den rechten Fuß nach hinten neben den linken. Die Füße sollten etwa hüftbreit auseinander stehen. Strecken Sie nun Arme, Schultern und Rumpf in gerader Linie. Halten Sie die Sitzbeinhöcker oben, während Sie die Fersen so dicht wie möglich an den Boden drücken. Ihr Körper bildet ein umgekehrtes V.

Der Sonnengruß

6. **Knie-Brust-Kinn.** Atmen Sie aus, beugen Sie dabei die Knie und senken Sie Knie, Brust und Kinn zum Boden ab; das Gesäß bleibt oben.
7. **Kobra.** Atmen Sie ein und schieben Sie sich dabei nach vorne. Halten Sie die Ellenbogen dicht am Körper und heben Sie Kopf, Hals und Brust. Biegen Sie den Oberkörper nach hinten und oben. Auf Ihren Händen oder Armen sollte kein Gewicht lasten. Lassen Sie sich von Ihrer Wirbelsäule tragen.
8. **Herabschauender Hund.** Heben Sie beim Ausatmen Rumpf und Hüfte. Wiederholen Sie den Herabschauenden Hund.
9. **Tiefer Ausfallschritt** (auch Starter-Position oder Sprinter). Atmen Sie ein und setzen Sie dabei den rechten Fuß nach vorne zwischen Ihre Hände. Heben Sie zugleich Brust und Kopf. Wiederholen Sie den Tiefen Ausfallschritt.
10. **Stehende Vorwärtsbeuge.** Setzen Sie beim Ausatmen den linken Fuß nach vorne. Wiederholen Sie die Stehende Vorwärtsbeuge.
11. **Armstreckung.** Atmen Sie ein und bringen Sie dabei Rumpf und Arme in eine aufrechte Position. Wiederholen Sie die Armstreckung.

Atmen Sie aus und nehmen Sie wieder die Gebetshaltung ein.

Wiederholen Sie den gesamten Zyklus und strecken Sie dieses Mal im Tiefen Ausfallschritt das rechte Bein zurück.

Mit dem Mond verschmelzen: Die Flammen im Geist-Körper auslöschen

Der Mondgruß

Von den vielen Versionen des Mondgrußes (*Chandra Namaskar*) haben wir uns für die Folge entschieden, die im Kripalu Yoga gelehrt wird. Ein vollständiger Mondgruß umfasst sowohl die rechte als auch die linke Körperseite. Beginnen Sie mit der Illustration in der oberen Mitte und gehen Sie im Uhrzeigersinn vor.

1. **Gebetshaltung.** Stehen Sie zu Anfang so, dass Ihr Gewicht gleichmäßig auf beide Füße verteilt ist. Drücken Sie die Handflächen in Brusthöhe gegeneinander. Atmen Sie entspannt und bleiben Sie etwa fünf Sekunden in der Stellung.

2. **Halbmond.** Führen Sie die Hände beim Einatmen in weitem Bogen über dem Kopf zusammen, falten Sie die Hände und strecken Sie die Zeigefinger nach oben. Atmen Sie aus. Atmen Sie ein und verlagern Sie dabei das Gewicht auf den linken Fuß und die linke Hüfte, während Sie zugleich Rumpf und Arme nach rechts beugen. Atmen Sie aus. Richten Sie sich auf und kommen Sie wieder zur Mitte. Atmen Sie ein und verlagern Sie dabei das Gewicht auf den rechten Fuß und die rechte Hüfte, während Sie zugleich Rumpf und Arme nach links beugen. Atmen Sie aus.
3. **Göttinnen-Stellung.** Atmen Sie ein. Machen Sie mit dem rechten Fuß einen großen Schritt nach rechts. Ihre Füße stehen nun weit auseinander. Drehen Sie die Zehen leicht nach außen. Lassen Sie die Knie locker. Atmen Sie aus und gehen Sie dabei in die Hocke, dehnen Sie das Steißbein nach unten und heben Sie zugleich den Kopf. Halten Sie Arme und Fingerspitzen mit gebeugten Ellenbogen nach oben.
4. **Stern.** Atmen Sie ein und strecken Sie dabei die Beine. Heben Sie den Kopf, aber lassen Sie das Kinn unten und strecken Sie zugleich die Arme in Schulterhöhe seitlich aus.
5. **Dreieck.** Atmen Sie aus und drehen Sie dabei den rechten Fuß nach außen. Lassen Sie beide Beine gestreckt und beide Arme auf Schulterhöhe und beugen Sie den Rumpf nach rechts. Führen Sie den rechten Arm an Ihrem Bein entlang nach unten und fassen Sie entweder Schienbein oder Knöchel Ihres rechten Beines (oder legen Sie die Hand auf dem Boden hinter sich ab) und heben Sie den linken Arm zur Decke. Wenden Sie den Blick nach oben und drehen Sie den Rumpf dabei sanft mit.
6. **Kopf-Knie-Stellung (Pyramide).** Senken Sie nun beide Hände zum rechten Fuß und legen Sie den Oberkörper an Ihr rechtes Bein. Wenn nötig, können Sie das Knie beugen.
7. **Ausfallschritt.** Beugen Sie das rechte Knie und legen Sie die Hände rechts und links von Ihrem rechten Fuß auf den Boden. Dehnen Sie das Steißbein nach unten und heben Sie den Kopf. Halten Sie das linke Bein gerade und kraftvoll gestreckt.

8. **Hocke mit gestrecktem Bein.** Setzen Sie beide Hände links neben Ihren rechten Fuß und drücken Sie das Steißbein nach unten, während Sie sich zur Mitte drehen. Halten Sie das linke Bein gestreckt und drehen Sie es so, dass die Zehen nach oben zeigen. Drücken Sie die Hände, den Fuß des gebeugten Beines und das Steißbein nach unten und heben Sie den Kopf.
9. **Hocke.** Ziehen Sie das gestreckte linke Bein wieder zur Mitte. Drücken Sie Füße und Steißbein nach unten. Wenn es Ihnen mühelos gelingt, dann legen Sie die Handflächen auf Ellenbogenhöhe aneinander.
10. **Hocke mit gestrecktem Bein.** Strecken Sie das rechte Bein aus und wiederholen Sie die Hocke mit gestrecktem Bein.
11. Wiederholen Sie den Ausfallschritt mit dem linken Bein.
12. Wiederholen Sie die Kopf-Knie-Stellung (Pyramide) auf dem linken Bein.
13. Wiederholen Sie das Dreieck auf dem linken Bein.
14. Wiederholen Sie den Stern.
15. Wiederholen Sie die Göttinnen-Stellung.
16. Wiederholen Sie den Halbmond.

Enden Sie mit der Gebetshaltung.

Körpersprache: Eine Analyse der Bedeutung der Yoga-Haltungen für das Prana

Die Heilkraft der Yoga-Stellungen liegt darin, dass Sie sie als Instrumente nutzen können, um den Energiefluss in die Regionen zu leiten, die ihn brauchen, um damit Ihrer Physiologie Vitalität zuzuführen. Die folgende Übung will Ihre Bewusstheit für die inneren Abläufe in Ihrem Geist-Körper schärfen, Ihr Erleben in den Stellungen vertiefen und Licht in Ihr inneres Selbsterleben bringen.

Wir möchten, dass Sie sich mit folgender Frage beschäftigen: Welche körperlichen, geistigen und emotionalen Erlebnisse rufen bestimmte Stellungen in mir wach? Wir werden hier beispielhaft mit der Dreiecks-Stellung arbeiten. Weil dies eine Übung in Selbststudium ist, gibt es keine richtigen oder falschen Antworten, nur Erfahrungen. Yoga-Stellungen sind eine Übung in nicht-kognitiver Selbstbewusstheit, im Beleuchten des unendlichen Bewusstseins, das unserem Sein zugrunde liegt. Deshalb gelten Yoga-Stellungen als bewusstseinsbasierte Interventionen und starke Vermittler von Vitalität.

Dreiecks-Stellung: Die Stabilität dieser geometrischen Form verkörpern

Anleitung

1. Stehen Sie mit weit gegrätschten Beinen, die Füße etwa einen bis einen Meter zwanzig auseinander. Legen Sie die Hände auf die Hüften, schauen Sie geradeaus und drehen Sie den rechten Fuß um neunzig Grad auswärts (nach rechts) sowie den linken Fuß um dreißig Grad einwärts (ebenfalls nach rechts). Halten Sie die Beine gestreckt, die Knie sind durchgedrückt und Ihr Gewicht ist gleichmäßig auf beide Beine verteilt. Rotieren Sie beide Beine nach außen, als wollten Sie sie voneinander weg öffnen.
2. Atmen Sie ein und heben Sie die Arme auf Schulterhöhe. Atmen Sie aus und dehnen Sie die Arme horizontal von den Schulterblättern bis in die Fingerspitzen.
3. Dehnen Sie den rechten Arm beim nächsten Ausatmen weiter nach rechts, so dass sich die rechte Seite Ihres Rumpfes nach rechts neigt. (Endgültiges Ziel ist, dass Ihre rechte Rumpfseite sich so weit neigt, dass sie parallel zum Boden ist.)
4. Legen Sie die rechte Hand je nach Ihrer Beweglichkeit entweder auf den Knöchel oder das Schienbein oder auf den Boden hinter Ihnen. Heben Sie den linken Arm gerade nach oben, die Handfläche zeigt nach vorne, die Finger sind gestreckt. Achten Sie darauf, dass Ihre Wirbelsäule gerade bleibt.
5. Bleiben Sie mehrere Atemzüge lang in der Stellung. Richten Sie sich dann beim nächsten Einatmen wieder auf.
6. Atmen Sie aus und senken Sie die Arme. Legen Sie die Hände an die Hüften und kommen Sie zur Mitte. Wechseln Sie nun die Position der Füße (linken Fuß um neunzig Grad nach links außen,

rechten Fuß um dreißig Grad nach links innen drehen) und wiederholen Sie die Stellung zur anderen Seite.

Körperbewusstheit erlangen

Bewusstheit wird Schritt für Schritt aufgebaut. Wiederholen Sie die Dreiecks-Stellung und wenden Sie Ihre Aufmerksamkeit dieses Mal den physischen Mustern zu, die Ihr Körper erzeugt, wenn er in die Haltung hineingeht.
1. Wie ist Ihre Ausrichtung? Achten Sie darauf, ob Ihr Steißbein und der Scheitelpunkt Ihres Kopfes sich in etwa auf gleicher Höhe befinden.
2. Richten Sie Ihre bewusste Wahrnehmung auf Ihre Wirbelsäule – wie hält sie sich während dieser Stellung? Stellen Sie sich vor, dass Sie länger wird, während Sie tief einatmen, und beobachten Sie dann, was passiert. Was geschieht mit Ihrer Wirbelsäule während Sie ein- und ausatmen?
3. Haben Sie sich schon einmal gefragt, warum diese Stellung „Dreieck" heißt?
4. Überlegen Sie, während Sie die Stellung halten, wie viele Dreiecke Ihr Körper bildet. Können Sie sie erkennen?

In dieser Haltung werden drei Dreiecke gebildet.

Mentale und emotionale Bewusstheit erlangen

Die mentale und emotionale Welt sind subtiler als die körperliche. Sobald Sie die Sicherheit erlangt haben, dass Sie die Haltung gut ausführen können, steht eine Vertiefung Ihrer Praxis an. Nun sind Sie aufgerufen, sich der Empfindungen bewusst zu werden, die Sie erleben, während Sie die Stellung halten. Lassen Sie sich dabei von den folgenden Fragen leiten:
1. Flattern Ihre Nasenflügel und pumpt Ihr Herz merklich stärker? Ist Ihr Blick weich oder starr? Zittern die Muskeln in Ihren Beinen, so dass Sie sich instabil fühlen?
2. Können Sie aus der Art und Weise, wie Sie die Stellung halten,

darauf schließen, wie Sie sich im Leben halten? Glauben Sie, dass Sie sich anstrengen und fordern müssen, um das Ziel, das Ihnen vorschwebt, zu erreichen, oder lassen Sie sich vom Fluss der Inspiration zu Ihren Zielen tragen? Wie würde Letzteres in der Art und Weise zum Ausdruck kommen, wie Sie eine Yoga-Stellung halten? Spüren Sie noch einmal den drei Dreiecken nach, die in der Dreiecks-Stellung gebildet werden.

Die drei Dreiecke, die in der Dreiecks-Stellung gebildet werden.

1. Wie gut konnten Sie die einzelnen Dreiecke jeweils spüren?
2. Welches Dreieck konnten Sie am deutlichsten spüren?
3. Spüren Sie, wie jedes Dreieck Energie in eine andere Ebene schickt?
   - Dreieck Eins, bei dem der Boden die Basis bildet, zeigt nach oben, als zöge es Energie aus der Erde zu Ihnen.
   - Dreieck Zwei, das aus Ihrem Bein, Arm und der Wirbelsäule gebildet wird, zeigt zur Seite, als wolle es Ihren Kopf nach vorne schieben.

- Dreieck Drei hat zwei konkrete Seiten (Wirbelsäule und nach oben gerichteter Arm) und eine, die Sie sich vorstellen müssen – dieses Dreieck öffnet Sie dem Raum.

4. Welcher Aspekt Ihres Seins trägt die Stellung am stärksten? Ist es der körperliche (Muskeln und Knochen), Ihr Wille und Ihre Entschlossenheit (mentaler und emotionaler Aspekt) oder Ihr Atem und Ihre Vorstellungskraft (der spirituelle Aspekt)?

5. Setzen Sie Ihren Atem ein und weiten Sie Ihre Schulterblätter, verlängern Sie Ihre Wirbelsäule und kräftigen Sie Ihre Beine, als wollten Sie jedes Dreieck noch klarer abbilden. Wiederholen Sie diese Stellung noch zweimal. Wie fühlen Sie sich, wenn Sie Ihre Brust weiten? Wie verändert es Ihr Erleben der Stellung, wenn Sie Ihre bewusste Wahrnehmung auf das Herz richten? Beachten Sie, dass es Ihr Atem (der Träger Ihrer Lebenskraft) ist, der diese Stellung mit Leben erfüllt und entstehen lässt.

Spirituelle Bewusstheit erlangen

Kommen Sie aus der Haltung und notieren Sie sich dann, wie Sie sich dabei gefühlt haben. Hierin liegt die metaphysische Heilkraft dieser Stellung; ein Dreieck ist das Symbol eines dynamischen Gleichgewichts. Es veranschaulicht die Stabilität, die daraus gewonnen wird, wenn Sie sich die verschiedenen Aspekte Ihres Seins zu Bewusstsein führen. Diese Stellung hilft uns, die Regionen der Stabilität in unserem Geist-Körper zu erkennen, und vergegenwärtigt uns, dass Stabilität in allen Bereichen unseres Lebens die Weitung unseres Herzens fördert.

Denken Sie über folgende metaphysische Lektion nach: Diese Stellung zeigt, dass wir im Laufe unseres Lebens zwar vielleicht mit dem Kopf führen, unsere stärkste Kraft letztendlich jedoch aus dem Herzen kommt.

DREIZEHN
Schlaf: Ihre Lebenskraft wieder aufladen

Jetzt seh' ich das Geheimnis, wie die tüchtigsten Menschen gebildet werden: Dadurch, dass sie aufwachsen in freier Luft, essen und schlafen mit der Erde.
Walt Whitman

Schlaf ist ein häufig vergessener Segen, heißt es in alten ayurvedischen Schriften. Aus diesen Worten können wir schließen, dass es den Menschen bereits vor Jahrtausenden schwerfiel, rechtzeitig ins Bett zu kommen. Allem Anschein nach hat sich die Natur des Menschen im Laufe der Jahrtausende nicht verändert.

Wir wissen nicht, was die Menschen in früheren Jahrhunderten getan haben, wenn sie nachts wach lagen. In der heutigen Welt haben wir jedoch unzählige Verlockungen, die uns zu Arbeit oder Spiel verleiten. Künstliches Licht hält uns wie von Zauberhand in einer Welt der Aktivität gefangen. Durch den technischen Fortschritt stehen uns rund um die Uhr alle Möglichkeiten offen.

Eines hat sich im Laufe der Jahrhunderte allerdings nicht verändert: Unsere menschliche Physiologie. Nach wie vor steht sie im Einklang mit den Rhythmen der Natur. Unsere Physiologie beugt sich unserem unberechenbaren Verhalten nicht. Ihre Grundbedürfnisse sind dieselben geblieben. Schlaf ist seit jeher ein notwendiger Kraftquell für die Physiologie.

Wir können die Nacht zum Tage machen, aber dies hat einen hohen Preis. Schlaf ist ein Vermittler von Vitalität; sein Entzug geht uns sofort nach und ist eine Hauptursache der Depression.

Wer rastet, der rostet nicht

Verlockende Unterhaltungsangebote gibt es zuhauf, und wenn man einen vernünftigen Lebensstandard erreichen will, muss man Zeit und Energie in produktive Tätigkeiten stecken. Wahrscheinlich arbeiten Sie viel und haben auch Freude an Freizeitaktivitäten. Darüber hinaus bieten uns die Vielzahl moderner Kommunikationsgeräte und die Tatsache, dass wir ohne sonderlichen Aufwand von hier nach da reisen können, zahlreiche Möglichkeiten. Wenn wir das Leben in vollen Zügen genießen wollen, gilt der Schlaf oft als Zeiträuber.

Unsere moderne Kultur unterstützt die irrige Auffassung, wer rastet, der rostet. Es ist ganz normal, dass wir auf Schlaf verzichten, damit wir in unsere wache Zeit mehr hineinpacken können, aber ist es auch klug? Die vedischen Weisen glaubten das nicht, und die moderne wissenschaftliche Forschung bestätigt ihr Denken. Der Schlaf ist tatsächlich ein häufig vergessener und selten geschätzter Segen. Unser Geist-Körper erleidet zahllose Krankheiten, wenn wir eine Schlafschuld anhäufen. Eine leichte Depression kann ein Signal sein, dass es an der Zeit ist, aufzuwachen, der Realität ins Auge zu sehen und mehr zu schlafen. Mit einem Schub einer schweren Depression hingegen fordert unsere Physiologie ihr Recht ein.

Studien haben gezeigt, dass wir pro zwei Stunden wacher Zeit etwa eine Stunde schlafen sollten. Dies bedeutet, dass die meisten Menschen acht Stunden Nachtschlaf brauchen. Natürlich brauchen einige mehr und andere weniger. Wenn wir mehr Schlaf versäumen als wir brauchen, muss die angehäufte Schuld ausgeglichen werden, sonst bezahlen wir dafür. Wir sind zugleich Schuldner und Gläubiger unserer Schlafschuld. Wir haben von bestehenden Energiereserven geborgt, und die Auswirkungen der Schuld sind in unserem Körper gespeichert. Irgendwann wird unsere Physiologie zu einem zornigen und gnadenlosen Inkassobüro und verlangt die Zahlung. Zahlen wir nicht, werden die Zinsen durch eine Reihe physiologischer Krankheiten abgeschöpft – auch durch Depression.

Schlaf: Ihre Lebenskraft wieder aufladen

Der Preis, den wir bezahlen,
wenn wir nicht genug schlafen

Erfolg im Leben hängt von unserer Fähigkeit ab, wach und bewusst zu sein. Paradoxerweise erfordern sowohl Wachheit als auch Bewusstheit tiefen, erholsamen Schlaf. Dennoch haben alle Gesellschaften zu allen Zeiten nach künstlichen Möglichkeiten gesucht, das Gehirn auch ohne Schlaf im Wachzustand zu halten. Sigmund Freud zum Beispiel trat daher für die Verwendung von Kokain ein – das heißt, bis die schädlichen Folgen dieser Droge, unter anderem ihr Suchtpotenzial und ihre Tendenz, Psychosen auszulösen, sie in Misskredit brachten. Im Moment sanktioniert unsere Gesellschaft Koffein, damit wir aktiv bleiben. In extremen Fällen werden andere Stimulanzien verschrieben, um die Symptome von Patienten mit Schlafmangel zu unterdrücken.

Irrtümlich glaubt der Mensch, Schlaf sei ein Hindernis auf dem Weg zum Erfolg. In Wahrheit jedoch fordert Schlafverlust einen hohen Preis. Schlafmangel beeinträchtigt die berufliche Leistung und belastet den Geist. Er schadet Gedächtnis und Konzentration, verringert die Effizienz bei der Erfüllung alltäglicher Aufgaben und durchkreuzt unsere Problemlösungsfähigkeiten. Ohne geistige Energie ist die Kreativität blockiert. Körperliche Ermüdung wird in Gefühle übersetzt, die einen herabziehen. Ihr schlafloser Geist kapert Ihren Körper und Ihre Gefühle in unerwarteten Momenten. Guter und ausreichender Schlaf ist eine Voraussetzung für Erfolg in allen Lebensbereichen.

Schlaflosigkeit widersetzt sich dem Diktat von Mutter Natur. Wenn wir dem natürlichen Fluss der biologischen Welt zuwiderhandeln, bringen wir Ayurveda zufolge unser Wohlbefinden in Gefahr und die Doshas in unserer Physiologie ins Ungleichgewicht. Da die Doshas als übergeordnete Prinzipien die Funktionen des Geist-Körpers koordinieren, sind Störungen in den Doshas ein Vorbote übler Folgen. Nichts löst so zielsicher eine Depression aus wie ein physiologischer Zusammenbruch.

Mit den Augen der Erschöpften betrachtet, ist das Leben schal und kraftlos. Müde Menschen fühlen sich krank, instabil, träge und durcheinander. Das Hirn wird breiig. Bei unklarem Denken missverstehen wir, was wir hören, und missdeuten, was wir empfinden. Als Nächstes keifen wir andere an, treffen schlechte Entscheidungen und nicken an allen möglichen und unmöglichen Orten ein. Alle Aspekte des Lebens – Beziehungen, Kreativität, Produktivität, Freude – leiden. Einige unserer schlaflosen Freunde befürchten sogar, sie könnten unter Demenz leiden, wenn sie Wortfindungsstörungen haben oder zum dritten Mal am selben Tag nicht mehr wissen, wohin sie ihren Schlüssel gelegt haben. Wenn Sie darauf verzichten, Ihren Körper mit Schlaf wieder aufzuladen, dann geben Sie auch die Vitalität preis, die Sie benötigen, um das Leben genießen zu können.

Wenn Sie rasten, rosten Sie nicht und werden auch nicht depressiv. Wir sind überzeugt, dass Erschöpfung die wichtigste Depressionsursache ist. Ruhe ist ein äußerst wirksames Gegenmittel gegen Depression; sie beugt ihr vor und heilt sie.

Vom Nutzen des Schlafs

Während Ihre Augen geschlossen sind und das Bewusstsein Sie verlassen hat, erfüllt Ihr Körper eine unendliche Vielzahl von Aufgaben. Von der Zellebene bis zur feinstofflichen geistigen Welt können Sie im Schlaf Folgendes leisten:

Ihren Zellen ein Erfrischungsbad gönnen. Der Schlaf ermöglicht eine Veränderung der Stoffe, die alle Körperzellen umspülen, und fördert daher den Erneuerungsprozess. Ihre Hypophyse, die sich im Gehirn befindet, stellt eine chemische Verbindung her, die als Wachstumshormon bezeichnet wird. Bei Kindern fördert dieses Hormon Wachstum und Entwicklung; bei Erwachsenen erhält es die Vitalität, indem es Reparatur und Erneuerung von Geweben fördert. Bei Schlafmangel verweigern wir uns diese bereichernden Vorteile.

Ihre neuralen Netzwerke wiederaufbauen. Im Schlaf kann sich Ihr Gehirn entspannen und neue Gedanken schöpfen. Informationen werden im Langzeitgedächtnis gespeichert, und wenn Sie wach sind, können Sie besser auf diesen Teil des Gehirns zugreifen. Die Redewendung, „schlafe drüber, und am Morgen sieht die Sache ganz anders aus", beruht auf Tatsachen. Im Grunde werden neue Hirnmuster geschaffen.

Ihre Leibwächter stärken. Im Schlaf weist das Hirn den Körper an, sich zu heilen und zu reparieren, beschädigtes oder abgenutztes Gewebe zu erneuern und das chemische Gleichgewicht wiederherzustellen. Unser Immunsystem baut natürliche Killerzellen. Diese Zellen sind die „Soldaten" unseres Immunsystems, die allezeit bereitstehen, um Eindringlinge sofort zu bekämpfen.

Glänzend dastehen. Im Schlaf verwendet Ihre Physiologie den Großteil ihrer Energie auf die Reinigung Ihres Körpers. „Reinigungstrupps" sammeln und entsorgen Giftstoffe und zellulären Müll (*Ama*). Im Schlaf verbrennt Ihr Verdauungsfeuer das *Ama* in Ihrem System. Ohne *Ama* ist das Drama der Depression passé. Ungehindert durch Schlacken transportieren die Zulieferkanäle in Ihrem Körper Ihre Lebenskraft oder *Prana*.

Ihrem Geist Flügel verleihen. Schlaf schenkt die geistige Klarheit, die Sie brauchen, um Selbstbewusstheit zu entwickeln. Er verleiht Ihrem Denken Tiefe und befähigt Sie, den Gehalt der abstrakten Aspekte des Lebens, also das, was wir nur mit dem geistigen Auge sehen können, besser wertzuschätzen. Spiritualität wird durch eine gut ausgeruhte Physiologie verbessert.

Ein gebrochenes Herz heilen. Der Schlaf hat's gegeben, Schlafmangel hat's genommen. Schlafmangel erzeugt Krankheit. Ob Sie nun unter chronischem Schlafmangel leiden oder nur eine Nacht nicht schlafen konnten, die Wahrscheinlichkeit ist groß, dass Sie sich tagsüber benommen fühlen. Um wach zu bleiben, ist Ihr Körper gezwungen, ständig Ihr sympathisches Nervensystem zu aktivieren. Das ist in etwa so, als ob Sie selbst bei geparktem Auto den Fuß auf dem Gaspedal hätten und den Motor aufheulen ließen. Die Langzeitfolgen eines ständig auf Hochtouren laufenden Körpers sind folgende:

- Steigender Blutdruck. Ihre Blutgefäße verengen sich, und Ihr Herz ist gezwungen, stärker zu pumpen.
- Geschwächtes Immunsystem. Wenn Ihnen Schlaf fehlt, kann Ihr Immunsystem seine hochwirksamen Wächterzellen weder herstellen noch aktivieren.
- Erhöhter Stresshormonspiegel im Blut. Dies gilt insbesondere für das Cortisol, weshalb es Ihrem Körper so vorkommt, als befände

er sich ständig im Belagerungszustand. Ein erhöhtes Cortisol führt dazu, dass Sie leicht zunehmen, insbesondere um die Körpermitte herum, und die zusätzlichen Pfunde nur schwer wieder loswerden.
- Krankheits- und Müdigkeitsgefühl. Ihrem Körper fällt es schwer, sein Energieniveau zu regulieren, denn die Langzeitwirkung von Stresshormonen führt auf Zellebene dazu, dass die effiziente Umwandlung von Glukose in Energie behindert wird. Ihre Bauchspeicheldrüse steht unter physiologischem Stress, weil sie über ihre normale Leistungsfähigkeit hinaus arbeiten muss, um durch vermehrte Insulinausschüttung einen gesunden Blutzuckerspiegel aufrechtzuerhalten. Dies prädestiniert Sie für Diabetes und eine allgemein schlechte Gesundheit.
- Störung der elektrischen Impulse, die für das rhythmische Schlagen Ihres Herzens sorgen. Ein unregelmäßiger Herzschlag führt zu einer ineffizienten Pumpleistung.
- Gebrochenes Herz. Wenn Sie ständig auf Hochtouren laufen, führt dies zu den höchsten Risikofaktoren für eine Herzerkrankung: Erhöhter Blutdruck, Diabetes, Herzrhythmusstörungen und chronische Traurigkeit. Depression steht in einem engen Zusammenhang mit Herzerkrankungen.

Mit den Rhythmen der Natur in Einklang kommen

Unser Körper arbeitet am besten, wenn wir unserem genetisch programmierten Biorhythmus folgen. Laufen unsere Gewohnheiten der Programmierung durch die Natur jedoch zuwider, rebelliert irgendwann unsere Physiologie. Dann fühlt unser Körper sich an, als sei er unser Feind geworden: Er greift uns an, löst unzählige Probleme aus und verhindert, dass wir glücklich sein können.

Als Geschöpfe der Natur sind wir von Geburt an empfänglich für die Rhythmen der natürlichen Welt. Als Gewohnheitstier ist es unsere Aufgabe, unseren Lebensstil mit dem Fluss unserer inneren Programmierung in Einklang zu bringen. Die Chronobiologie, ein Zweig der modernen Medizin, besagt, dass unser Körper ein fein abgestimmtes Chronometer

Schlaf: Ihre Lebenskraft wieder aufladen

ist. Unsere Temperaturschwankungen, unsere Hormon- und Enzymproduktion sowie sämtliche neurologischen und hormonellen Funktionen folgen inneren Rhythmen, die häufig Naturkreisläufe nachahmen, etwa einen tagesperiodischen (Vierundzwanzigstunden-) Zyklus. Wir reagieren außerdem auf Mondzyklen (dreißig Tage), Sonnenzyklen (ein Jahr) sowie auf Ebbe und Flut der Gezeiten. Diese Zyklen haben starken Einfluss auf alle Aspekte unserer Körperfunktionen.

Die Vorstellungen der Chronobiologie wären für die vedischen Weisen nichts Neues. Das Grundprinzip des Ayurveda lautet seit jeher, dass die menschliche Physiologie ein Aspekt der natürlichen Welt ist. Unsere Gesundheit blüht auf, wenn wir uns von der natürlichen Programmierung unserer Physiologie führen lassen. Dies erreichen wir, wenn wir im Einklang mit den Kreisläufen der Natur leben und die Botschaften verstehen, die in den Doshas verschlüsselt sind.

Wie die Spruchweisheit sagt, hat ein Jegliches seine Zeit und alles Vorhaben unter dem Himmel seine Stunde. Wann wir uns aufs Ohr legen ist genauso wichtig wie die Dauer unseres Schlafs. Die Auffassung, dass acht Stunden Schlaf tagsüber für die Gesunderhaltung des Geist-Körpers genauso gut sind wie acht Stunden Nachtschlaf, ist irrig. Die Biochemie unseres Körpers spricht für eine Schlafenszeit von zweiundzwanzig bis sechs Uhr. In dieser Zeit bereitet unser Hormonzyklus unsere Physiologie auf den erholsamsten Schlaf vor. Benjamin Franklin hatte offensichtlich recht, wenn er riet: Früh zu Bett und früh wieder auf macht Menschen gesund, vermögend und schlau – und glücklich, würden wir gerne hinzufügen!

Der Körper ist so sehr darauf geeicht, ab zweiundzwanzig Uhr zu ruhen, dass diese Schlafenszeit oft als Gegenmittel gegen Schlaflosigkeit wirkt. Menschen, die unter Schlaflosigkeit leiden, ziehen aus dieser Information den größten Gewinn. Sie fürchten sich davor, früh zu Bett zu gehen, weil sie glauben, sie würden sich dann endlos hin und her wälzen. Tatsächlich aber trifft das Gegenteil zu.

Ayurveda und die westliche Wissenschaft sind sich einig, dass zweiundzwanzig Uhr die optimale Schlafenszeit ist. Um diese Zeit steigt das Hormon Melatonin in unserem Körper an und erreicht seinen höchsten Stand. Dieses Hormon bereitet uns darauf vor, uns zur Ruhe zu begeben.

Wenn wir um zweiundzwanzig Uhr schlafen gehen, erlauben wir uns, die Chance zu ergreifen, die unsere Biorhythmen uns bieten. Wir reiten diese biologische Welle und sorgen für die tiefe Ruhe, die die Erschöpfung vertreibt.

Depression und Schlaflosigkeit: Was war zuerst da, die Henne oder das Ei?

Wenn Sie depressiv sind, ist Ihr Schlaf dahin. Ebenso wissen wir, dass eine Schlafschuld als wesentlicher Faktor zu einer Depression beiträgt. Im Hinblick auf das gestörte Hirn (Ungleichgewichte bei den Neurotransmittern) lautet die Frage: Was war zuerst da, die Depression oder die Schlafschuld?

Eine Schlafschuld schädigt das Gehirn. Das Gehirn verfügt über stimulierende biochemische Stoffe, die es auf den Austausch mit der Welt vorbereiten. Wird entweder die Produktion oder das synergistische Zusammenwirken dieser neurochemischen Stoffe verändert, ist unsere emotionale Gesundheit in Gefahr. Wie ein Dirigent gibt der Schlaf den Ton für die Leistung der Gefühlsmoleküle vor.

Weil eine Schlafschuld Produktion und Aktivität der Botenstoffe im Gehirn beeinträchtigt, mindert sie unser emotionales Wohlbefinden. Wir verlieren unseren Optimismus. Unsere Begeisterung für das, was wir gerne mögen, wird zunichtegemacht. Unsere Resilienz wird ausgerechnet dann infrage gestellt, wenn wir sie am meisten brauchen. Wenn das Gleichgewicht zwischen Wachzeit und Schlafdauer gestört ist, schwindet unser Geist allmählich dahin. Es gibt durchaus gute Geister in der Flasche, aber es ist besser, wenn sie ihren Ursprung im Nachtschlaf haben.

Schlaf und Gefühle

Tief im Hirnstamm sitzt ein Nervenbündel, das besonders empfindlich auf die Rhythmen der Natur reagiert. Dieses Bündel wird als das retikuläre Aktivierungssystem (RAS) bezeichnet. Seine Nervenzellen erhalten vom suprachiasmatischen Nucleus (Nervenzellhaufen im Hypothalamus)

Informationen über Auslösereize in der Umwelt, wie zum Beispiel Licht. Von Natur aus wird der Schlaf-Wach-Rhythmus hier eingestellt. Wenn wir in die Auslösereize eingreifen, die Mutter Natur aussendet, streuen wir Sand ins Getriebe und stören damit unseren Schlaf und unsere Stimmung.

Aus dem RAS werden Informationen über Aktivitätsmuster an das übrige Hirn gesendet. Die Nervenzellen in diesem Bereich stehen auch in Wechselwirkung mit dem limbischen System, dem emotionalen Teil des Gehirns. Das limbische System verfügt über eine Konzentration von Neurotransmittern, die in Verbindung mit unserer Stimmung stehen: In erster Linie Noradrenalin, Dopamin, Acetylcholin und Serotonin. Die Hirnareale, die körperliche und emotionale Aktivität beeinflussen, sind also sehr eng miteinander verbunden, wahrscheinlich, weil die Fähigkeit, schnell auf eine Herausforderung zu reagieren, sowohl einen gut gerüsteten Körper als auch eine emotionale Motivation erfordert. Wenn wir im Einklang mit unseren tagesperiodischen Rhythmen stehen und einen guten Nachtschlaf bekommen, bereitet das RAS unser emotionales Gehirn fachgerecht auf den Tag vor. Die Flut an Noradrenalin und Dopamin, die sich in unseren Blutstrom ergießt, hebt unser Energieniveau und motiviert unseren Geist-Körper.

Der Schlaf beeinflusst die Stimmung. Körperliche, geistige und emotionale Aktivität löst die Ausschüttung biochemischer Stoffe aus den Nervenzellen aus und erschöpft dadurch die dem Körper zur Verfügung stehenden Ressourcen. Schlaf und die tiefe Ruhe, die manche Meditationstechniken vermitteln, füllen die Vorräte wieder auf. Ihr Körper spricht über körperliche und emotionale Botschaften mit Ihnen. Wie die Tankleuchte am Armaturenbrett des Autos, sind auch die Symptome, die mit Schlafmangel einhergehen, Warnsignale, dass Sie anhalten und auftanken oder aber die Folgen eines leeren Tanks tragen müssen. Die natürliche Intelligenz Ihres Körpers versucht, Ihnen etwas zu sagen: „Hilf mir entweder oder geh mir aus dem Weg!"

Da wir nun das Problem beschrieben haben, wollen wir über Lösungen sprechen.

Schlaftablette oder Schlummerkissen

Bisher hat noch jede Generation in der Menschheitsgeschichte versucht, eine Substanz auf Flaschen zu ziehen, die das Gehirn anregt. Es gibt alle möglichen Substanzen, die uns kurzfristig auf den Beinen halten. Dazu gehören Kokain, Koffein und verschreibungspflichtige Medikamente. Wir wollen die Kuh melken und schlachten, das heißt, wir wollen uns gut fühlen, aber uns nicht die Zeit für die Ruhe nehmen, die wir benötigen. Doch wie dem auch sei, wir können unser Gehirn nur dann vollständig mit Energie aufladen, wenn wir uns an das Rezept der Natur halten und dem Körper so viel Schlaf gönnen, wie er braucht. Tun wir dies nicht, haben wir wahrscheinlich bald einen Körper, der unter Schlafentzug leidet und schließlich einer Depression erliegt.

Nicht selten nehmen depressive Menschen ein Antidepressivum, um tagsüber in die Gänge zu kommen, und dann einen Tranquilizer oder eine Schlaftablette, damit sie abends zur Ruhe finden und nachts schlafen können. Da sie sich verzweifelt bemühen, tagsüber zu funktionieren und nachts die Energien wieder aufzuladen, ist dies verständlich. Allerdings wird damit die Regulierung des Schlaf-Wach-Zyklus an die synthetische Pharmakologie abgegeben, und wir wissen alle, dass dies unseren Bedürfnissen nicht gerecht wird. Wir alle spüren, dass in uns eine natürliche Intelligenz liegt, die nur darauf wartet, uns zu wecken und zur Ruhe zu betten. Es muss eine andere Möglichkeit geben!

Dr. William C. Dement ist der weltweit führende Experte für Schlaf und Schlafmangel sowie Diagnose und Behandlung von Schlafstörungen. Er ist der ehemalige Vorsitzende der *National Commission on Sleep Disorders Research* (Nationale Kommission zur Schlafstörungs-Forschung), und seine Arbeit führte unmittelbar zur Einrichtung einer neuen Behörde innerhalb der amerikanischen Staatlichen Gesundheitsämter, dem *National Center on Sleep Disorders Research* (Nationales Zentrum für Schlafstörungs-Forschung). In seinem Buch *Der Schlaf und unsere Gesundheit* schreibt Dement:

Bis jetzt ist die körpereigene natürliche Chemie die zuverlässigste und nachhaltigste Methode, das Gehirn auf Lebensfreude einzustellen. Ohne eine ausgeprägte Schlafschuld, die es bremst, ist das Gehirn praktisch eine Vitalitätsmaschine, die das erforderliche chemische Umfeld schafft, damit man die Herausforderungen des Lebens mit Schwung anpacken und meistern kann. Künstliche Stimulanzien mögen kurzfristig von Vorteil sein, um die Einstellungen der biologischen Uhr einzupegeln oder in Notfällen auszuhelfen. Doch bis zum Beweis des Gegenteils (der wohl nie erfolgen wird) ist gesunder Schlaf die beste Langzeitstrategie zur Anregung der Hirnaktivität und zur Stimmungsaufhellung.

Schlummern: Das natürliche Mittel für ein waches Hirn

Bei der Entscheidung zwischen Schlaftablette und Schlummerkissen sollten Sie Folgendes bedenken: Die Mehrzahl der antidepressiv wirkenden Präparate unterdrückt den REM-Schlaf, also die Schlafphase, in der wir träumen. Dies hat zahlreiche Folgen für den Körper.
Hirngesundheit und Regulierung der neurochemischen Botenstoffe hängen davon ab, dass die Physiologie alle Schlafphasen durchläuft. Der REM-Schlaf ist wesentlich für die Festigung des Gedächtnisses. Gedächtnisprobleme gehören zu den Hauptsymptomen des Schlafmangels. Deshalb sollten Schüler und Studenten vor einer Prüfung unbedingt ausreichend schlafen. Ohne Schlaf sinkt die Wahrscheinlichkeit, dass sie die Informationen, die sie beim Lernen so sorgfältig zusammengetragen haben, auch behalten können.
Zweck der Antidepressiva ist die Aktivierung der Hirnfunktionen. Im Grunde werden Sie dadurch aufgedreht, was wiederum die für den Schlaf erforderliche Entspannungsreaktion erschwert. Eine Veränderung der Schlafarchitektur – des Aufbaus oder der einzelnen Phasen des Schlafes – kann indirekt Schlafstörungen auslösen.

Ohne Schlaf ist alles nichts

Jeder Aspekt des menschlichen Lebens ist auf die Bewusstheit angewiesen, die wir ihm zukommen lassen. Je bewusster wir unsere Umgebung wahrnehmen, desto sicherer sind wir. Je bewusster wir unsere Gedanken und Gefühle wahrnehmen, desto besser gehen wir mit unseren Beziehungen um. Je bewusster wir unseren Körper wahrnehmen – seine Bedürfnisse und Reaktionen auf unsere Ernährungsgewohnheiten und unseren Lebensstil – desto gesünder sind wir.

Bewusstheit ist davon abhängig, dass die Physiologie gut funktioniert, wozu sie wiederum auf ausreichende Ruhe angewiesen ist. Schlaf hebt die Auswirkungen des täglichen Stresses auf. Schlaf ermöglicht Integration und Wachstum des Nervensystems. Mit tieferer Ruhe steigt die Leistungsfähigkeit.

Die schädlichen Auswirkungen einer Schlafschuld sind normalerweise nicht sofort spürbar. Daher lassen wir uns nur allzu leicht zu der Annahme verleiten, es mache nichts, wenn wir bis spät in die Nacht hinein arbeiten, es habe keine gesundheitlichen Auswirkungen – zumindest nicht auf lange Sicht. Doch weit gefehlt!

Schlaf ist ein natürlicher Prozess, der physiologischen Stress abbaut. Dadurch, dass er alle Aspekte von Körper, Geist und Seele wieder ins Gleichgewicht bringt, füllt der Schlaf unsere Vitalitätsspeicher auf. Schlaf hat Auswirkungen auf die Qualität unseres Bewusstseins und unsere Funktionsfähigkeit in der praktischen Welt. Er hat Auswirkungen darauf, wie bewusst uns die abstrakten Werte des Lebens sind. Deshalb ist Tiefschlaf wesentlich für die Vorbeugung und Behandlung von Depressionen.

Die Kombination aus Schlaf und Meditation ist das beste natürliche Antidepressivum. Schlaf ermöglicht die Integration des Nervensystems, und Meditation verstärkt diesen Prozess. Gemeinsam tragen beide zu einer umfassenderen Realitätswahrnehmung bei. Je besser wir zur Ruhe kommen, desto schärfer unsere Wahrnehmung.

Millionen Menschen haben Ein- oder Durchschlafschwierigkeiten. Für diese Probleme wissen die vedischen Weisen Rat.

Schlaf: Richtlinien von A bis Zzzzz

Wenn Sie ernsthaft vorhaben, Ihre Schlafschuld an Ihre Physiologie zurückzuzahlen, dann kann Ayurveda Ihnen helfen, die Qualität Ihrer Zahlungen zu maximieren. Ihr Schlaf verbessert sich, wenn Sie Ihr Nervensystem verwöhnen. Dies tun Sie durch die Beruhigung des Doshas, das den direktesten Einfluss auf unsere Nerven hat: Vata.

Häufig kommen die Menschen deshalb nicht zu ihrem benötigten Schlaf, weil sie ihn nicht als Priorität betrachten, wenn zugleich vieles andere auf ihnen lastet – von den Arbeitsvorbereitungen für den nächsten Tag bis zur Unterstützung der Kinder bei den Vorbereitungen für ihre morgigen Aufgaben. Wir möchten Ihre Belastung nicht noch vergrößern, indem wir Ihnen eine komplizierte Liste mit lauter Punkten an die Hand geben, wie man besser einschläft. Gehen Sie mit dem Schlaf einfach so um, als wären sie in ihn verliebt, schließlich will der Schlaf umworben und nicht erzwungen werden.

Ayurveda bietet praktische Richtlinien, wie Sie Ihrem Körper helfen können, sich auf den Schlaf vorzubereiten. Sie werden ganz bestimmt nicht alle umsetzen; greifen Sie einfach heraus, was Ihnen ins Auge fällt, und liebäugeln Sie damit. Wenn Sie das auswählen, was zu Ihnen passt, und kontinuierlich dabeibleiben, können Sie schon bald leichter ein- und besser durchschlafen.

Diese Empfehlungen sollen Ihnen helfen, die Schlafschuld zurückzuzahlen, die Ihre Physiologie eingegangen ist. Je nach Höhe Ihrer Schlafschuld müssen Sie diese Richtlinien ein paar Tage, eine Woche oder sogar Monate befolgen, bis es Ihnen besser geht. Betrachten Sie sie als Investition in Ihre körperliche, geistige und emotionale Gesundheit. Die Zeit, die Sie für die Begleichung Ihrer Schlafschuld aufwenden, zahlt sich aus, wenn Sie wieder mehr Vitalität und Lebensfreude erlangen.

Beständigkeit lohnt sich

- Halten Sie einen regelmäßigen Tagesablauf ein: Meditieren, essen und schlafen Sie jeden Tag etwa um dieselbe Zeit. Ihre Physiologie sehnt sich nach Regelmäßigkeit. Sie muss wissen, was sie zu

erwarten hat, und spricht besser auf die Struktur an, die Sie ihr geben.
- Machen Sie einen festen Termin mit sich aus, wann Sie im Bett sind (Licht aus so nahe an zweiundzwanzig Uhr wie möglich). Nehmen Sie sich fest vor, diesen Termin so oft wie irgend möglich einzuhalten, bis Sie Ihre Schlafschuld zurückgezahlt haben. Dies ist eine unschätzbare Investition in die Zukunft Ihrer Gesundheit.

Verbindlichkeit fruchtet
- Machen Sie es sich zur täglichen Gewohnheit, zu meditieren und Yoga-Stellungen auszuführen.
- Essen Sie so früh wie möglich zu Abend, denn damit sorgen Sie dafür, dass Ihre Nahrung angemessen verdaut wird. Machen Sie danach einen kurzen Spaziergang, um den Verdauungsprozess zu unterstützen. Sie können stattdessen aber auch eine leichte, flüssige Mahlzeit zu sich nehmen, zum Beispiel eine Suppe oder einen gesunden Smoothie.
- Beschäftigen Sie sich nach dem Abendessen möglichst nur noch mit leichten geistigen Tätigkeiten; meiden Sie Fernsehen, konzentrierte Arbeit, intensive Gespräche und eine übermäßig anregende Unterhaltung.

Verwöhnen Sie Ihre Sinne
Die Haut ist nicht bloß eine äußere Hülle. Sie ist das größte Organ Ihres Körpers. Dieses Organ übermittelt Informationen von der Außenwelt an Ihre Innenwelt. Sie hält nicht nur den Körper zusammen, sondern ermöglicht die integrierte Funktionsweise unseres Geist-Körpers, weil sie sehr eng mit Nerven-, Immun- und Hormonsystem verbunden ist.
- Die einfachste Methode zur Nervenberuhigung ist die Selbstölung. Dieses einfache Verfahren hat viele Vorteile. Eine Anleitung, wie Sie dabei vorgehen und inwiefern die Selbstölung Ihr Nervensystem beruhigt, finden Sie im nächsten Abschnitt. Die Selbstölung können Sie ein paar Wochen lang vor dem Schlafengehen durchführen, bis sich Ihr Schlaf verbessert.
- Pflegen Sie Ihre Nasenwege mit Öl, um für leichtes Atmen zu sor-

gen und den Geist zu beruhigen. Ihre Nasenwege sind eine Verbindung zum Gehirn. Dadurch, dass Sie ein paar Tropfen Öl in Ihre Nase träufeln, kuscheln Sie Ihr Hirn in den Schlaf. Kräuteröle zur Verwendung in der Nase erhalten Sie im Ayurveda-Fachhandel (siehe Quellenverzeichnis) und in ayurvedisch orientierten Apotheken. Suchen Sie mit den Begriffen *Anu thailam* oder *Nasya* nach einem Nasenöl, das Ihr Dosha-Ungleichgewicht korrigiert.
- Unterstützen Sie Ihr Gehirn mit Aromatherapie.
- Lullen Sie Ihren Geist mit Entspannungsmusik in den Schlaf.

Seien Sie sich selbst Ihr bester Bettgefährte
- Gestalten Sie das Schlafzimmer so, dass es zum Ausruhen und Einkuscheln einlädt.
- Machen Sie Ihr Bett so bequem und gemütlich wie möglich.
- Finden Sie heraus, welche Raumtemperatur Sie zum Einschlafen brauchen.

Bereiten Sie sich schon Stunden zuvor auf Ihr Rendezvous im Bett vor
- Optimieren Sie Ihre Verdauung.
  - Reduzieren Sie das Essen zwischen den Mahlzeiten auf ein Minimum.
  - Meiden Sie kalte oder gefrorene Nahrungsmittel und Speisereste.
  - Meiden Sie Fleisch oder minimieren Sie Ihren Fleischkonsum.
  - Trinken Sie nicht zu jedem Bissen einen Schluck Wasser.
  - Essen Sie nicht zu schnell und nicht zu langsam.

- Bringen Sie Pitta-Dosha ins Gleichgewicht.
  - Beschränken Sie stark gewürzte oder sehr fettige Speisen auf ein Minimum.
  - Sagen Sie Nein zu Alkohol.

- Bringen Sie Vata-Dosha ins Gleichgewicht.
  - Schlafen Sie tagsüber nicht.
  - Überprüfen Sie, welche Eindrücke auf Ihren Geist einwirken, indem Sie Ihre Umgebung ordentlich und sauber halten.

Öl: Königliche Behandlung für den Geist-Körper

Die uralten ayurvedischen Schriften besagen, dass der Prozess des *Abhyanga* oder der Ölmassage tiefgreifende gesundheitliche Vorteile hat. Ja, es heißt sogar, dass der Ausdruck „wie ein König behandelt werden" sich auf die Zeit bezieht, als die Maharajas (Hindu-Fürsten) regelmäßig von ihren Dienern ayurvedische Massagen erhielten. Auch Sie können Ihren Geist-Körper mit dieser königlichen sinnlichen Erfahrung verwöhnen, wohl wissend, dass es westlich-wissenschaftliche Beweise gibt, welche die Behauptungen der vedischen Weisen untermauern.

Das Einölen der Haut, das in alter Zeit offenbar eine Therapie erster Wahl war, verbessert die Fähigkeit, das Leben zu verdauen, denn es baut Kraft und Beweglichkeit auf, tonisiert das Nervensystem, stärkt die Abwehrkräfte, stellt hormonelles Gleichgewicht her und trägt zur Entgiftung der Physiologie bei. Da die Wurzeln der Depression oft auf eine kränkelnde Physiologie zurückzuführen sind, ist die regelmäßige Massage der Haut eine Möglichkeit zur Auflösung der Depression. *Abhyanga* ist daher eine Vermittlerin von Vitalität. Das *Charaka Samhita*, die maßgeblichste alte ayurvedische Schrift, sagt Folgendes über *Abhyanga*:

> Bei jemandem, dessen Kopf täglich mit Öl gesättigt wird, treten nie Kopfschmerzen auf, ebenso wenig Kahlköpfigkeit oder die Folgen von Altersschwäche; das Haar eines solchen Menschen fällt nicht aus. Insbesondere Kopf und Schädel eines solchen Menschen erlangen große Stärke. Durch das Salben des Kopfes mit Öl klärt man seine Sinne, und die Gesichtshaut wird gut; man findet leicht in den Schlaf und verspürt in jeder Hinsicht Leichtigkeit. Durch tägliches Auftragen von Öl auf die Ohren befreit man sich von allen Vata-bedingten Ohrbeschwerden,

Schiefhals, Kiefersperre, Schwerhörigkeit und Taubheit. Wie ein irdener Topf, der mit Öl gesättigt wird, wie ein Stück Leder, das damit eingerieben wird, oder wie die Achse eines Wagens oder Karrens durch das Auftragen eben jener Substanz stark und widerstandsfähig wird, so wird durch das Auftragen von Öl auch der Körper stark, die Haut verbessert sich, und alle Beschwerden aufgrund von Vata werden vertrieben. Durch diese Mittel wird der Körper außerdem fähig, Leibesübungen und Erschöpfung zu erdulden.

Die Haut ist nicht bloß eine körperliche Schranke. Sie ist das größte Entgiftungsorgan und spielt überdies eine wesentliche Rolle für die Funktion Ihres Immun- und Hormonsystems. Das Einölen des Körpers soll die Durchblutung von Kreislauf- und Lymphsystem fördern (worüber Ihr Körper Giftmüll entsorgt) und dadurch das Immunsystem stärken; auch Hormonrezeptoren werden angeregt. Weitere Vorteile des Einölens sind:

Beruhigung des Nervensystems. Wenn die Nerven beruhigt werden, tut dies dem Geist gut. Der Prozess des Einölens und Massierens der Haut verstärkt die Blutzirkulation an den Nervenenden. Dies erklärt seine beruhigende Wirkung. Eine Massage mit warmem Öl löst die Entspannungsreaktion aus, die mit der Aktivierung des parasympathischen Nervensystems verbunden wird. Unsere körperliche und geistige Ausdauer steigert sich, weil unsere Verdauungsfähigkeit verbessert und ein erholsamer Schlaf leichter erreicht wird.

Anregung des Hormonsystems. Ayurveda zufolge besteht ein Zusammenhang zwischen Depression, Alterungsprozess und Schrumpfung der Hormondrüsen. Optimale Gesunderhaltung erfordert, dass das Drüsensystem richtig arbeitet. Eine tägliche Massage steigert die Durchblutung der Drüsen und verzögert daher deren Abbau.

Tonisierung des Muskel- und Skelettsystems. Weil die Massage die Muskeln tonisiert und die Gelenke schmiert, wischt sie die täglichen Abnutzungseffekte weg, denen Muskeln und Gelenke ausgesetzt sind. Häufig verhindern Muskelschmerzen, dass wir zur Ruhe kommen können. Sie wirken sich negativ auf den Schlaf aus, entweder weil sie verhindern, dass der Körper in die Entspannung findet, oder weil sie diesen Prozess unterbrechen. Die Schmerzen des Körpers sind ein Echo der Seufzer des Geistes und können das seelische Leiden Depression oft noch verstärken.

Förderung der Entgiftung. Einölen fördert die Ausscheidung von Giftstoffen, weil es die Haut auf ihre Aufgabe vorbereitet. Einölen erleichtert die Ausscheidung von Giftstoffen sowohl auf der Zellebene als auch im Kreislaufsystem. Weil das Öl durch die Poren eintritt und bis in tiefe Hautschichten vordringt, werden beim Einölen Verunreinigungen und Giftstoffe gelöst. Einölen hebt die Depression auf, weil ein Körper voller Giftstoffe anfälliger für Depressionen ist, da die Giftstoffe den Energiefluss durch die Physiologie blockieren.

Sesamöl

Die Eigenschaften der für *Abhyanga* verwendeten Öle spielen bei der Verjüngung eine bedeutende Rolle. Betrachten wir zum Beispiel das Sesamöl.

Sesamöl enthält vierzig Prozent Linolsäure, eine flüssige, ungesättigte Fettsäure. Die chemische Struktur des Sesamöls bewirkt, dass es tief in die Haut eindringen kann. Linolsäure ist eine Omega-6-Fettsäure, die für Wachstum, Entwicklung und Pflege des Nervensystems essenziell ist. Linolsäure kann von der Haut gut aufgenommen und auf Zellebene integriert werden.

Sesamöl ist ein starkes Antikarzinogen: Laborstudien haben gezeigt, dass Sesamöl das Wachstum bösartiger Tumore auf der Haut und im Dickdarm hemmt. Sesamöl hat hohe antioxidative Kraft, und durch Erhitzen werden seine Eigenschaften noch verstärkt.

Sobald Sesamöl von der Haut aufgenommen wurde, schirmt es sie vor schädlicher UV-Strahlung ab und verbessert ihre Fähigkeit zur Vitamin-D-Produktion. Vitamin-D-Mangel kann eine depressive Verstimmung verstärken.

Ölmassage: So wird's gemacht

Es geht der Spruch, man brauche Geld, um zu Geld zu kommen. Ähnlich glauben wir, dass man Zeit braucht, um mehr Zeit zu haben. Die Zeit, die Sie in die Pflege Ihres Geist-Körpers investieren, führt dazu, dass Sie sich mehr als Herrin Ihres Lebens fühlen. Eine Ölmassage kann zwischen drei und zwanzig Minuten dauern, je nachdem wie viel Zeit Sie investieren können.

Finden Sie zunächst ein Öl, das zu Ihnen passt. Sesamöl eignet sich für die meisten Menschen. Es gleicht Vata, Pitta und Kapha aus und hat, wie bereits erwähnt, viele gesundheitsfördernde Eigenschaften. Das Öl muss gereift (langsam auf etwa 110°C erhitzt) und erwärmt werden, um seine Wirkung zu aktivieren. Achten Sie darauf, dass das Öl, das Sie verwenden, aus kontrolliert biologischem Anbau stammt und von höchster Qualität ist. Angesichts der wichtigen Funktionen der Haut als Organ lautet der ayurvedische Rat: Wenn Sie es nicht in den Mund nehmen würden, sollten Sie es auch nicht an Ihre Haut lassen.

Wenn Sie eine Brennende Depression haben und sich durch Sesamöl körperlich erhitzt oder emotional gereizt fühlen, greifen Sie zu einem kühlenden Öl, etwa Oliven- oder Mandelöl im Winter und Kokosöl im Sommer. Sie können auch Kräuteröle verwenden (siehe Rubrik Quellen im Anhang), die so formuliert sind, dass sie die Doshas ausgleichen.

Vorbereitende Schritte
1. Sie können eine Ganzkörpermassage mit etwa einem Viertelliter Öl durchführen. Am besten legen Sie ein großes Handtuch auf den Boden, damit Sie sich wegen des tropfenden Öls keine Gedanken machen müssen.
2. Verwenden Sie einen unzerbrechlichen Behälter, denn wenn Öl im Spiel ist, wird es schlüpfrig.
3. Legen Sie Einmaltücher oder dicke Papierhandtücher bereit, mit denen Sie überschüssiges Öl abwischen können.

Was tun
1. Erwärmen Sie das Massageöl. Geben Sie dazu Ihren Behälter in ein heißes Wasserbad und erwärmen Sie das Öl bis geringfügig über Körpertemperatur. Gießen Sie das Öl über Ihren Körper und beginnen Sie dabei mit dem Kopf. Ohren, Schädeldecke und Füße nicht vergessen. Seien Sie großzügig.
2. Massieren Sie Ihren Körper.
3. Wenden Sie auf empfindliche Bereiche wie Unterleib oder Herzregion nur leichten Druck an. Verwenden Sie mehr Öl und mehr Zeit auf Stellen, an denen viele Nervenenden zusammenkommen: Fußsohlen, Handflächen, Kopf und Ohren.
4. Massieren Sie über den Gelenken in kreisenden Bewegungen und an Armen und Beinen in geraden Streichbewegungen. Massieren Sie den Unterleib mit kreisenden Bewegungen im Uhrzeigersinn (so bewegt sich auch der Dickdarm). Massieren Sie den Oberkörper in Richtung des Herzens.
5. Lassen Sie das Öl fünf bis zehn Minuten einziehen. Wischen Sie danach das überschüssige Öl mit den Einmaltüchern oder Papierhandtüchern ab.
6. Duschen Sie. Feuchten Sie den Kopf *nicht* an, bevor Sie das Shampoo auftragen. Wenn Sie das Shampoo zuerst auftragen, wird das Öl aus Ihrem Haar entfernt. Verwenden Sie ein mildes Duschmittel, damit das Öl nicht von der Haut gewaschen wird.
7. Führen Sie Ölmassage und Dusche etwa eine Stunde vor dem Zubettgehen durch. Sie werden traumhaft schlafen.

Schlaf-Serenade: Wie man bis zum Sonnenaufgang durchschläft

Selbstölung

Führen Sie die Ölmassage mindestens drei Wochen lang täglich durch, um festzustellen, wie sie sich auf Ihren Schlaf und die Einstellung Ihres Biorhythmus' auswirkt. Nehmen Sie anschließend ein warmes Bad oder eine Dusche. Wenn das abendliche Bad für Sie zu schwierig oder zu anregend ist, dann begrenzen Sie Ihre Massage auf Kopf und Fußsohlen. Streichen Sie mehrere Minuten lang mit der flachen Hand über Ihre Fußsohlen, vor und zurück. Waschen Sie das überschüssige Öl entweder ab oder tragen Sie alte Socken, um Ölflecken im Bett zu verhindern. (Wenn es doch einmal passiert, können Sie Ölflecken im Bettlaken vor der Wäsche mit Essig und Waschmittel vorbehandeln.)

Brauen Sie einen Schlaftrunk

Kochen Sie nach der Ölmassage einen Viertelliter Milch mit einem Viertel Teelöffel Muskat und zwei Prisen Kardamom auf. Wenn Sie keine Kuhmilch vertragen, verwenden Sie Ziegenmilch oder trinken Sie stattdessen einen Achtelliter Kamillen-, Lavendel- oder Hagebuttentee.

Trinken Sie Ihre Milch oder Ihren Tee in kleinen Schlucken und hören Sie dabei zehn Minuten lang beruhigende klassische Musik.

Versuchen Sie es mit Aromatherapie

Stellen Sie eine Untertasse mit warmem Wasser neben Ihr Bett und geben Sie drei bis fünf Tropfen eines ätherischen Öls hinein (siehe Kasten Aromatherapie: dufte Wirkung auf Seite 253). Probieren Sie verschiedene Düfte aus, bis Sie einen gefunden haben, der Ihnen ein Gefühl der Ruhe vermittelt, wie zum Beispiel Lavendel, Sandelholz, Jasmin oder Rose.

Nehmen Sie einen Mitternachtsimbiss zu sich

Stellen Sie ein halbes Glas Milch oder eine reife Birne neben Ihr Bett. Wenn Sie nachts aufwachen und nach zehn Minuten noch nicht wieder eingeschlafen sind, dann nehmen Sie diesen Imbiss zu sich. Dadurch wird Vata-Dosha beruhigt und Pitta-Dosha gekühlt.

Aromatherapie: Dufte Wirkung

Die Nase ist ein offenes Tor zum Gehirn. Wenn Aromamoleküle auf die Riechschleimhaut in der Nase treffen, übermitteln sie dem Nervensystem blitzschnell eine Botschaft. Riechreize wirken auf das limbische System – ein wichtiges Zentrum für die Bildung und Verarbeitung von Gefühlen, für das Lernen und die Speicherung von Erinnerungen. Sinnesmeldungen, die über die sogenannten Riechkolben im Gehirn an das limbische System weitergegeben werden, rufen im Allgemeinen eine instinktive emotionale und häufig auch eine sofortige körperliche Reaktion hervor. Aus diesem Grund lernen wir in sehr früher Kindheit, uns auf unseren Geruchssinn zu verlassen, um uns in unserem Umfeld zurechtzufinden. Düfte tragen subtile und doch starke Botschaften in sich, die den Zustand von Vata, Pitta und Kapha beeinflussen.

Duftmischungen zum Ausgleich von Vata enthalten im Allgemeinen süße, wärmende Öle wie Jasmin und Lavendel, die Geist und Gefühle beruhigen und erdend auf den Geist-Körper wirken. Wenn man außerdem eine halbe Tasse Bittersalz und eine Handvoll Backpulver ins Badewasser gibt, kann dies Schmerzen lindern. Das Salz hat erwärmende Eigenschaften, welche Vata-Dosha ausgleichen, und das Backpulver trägt zum Abbau des Laktatstaus in der Muskulatur bei.

Pitta-ausgleichende Mischungen beruhigen durch die kühlende, besänftigende Energie von ätherischen Ölen wie Rose und Sandelholz. Sie können diese Öle ins lauwarme Badewasser geben, um überschüssige körperliche und emotionale Hitze aus dem Körper abzuleiten. Geben Sie für eine besonders beruhigende Wirkung außerdem einen Achtelliter fettfreie und einen Achtelliter vollfette Kondensmilch hinzu. Milch wirkt ausgleichend auf Pitta-Dosha.

Mischungen zum Ausgleich von Kapha sind im Allgemeinen warme, würzige und anregende Düfte. Sie können intensiv duftende Öle wie Eukalyptus, Kampfer, Zeder, Rosmarin und Nelken enthalten. Sie können diese Öle Ihrem Duschgel beimischen (verwenden Sie sechs bis zehn Tropfen pro hundert Milliliter duftfreies Duschgel). Ein Tropfen

> Eukalyptus im heißen Wasser eines Inhalators oder in einem Raumbedufter befreit verstopfte Nebenhöhlen und Bronchien.

Luftige Depression: Der Wind, der den Schlaf fortbläst

Arials Körper war erschöpft – schon allein vom allnächtlichen Hin- und Herwälzen war er fast zu müde. Allmählich hatte Arial Angst vor dem Schlafengehen. Wenn sie an jedem neuen Arbeitstag nach nur wenigen Stunden Schlaf die Sonne aufgehen sah, fühlte sie sich noch stärker überfordert.

Arial kam sich vor, als hätte sie einen Ventilator in sich, der Konfetti herumblies. Sie war am Rande Ihrer Kräfte, ängstlich und voller Befürchtungen, was hinter der nächsten Ecke auf sie lauern könnte. Ein Gedanke jagte den anderen, und es war schwierig, sie loszulassen. Zuflucht vor ihrer Angst fand sie in ständiger Bewegung und Beschäftigung. Es fiel Ihr schwer, Ihren Körper zur Ruhe kommen zu lassen.

Arial fühlte sich nicht nur dauerhaft erschöpft, sie war auch häufig krank. Sie war es definitiv leid, ständig krank und müde zu sein. In den letzten sechs Monaten hatte sie mehrere Erkältungen und häufige Verdauungsbeschwerden gehabt.

Arial war innerlich so aufgedreht, dass es ihr schwerfiel, zur Ruhe zu kommen. Damit ist sie nicht allein: Eine neuere Studie hat gezeigt, dass in den Vereinigten Staaten ein Drittel aller Eltern und zwei Drittel der älteren Menschen Einschlafschwierigkeiten haben, was zu Depressionen, Ängsten und einer schlechteren Immunabwehr beiträgt. (Laut einer Erhebung des Robert-Koch-Instituts aus dem Jahr 2011 leiden in Deutschland knapp fünfzehn Prozent der Männer und fünfundzwanzig Prozent der Frauen zwischen dreißig und neununddreißig Jahren unter Schlafstörungen. Am stärksten betroffen sind Männer zwischen siebzig und neunundsiebzig Jahren [fünfunddreißig Prozent] sowie Frauen zwischen sechzig und neunundsechzig Jahren [dreiundvierzig Prozent].[1]

---

1 Anm. d. Ü.: Quelle: https://de.statista.com/statistik/daten/studie/245503/umfrage/bevoelkerungsanteil-mit-schlafstoerungen-in-deutschland-nach-alter-und-geschlecht/

Einschlafschwierigkeiten werden normalerweise durch ein Ungleichgewicht im Vata-Dosha ausgelöst. Sie deuten insbesondere auf ein Problem im Vata-Aspekt hin, der mit dem Gehirn zusammenhängt. Ein Ungleichgewicht in diesem Dosha löst einen mentalen Wirbelwind aus, der wiederum dem Gehirn sämtliche Nahrung entzieht. In westlichen Begriffen gesprochen, sorgt es für einen Mangel an Botenstoffen.

Dieses Problem musste unbedingt zweckmäßig angegangen werden, daher empfahlen wir Arial ein pflanzliches Präparat gegen ihre Schlaflosigkeit. Das ideale Präparat enthält Kräuter wie indischen Baldrian, Jatamansi (indische Narde) und Ashwagandha (Schlafbeere; siehe Rubrik Quellen im Anhang). Diese Kräuter wirken zusammen ausgleichend, stärkend und beruhigend auf Geist, Sinne und Nervensystem. Sie verbesserten Arials Schlafqualität, so dass ihre Physiologie den aus ihrer Schlafschuld resultierenden Schaden beheben konnte. Aber sie stärkten nicht nur die Abwehrkräfte und behoben die aufgrund der Schlafschuld entstandenen Schäden, sondern sie verbesserten auch die koordinierte Arbeitsweise von Herz und Geist. Die bessere Integration von Gefühl (Herz) und Denken (Geist) vermittelte Arial mehr Wohlbefinden und Zufriedenheit. Um die Schlaflosigkeit dauerhaft zu beheben, musste sie allerdings unbedingt ihre Lebensweise anpassen.

Für Arial bestand die wichtigste therapeutische Intervention im Verzicht auf Substanzen, welche die Gedanken zum Rasen bringen und den Körper anregen, wie zum Beispiel koffeinhaltige Getränke. Als Gewohnheitstier (wie wir alle) war sie fest darauf eingestellt, den Tag mit Kaffee zu beginnen, und freute sich auf ihre Limonade am Nachmittag.

Eine bestmögliche Erhöhung Ihrer Schlafqualität – so dass sie sozusagen die Welle der Natur erwischen und reiten konnte – hieß für Arial, dass sie um zweiundzwanzig Uhr im Bett und schlafbereit sein musste. Wir rieten ihr, sie solle keinesfalls versuchen, aktiv einzuschlafen. Stattdessen empfahlen wir ihr, die Aufmerksamkeit auf ihren Atem zu lenken. Die allgemeine Regel lautet: Den Schlaf kommen lassen und ihm nicht nachjagen.

Arial braucht Regelmäßigkeit in ihrem Tagesablauf. Sie hatte sich daran gewöhnt, schnell zwischendurch etwas zu essen und zu schlafen, wann sie eben konnte. Ihr Körper muss sich aber durch Hinweise aus der Umgebung auf die Schlafenszeit einstellen können. Wir rieten ihr, das Schlafzimmer abzudunkeln. Dunkelheit ist wichtig für die Produktion des Hormons Melatonin, das den Körper auf den Schlaf vorbereitet. Um alle starken Lichtquellen weitestgehend zu reduzieren, bestärkten wir sie darin, zwei Stunden vor ihrer vorgesehenen Schlafenszeit nicht mehr zu lesen, am Computer zu arbeiten oder fernzusehen.

Warme, schwere Gerichte wie Suppen und Eintöpfe gleichen Vata-Dosha aus. Sie sind wahre Nervennahrung. Wir baten Arial, vorwiegend süße, saure und salzige Geschmacksrichtungen zu wählen. Ob Sie es glauben oder nicht – mit der Zeit gab ihr ein süßer Fruchtsaft statt eines koffeinhaltigen Getränks den nachmittäglichen Energieschub. Darüber hinaus rieten wir Arial zu Gewürzen, die Wärme in den Körper bringen. Muskat oder Zimt in heißer Milch am Abend sind ein köstlicher Tagesausklang.

Erholsame Yoga-Stellungen, Meditation und beruhigende Atemübungen halfen Arial ebenfalls sehr, in den Schlaf zu finden.

Brennende Depression: Wach, aber nicht ausgeschlafen

Nach einem langen Arbeitstag entspannte sich Barbara während der Zubereitung des Abendessens mit ein paar Gläsern Wein. Den Rest des Abends verbrachte sie mit abschließenden Arbeiten und ging dann gegen Mitternacht zu Bett. Sie war erschöpft, daher schlief sie schnell ein. Doch nach wenigen Stunden sprang ihr Gehirn plötzlich wieder an. Beim Blick auf den Wecker stellte sie erstaunt fest, dass es wieder einmal so weit war: Um drei Uhr morgens war sie hellwach und aufgedreht, aber nicht ausgeschlafen.

Tagsüber stand Barbara unter starkem mentalen Druck. Ihr innerer Konflikt rührte daher, dass sie einen ausgeprägten Erfolgsdrang hatte, sich zugleich aber ausgebremst fühlte. Reizbarkeit und Frustration nagten unterschwellig ständig an ihr. Diese Gefühle nahmen in ihrem Verhalten

Gestalt an. Durch ihren Umgang mit anderen – in dem ihr inneres Empfinden zum Ausdruck kam – untergrub sie aktiv ihre persönlichen Beziehungen. Diese beschädigten Beziehungen verstärkten dann wiederum ihren depressiven Zustand.

Migräne-Attacken zwangen sie mindestens ein- bis zweimal im Monat, vorzeitig nach Hause zu gehen. Auch dermatologische Probleme wurde sie nicht los. Barbaras Erwachsenenakne, die offenbar mit zunehmender Regelmäßigkeit aufflammte, war ihr äußerst peinlich. Ihr fiel auf, dass sie anscheinend durch Stress gerade zu den unpassendsten Zeiten ausbrach. Bei verkürztem Schlaf verschlimmerten sich diese Symptome noch.

Durchschlafschwierigkeiten sind oft die Folge eines Ungleichgewichts in Vata- und Pitta-Dosha. Wenn wir sehr intensiv leben, bauen wir nach und nach einen Energiestau auf, der sich als mentaler Druck manifestiert. Dieser mentale Druck bedrängt den Geist-Körper wie eine Welle, die gegen Damm-Mauern anbrandet. Der geistige Wall, der uns hat schlafen lassen, wird in den frühen Morgenstunden dünner und ist dann weniger stark befestigt. Jetzt kann die mentale Druckwelle durchbrechen und uns aufwecken. Der Geist wacht auf, aber der Körper ist immer noch schwer vor Müdigkeit und kommt nicht in die Gänge.

Ein möglichst weitgehender Verzicht auf Koffein und andere Stimulanzien war ausschlaggebend, damit Barbaras Schlafprobleme behoben werden konnten. Die Halbwertszeit von Koffein beträgt etwa sechs Stunden. Dies bedeutet, dass der Konsum von Koffein am Morgen sogar noch am Abend Folgen für Sie haben und sich negativ auf Ihre Schlafqualität auswirken kann. Wir machten Barbara außerdem auf versteckte Koffeinquellen wie etwa Schokolade aufmerksam, die sie nachmittags am liebsten aß.

Der Alkohol, den Barbara allabendlich trank, war Gift für ihr Nervensystem und ihr Gehirn. Alkohol beruhigt die Physiologie ein bis zwei Stunden lang, weil er die Hirnfunktion unterdrückt. Die Unterdrückung der normalen Hirnleistung führt jedoch zu einer Rückwelle geistiger Hyperaktivität. Dieser übermäßige Wiederanstieg der Aktivität holte Barbara aus dem Schlummer, machte ihren Geist schlagartig wach, konnte ihren Körper aber nicht aus dem Schlaf rütteln.

Wir rieten Barbara, nicht zu viel Sport zu treiben. Studien haben gezeigt, dass zwanzig Minuten Sport am Tag optimal für den Erhalt der Gesundheit sind. Sport regt das sympathische Nervensystem an. Schließlich weiß Ihr Körper nicht, dass Sie aus gesundheitlichen Gründen Sport machen (er glaubt vielmehr, dass Sie womöglich vor einem Bären weglaufen!). Die durch den Sport ausgelöste Stressreaktion vermittelt uns einen geistigen und körperlichen Energieschub. Wenn es ums Einschlafen geht, kann dieser Effekt allerdings kontraproduktiv sein.

Deshalb empfahlen wir Barbara, morgens Sport zu treiben. Wenn wir unsere Physiologie spätabends noch einmal aufdrehen, bringen wir damit unseren tagesperiodischen Biorhythmus aus dem Gleichgewicht. Sport am Morgen reguliert die Produktion von Hormonen und neurochemischen Botenstoffen effektiv. Er bereitet den Boden, damit unsere Physiologie den ganzen weiteren Tag über optimal arbeiten kann.

Außerdem rieten wir Barbara, ihre Hauptmahlzeit am Mittag einzunehmen und ihr Abendessen kleiner und leichter zu gestalten. Zusätzlich verlegte sie ihre Abendessenszeit von einundzwanzig Uhr auf neunzehn Uhr. Spätabends zu essen, ist kontraproduktiv. Nahrung lädt unsere Physiologie mit Energie auf, und ein aktives Verdauungssystem kommt der Fähigkeit, zu entspannen und in den Schlaf zu finden, in die Quere.

Schließlich musste Barbara ihre emotionalen Reaktionen auf intensive Erlebnisse erheblich reduzieren. Dies gelang ihr dadurch, dass sie beobachtete, wie sie im Laufe des Tages körperlich auf Ereignisse reagierte. Es ist ganz normal, dass wir flacher atmen, wenn wir uns auf geistige Arbeit konzentrieren; für sie war es daher wichtig, dass sie bewusst darauf achtete, regelmäßig tief durchzuatmen. Wenn sich Spannungen aufbauten, legte sie außerdem eine kurze Pause ein und streckte sich. Ein täglicher Spaziergang wurde zum festen Bestandteil von Barbaras Mittagspause.

Erdige Depression: Wenn Schlaf des Guten zu viel wird

Mit einem lauten Rasseln katapultierte der Wecker Ed ins Bewusstsein. Er schlug die Augen auf und ihm war, als fiele er. Er dachte an seine Depression und spürte, wie sie ihre Fangarme nach ihm ausstreckte, um ihn zu erwürgen. Er hörte, wie Janice die Haustür schloss und sich zu ihrem Morgenspaziergang aufmachte. Ed drehte sich um, ließ seinen Kopf tiefer ins Kissen sinken und beschloss, dass er es einfach noch nicht konnte: Er konnte sich dem neuen Tag noch nicht stellen – vielleicht ein bisschen später. Etwa um zehn Uhr morgens wachte er wieder auf und hörte, wie Janice ihn anflehte, doch endlich aus den Federn zu steigen.

Aus den Federn kam er wohl, aber nur mit mattem Geist und schweren Herzens. Ed wuchtete seinen Körper aus dem Bett. Den restlichen Vormittag über hockte er zu Hause, blies Trübsal und wartete darauf, dass irgendetwas sein Interesse wecken würde. Bis zum Mittag hatte er aufgegeben. Die Traurigkeit war überwältigend. Trost fand er schließlich durch die Gesellschaft des Fernsehers. Er zog sich aufs Sofa zurück, wo er immer wieder einnickte.

Als Nächstes bekam er mit, dass Janice ihn anstieß und zum Abendessen rief. Vier Stunden waren vergangen. Zerschlagen und voller Schamgefühle wachte er auf. Am liebsten wäre er sofort wieder eingeschlafen.

Er half Janice mit dem Abwasch und setzte sich dann, um ein Buch zu lesen, konnte sich aber nicht konzentrieren. Das Essen lag ihm wie ein Stein im Magen. Er trank eine Tasse Kaffee, in der Hoffnung, sie würde ihm helfen, seine Mahlzeit besser zu verdauen. Er wusste, dass ein Spaziergang ihm guttun würde, aber er hatte einfach nicht die Energie dazu. Der Fernseher winkte, und er konnte der Versuchung nicht widerstehen, sich wieder hinzulegen.

Eine Stunde später wachte er auf. Er fühlte sich ein bisschen munter, und jetzt liefen ein paar gute Filme im Fernsehen. Als Janice ins Wohnzimmer kam, um Gute Nacht zu sagen, erwiderte er „ich komme gleich nach". Etwa um Mitternacht packte Ed der kleine Hunger. Er aß ein paar Reste und begab sich dann mit einem Becher Eiscreme wieder aufs Sofa. Über das Eis machte er sich her, während er Wiederholungen anschaute, und ehe er sich's versah, war es aufgegessen. Weil er den eklig-süßen Geschmack, den er nicht aus dem Mund bekam, widerlich fand, ging er noch einmal in die Küche und holte eine Tüte Kartoffelchips.

Etwa um zwei Uhr morgens quälte Ed sich die Treppen hinauf ins Bett. Eine Stunde lang lag er wach und fühlte sich schrecklich und ekelte sich vor sich selbst. Er hatte es schon wieder gemacht.

Letzten Endes lautete das Ziel, Eds bestehenden Tagesablauf durch einen anderen zu ersetzen. Dies erfordert sehr viel Motivation, die er jedoch im Moment nicht hat. Ed muss sich zunächst körperlich leichter fühlen, bevor er die notwendigen Veränderungen anpacken kann.

Damit wir ihm helfen konnten, mussten wir uns mit seinem momentanen Gemütszustand verbinden. Zwar könnte man glauben, dass ihm ein Tritt in den Hintern guttäte, doch Ed brauchte dringend Zuwendung. Darauf würde er ansprechen. Statt Ablehnung und Einschränkung brauchte er Interventionen, die ihm Akzeptanz und erweiterte Möglichkeiten boten. Er war motiviert, sich an die ayurvedischen Empfehlungen zu halten, weil sie leicht zu befolgen waren, aber wichtiger noch, weil sie ihm Trost spendeten.

Die Depression war nicht bloß in Eds Kopf. An der Wurzel seines Problems finden wir eine Physiologie voller Schlacken oder *Ama*. Sein Schlafproblem und seine depressive Verstimmung wurden durch diese Anhäufung von Giftstoffen noch verstärkt. Ed steckte in einem Teufelskreis: Sein Verhalten erzeugte *Ama*, und das *Ama* verstärkte sein Gefühl der Depression sowie seine ungesunden Verhaltensmuster. Zu Eds Glück wird durch den Abbau seines vorhandenen körperlichen *Amas* auch sein mentales und emotionales *Ama* verringert.

Übermäßiger Schlaf deutet auf ein Ungleichgewicht im Kapha-Dosha. Eine Umkehr von Eds Schlafmuster ist der Schlüssel zur Auflösung der Erdigen Depression, in der er steckt. Wenn und solange dies nicht erreicht wird, bleibt die Schwere in seinem Herzen bestehen.

Ed begann eine Kur zum Abbau von *Ama*. Gleich nach dem morgendlichen Aufwachen machte er Atemübungen, die sein sympathisches Nervensystem aktivierten und dadurch seinen Stoffwechsel anregten. Diese Übungen (siehe Kapitel Zehn) bliesen die Spinnweben in seinem Kopf fort. Wenn er seine Lungen füllte und so seinen Zellen sauerstoffgesättigtes Blut zuführte, ging es ihm gut. Außer den Atemübungen weckte etwas ganz Einfaches seinen Geist: Er öffnete das Fenster, damit er frische Luft einatmen konnte. Er war motiviert, dies tatsächlich umzusetzen, weil er sofort den Lohn dafür erntete.

Ed begriff allmählich, dass seine Nahrungsmittelwahl eine Reaktion auf ein Ungleichgewicht im Kapha-Dosha war. Wir schlugen ihm vor, den ganzen Tag über einen *Ama* ausleitenden Tee (siehe Kapitel Vierzehn) zu trinken. Allein stilles heißes Wasser zu trinken, hat positive physiologische Auswirkungen zum Abbau von Ama, weil es den Körper dazu bringt, sich auf die Verdauung vorzubereiten. Befindet sich keine Nahrung im Verdauungstrakt, fängt das Verdauungsfeuer an, das im Körper vorhandene *Ama* abzubauen. Gewürze wie Ingwer, Kreuzkümmel, Koriander und Fenchel verstärken diese Vorgänge. Ohne große Mühen konnten Eds Gelüste beseitigt werden.

Ed kam sich schmuddelig vor. Durch Garshan, eine ayurvedische Trockenmassage, fühlte er sich porentief rein. Seine Haut war nach dieser Massage leicht und prickelte, als sei eine Lage Schlacken von seinem Körper abgetragen worden. Garshan (siehe Kasten „Garshan: Die prickelnde Massage, die die Depression wegrubbelt" regt die Durchblutung aller Körperteile an. Sie verbessert den Stoffwechsel und erleichtert damit den Abbau von *Ama*. Nach dem Garshan sollte Ed eine Ölmassage mit belebenden Kräuterölen durchführen.

Sowie seine Physiologie leichter wurde, konnte Ed die Schläfchen am Tag aufgeben. Mehrere Wochen lang arbeitete er daran, wieder in Einklang mit seinem natürlichen Biorhythmus zu kommen. Zunächst verlegte er seine Schlafenszeit alle paar Tage eine halbe Stunde nach vorne. Schließlich suchte er sich eine ehrenamtliche Tätigkeit. Für diese musste er den ganzen Tag auf den Beinen sein, womit das Ende seiner Tage auf dem Sofa besiegelt war.

Garshan: Die prickelnde Massage, die die Depression wegrubbelt

Garshan vermittelt der Physiologie Leichtigkeit und sollte zu jeder Kur zum Abbau von *Ama* dazugehören. Garshan dauert nur ein paar Minuten und sollte vor dem Einölen des Körpers durchgeführt werden. Garshan hilft, Unreinheiten zu beseitigen; daher fördert sie die Gewichtsabnahme und trägt zur Reduzierung von Cellulite bei – ein weiteres gutes Verkaufsargument. Diese Massage lädt den Körper mit Energie auf und rüstet Sie für den Tag. Garshan wird am besten mit einem Paar Handschuhe aus Rohseide durchgeführt (aber auch ein Luffa-Schwamm oder eine Hautbürste sind geeignet).

So geht's:

- Streifen Sie ein Paar Seidenhandschuhe über.
- Massieren Sie zuerst den Kopf. Gehen Sie über zum Nacken und zum Schulterbereich.
- Massieren Sie den Körper mit energischen Streichbewegungen. Führen Sie über den langen Körperknochen lange Streichbewegungen aus, und massieren Sie über den Gelenken kreisförmig.
- Massieren Sie den Brustbereich mit langen horizontalen Strichen, sparen Sie aber die Region direkt über dem Herzen und die Brustwarzen aus.
- Streichen Sie zweimal horizontal und zweimal diagonal über die Bauchregion.
- In Bereichen mit einer hohen Konzentration von Fettgewebe können Sie gerne kräftiger und länger massieren als nötig.

Schlaf verspricht Glück und Gesundheit

Wegen der gesundheitlichen Vorteile denken wir in unserem Streben nach Wohlbefinden und Wohlstand in erster Linie an Sport und Ernährung. Gerne greifen wir zu Nahrungsergänzungsmitteln, die uns Energie geben sollen, damit wir wach und produktiv sein können. Doch die wichtigste Zutat, die „Aktivität", die uns bei allen unseren Unternehmungen Erfolg garantiert, ist zugleich die erste, die wir uns vorenthalten: Schlaf. Schätzungen zufolge gehen die Produktivitätsverluste aufgrund unzureichenden Schlafs in die Milliarden. Wenn Sie sich das nächste Mal etwas Schlaf abzwacken wollen, um mehr Zeit für Sport zu haben, oder wenn Sie drauf und dran sind, Ihrer Gesundheit zuliebe zu einem Nahrungsergänzungsmittel zu greifen, dann denken Sie bitte an Folgendes:

Im Rahmen einer amerikanischen Studie über Gewohnheiten, die mit guter Gesundheit verbunden werden, wurden die Teilnehmer zu ihren Bewegungs-, Ernährungs-, Rauch-, Schlaf- und anderen gesundheitlich relevanten Gewohnheiten befragt. Sechs Jahre später wurde die Studie wiederholt. Die Wissenschaftler stellten fest, dass von allen untersuchten Lebensstil-Faktoren ein Mangel an regelmäßigem Schlaf die höchste Korrelation zur Sterblichkeit aufwies. Der Schlaf, dieser sehr häufig übersehene Aspekt unserer Lebensführung, hatte größere Vorhersagekraft für die Sterblichkeit als die Ernährung. Nur Weniges ist lebensrettender als genügend Schlaf; durch ungenügenden Schlaf werden jedes Jahr mehr Verkehrsunfälle mit tödlichem Ausgang verursacht als durch Alkohol am Steuer.

Für Ayurveda ist dies keine Überraschung. In der *Charaka Samhita* heißt es: „In Sachen Erhaltung des Körpers gilt der Schlaf als ebenso sehr glückbringend wie die Nahrungsaufnahme." Glück ist das Nebenprodukt der Gesundheit, und aus der Sicht der vedischen Weisen kann sich der Schlaf, was seine gesundheitlichen Vorteile anbelangt, durchaus mit der Ernährung messen.

Eine weitere Studie untersuchte die Korrelation zwischen Gesundheit und Dauer sowie Qualität des Schlafs. Die Ergebnisse ließen tief blicken: Bei schlecht schlafenden Männern stieg die Wahrscheinlichkeit für gesundheitliche Probleme um das Sechseinhalbfache an. Bei schlecht schlafenden Frauen stieg sie im Vergleich zu Frauen, die gut schliefen, um das Dreieinhalbfache an. Offenbar stimmen moderne Wissenschaft und uralte Weisheit überein: Guter Schlaf stärkt Ihre Gesundheit und mehrt Ihr Glück.

Sonnenaufgang, Sonnenuntergang und jahreszeitliche Veränderungen in der Natur

Wenn Sie lernen, wie Sie nachts gut schlafen können, und begreifen, warum dies wichtig ist, können Sie auch insgesamt ein besserer Mensch werden – und zwar deshalb, weil es Ihnen Gelegenheit bietet, mit den Rhythmen der natürlichen Welt in Einklang zu kommen. Wenn Sie Ihre

Schlafschuld an Ihre Physiologie zurückzahlen, kann Sie dies von einem Leben voller Verstöße gegen die Weisheit befreien und zu einem Leben im Gleichgewicht führen.

Die zyklischen Muster der Natur sind klar erkennbar. Da wir Teil der Natur sind, erleben auch wir Zyklen, nur dass unsere Zyklen nicht immer ganz so offensichtlich sind und wegen unseres Lebensstils oft unterbrochen werden. Mithilfe der folgenden Übung können Sie ausarbeiten, wie die Rhythmen in Ihrer Physiologie momentan verlaufen. Wenn Sie fertig sind, bitten Sie einen nahestehenden Menschen, Ihre Eindrücke zu überprüfen.

Prinzip Eins: Wie der Makrokosmos, so der Mikrokosmos.
- Wie fühlen Sie sich körperlich im Sommer, Frühling, Herbst und Winter?
- Wie wirkt sich der Wechsel der Jahreszeiten auf Ihre Stimmung aus?
- Welche Auswirkungen hat der Jahreszeitenwechsel auf Ihr Verhalten?
- Wie wirkt sich der Jahreszeitenwechsel auf Ihr Schlafmuster aus?
- Welche Auswirkungen hat der Jahreszeitenwechsel auf Ihre Ernährungsgewohnheiten?
- Welche Muster erkennen Sie beim Einfluss der Jahreszeiten auf die Zyklen Ihres Lebens?

Prinzip Zwei: Biorhythmen sind unserer Physiologie genetisch einprogrammiert.
Tragen Sie die verschiedenen Zyklen, die Sie im Laufe des Tages erleben, in einen Terminkalender mit Stundeneinteilung ein. Achten Sie im Tagesablauf auf Folgendes:
- Wann haben Sie körperliche Energieschübe?
- Wann haben Sie geistige Energieschübe?
- Wann bekommen Sie Hunger?
- Wann fühlen Sie sich geistig klar und kreativ?
- Wann erleben Sie Schübe emotionaler Erschöpfung?
- Wann fühlen Sie sich lethargisch und langsam?

- Wann fühlen Sie sich aktiv und konzentriert?
- Wann fühlen Sie sich ruhig und zufrieden?

Achten Sie darauf, ob sich in den täglichen natürlichen Rhythmen Ihrer Physiologie etwas verändert, wenn Sie nach und nach die Vorschläge aus diesem Kapitel umsetzen. Beobachten Sie, ob die Tendenz zu einer größeren Übereinstimmung mit Sonnenauf- und -untergang geht.

VIERZEHN
Essen: nährende Riten

Der Bauch beherrscht den Geist.
Spanisches Sprichwort

Die Depression ist nicht nur in Ihrem Kopf; ihre Wurzeln können auch auf der physischen Ebene Ihres Seins liegen. Die Symptome der Depression können sehr wohl bedeuten, dass die Energievorräte in Ihrem Köper erschöpft sind. Wie ein Dauerkater nach einer feucht-fröhlichen Nacht können diese Symptome anzeigen, dass Ihr System völlig mit Überresten unverarbeiteter Nahrung verschlackt ist. Die Auflösung der Depression erfordert einen gut genährten Körper, damit Ihre Seele die physische Unterstützung bekommt, die sie braucht, um sich zu manifestieren.

Depression resultiert aus physiologischen Ungleichgewichten, die verhindern, dass Ihre Lebenskraft zum Ausdruck kommen kann. Diese Lebenskraft ist die Trägerin der natürlichen Intelligenz, die das Universum am Laufen hält, aber auch der Schwingungsessenz Ihres Daseins. Der freie Fluss unserer Lebenskraft ist daher ein Schlüssel zu einer gut funktionierenden Physiologie – und wir fördern ihn durch unsere Lebensweise. Sehr wichtig ist insbesondere, wie und was wir essen. Essen ist ein nährender Ritus, der dazu beitragen kann, uns die Depression vom Leibe zu halten.

Körper, Geist und Seele bilden ein nahtloses energetisches System. Jeder Riss im Stoff einer beliebigen Facette unserer Physiologie hat Auswirkungen auf die Unversehrtheit des Ganzen. In ähnlicher Weise entspringen Gesundheit und Wohlbefinden aus *einem* Aspekt des Geist-körpers und beleben unser gesamtes übriges Sein neu. Depression kann zweifellos dafür sorgen, dass Sie sich körperlich krank und müde fühlen. Aber kann auch das Gegenteil zutreffen? Könnten emotionales Leiden und spirituelle Verzweiflung ein Anzeichen dafür sein, dass Ihr Körper deprimiert ist? Nährende Riten, die für den Körper sorgen, bieten einen Zugang zum nahtlosen energetischen System. Vitalität können wir unserem gesamten Sein buchstäblich häppchenweise zuführen.

Wenn Sie depressiv sind, wird es schwierig, sich um den Körper zu kümmern. Wer mit der Traurigkeit lebt, ist in einem Teufelskreis gefangen. Wie ein Tornado droht die Depression, der Physiologie die Lebenskraft zu entziehen; aber ein Tornado beginnt als kleine Veränderung, die das Gleichgewicht der Naturelemente stört und sich dann immer weiter aufbaut.

Genauso ist es auch bei uns. Die Depression beginnt mit einem Ungleichgewicht in Ihrem Vata-, Pitta- oder Kapha-Dosha. Bleibt es unbeachtet, kann ein Ungleichgewicht im Geist-Körper sich zu einem stürmischen Ereignis hochschaukeln. Die unausgewogene Physiologie leidet nicht nur unter Symptomen einer Depression, sondern lässt die Betroffenen auch schlechten Angewohnheiten zuneigen. Diese verstärken wiederum das Ungleichgewicht oder führen zu weiteren Ungleichgewichten und mehren das Durcheinander in allen Aspekten des Lebens. Schließlich wundern wir uns, wodurch wir bloß zu den Ungleichgewichten beigetragen haben, die uns in die Depression zu stürzen drohen. Wie machen wir durch nährende Fürsorge für unseren Geist-Körper die Depression rückgängig?

Ernährung: Was frisst Sie auf?

Denken Sie einmal an alles, was wir im Namen der Gesundheit so tun. In dem Glauben, es würde uns zu gutem Aussehen und Wohlbefinden verhelfen, verachten wir Mutter Natur, übernehmen unsinnige Lebensweisen und machen die neueste Mode-Diät. Im Allgemeinen richten wir unsere Aufmerksamkeit auf die oberflächlichen Aspekte der Ernährung. Wir konzentrieren uns darauf, was wir in den Mund stecken, weil dies sich auf unseren Körper auswirkt, und vergessen dabei, dass der höchste Zweck des Essens darin besteht, den Geist zu nähren.

Essen beeinflusst die Stimmung. Allzu oft vernachlässigen wir, dass die Ernährung für die geistige Gesundheit eine entscheidende Rolle spielt. So enthalten zum Beispiel Kohlehydrate wie in Brot, Keksen und Kuchen die biochemischen Bausteine, die unser Körper für die Hirnchemie braucht, etwa um Serotonin herzustellen. Daher verwundert es nicht, dass solche Leckereien zumindest kurzfristig die Stimmung heben und negative Gefühle abklingen lassen. Andererseits werden die in Eiweißen enthaltenen Aminosäuren vom Körper zur Herstellung aktivierender Neurotransmitter wie Dopamin verwendet; und im Gegensatz zu der milden Stimmung, in die uns Kohlehydrate versetzen, stärken Nahrungsmittel wie Fleisch, Eier und Bohnen unsere geistige Energie. Unbewusst nutzen wir ein breites Spektrum an Nahrungsmitteln, um unsere Bedürfnisse zu befriedigen, meist aber ohne langfristigen Plan oder tiefere Bewusstheit. Gedankenlos essen wir etwas um seiner Sofortwirkung willen.

Häufig überlegen wir sehr sorgfältig, was wir essen, aber nicht, was uns auffrisst. Wir stürzen uns auf das Essen in dem Wunsch, eine innere Leere zu füllen, die überhaupt nichts mit Hunger zu tun hat, oder wir schränken unsere Nahrungsaufnahme aus Sorge um unsere Taille ein, ohne uns klar zu machen, welche Auswirkungen dieses einschränkende Muster auf unser Gefühlsleben hat.

Zu wissen, wie man gut für seinen Körper sorgt, ist schwierig, wenn wir zugleich mit Ernährungsinformationen überfrachtet werden, die alle in unterschiedliche Richtungen weisen. Fast täglich wird uns ein neues Wundernahrungsmittel präsentiert, das die Krankheiten des modernen Lebens heilen soll. Schneller als mit Lichtgeschwindigkeit wird das jeweilige Naturprodukt der Stunde künstlich synthetisiert und abgefüllt. Die Liste der Bücher über Diäten und Ernährung wächst minütlich exponentiell. Paradoxerweise wächst die Anzahl der chronischen Erkrankungen in der modernen Gesellschaft ebenso. Vielleicht hat es Mark Twain am besten ausgedrückt, als er sagte: „Ich habe noch keinen Menschen gesehen, der durch Fasten gestorben wäre, aber ich habe schon viele Menschen gesehen, die durchs Essen gestorben sind." Wie ist dieser Wahnsinn zu erklären?

Der Wahnsinn hinter der Epidemie der Traurigkeit und anderer chronischer Krankheiten besteht darin, dass wir an dem herumpfuschen, was Mutter Natur uns gegeben hat. Alles, was wir brauchen, um gesund zu sein, liegt direkt vor unserer Nase. Warum sollte man Chemie und Konservierungsstoffe ins Essen mischen? Warum zur falschen Zeit oder auf die falsche Art und Weise essen? Warum die natürlichen Stoffwechselprozesse dadurch stören, dass man das Verdauungsfeuer erstickt? Warum tun wir uns das an? Die vedischen Weisen würden sagen, dass wir alle gegen die Weisheit verstoßen. Mit unserer eingeschränkten Bewusstheit können wir nicht mehr intuitiv erfassen, was gut für uns ist. Liebe, genährt und umsorgt zu werden sowie Geborgenheit sind Gegenmittel gegen Depressionen – und aus ayurvedischer Sicht dient Essen als ein Medium, das unserer Physiologie alle diese Qualitäten vermitteln kann.

Unser allgemeiner Gesundheitszustand wird von dem Bissen bestimmt, der an der Spitze unserer Gabel steckt. Traurigkeit ist ein Anzeichen dafür, dass die Energie in Körper, Geist und Seele erschöpft ist. Die Bausteine unseres Körpers kommen aus den biochemischen Stoffen in unserer Nahrung, aber die Lebendigkeit, die unsere Nahrung vermittelt, hängt von ihrem *Prana* ab. Wenn der Nahrung, die wir zu uns nehmen, *Prana* fehlt, werden wir energielos und depressiv. So sind Nahrung und Stimmung miteinander verbundene Teile des ganzheitlichen Gesundheitspuzzles. Deshalb werden wir uns hier nicht nur darauf konzentrieren, was wir in unseren Körper geben, sondern auch, wie wir den Geist nähren.

Nahrung: Überträger der Lebenskraft

Um Vitalität und Leichtigkeit des Seins zu erlangen, müssen wir einen Quantensprung vom Mechanistischen zum Feinstofflichen machen. Auf Quantenebene besteht der Wert der Nahrung darin, die Schwingungsessenz der natürlichen Welt in den Körper zu bringen. Sprechen wir über das Essen nicht im Sinne von Kalorien, Proteinen, Kohlenhydraten, Fetten oder sogar Mikronährstoffen wie Folsäure und Vitaminen. Essen ist mehr als seine biochemischen Bestandteile. Denken Sie sich Nahrungsmittel von jetzt an als Informationspakete, Überträger der universellen Intelligenz und Übermittler des lebenserhaltenden *Prana*. (Wo sich Bewusstsein und Essen begegnen, schmeckt das Leben!)

Wir kennen alle Einsteins Gleichung $E = mc^2$. Aber wussten Sie, dass sie auch für das Essen gilt? In der Relativitätstheorie klingt das uralte vedische Wissen an, dass alle Materie Energie ist und alle Energie Materie wird. Die im Körper ablaufenden Stoffwechselprozesse stellen ein lebendiges Beispiel für die praktische Umsetzung dieses Prinzips dar. Die Umwandlung von Materie in Energie und von Energie in Materie findet in unserer Physiologie ständig statt.

Was ist Essen, im Lichte dieser Auffassung betrachtet, dann genau? Ayurveda zufolge ist es Materie, die Energie an Körper, Geist und Seele vermittelt. Nahrung sollte idealerweise gute Schwingungen oder einen positiven energetischen Abdruck aus der natürlichen Welt tragen. Wenn das, was wir zu uns nehmen, das Richtige für uns ist, dann arbeiten diese Schwingungen zusammen am Aufbau unserer Physiologie. Was wir essen, trägt Energien und Einflüsse mit sich und vermittelt dem Geist-Körper Eigenschaften und subtile Wirkungen. Wie anders wäre unser Verhältnis zum Essen, wenn wir nicht nur die Hinweise auf Kalorien und Nährstoffgehalt lesen würden, sondern auch die energetische Botschaft erfassen könnten, die die Nahrung uns übermittelt?

Aus gutem Essen werden wir. Wichtig ist das Leben in unserer Nahrung; die Energie im Essen wird zu Materie. Wir sind buchstäblich, was wir essen. Wie können wir angesichts dessen den Wert der Nahrung, die wir zu uns nehmen, erhöhen? Ayurveda weiß Rat.

Essen Sie so frische Lebensmittel wie nur irgend möglich. Im Allgemeinen gilt, je frischer sie sind, desto mehr *Prana* enthalten sie. Je frischer die Nahrung, desto mehr Leben können Sie daraus entnehmen. Nahrungsmittel verlieren an Wert, je länger sie aufbewahrt werden. Schon nach wenigen Stunden im Kühlschrank kann die Vitalität nachlassen. Nahrungsmittel aus dem Vorrat und Reste vermitteln Ihrem Körper wenig *Prana*. Sie machen uns satt und geben uns Nährstoffe, aber keine Lebendigkeit.

Hochverarbeitete Nahrungsmittel sind außerdem tot; ihre natürliche Intelligenz ist ihnen vollständig entzogen worden. Diese Pseudo-Lebensmittel haben keine echte Botschaft oder Bedeutung, die sie unserer Physiologie vermitteln könnten. Sie bringen nicht die Intelligenz der natürlichen Welt in unseren Körper. Wenn Essen weder den Körper nährt noch den Geist sättigt, weckt es nur das Verlangen nach mehr.

Da die Nahrungsmoleküle unserem physischen Körper einverleibt werden, ist es äußerst wichtig, dass der genetische Aufbau der Nahrung mit dem unseren kompatibel ist. Nahrungsmoleküle müssen sich natürlich unserem Körper einfügen. Daher empfehlen wir Nahrungsmittel aus kontrolliert biologischem Anbau beziehungsweise kontrolliert biologischer Tierhaltung. Diese Nahrungsmittel kommen wie von Mutter Natur vorgesehen zu uns. Erstens sind sie frei von Pestiziden und anderen Umweltgiften. Zweitens sind Bio-Lebensmittel nicht genverändert. Das Thema genetisch veränderte Lebensmittel ist seit Jahren politisch umstritten. Bei diesen Nahrungsmitteln wurde in die DNS eingegriffen. Ayurveda und vielen Wissenschaftlern in Amerika und Europa zufolge sind Nahrungsmittel, deren DNS nicht verändert wurde, am besten für uns.

Zu guter Letzt, achten Sie darauf, wie Ihr Essen zubereitet wird. Laut Ayurveda spielt das Bewusstsein des Kochs für die gesundheitsfördernden Eigenschaften des Essens eine sehr große Rolle. Köche, denen an ihrer Arbeit liegt, erfüllen die Speisen, die sie zubereiten, mit *Prana*. Dies kann teilweise die heilsamen Eigenschaften des traditionellen, zu Hause zubereiteten Essens erklären: Es ist Essen, das von den liebevollen und fürsorglichen Händen eines Menschen zubereitet wurde, dem das Wohlergehen der Essenden zutiefst am Herzen liegt. Die Absicht des Kochs oder der Köchin, ein wohlschmeckendes, heilsames Essen zuzubereiten, sorgt auch für das geistige Wohl der Essenden. Im Idealfall sollten Sie etwas essen, was von einem glücklichen und zufriedenen Koch zubereitet wurde.

Der Essensprozess

Frische und vollwertige Speisen schenken uns Weisheit und nähren uns. Unser Körper nimmt diese Weisheit auf und wird von der Lebendigkeit der Nahrung erfüllt. Den Körper zu nähren, erfordert auch, dass wir uns der vielen Mechanismen bewusst werden, die beim Essen im Spiel sind.

Wenn wir uns die Ursachen der Depression ansehen, dann stellen wir fest, dass die Verdauung dabei eine Rolle spielt. Die Wurzeln einer depressiven Physiologie lassen sich oft auf Folgendes zurückführen: suboptimale Verdauung, physiologische Unausgewogenheiten oder eine Überfrachtung mit Giftstoffen. Deshalb müssen wir uns vermehrt nicht nur darüber bewusst werden, was wir essen, sondern auch wie wir essen, warum wir essen, wann wir essen und wie wir uns nach dem Essen fühlen. Zur Ernährung des physischen Körpers empfiehlt die uralte Weisheit Folgendes:

- **Die Verdauung optimieren.** Aus ayurvedischer Sicht geht es in erster Linie um die Fähigkeit zu verarbeiten, was wir unserem Körper zuführen, und dies beinhaltet die vier Schritte: Aufnahme, Verdauung, Verwertung und Ausscheidung.

- **Das Gleichgewicht der Doshas aufrechterhalten.** Ist der Verdauungsprozess optimiert, besteht die nächste Aufgabe darin, Nahrungsmittel so zu nutzen, dass sie das physiologische Gleichgewicht fördern.

Finden wir gemeinsam heraus, wie man die Verdauung optimieren kann.

Nahrungsaufnahme: eine sinnliche Kopfsache

Wenn uns bewusst wird, dass wir uns die Nahrungsmittel, die wir uns zuführen, tatsächlich einverleiben, dann fangen wir an zu begreifen, warum der Vorgang des Essens für die vedischen Weisen ein schönes und heiliges Ritual ist. Ayurveda zufolge beginnt die Verdauung im Auge des Betrachters. Unbestritten ist, dass die Lebensmittel an sich die Zellen im Körper mit Nährstoffen versorgen. Was die Physiologie belebt, ist jedoch das gesamte sinnliche Erlebnis des Essens.

Die Verdauung beginnt, sobald wir unser Essen betrachten. Ja, der Stoffwechselprozess setzt bereits ein, bevor Nahrung in unseren Mund gelangt. Die westlich-wissenschaftliche Forschung schätzt, dass dreißig bis vierzig Prozent der gesamten Verdauungsreaktion vom Gehirn ausgelöst werden. Haben Sie nicht bemerkt, dass sich Ihr Speichel spürbar verändert, wenn Sie ein köstliches Essen auf dem Teller vor sich sehen? Vielleicht haben Sie sogar beobachtet, dass sich in Ihrem Verdauungssystem etwas verändert, wenn Sie nur an Essen denken. Bereits wenn wir Nahrung wahrnehmen, veranlasst dies unser Verdauungssystem dazu, sich an die Arbeit zu machen. Vermehrte Speichelbildung ist ein Anzeichen dafür, dass Ihr Körper sich darauf vorbereitet, das Essen aufzuspalten, das Sie gleich zu sich nehmen werden.

Essen ist tatsächlich Kopfsache. Wenn wir Nahrung sehen, riechen und schmecken, löst dies in unserer Physiologie eine Kaskade von Reaktionen aus. Unsere sinnliche Wahrnehmung des Essens stimuliert Nervenrezeptoren in Mund- und Nasenhöhle, die Botschaften ans Gehirn senden. Das Gehirn wiederum kurbelt die Verdauungsorgane an und mobilisiert den Darm. Die Bildung von Speichel, Magensäure und Verdauungsenzymen kündigt an, dass die Party begonnen hat. In die Verdauungsorgane strömt reichlich Blut, und der Darm „grummelt" vor sich hin und bewegt sich rhythmisch, als tanzte er zu einer fröhlichen Musik, damit die Nahrung ordnungsgemäß durch den Verdauungstrakt geschoben wird. Das Fest ist in vollem Gange – und genau so soll es auch sein!

Bewusstheit: die Flamme des Verdauungsfeuers

Bewusstheit ist der Funke, der Ihr Verdauungsfeuer entfacht. Ohne Bewusstheit können sogar die reinsten Speisen mit den lebensnotwendigsten Botschaften unbeachtet bleiben. Die Physiologie bewertet die Botschaften, welche die Nahrung mitbringt; sie bereitet sich auf das Ereignis vor. Wir müssen essen und schmecken, um gesund zu werden.

Wenn Ihr Geist die Nahrung nicht verdaut, schadet dies dem Verdauungssystem. Essen versetzt uns in eine Beziehung zu den Nahrungsmitteln, die wir konsumieren. Der Geist muss sich der Nahrung zuwenden, die der Körper aufnimmt, wenn aus der Wechselwirkung irgendetwas Sinnvolles entnommen werden soll. Was würde passieren, wenn Sie mit einem Freund sprächen und er achtete überhaupt nicht auf Sie? Im besten Falle würden Sie sich abwenden, weil Sie sich nicht gehört fühlen und

Essen: nährende Riten

unzufrieden sind; im schlimmsten Falle fühlten Sie sich missverstanden und wären wütend.

Ganz genauso ist es mit dem Verdauungsprozess. Wenn wir der anstehenden Aufgabe unsere Aufmerksamkeit zuwenden, geht alles besser; egal ob diese Aufgabe nun Essen oder das Gespräch mit einem Freund ist. Wenn wir sehr schnell essen oder die Nahrungsaufnahme zu einer Aufgabe machen, die wir neben anderem her erledigen, verdauen wir nicht effizient. Gewohnheitsmäßiges unaufmerksames oder aufmerksamkeitsgestörtes Essen kann die Darmfunktion stören, weil es Ihr Verdauungsfeuer erstickt.

Essen als heiliges Ritual

Jetzt, da wir alles Nötige unternommen haben, um unser Verdauungsfeuer zu entfachen, lautet das nächste Thema, die aufgenommene Nahrung möglichst gut zu verwerten. Wenn wir uns darüber bewusst werden, dass der physische Körper das Gefäß des Geistes ist, erhält die profane Aufgabe des Essens einen tieferen Sinn. Wenn wir den Körper nähren wollen, um gut für den Geist zu sorgen, dann erfordert dies, dass wir den Akt des Essens zu einem heiligen Ritual machen. Dies bedeutet, dass *wie* wir essen (der Prozess) ebenso wichtig ist wie *was* wir essen (die Nahrungsmittel). Ein schön gedeckter Tisch kann das Ritual des Essens aufwerten; eine unterwegs im Gehen oder beim Autofahren schnell hinuntergeschlungene Mahlzeit tut dies nicht.

Der Einfluss der Stimmung auf die Nahrung

Wie Nahrung unsere Stimmung beeinflusst, haben wir bereits besprochen. Jetzt wollen wir darüber sprechen, welchen Einfluss unsere Stimmung auf unser Essen hat – das heißt, wie sich unser emotionaler Zustand im Moment des Essens auf unsere Verdauungsfähigkeit auswirkt. Verdauung ist Schwerstarbeit für den Körper. Noch schwerer wird sie, wenn sie nicht die volle Unterstützung der Physiologie, insbesondere von Gehirn und Nervensystem, hat.

Das Nervensystem hat enormen Einfluss auf die Funktionen des Verdauungssystems. Zur optimalen Verdauung und Verwertung der Nahrung ist das Verdauungssystem darauf angewiesen, dass das Nervensystem Botschaften an die Bauchspeicheldrüse schickt sowie um Herstellung und Ausschüttung von Verdauungsenzymen und Hormonen wie Insulin und Glukagon bittet. Das Nervensystem interagiert außerdem mit dem Blutkreislauf und bindet ihn in das Geschehen ein. Als wollte er Truppen in einen Einsatz schicken, muss der Kreislauf Blut abzwacken und es in unseren Rumpf umleiten, um den Darm bei der Absorption von Nährstoffen zu unterstützen.

Stress stürzt die Verdauung ins Chaos. Wir sind evolutionär darauf programmiert, unter Stress nicht zu verdauen. Unsere primitiven Vorfahren haben nicht gegessen, wenn ein gefährliches Tier herumstrich, weil dies für sie lebensbedrohlich gewesen wäre. In der modernen Zeit kommt das Ungeheuer, das uns auflauert und Stress auslöst, in subtilerer Gestalt: Informationen aus Fernsehen und Zeitung, gedankenloses Geplapper oder streitbare Auseinandersetzungen.

Entspannung sorgt für eine gute Nahrungsverwertung. Wir sind so gepolt, dass wir Nahrung am besten in einer ruhigen Umgebung verdauen können. Ayurveda, mit seinem gründlichen und vieldimensionalen Verständnis der Naturkräfte, die den Funktionen unserer Physiologie zugrunde liegen, rät, Nahrung in einer entspannungsfreundlichen Umgebung zu sich zu nehmen. Schaffen Sie eine möglichst angenehme, ruhige Atmosphäre. Ein angenehmes Essenserlebnis vermittelt Ihnen ein gutes Gefühl. Zumindest sollten Sie beim Essen nicht streiten, arbeiten, lesen oder fernsehen; widmen Sie sich vielmehr ganz Ihren Speisen und dem Erlebnis des Essens. Wenn Sie Ihrem Tun Aufmerksamkeit schenken, verdauen Sie effizienter. Achten Sie auf Geschmack und Konsistenz der Speisen. Nehmen Sie eine Mahlzeit zu sich, die sowohl das Auge als auch den Gaumen erfreut. Essen sollte ein Quell der Freude sein.

Der Heldensitz

Der Heldensitz konzentriert den Blutkreislauf auf die Bauchregion und unterstützt daher die Verdauung, wenn er unmittelbar nach dem Essen eingenommen wird. Außerdem leitet diese Stellung überschüssige Gase aus. Sie hilft nicht nur, Nahrung aufzuspalten, sondern stärkt zugleich Knie, Knöchel und Beckenregion. Außerdem ist sie gut für den Rücken.

1. Knien Sie so hin, dass die Knie zusammen und die Füße ein wenig auseinander sind. Senken Sie das Gesäß, bis Sie auf Ihren Füßen zum Sitzen kommen, der Po ruht auf Knöcheln und Fersen. Legen Sie die Hände auf die Oberschenkel; Daumen und Zeigefinger berühren sich leicht. Halten Sie den Kopf hoch und den Rücken gerade.
2. Atmen Sie bequem und tief durch.
3. Kommen Sie nach oben in eine kniende Position. Ihre Wirbelsäule bleibt gerade, die Schultern sind entspannt (nicht hochziehen). Atmen Sie ein, wenn Sie hochkommen, und aus, wenn Sie sich wieder hinsetzen. Wiederholen Sie dies noch ein- oder zweimal und bewegen Sie sich dabei langsam.

Der Heldensitz unterstützt die Verdauung, wenn er unmittelbar nach dem Essen eingenommen wird.

Ein ruhiger Geist bedeutet einen empfänglichen Bauch. Versuchen Sie, nicht dann zu essen, wenn Sie aufgebracht oder geistig abgelenkt sind. Schenken Sie Ihrem Essen ein Lächeln als Geste der Dankbarkeit dafür, dass es Sie nährt. (Wenn Ihr Lächeln zunächst noch nicht von Herzen kommt, dann lächeln Sie trotzdem. Mit der Zeit kommen Sie ganz von selbst vom Schein zum Sein.) Nerven- und Verdauungssystem arbeiten nur dann gut zusammen, wenn ihnen Gelegenheit dazu gegeben wird.

Warum es wichtig ist, dass Sie beim Essen sitzen

Setzen Sie sich zum Essen immer hin. Dieses Mindestmaß an Höflichkeit bewirkt mehr als Sie denken. Wenn wir uns zum Essen hinsetzen, signalisiert dies dem Geist, dass wir uns auf das Essen konzentrieren, das wir gleich zu uns nehmen werden, und nicht auf unzählige andere Tätigkeiten. Wenn Sie sich ein paar Minuten Zeit nehmen, um sich hinzusetzen und Ihr Essen zu betrachten, löst dies in Ihrer Physiologie einen Entspannungsprozess aus. Diese Reaktion führt zur Ausschüttung von biochemischen Stoffen, die den Verdauungsprozess unterstützen. Zusätzlich leitet das Aufrichten der Hüften das Blut in die obere Hälfte des Körpers, wo es zur Verdauung benötigt wird, statt in die Beine, wohin es sonst fließen würde. Dies ist der logische Grund, warum zur Unterstützung der Verdauung eine Yoga-Asana wie der Heldensitz empfohlen wird.

Schließlich gilt, essen Sie nicht unmittelbar vor dem Schlafengehen. Wenn Sie spätabends essen, wird die Nahrung nicht mehr richtig verdaut, und die Folge ist *Ama*. Nachts leistet der Körper Schwerarbeit, um die Physiologie zu reinigen. Wenn sich der Körper im Abschaltmodus befindet, sind die Verdauungsprozesse alles andere als effizient. Ein üppiges Mahl im Bauch bedeutet oft eine schlaflose Nacht.

Agni: **Das Verdauungsfeuer schüren**

Die vedischen Weisen verwendeten den Begriff *Agni*, um damit die transformative Kraft der Verdauung zu beschreiben. Agni ist unsere

Fähigkeit, eine Substanz in eine andere zu verwandeln und ihr dabei Energie zu entziehen. Wenn Ihr *Agni* niedrig ist, ist auch Ihre Verwertungs- und Verdauungsfähigkeit schwach. Agni existiert sowohl im Geist als auch in den Körpergeweben, deshalb bezieht es sich auf die Fähigkeit, sowohl Gedanken als auch Nahrung zu verdauen und in sich aufzunehmen. Das körperliche *Agni* ist allerdings das wichtigste; die anderen *Agni*-Formen sind mit ihm verwandt und können bis zu einem gewissen Grad anhand des Zustands der Hauptquelle eingeschätzt werden.

Niedriges *Agni* ist für alle toxischen Ansammlungen in der Physiologie verantwortlich. Dies ist sehr wichtig, wenn wir überlegen, wie wir im Falle einer Depression eingreifen sollen. Im Allgemeinen spiegelt eine depressive Mentalität eine Physiologie mit niedrigem *Agni* wider. *Agni* verbrennt *Ama* und verleiht Vitalität. Wenn der Körper nicht mit Schlacken verstopft ist, ist die Verdauung optimal. *Ama* kann jeden Aspekt des Verdauungsprozesses blockieren und die vollständige Verteilung von Nährstoffen stören. Sie können die perfekte Nahrung zur perfekten Zeit in der perfekten Umgebung zu sich nehmen, doch wenn die Verdauungsprozesse nicht optimal sind, wird die Nahrung nicht verstoffwechselt. In diesem Fall blockieren große Moleküle unverdauter Nahrung den Verdauungstrakt und stören den freien Fluss der natürlichen Intelligenz im Körper. Wenn wir *Ama* abbauen, können die Nährstoffe im ganzen Körper verteilt werden, und die Kommunikation unter den Körpersystemen verläuft wieder ungehindert. Das Ergebnis sind strahlende Gesundheit und ein lebendiger Geist.

Im Folgenden einige Tipps zur Reduzierung von *Ama*-Einlagerungen:

Essen Sie, wenn Sie hungrig sind. Hunger ist das Stichwort von Mutter Natur, dass es Zeit ist, etwas zu essen. Lernen Sie, die natürlichen Signale zu erkennen, und essen Sie nur, wenn Sie hungrig sind. Die Weisen raten, sich nicht auf emotionales Essen einzulassen. Das wissen Sie wahrscheinlich bereits, aber wussten Sie auch, dass die Nahrung nicht effizient verdaut wird, falls Sie essen, wenn Sie aufgebracht, nervös oder unglücklich sind?

Essen Sie nur, bis der Magen zu fünfundsiebzig Prozent gefüllt ist. Wie ging es Ihnen letzte Weihnachten? Kamen Sie sich nach dem Essen selbst vor wie eine gestopfte Gans? Nichts arbeitet effizient, wenn es überlastet ist, auch Ihr Verdauungssystem nicht. Wenn Sie aufhören, bevor Sie restlos satt sind, haben Sie Platz zum Atmen – und Sauerstoff wirkt im Stoffwechselprozess Wunder.

Essen Sie erst, wenn die vorherige Mahlzeit verdaut ist. Die Verdauung einer Mahlzeit kann zwischen drei und sechs Stunden dauern. Sie besteht aus einem natürlichen Fließband. Wenn Sie etwas aufs Band werfen, während die vorherigen Stücke noch in der Verarbeitung sind, erzeugen Sie einen Stau. Geben Sie sich Zeit, Ihre Nahrung gründlich zu verdauen, bevor Sie erneut etwas essen.

Meiden Sie große Mengen Flüssigkeit unmittelbar vor, während oder nach dem Essen. Ersticken Sie Ihr Verdauungsfeuer nicht. In kleinen Schlucken eingenommen, sind Getränke während einer Mahlzeit in Ordnung, aber Flüssigkeiten in großen Mengen verwässern den Verdauungsprozess.

Machen Sie das Mittagessen zur größten Mahlzeit des Tages. Sie sind Teil der natürlichen Welt. Wenn die Sonne am höchsten steht, sind auch Ihre Stoffwechselprozesse am stärksten. Nehmen Sie dann die größte Mahlzeit ein. Nachts fährt der Körper herunter und bereitet sich auf die Ruhe vor. Wenn Sie spätabends noch eine üppige Mahlzeit zu sich nehmen, verwandeln Sie Ihren Körper in ein Fass voller *Ama*.

Meiden Sie eiskalte und kohlensäurehaltige Getränke. Ihre Verdauungsenzyme und andere vitale Faktoren sind für die Arbeit bei Körpertemperatur ausgelegt. Eisgekühlte Getränke erschweren den Verdauungsprozess. (Eiswasser ist weder gut noch klug.) Auch Enzyme wirken innerhalb eines engen pH-Spektrums am besten. Kohlensäurehaltige Getränke sind im Allgemeinen stark sauer. Weil sie den pH-Wert der Physiologie verändern, beeinträchtigen sie die Aufspaltung der Nahrung.

Kauen Sie Ihre Nahrung gut. Ihre Zähne spielen im Verdauungsprozess eine wichtige Rolle. Weil die Nahrung beim Kauen in kleinere Stücke zerteilt wird, vergrößert sich die Oberfläche der Nahrungspartikel. Enzyme und andere biochemische Stoffe haben dann mehr Angriffsfläche, und die Nahrung wird effizienter in ihre Nährstoffe aufgespalten.

Meiden Sie Rohkost in großen Mengen. Rohkost hat einen höheren Nährstoffgehalt als gekochte Kost, ist aber schwer verdaulich. Wenn Ihre Physiologie vom zusätzlichen Nährwert der Rohkost profitieren soll, muss sie ihr Verdauungsfeuer stärker anfachen. Daher erreichen wir mit großen Mengen Rohkost nur, dass unser Verdauungssystem stark belastet wird.

Trink und freu dich des Lebens!

Als ein in den Heilkünsten des alten Indien ausgebildeter Arzt in die Vereinigten Staaten kam, war er schockiert von dem, was er sah: Übergewicht, Hautunreinheiten, Aufgeschwemmtheit; Menschen, die aufgedunsen und müde aussahen. „So viel *Ama!*", rief er aus. Seine Aufgabe war es nun, eine Intervention zu entwickeln, die einfach, aber wirkungsvoll sowie leicht in den Alltag einzubauen war.

Seine Empfehlung lautete, jeden Morgen Wasser aufzukochen, es in eine Isolierkanne zu füllen und über den Tag verteilt zu trinken. Analysieren wir einmal, warum dies funktioniert: Heißes Wasser bringt alle drei Doshas ins Gleichgewicht. Das Aufkochen des Wassers erfüllt es mit Leichtigkeit. Die erhöhte Energie und vermehrte Leichtigkeit des Wassers macht auch Kapha-Dosha leichter und wirbelt es auf. Die Wärme des Wassers besänftigt Vata-Dosha. Wasser an sich beruhigt Pitta.

Der Akt, heißes Wasser in kleinen Schlucken zu trinken, leitet *Ama* aus und verbessert die Verdauung. Heißes Wasser regt das Verdauungssystem zum Verdauen an. Befindet sich keine Nahrung im Verdauungstrakt, wird stattdessen *Ama* verdaut. Probieren Sie es aus. Wir glauben, Sie werden sich über die Wirkung freuen.

Der Abbau von *Ama* in der Physiologie sorgt dafür, dass die Nährstoffe in unserem Verdauungssystem angemessen verteilt werden können. Wenn wir Blockaden in unserer Physiologie haben und die Nährstoffe nicht gut verteilt worden sind, bekommen wir falsche Hungersignale. Auf diese Weise kann heißes Wasser sogar bei der Gewichtskontrolle helfen. Die durch *Ama* ausgelösten Gelüste werden weniger, weil man sich durch den Abbau von *Ama* nach dem Essen energiegeladen und zufrieden fühlt. Dies ist ein Anzeichen für eine optimale Verdauung. Zufriedene Menschen neigen weniger zu übermäßigem Essen und zu Gelüsten.

Noch klüger ist es sogar, gewürztes Wasser zu trinken. Jede Substanz, die wir in unseren Körper aufnehmen, hat eine Wirkung. Seit Jahrhunderten werden Gewürze auch zu medizinischen Zwecken genutzt. Jedes Gewürz hat eine einzigartige Wirkung. So haben zum Beispiel neuere Studien gezeigt, dass Kurkuma ein Antioxidans ist und entzündungshemmend wirkt. Andere Gewürze stärken das Immunsystem, wirken auf natürliche Weise schmerzlindernd und beruhigen die Nerven. Gewürze haben Kraft und können zur Verbesserung des physiologischen Gleichgewichts genutzt werden. Wenn Sie Ihrem Leben mehr Würze geben und *Ama* abbauen wollen, versuchen Sie es einmal mit folgendem Rezept:

¼ TL Kreuzkümmel (Kreuzkümmel hilft, Nährstoffe aufzunehmen und zu verwerten),

¼ TL Koriandersamen (Koriander trägt zur Ausscheidung von toxischen und Abfallstoffen durch die Nieren bei),

¼ TL Fenchelsamen (Fenchel trägt zur Normalisierung der Verdauung bei, treibt Gase aus und lindert Völlegefühl).

Die Gewürze in anderthalb Liter stilles, reines Wasser geben, aufkochen und mehrere Minuten kochen lassen. Durch ein Sieb in eine Isolierkanne mit Innenwänden aus Glas oder Edelstahl (nicht aus Kunststoff) abgießen.

Trinken Sie das wirkungsvolle Gebräu stündlich über den Tag verteilt. Da diese Intervention nächtlichen Harndrang fördern kann, hören Sie nach 18 Uhr auf mit dem Trinken, damit Ihr Schlaf nicht gestört wird. Achten Sie darauf, die Samen nicht zu kauen oder zu essen; dies kann Ihr Verdauungssystem reizen. Die Weisheit der Gewürze wird auf das Wasser übertragen, trinken Sie daher die Flüssigkeit und werfen Sie den Rest weg. Mit der Zeit wird Ihre Verdauung von den feinen Vorteilen dieser Weisheit profitieren.

Wir haben es nie erlebt, dass jemand auf diese Gewürze allergisch reagiert hätte, aber theoretisch ist alles möglich. Wenn Sie Medikamente einnehmen, besteht immer die Möglichkeit, dass eine ungünstige Nebenwirkung auftritt, sobald etwas Neues in die Ernährung aufgenommen wird. Wenn Sie etwas Neues einführen, empfiehlt es sich daher, vorsichtig vorzugehen.

Andere Bauchgefühle

Das Verständnis für die Bedürfnisse Ihres Körpers verstärkt den Wunsch, diese Bedürfnisse zu unterstützen. Schließlich möchte jeder, dass es ihm gut geht. Wissen kommt vor Handeln. Wenn Sie Ihre biologischen Bedürfnisse kennen und verstehen wollen, dann hören Sie auf Ihren Körper.

Ihr Körper kommuniziert ständig mit Ihnen und versucht, Sie für das Ziel zu gewinnen, jeden Aspekt Ihres Wesens zu nähren. Normalerweise werden drei allgemeine Botschaften übermittelt: (1) Habe ich Hunger?, (2) Ist mein Körper bereit, die Nahrung zu verdauen?, (3) Was braucht mein Körper? Durch Bewusstheit können Sie verstehen, was Ihre Physiologie Ihnen sagt.

Die erste und offensichtlichste Botschaft – über den Hunger – haben wir recht schnell zu erkennen gelernt. Die zweite Botschaft – über die Verdauungsfähigkeit des Körpers – erfordert etwas mehr Bewusstheit. Der Körper sagt vielleicht: „Ja, du hast wirklich Hunger, aber achte darauf, etwas Leichtes zu essen, weil dein Stoffwechsel gerade nicht die Kraft hat, schweres Essen zu verarbeiten." Die dritte Botschaft – über die

Bedürfnisse des Körpers – erfordert sogar noch mehr Unterscheidungsvermögen, weil der Körper häufig sowohl eine Botschaft über seine emotionalen als auch über seine biologischen Bedürfnisse vermittelt.

Wenn Sie die Botschaften Ihres Körpers erkennen und befolgen, indem Sie essen, was er aus der Nahrung braucht, dann machen Sie Ihrem Geist-Körper das Geschenk des Gleichgewichts. Dies bedeutet, dass Störungen, die mentale, emotionale und physische Unruhe begünstigen, beseitigt werden. Manchmal zeigen sich sofort Ergebnisse, wenn wir neue Ernährungsgewohnheiten einführen, weil wir unser Wohlbefinden fördern wollen. Andere Male hingegen dauert es eine Zeit lang, bis wir einen Unterschied bemerken. Doch immer gilt, was wir essen, zeigt mit der Zeit seine Wirkung. Uns unserer Ernährungsgewohnheiten bewusst zu werden, ist der Schlüssel zu guter Gesundheit, weil unsere Physiologie das Produkt unserer Gewohnheiten ist.

Echten Hunger erkennen zu können, ist ein guter erster Schritt zur Entwicklung von mehr Bewusstheit für die Bedürfnisse unseres Körpers. Viele Menschen sind darauf konditioniert, jeden Tag zu einer bestimmten Zeit zu essen, und halten nie inne, um sich zu fragen, ob sie wirklich Hunger haben. Wenn wir essen, obwohl wir nicht hungrig sind, fehlt es uns wahrscheinlich an Verdauungsfähigkeit, um die Nährstoffe aufzunehmen. Ähnlich kann die Einnahme einer zweiten Mahlzeit, bevor die erste ausreichend verdaut werden konnte, zu unangenehmen Bauchgefühlen wie Magenverstimmung, Völlegefühl, Blähungen und Aufstoßen führen – alles Symptome, dass die Physiologie mit der Nahrung kämpft und sich abmüht, kein *Ama* entstehen zu lassen. Wenn Sie sich nach Ihrem Hunger richten und guten Appetit entwickeln, können Sie die Stärke Ihres Verdauungsfeuers dadurch ganz gut im Auge behalten. Wenn Sie außerdem dann essen, wenn das Feuer heiß und stark ist, sorgen Sie dafür, dass die Nährstoffe über Ihr gesamtes System verteilt werden.

Gelüste sind Bauchgefühle, die Bemühungen, Ihr gesamtes Wesen zu nähren, entweder unterstützen oder beeinträchtigen können. Ayurveda zufolge sind Gelüste die Folge von *Ama*. Sie können entweder für ein biologisches Bedürfnis oder ein psychisches Verlangen stehen. Beides sind Botschaften Ihres Geist-Körpers, mit denen er Sie bittet, einem dringenden Bedürfnis nachzukommen.

Essen: nährende Riten

Damit Sie die Fähigkeit entwickeln können, zwischen einem biologischen Bedürfnis und einem psychischen Verlangen zu unterscheiden, können wir Ihnen als Anleitung die folgende allgemeine Regel anbieten: Gelüste, die ein biologisches Bedürfnis sind, kommen in Gestalt eines Verlangens nach einem bestimmten Geschmack, der in Ihrer Ernährung vielleicht fehlt; süß und salzig sind die häufigsten. Gelüste, die ein psychisches Verlangen sind, kommen in Gestalt einer Sehnsucht nach einem bestimmten Nahrungsmittel, etwa Schokolade, Gebäck, Kartoffelchips oder Eis. Daher ist auch die ayurvedische Antwort auf die Frage nach den Gelüsten eine zweifache. Erstens, es ist wichtig, die Art der Gelüste zu erkennen: Woher kommt dieses Bedürfnis oder Verlangen? Zweitens, lernen Sie, die Botschaft zu entziffern, die die Gelüste Ihnen übermitteln wollen: Was sagen die Gelüste darüber aus, was Sie brauchen? Damit Sie dieses Ziel erreichen können, müssen Sie lernen, Nahrungsmittel nach ihren grob- und feinstofflichen Qualitäten zu beurteilen.

Wenn wir Gelüste nach ungesunden Nahrungsmitteln als psychisch erkennen, gibt es mehrere Möglichkeiten. (1) Die Gelüste befriedigen und die Konsequenzen in Gestalt der Bildung von Toxinen tragen, (2) sich das entsprechende Nahrungsmittel verweigern und damit einen geistigen Entzug auslösen, der den Appetit auf der psychischen Ebene beeinträchtigen könnte oder (3) einen gesunden Ersatz wählen. Finden Sie ein nahrhaftes Lebensmittel, das einen ähnlichen Geschmack und ähnliche Eigenschaften wie das Nahrungsmittel hat, nach dem Ihnen gelüstet. Und zu guter Letzt: Denken Sie daran, dass über den Tag verteilt getrunkenes heißes Wasser hilft, Gelüste abzubauen.

Ayurvedische Appetithäppchen

Wie hungrig sind Sie?
Wenn Sie sich nicht sicher sind, ob Sie Hunger haben, dann tun Sie Folgendes, bevor Sie etwas essen: (1) unternehmen Sie einen flotten Spaziergang oder (2) machen Sie ein paar Atemübungen (siehe Kapitel Zehn).

Beide Übungen klären den Gaumen und ermöglichen Ihnen, das Ausmaß Ihres Hungers besser einzuschätzen.

Wenn Sie Hunger haben, aber spüren, dass Ihr Verdauungsfeuer schwach ist, dann wählen Sie eine ayurvedische appetitanregende Zutat (Chutneys). Appetitanregende Speisen steigern nicht nur den Appetit, sondern schüren zugleich das Verdauungsfeuer, wodurch die Verdauungsfähigkeit verbessert wird. Insbesondere wenn ein Chutney frisch und mit hochwertigen Zutaten zubereitet ist, können ein paar Teelöffel davon Ihrer Mahlzeit wertvolle Antioxidantien und angenehme Würze verleihen. Darüber hinaus kann ein Chutney Ihre Mahlzeit elementar ausgewogener machen, weil es viele, wenn nicht sogar alle der sechs erforderlichen Geschmacksrichtungen einbringt: süß, salzig, sauer, bitter, scharf und herb. Sie werden nicht nur feststellen, dass Ihre Gelüste nachlassen, sondern auch, dass Ihre Mahlzeiten befriedigender werden.

Versuchen Sie, an einer dünnen Scheibe Ingwer mit einem Spritzer Limettensaft und einer Prise Steinsalz zu knabbern, um Ihre Verdauungssäfte zum Fließen zu bringen.

Alternativ können Sie aber auch die folgenden, auf die Doshas abgestimmten Chutneys zubereiten (ein Messbecherset mit amerikanischen Cup-Maßen ist dazu ideal):

Vata-ausgleichendes Chutney
1½ TL Fenchelsamen
1½ TL Kreuzkümmel
3 TL gemahlener Koriander
2 EL geriebener frischer Ingwer
¼ TL Muskat
3/8 TL Salz
1 Tasse (ca. 250 ml) Datteln, entsteint
100 ml oder mehr Orangensaft
1½ Tassen Rosinen
Alle Zutaten in den Mixer geben und bis zur gewünschten Konsistenz pürieren.

Pitta-ausgleichendes Chutney
2 reife Äpfel oder Birnen
1 Tasse frische Korianderblätter
1-2 Zitronen oder Limetten, davon der Saft
¼ TL Salz
2 TL (oder nach Geschmack) Vollrohrzucker
Die Äpfel oder Birnen schälen und das Kerngehäuse entfernen. Mit den frischen Korianderblättern in den Mixer geben, Zitronen- oder Limettensaft, Salz und Zucker zugeben und bis zur gewünschten Konsistenz pürieren.
Dieses Chutney beruhigt Pitta-Dosha, ohne ihr *Agni* zu verringern.

Kapha-ausgleichendes Chutney
1 EL Limettensaft
80 ml Orangensaft
¾ Tasse geschälter und gehackter Ingwer
½ Tasse Rosinen
Alle Zutaten in den Mixer geben und bis zur gewünschten Konsistenz pürieren.

Stress reduzieren, um Verdauungskraft aufzubauen
Ayurveda lehrt, dass unser Körper über die Weisheit verfügt, sich selbst ins Gleichgewicht zu bringen. Das Verdauungssystem ist darauf angewiesen, dass das parasympathische Nervensystem gut arbeitet. Ein reibungslos funktionierendes Nervensystem kann zur effizienten Nahrungsverdauung beitragen. Wenn Sie Meditation, Atemübungen und Yoga-Stellungen regelmäßig täglich praktizieren, wirkt sich dies außerordentlich günstig auf den Abbau von Ängsten und Stress im Körper aus. Daher tragen diese Interventionen auch zur Optimierung der Verdauung bei.
Eine zusätzliche Intervention beinhaltet, dass Sie vor und nach einer Mahlzeit entweder schriftlich oder in Gedanken festhalten, wie es gerade um Ihr Energieniveau und Ihren Gefühlszustand bestellt ist.

> Eine gesunde Nahrungsmittelauswahl erhält Ihre Energie aufrecht und vermittelt einen ruhigen, angenehmen Gemütszustand. Wenn Sie Ihre Entscheidungen täglich überprüfen, können Sie sehr gut feststellen, welche Lebensmittel Ihren Körper wirklich nähren und welche das Produkt schädlicher Essgewohnheiten waren.

Ein schmackhafter Weg zum Ausgleich der Gefühle

Werfen wir nun einen Blick in unser Bauch-Lexikon. Unser Verdauungssystem spricht in einer geschmackvollen Sprache mit unseren Doshas. In diesen Gesprächen geht es um die Einschätzung der energetischen Eigenschaften, die die Nahrung an die Physiologie vermittelt. Die Physiologie erkennt sechs Geschmacksrichtungen: süß, sauer, salzig, bitter, scharf und herb (zusammenziehend). Jeder Geschmack hat eine bestimmte Wirkung auf die Doshas. Jeder Aspekt der Natur, auch der Geschmack, besteht aus einer einzigartigen Verteilung der Elemente oder Doshas. Genau wie jedes Dosha besteht auch jede Geschmacksrichtung aus zwei der fünf Naturelemente – Erde, Wasser, Feuer, Luft und Äther. (Die Zuordnung können Sie der folgenden Tabelle entnehmen.) Ayurveda zufolge muss eine Mahlzeit alle sechs Geschmacksrichtungen enthalten, wenn sie die Physiologie vollkommen im Gleichgewicht halten soll.

Ayurveda beurteilt Nahrungsmittel auch nach Eigenschaften wie Temperatur (heiß oder kalt), Dichte (leicht oder schwer) und Konsistenz (ölig oder trocken), um die energetischen Auswirkungen auf Vata, Pitta und Kapha zu bestimmten.

Die sechs Geschmacksrichtungen, fünf Elemente und drei Doshas

Elementare Zusammensetzung des Geschmacks	Wirkung auf das Dosha	Günstig für
Süß = Erde + Wasser	Vata und Pitta ausgleichend	Brennende Depression
Salzig = Wasser + Feuer	Vata ausgleichend	Luftige Depression
Sauer = Erde + Feuer	Vata ausgleichend	Luftige Depression
Scharf = Feuer + Luft	Kapha ausgleichend	Erdige Depression
Bitter = Luft + Äther	Kapha und Pitta ausgleichend	Brennende Depression
Herb = Erde + Luft	Kapha und Pitta ausgleichend	Erdige und Brennende Depression

Ayurveda zufolge werden über den Geschmack ganz bestimmte Gefühle vermittelt und ausgelöst. Der süße Geschmack vermittelt nährende Gefühle, die die Luftige Depression lindern. Scharfes stimuliert die Nerven und hilft, aus einer Erdigen Depression auszubrechen. Saure und salzige Geschmacksrichtungen schenken der Physiologie Wärme, weshalb Menschen mit einer Luftigen Depression oft zu Nahrungsmitteln greifen, die überwiegend diese Geschmacksrichtungen enthalten. Bitter und herb heben Intensität auf und vermitteln der Physiologie Leichtigkeit; diese beiden Geschmacksrichtungen sind, zusammen mit dem süßen Geschmack, günstig für Menschen, die unter einer Brennenden Depression leiden. Wir brauchen alle sechs Geschmacksrichtungen in individuell abgestimmter Menge, um unsere Physiologie im Gleichgewicht zu halten.

Kräuter als Medizin

Ein ayurvedisches Sprichwort sagt: „Bei guter Ernährung und Lebensführung braucht man keine Medizin. Bei schlechter Ernährung und Lebensführung hilft keine Medizin." Es kann gar nicht genug betont werden, wie wichtig die Ernährung für eine ausgewogene und gesunde Physiologie ist. Weil Nahrung die Sprache der Doshas spricht und als Träger von *Prana* dient, vermittelt sie die heilsamen Eigenschaften der Natur. Unsere Nahrung ist eine der besten Möglichkeiten, die Doshas im Gleichgewicht zu halten, unsere physische Integrität zu wahren und für optimale Abläufe im Körper zu sorgen. Von Hippokrates, dem Vater der modernen Medizin, sind uns die Weisheitsworte überliefert: „Lasst Eure Nahrung Eure Medizin und Eure Medizin Eure Nahrung sein." Nahrung liefert den Treibstoff, der das heilsame Potenzial in unserer Physiologie aktiviert; sie ist das Rohmaterial, aus dem der Körper sich neu aufbaut.

Selbst bei Krankheiten bleibt die natürliche Neigung des Körpers, sich selbst zu heilen, aktiv. Kräuter – eine ganz besondere Nahrungsmittelkategorie – sind eine große Hilfe, wenn die Heilkräfte des Körpers geschwächt sind. Sie stärken und wecken den inneren Arzt, die schlafenden Heilkräfte. Kräuter können eingesetzt werden, damit die Physiologie ihr Wunschziel erreicht: Ganzheit. Kräuter unterstützen die verschiedenen Systeme der Physiologie und helfen dem Geist-Körper, ins Gleichgewicht zu finden. Eine günstige Ernährung bildet die Grundlage, auf der die Kräuter wirken können; ohne diese Grundlage haben Kräuter nur begrenzten Einfluss.

Ob synthetisch oder natürlich, die meisten Medikamente sind von der Natur inspiriert. So wurde zum Beispiel Aspirin aus der Silberweide entwickelt. Digitalis, ein Medikament zur Regulierung des Herzrhythmus, stammt aus dem Fingerhut, der aus Europa auch nach Nord- und Südamerika eingeschleppt wurde. Wie die europäische Volksmedizin haben auch die Schamanen in der Amazonas-Region die ganze Pflanze traditionell zur Regulierung des Herzens verwendet. Der Unterschied zwischen dem im Labor synthetisierten Digitalis und der in der Volksmedizin verwendeten Substanz ist signifikant, weil die traditionelle Medizinpflanze ganzheitlich verabreicht wird. Pharmafirmen haben jedoch zum Ziel, nur die sogenannten aktiven Bestandteile – die Teile der Pflanze, die das Symptom direkt ansprechen – herauszufinden, zu isolieren und zu verwenden. Ayurveda hält dies für problematisch.

Pflanzen haben einen natürlichen Gleichgewichtszustand. Sie bestehen aus aktiven und inaktiven Substanzen. Richtig zubereitete Kräuter nutzen die gesamte Intelligenz der Pflanze, wohingegen synthetisch hergestellte Medikamente nur die aktiven Substanzen nachbauen. Dies erklärt, warum synthetische Medikamente so schnell symptomlindernd wirken. Es erklärt aber auch ihre Toxizität, die zu negativen Nebenwirkungen führt. Kräuter wirken langsamer, aber sie korrigieren ein zugrunde liegendes Ungleichgewicht, statt lediglich Symptome zu beseitigen.

Genau wie pharmazeutische Medikamente sollten auch Kräuter verschrieben werden. Nur zu oft greifen die Medien die Wirkung eines bestimmten Krautes auf. Es ist unvermeidlich, dass von allen Menschen, die das Produkt daraufhin kaufen, einige profitieren, andere nichts davon haben und wieder andere sogar Schaden erleiden. Kräuter aufs Geratewohl einzunehmen, ist gefährlich. Nur weil etwas natürlich ist, bedeutet dies nicht, dass es keine schädliche Wirkung haben kann. Auch Giftpflanzen sind natürlich.

Welche Wirkung ein Kraut auf die Physiologie eines Menschen entfaltet, hängt eng mit dessen Dosha-Ungleichgewicht zusammen. Bevor Sie eine Kräuterkur machen, sollten Sie stets mit einem Arzt oder Heilpraktiker sprechen, der sich auf dem Gebiet auskennt. Das richtige Kraut, richtig eingenommen, kann Ihre Physiologie außerordentlich wirkungsvoll darin unterstützen, sich in die erwünschte Richtung zu entwickeln.

Kräuter sind die wichtigste Medizin von Mutter Natur; Ayurveda verfügt über ein tiefes Verständnis der energetischen Qualitäten der Kräuter. Als Medizin werden Kräuter zur Feinabstimmung unserer mit der Nahrung aufgenommenen Impulse eingesetzt. Wie Nahrungsmittel zeigen sie auch ihre Wirkung mit der Zeit – normalerweise natürlich in kürzerer Zeit als Nahrungsmittel. Im Gegensatz zu Lebensmitteln sollen Kräuter jedoch nur für einen begrenzten Zeitraum eingenommen werden.

Es gibt mentale und psychische Entsprechungen zur körperlichen Gesundheit. Wenn wir uns in einem Zustand des Ungleichgewichts befinden, leiden wir unter mangelnder geistiger Klarheit und einem gewissen Grad an seelischer Unruhe. Kräuter vermögen für geistige Klarheit, vermehrte Einsicht und körperliche Stärke zu sorgen, so dass die Betroffenen aktiv etwas für die Auflösung ihrer Depression tun können. Ist das physiologische Gleichgewicht erreicht, können sich die feineren Aspekte unseres Seins entfalten: Mut, Einsicht, Mitgefühl und Glück. Diese Eigenschaften wirken der Depression diametral entgegen.

Sauerstoff: eine weitere Verdauungshilfe

Was die Sauerstoffaufnahme anbelangt, so gilt die Regel: Je mehr Atemzüge, desto fröhlicher. Im Hinblick auf die Rolle des Sauerstoffs bei der Förderung der Stoffwechseleffizienz sind folgende Fakten beachtenswert:

- Man kann vier Monate ohne Essen, vier Tage ohne Wasser, aber nur vier Minuten ohne Luft leben.
- Bestimmte Teile der Magenschleimhaut verbrauchen mehr Sauerstoff als andere Körpergewebe. Die Darmzotten, durch die die Nährstoffe im Darm aufgenommen werden, haben Organellen (Mitochondrien), die ebenfalls große Mengen Sauerstoff brauchen, um richtig arbeiten zu können. Fehlt dem Blut Sauerstoff, sind Aufnahme und Verwertung von Nährstoffen durch die Zotten beeinträchtigt.
- Je mehr Sie essen, desto mehr muss Ihr Körper atmen. Nach einer Mahlzeit leitet Ihr Parasympathikus den Blutkreislauf zu den Verdauungsorganen um und sorgt dafür, dass der Körper tiefer und vollständiger atmet, um die Sauerstoffaufnahme zu erhöhen – es sei denn, Sie unterbrechen diesen Prozess. Sauerstoff ist für den Stoffwechselprozess so unverzichtbar, dass Ihr Gehirn automatisch die Luftaufnahme erhöht, um den erhöhten Sauerstoffbedarf zu decken. Dies ist zum Teil der Grund dafür, warum Sie nach einer üppigen Mahlzeit gähnen.
- Sauerstoff ist die Kraft, die Ihren Stoffwechselmotor antreibt. Die Energie, die Ihr Körper erzeugt, entsteht zu fünfundneunzig

Prozent aus dem Verbrennungsprozess: Sauerstoff + Nahrung = Energie. Kalorien sind ein Maß für die Energie, die aus der Verbrennung von Nahrung gewonnen wird. Erst der Sauerstoff macht die Verbrennung der Kalorien aus der aufgenommenen Nahrung möglich. Durch eine Erhöhung der dem Körper zur Verfügung stehenden Sauerstoffmenge können Sie die Nahrung, die Sie aufnehmen, besser verbrennen. Sauerstoff ist unverzichtbar zur Verbrennung von Fett, der Energiereserve des Körpers.

- Sport ist eine Möglichkeit, Ihrem Körper zu einer besseren Atmung zu verhelfen. Regelmäßige Bewegung hat langfristig zwei Vorteile: (1) die vertiefte Atmung verhilft Ihrem Körper zu einer größeren Sauerstoffaufnahme und (2) Ihr Körper lernt, Sauerstoff effizienter zu nutzen.
- Wenn Ihr Körper nach Sauerstoff hungert, dann machen Sie einen kurzen Spaziergang, bevor Sie etwas essen. Dies entspannt nicht nur Ihren Körper und klärt Ihren Geist, sondern es trägt dazu bei, Ihr Verdauungsfeuer anzufachen, damit Sie besser darauf vorbereitet sind, Nahrung zu sich zu nehmen und aufzuspalten. Wenn Sie sich nach einer Mahlzeit mit einem sanften Spaziergang verwöhnen, geben Sie Ihrem Körper Gelegenheit, Verwertung und Ausscheidung zu verbessern. Dynamischer Sport allerdings – bei dem Sie ins Schwitzen geraten – ist unmittelbar vor oder nach einer Mahlzeit nicht zu empfehlen. Dies könnte eine Stressreaktion auslösen.

Luftige Depression: Raubt Ihnen das schnelle Essen nebenher die Sinne?

Essen war für Arial nur eine von vielen Aufgaben auf ihrer endlosen To-do-Liste. Es war eine lästige Pflicht, die man hinter sich bringen musste. Am besten erledigte sie sie nebenher, während sie etwas Wichtigeres tat, etwa ihre E-Mails lesen oder Besorgungen machen. Spaßeshalber sagte Arial, am liebsten äße sie am Schreibtisch oder im Auto. Die Beweise dafür lagen auf der Hand: In ihrem Auto lagen überall Papierservietten von Fast-Food-Ketten herum. Das Abendessen ließ Arial oft ausfallen, weil sie Wäsche zusammenlegen oder das Mittagessen für den nächsten Tag vorbereiten musste. Wenn Sie dann den Tisch abräumte, bediente sie sich bei den Resten, die ihre Kinder übrig gelassen hatten. Am späteren Abend, wenn die Kinder im Bett waren, naschte sie vor dem Fernseher häufig Popcorn oder Kartoffelchips.

Ihr Essverhalten war ohne Sinn und Verstand. Arial hatte sich angewöhnt, sich vor einer Sitzung schnell einen Salat und eine Cola light zu besorgen und im Rekordtempo hinunterzuschlingen. An anderen Tagen ließ sie das Mittagessen einfach komplett ausfallen. Dies fiel ihr leicht, weil sie kaum einmal Hunger verspürte. Manchmal dachte sie erst ans Essen, wenn ihr bereits schwindlig war.

Einen nervösen Magen beruhigen

Arial lehnte sich immer weiter in Richtung ihres Ungleichgewichts und löste damit in ihrem Verdauungstrakt einen Wirbelwind an Problemen aus. Bei einem Vata-Ungleichgewicht fühlen die Betroffenen sich nicht geerdet und ängstlich. Leider greifen sie zu Nahrungsmitteln und entwickeln Essgewohnheiten, die dieses Ungleichgewicht weiter aufrechterhalten. Arial aß hastig und gedankenlos. Sie wählte leichte Speisen wie Salate, Popcorn und Reiswaffeln und genoss das Prickeln kohlensäurehaltiger Getränke. Aus energetischer Sicht handelt es sich bei alledem um kalte, trockene und leichte Speisen, was das Ungleichgewicht im Vata-Dosha noch verschlimmert.

Aufgrund ihrer Nervosität empfand Arial es als Zeitverschwendung, sich zu einer Mahlzeit hinzusetzen. Sie fühlte sich gedrängt und überfordert von allem, was sie *vermeintlich* tun musste. Arial zapfte ihren körperlichen Kräftespeicher an, damit sie genügend Energie aufbringen konnte, um ihren Tag zu bewältigen. Dies ist einer der Gründe, warum sie sich so müde fühlte und Hilfe bei Stimulantien wie Koffein suchte.

Wir wollen uns nie absichtlich schaden. Wenn wir hin und wieder nebenher essen, uns ab und zu eine Light-Limonade gönnen und gelegentlich eine Mahlzeit ausfallen lassen, fügen wir unseren Doshas keine irreparablen Schäden zu. Auch eine einzelne schlechte Mahlzeit wird uns nicht gleich schaden. Dennoch müssen wir uns klarmachen, dass wir die Summe unserer Gewohnheiten sind. Wenn unsere Gewohnheiten die Kontrolle über unsere Absichten erlangen, bringen wir mit der Zeit Unordnung in das Gesamtsystem aus Körper, Geist und Seele. Die Summe von Arials Gewohnheiten ließ sie depressiv und anfällig für weitere gesundheitliche Beeinträchtigungen werden.

Ein grundlegender Schritt zur Auflösung der Luftigen Depression – um also Kraft zu gewinnen und Ängste zu lindern – ist die Einführung eines festen Tagesablaufs. Indem wir den Geist-Körper an feste Abläufe gewöhnen, trainieren wir die Physiologie, optimal zu arbeiten. Wenn die Physiologie ständig auf Unvorhergesehenes sowie zu den notwendigen Tageszeiten auf Nahrungsmangel reagieren muss, ist Chaos die unvermeidliche Folge.

Arial musste ihrem Leben eine äußere Struktur geben, damit ihr Körper einen inneren Rhythmus finden konnte. Als Naturwesen verfügen wir über eine innere Uhr, die die Rhythmen der natürlichen Welt widerspiegelt. Wenn wir dem Sonnenlauf folgen, wird unser Verdauungsfeuer maximiert; am besten sollten wir daher unsere Hauptmahlzeit am Mittag zu uns nehmen, wenn die Sonne (und unser Verdauungsfeuer) auf ihrem höchsten Stand sind. Der Zeitpunkt unserer Mahlzeiten ist von entscheidender Bedeutung.

Wie wir essen, ist allerdings ebenso wichtig wie *wann* wir essen. Arial musste sich entspannen, langsamer machen und das Essen riechen! Essen, während man im Stress ist, schadet dem Verdauungssystem. Nebenher zu essen, Auto zu fahren, während sie Fast Food hinunterschlang, und sich beim Multitasking ein paar Bissen hineinzustopfen – all dies beschleunigte Arials Nervensystem noch mehr. Ein solches Verhalten ist eine Stressreaktion, die zugleich mehr Stress erzeugt. Dies ist schlecht für unser Verdauungssystem. Wir sind evolutionär darauf programmiert zu essen, wenn wir entspannt sind. Dann konzentriert der Körper seine Ressourcen auf den Verdauungsprozess.

Zur Auflösung einer Luftigen Depression ist ausschlaggebend, dass ein fester Tagesablauf erstellt und eingehalten wird. Regelmäßig und etwa immer um dieselbe Tageszeit zu essen, war unerlässlich, wenn Arials Körper seine innere Ordnung wiedererlangen sollte. Arial musste lernen, nährende Speisen auf einem Teller anzurichten, sich hinzusetzen, die Speisen zu betrachten und dann langsam und bewusst sowie mit Freude zu essen.

Die individuelle Anpassung der Ernährung

Arial hatte keinen Hunger. Aus ayurvedischer Sicht ist dieses Symptom bedenklich, weil es bedeutet, dass ihr Verdauungsfeuer schwach ist. Hunger ist die Botschaft, die das Gehirn erhält, wenn der Körper sagt, dass er nun dafür gerüstet ist, Nahrung zu verdauen. Es ist kein Wunder, dass Arial, als sie sich zwang, eine ganze Mahlzeit zu sich zu nehmen, Völlegefühl entwickelte und Symptome einer Magenverstimmung zeigte. Sie hatte das Gefühl, das Essen stecke im Darm fest. Schuld daran waren die kalten Getränke.

Die kalten Limonaden, die sie regelmäßig trank, bereiteten Arial Beschwerden. Sie löschten ihr Verdauungsfeuer, und das Koffein darin verstärkte ihre Stressreaktion. Darüber hinaus machten diese Limonaden sie manchmal bereits satt, und sie vernachlässigte deshalb das Essen. Zur Anregung ihres Verdauungsfeuers empfahlen wir Arial ein ayurvedisches appetitanregendes Chutney (siehe Kasten auf Seite 248f.). Auch ein heißer, dünner Ingwertee, vor den Mahlzeiten in kleinen Schlucken getrunken, war eine sanfte Möglichkeit, ihren Körper darüber zu informieren, dass Essen im Anmarsch war.

Sowie Arial ihr Gleichgewicht wiederfand, ging es ihr besser, und auch ihre körperlichen Kräfte kehrten wieder. Sie war bereit, ihre Ernährung individuell anzupassen, daher empfahlen wir ihr einen Vata beruhigenden Ernährungsweg. Durch die Wahl ihrer Nahrungsmittel würde sie den Körper im Idealfall mit nährender Erdung und beruhigenden Speisen erfüllen. Wir rieten ihr zu warmen, schweren Speisen, die mit guten Fetten wie Ghee (geklärte Butter) und Ölen, die reich an Omega-3- und Omega-6-Fettsäuren sind, zubereitet wurden. Ihr Nervensystem brauchte zur Stärkung gute Fette.

Sobald Arial Nahrungsmittel aus ayurvedischer Sicht begreifen konnte, was ihr das Essen nicht mehr lästig. Sie lernte, Lebensmittel als Informationspakete zu betrachten, die die Naturelemente in ihren Körper transportierten. Wir rieten ihr, vorzugsweise zu süßen, sauren und salzigen Geschmacksrichtungen zu greifen. Der süße Geschmack übermittelte ihr die schweren und soliden Eigenschaften von Erde und Wasser und erdete damit ihre Physiologie, indem er ihre Energie verlangsamte und konsolidierte. Die schweren und feurigen Eigenschaften des sauren und salzigen Geschmacks glichen die zerstreute, leichte und kalte Natur von Vata aus. Die Fähigkeit unserer Physiologie, die in der Nahrung verschlüsselten Botschaften zu verstehen, geht nämlich bei weitem über das hinaus, was unsere Geschmacksknospen wahrnehmen.

Zunächst dachte Arial, süße, saure und salzige Geschmacksrichtungen bedeuteten, dass sie Salt-and-Vinegar-Kartoffelchips sowie Schokoladenkekse bevorzugen sollte. Doch denken Sie nach, Arial! Süßes kommt aus dem vollen Korn zu uns, etwa in Reis oder Hirse; außerdem aus einigen Gemüsesorten wie Erbsen, Karotten und Rote Beete. Wir rieten Arial, sich die sechs Geschmacksrichtungen aus gesunden Lebensmitteln zu holen. Ein ideales Abendessen für sie wäre Reis-Pilaw mit Huhn, Erbsen, Karotten, Mandeln und Rosinen, aromatisiert mit wärmenden Gewürzen wie Zimt, Kurkuma, Ingwer, Pfeffer und Salz.

Kräuter: Ernährung auf einer höheren Stufe

In Arials Fall empfahlen wir ayurvedische Kräuterpräparate (siehe Rubrik Quellen im Anhang), um die Beruhigung und den Neuaufbau ihres Nervensystems zu unterstützen. Die wichtigsten Kräuter in den Präparaten waren Ashwagandha (*Withania somnifera*, Schlafbeere), Shankapushpi (*Evolvulus alsinodes*, Ackerwinde) und Tagarah (*Valeriana officinalis*, Echter Baldrian).

Arials Nervensystem war erschöpft, daher bedurfte es etwas zur Regeneration. Paradoxerweise manifestierte sich ihre Erschöpfung jedoch in Anzeichen geistiger und körperlicher Hyperaktivität. Ihre Symptome waren Schlaflosigkeit, Ängste, Gedankenrasen und das Bedürfnis, ständig in Bewegung zu sein. Sie brauchte ein Kraut, das sowohl als Tonikum (revitalisierend) wie auch als Sedativum (beruhigend) wirkt – und genau dies tut Ashwangandha. Dieses Kraut ist sehr hilfreich bei Beschwerden, die durch Stress ausgelöst wurden, weil es den Einfluss von Vata-Dosha auf Kreislauf und Herzmuskelfunktion reguliert. Ashwagandha löst daher emotionale Instabilität auf und erfüllt die Physiologie mit innerer Ruhe.

Shankapushpi ist ein Kraut mit einer starken Affinität zum Nervengewebe. Es wirkt sehr effektiv bei Störungen wie Ängsten, Schlaflosigkeit und Schmerzen, die durch ein Ungleichgewicht im Vata-Dosha zustande kommen. Es leitet den Energiestrom durch die Hirnkanäle, verbessert damit die Gehirnfunktionen und lindert emotionale Instabilität. Außerdem ist es hilfreich, wenn Nervosität und Angst das Hungergefühl sowie die Fähigkeit, Nahrung richtig zu verdauen, beeinträchtigen.

Für Arials Schlafschwierigkeiten war Tagarah hilfreich, weil es ein natürliches Relaxans ist. Tagarah beruhigt Vata und sediert damit das Nervensystem. Tagarah ist ein wertvolles Geschenk aus der Pflanzenwelt und sollte zur Behandlung eines ungelösten emotionalen und körperlichen Ungleichgewichts, das den Schlaf stört, nicht dauerhaft eingesetzt werden. Stattdessen ist es als vorübergehende Maßnahme zu empfehlen, bis die Wurzel des Problems behoben ist.

Tagarah ist ein schweres Kraut, das die Schwingungsnatur des Erd-Elements enthält; daher wird es zum Aufbau emotionaler Stabilität und zur Schlafförderung eingesetzt. Die Schwere, die dieses Kraut an die Physiologie weitergibt, erdet die Unrast, die durch übermäßige Anspannung, Angst und Unruhe aufgrund eines Ungleichgewichts im Vata-Dosha ausgelöst wird. Es wirkt effektiv bei Schlaflosigkeit und Panikattacken. Zu den Mechanismen der beruhigenden Wirkung von Tagarah gehört möglicherweise, dass es den Spiegel eines hemmenden Botenstoffes im Gehirn, der sogenannten Gamma-Aminobuttersäure (abgekürzt GABA nach der englischen Bezeichnung gamma-aminobutyric acid), erhöht. Damit erfüllt Tagarah eine ähnliche Funktion wie die synthetischen Tranquilizer Valium und Lorazepam. Auch andere wichtige Botenstoffe, darunter Dopamin und Serotonin, werden von Tagarah beeinflusst. Die Wirkung dieses Krauts auf den Geist ist wahrscheinlich komplexer als die reine Stimulation beruhigender Rezeptoren im Gehirn.

Tagarah ist einer synthetischen Schlaftablette vorzuziehen, weil es erwiesenermaßen sicher und effizient wirkt. Studien aus der ganzen Welt haben gezeigt, dass die Einnahme dieses Krauts vor dem Schlafengehen die Qualität der Ruhe verbessert, zu der die Betroffenen finden. Es wirkt substanziell effektiver als ein Placebo und nebenwirkungsfrei auf die Verbesserung der Schlafqualität. Hirnwellen-Untersuchungen bestätigen, dass die Probanden nach der Einnahme von Tagarah längere Zeit in tieferen Schlafphasen verweilen. Das Kraut verringert außerdem sowohl die Zeit bis zum Einschlafen als auch die Häufigkeit des nächtlichen Aufwachens, und es erzeugt keine Nebenwirkungen in Form morgendlicher Benommenheit.

Brennende Depression: Haben Sie nach einem Arbeitsessen immer noch Hunger?

Barbaras Appetit war pünktlich. Sie konnte die Uhr danach stellen. Um zwölf Uhr mittags verlangte ihr Magen nach Aufmerksamkeit, egal was sie gerade tat, und sie gab ihm gerne nach.

Barbara ging eine private Essenseinladung mit derselben Leidenschaftlichkeit an wie ein Arbeitsessen. Lebhaft und meinungsstark wie sie war, hatte sie Freude an intensiven Gesprächen. Nach zwei Gläsern Wein wurde alles zum Streitgespräch. (Was seinen ordentlichen Tribut von ihrer Verdauung forderte!)

Ihre ganze Verdauungskraft ging in die Verstoffwechselung des Gesprächs, nicht ihres Essens. Daher ist es nicht weiter verwunderlich, dass Barbara sich nach dem Essen nicht wohlfühlte, obwohl sie gute Nahrung zu sich nahm. Außerdem stellte sie fest, dass sie weniger aß und trotzdem zunahm. Ihr Gaumen war abgestumpft und nahm keine feinen Geschmacksunterschiede mehr wahr; daher bevorzugte sie brennend scharfe, stark gewürzte Speisen. Aber selbst dann schmeckte sie kaum noch, was sie aß. Essen war für sie zum größten Teil ein mechanischer Prozess. Barbara ging immer in gewisser Weise unbefriedigt vom Tisch. Sie hungerte stets nach mehr. Auf der körperlichen Ebene verlangte es sie nach mehr Essen; auf der emotionalen Ebene wünschte sie sich ein stärkeres Gefühl der Verbundenheit und auf der spirituellen Ebene sehnte sie sich nach ein wenig Erfüllung im Leben.

Barbara hatte sich nie als kränkelnden Menschen empfunden, doch in letzter Zeit war sie oft beim Arzt gewesen. Ein quälendes brennendes Gefühl im Magen wurde zur Belastung. Sie hatte häufige kurze Durchfall-Schübe, insbesondere wenn sie mehrmals hintereinander abends auswärts gegessen hatte. Ihre Erwachsenenakne war wieder aufgetreten. Migräne-Kopfschmerzen behinderten sie bei der Arbeit. Sie machte sich Sorgen, ihr Körper könne kurz vor dem Zusammenbruch stehen.

Bewusstheit entwickeln

Barbaras Fall dient als Beispiel dafür, was geschieht, wenn der Geist das Essen nicht verdaut. Ihre Aufmerksamkeit lag nicht auf dem Prozess des Essens. Wenn Sie nicht darauf achten, was Sie gerade zu sich nehmen, fehlt eine wichtige Verdauungsphase. Diese erste mentale Stufe des Verdauungsprozesses ist äußerst wichtig, weil sie einem optimalen Stoffwechsel den Boden bereitet.

Die Vorbereitung des Verdauungssystems findet im Gehirn statt. Erfolgt sie nicht, werden weniger Enzyme bereitgestellt, und die Darmbewegung (Peristaltik) wird ineffizient, so dass die Nahrung weder richtig aufgespalten noch entlang der Darmwände weitergeschoben wird. Auf lange Sicht kommt es zu einer vermehrten Anfälligkeit für Verdauungsbeschwerden, Darmstörungen, Überempfindlichkeiten und Erschöpfung. Barbara wies alle diese Symptome auf.

Barbara verdaute ihre Nahrung ganz ähnlich wie sie auch ihre Lebenserfahrungen verarbeitete. Sie achtete nicht auf ihre Innenwelt. Ihre gesamte Aufmerksamkeit konzentrierte sich ausschließlich auf die Vorgänge in der Außenwelt. Dies ist ein wiederkehrendes Motiv in ihrem Leben. Denken Sie daran, dass ihre Depression zum großen Teil darauf zurückzuführen war, dass sie nicht auf ihr Innenleben, ihre Gefühle achtete. Emotionen haben eine Funktion. Sie sind Wegweiser, die uns wichtige Informationen darüber vermitteln, wie wir durch das Leben manövrieren. Sie zu ignorieren, ist gefährlich.

Leider wäre Barbara bei ihren bereits bestehenden Beschwerden nicht geholfen, wenn man sie lediglich bäte, bestimmte Regeln zur Vorbereitung ihrer Verdauung einzuhalten, da sie ja noch nie auf ihr Bauchgefühl gehört hatte. Im Moment war es wichtig, ihr Pitta-Dosha ins Gleichge-

Essen: nährende Riten

wicht zu bringen. Der Verzicht auf scharfe Gewürze und eine Pitta beruhigende Ernährung trugen wesentlich dazu bei. Barbara wurde gebeten, so lange keinen Alkohol mehr zu trinken, bis ihre körperlichen Beschwerden weitgehend behoben wären. Diese Interventionen brachten praktisch sofort Erleichterung und motivierten sie, weitere ayurvedische Vorschläge umzusetzen.

Bewusstheit für Geschmack, Geruch und Konsistenz des Essens zu entwickeln, war für Barbara eine wichtige Lektion. Sie übertrug diese Fähigkeit zu bewussterer Wahrnehmung treffend auf ihr Gefühlsleben. Mit der Zeit lernte sie, ihre Gefühle besser zu beobachten und wertzuschätzen. Da sie nun bewusster wahrnehmen konnte, wie es ihr ging, vermochte sie auch, Verbindungen zwischen Wahrnehmung und Verhalten herzustellen. Das Verständnis für sich selbst öffnete ihr Herz dem Verständnis für andere. Ihre Beziehungen verbesserten sich, was ihre Stimmung sichtlich hob.

Barbaras Pitta beruhigende Ernährung bestand aus Nahrungsmitteln mit deutlich süßem, bitterem und herbem Geschmack – mit Schwerpunkt auf dem Süßen. Diese Aromen korrigieren die überschüssige emotionale und körperliche Hitze, die von einem Menschen mit Pitta-Ungleichgewicht ausgeht. Sie vermitteln der Physiologie etwas Kühlendes und Verteilendes zum Ausgleich der Hitze und Intensität, die für eine Brennende Depression so typisch sind.

Milch, Butter und Ghee taten Barbaras Physiologie gut. Olivenöl und Zitronensaft ergaben ein ideales Salatdressing. Regelmäßige Portionen weißer Reis, Gerste und Hafer verringerten die Säure in ihrem Magen. Barbara mochte Obst und freute sich zu hören, dass süßes Obst wie Trauben, Kirschen und Mango ihren physiologischen Bedürfnissen ausgezeichnet entsprechen. Auch eine Vielzahl an Gemüsen passte gut zu ihr: Spargel, Kürbis, Karotten, Süßkartoffeln, Okra, grünes Blattgemüse, Brokkoli, Blumenkohl, Sellerie, Rosenkohl und Zucchini. Gewürze wie Fenchel, Zimt, Kurkuma, Koriander und Kardamom gaben ihren Speisen die Würze, die sie so liebte, ohne ihren Darm zu reizen. Hin und wieder waren auch frischer Ingwer, Kreuzkümmel und schwarzer Pfeffer in kleinen Mengen erlaubt. Meeresfrüchte und Geflügel lieferten ausgezeichnete tierische Eiweiße.

Kräuter: den Geist-Körper nähren

In Barbaras Fall wurden ayurvedische Pflanzenpräparate (siehe Rubrik Quellen im Anhang) empfohlen, die zu Beruhigung und Neuaufbau ihres Nervensystems beitragen sollten. Die wichtigsten Kräuter in den Präparaten waren Arjuna (*Terminalia arjuna*, Myrobalanenbaum, der sogenannte „Weißdorn des Ayurveda"), Brahmi (*Bacopa monnieri*, Kleines Fettblatt) und Jatamansi (*Nardostachys jatamansi*, Indische Narde). Arjuna ist ein Herzstärkungsmittel, das zugleich überschüssiges Pitta-Dosha aus dem Blut entfernt. Wir erwähnen es als zentrales Kraut bei Depression, weil chronische Traurigkeit dem Herzen schadet. Studien haben gezeigt, dass Depressionen mit am stärksten zu Herzerkrankungen beitragen. Arjuna heilt das Herz auf emotionaler und körperlicher Ebene. Auf der emotionalen Ebene lindert es die Entzündlichkeit (Pitta) hitziger Gefühle und die durch emotionales *Ama* hervorgerufene Verstopfung (Kapha). Auf der körperlichen Ebene stärkt es die Herzmuskeln und tonisiert die Blutgefäße, so dass sie elastisch bleiben, wodurch es hohem Blutdruck vorbeugt.

Brahmi wird zur Erholung von mentalem Stress eingesetzt. Es hat einen bittersüßen Geschmack, wirkt energetisch kühlend und ist von leichter Qualität. Dieses Kraut hat eine Affinität zu Gehirn und Nervengewebe. Es entspannt die Nerven in der gesamten Physiologie, lockert Muskelanspannung und verbessert Gedächtnis, Lernfähigkeit und Konzentration.

Jatamansi ist ein Kraut, das zur selben Familie wie Tagarah (Indischer Baldrian) gehört, wirkt aber stärker kühlend auf die Physiologie als Tagarah und hilft daher beim Abbau von mentalem Druck, der frühmorgendliches Erwachen auslöst.

Erdige Depression: Frisst vermeintliches *Futter für die Seele* Sie auf?

Essen war eines der wenigen Dinge, die Ed noch glücklich machten. Wenn es darum ging, ihm über die emotionalen Beschwernisse des Tages hinwegzuhelfen, konnte eine kleine Süßigkeit wahrhaft Großes leisten. Manchmal waren der Schmerz und die Schwere in seinem Inneren einfach zu viel; dann tröstete er sich schon fast automatisch mit einem süßen Gebäckstück. Heiße Schokolade war auch ganz besonders beruhigend. Die Momente, in denen er im Geschmack dieser Nahrungsmittel versinken konnte, lösten ihn aus seiner unbegreiflichen Traurigkeit. Hinterher nahm er es sich übel, dass er wieder auf seine alte Schiene geraten war. Doch wenn er wütend auf sich sein und Schuldgefühle haben konnte, fühlte er sich zumindest wieder lebendig – irgendwie lohnte es sich also doch.

Früher hatte Ed gerne gekocht. Mit Freude blätterte er Kochbücher durch; schon allein der Anblick schöner Speisen regte seine Geschmacksknospen an. Allerdings hatte er im Laufe des letzten Jahres, als die Depression immer mehr von ihm Besitz ergriff, weder die Energie noch den Wunsch, eine Mahlzeit zuzubereiten. Die Verantwortung fürs Kochen war komplett auf seine Frau Janice übergegangen.

Im Gegensatz zu Ed kochte Janice nicht gerne. Ihre Mahlzeiten bestanden zum größten Teil aus Dosengerichten und Tiefgefrorenem. Auf dem Speiseplan standen häufig Fertigmahlzeiten, die in der Mikrowelle schnell erhitzt werden konnten. Ed aß lustlos. Aus Respekt vor den Mühen seiner Frau fühlte Ed sich verpflichtet aufzuessen, was sie ihm vorsetzte. Er konnte sich nicht erinnern, wann er zum letzten Mal richtig Hunger gehabt hatte. Mit Ausnahme der Süßigkeiten, die ihn ein paar Minuten lang aus seiner Depression hoben, aß Ed aus reinem Pflichtgefühl.

Warum Nervennahrung an den Nerven zehrt

Was wir als Nervennahrung oder „Futter für die Seele" bezeichnen, heißt im Englischen „comfort food" (Trostessen). Das Wörterbuch definiert es als „Speisen, die ein emotionales Wohlgefühl vermitteln" oder „Speisen oder Getränke, zu denen man greift, um vorübergehend Erleichterung, Sicherheit oder Belohnung zu finden". Was als Nervennahrung gilt, ist individuell verschieden, enthält aber immer Standard-Zutaten: Jede Menge einfache Kohlenhydrate und Zucker, viele Fette und ein Element, das uns in wohlige Kindheitstage zurückversetzt. Analysieren wir Eds Gelüste nach Süßem in diesem Licht:

Vorhersehbarkeit lässt Ed förmlich aufleben, daher fiel es ihm seit jeher schwer, mit Übergangsphasen im Leben zurechtzukommen. In Zeiten großer Veränderungen läuft er stets Gefahr, aus dem Gleichgewicht zu geraten. Ed ist von Natur aus ein fürsorglicher Mensch. Intuitiv erfasst er die Gefühle anderer und reagiert entsprechend darauf. Wenn er sich physiologisch im Gleichgewicht befindet, ist er liebevoll, einfühlsam und unbeschwert. Gerät er aber aus dem Gleichgewicht, sucht er Trost, um seine Stabilität wiederzufinden. Weil Ed immer anderen seine Schulter zum Anlehnen anbietet, ist er es nicht gewohnt, für sich selbst um emotionale Unterstützung zu bitten. Er greift zu Nahrungsmitteln, um sein süßes Wohlgefühl wiederzuerlangen.

Aus westlich-wissenschaftlicher Sicht haben Studien bewiesen, dass Nervennahrung, besonders wenn sie kohlehydrat- und fettreich ist, die menschliche Stimmung beeinflussen kann. Cholecystokinin (CCK) ist ein Hormon, das auf Gehirn, Gallenblase und Bauchspeicheldrüse wirkt. Es wird kurz nach Beginn des Essens ausgeschüttet, insbesondere wenn man fette Speisen zu sich nimmt. Wissenschaftler vermuten, dass ein hoher CCK-Spiegel im Blut zu einer gewissen Sedierung führen kann, und zwar durch Aktivierung der Opioid-Bahnen im Gehirn, wie dies auch bei Drogen wie Opium geschieht (allerdings in vermindertem Ausmaß).

Die Süße von Zucker beruhigt die Nerven. Nahrung enthält die Bausteine, aus denen der Körper biochemische Stoffe herstellt. Im Falle von weißem Zucker liefert die Saccharose die Grundmoleküle zum Aufbau der Hirnchemikalien, die mit „süßen Gefühlen" verbunden sind. Saccharose enthält Tryptophan, eine Aminosäure, die das Gehirn zur Herstellung von Serotonin benötigt. Kurzfristig fühlt man sich nach fettig-süßen Speisen körperlich gesättigt und emotional befriedigt.

Aus ayurvedischer Sicht übermittelt der Geschmack Botschaften aus der natürlichen Welt. Der süße Geschmack, der die Eigenschaften von Erde und Wasser weitergibt, steht in Bezug zum Kapha-Dosha. Dieser erdende Geschmack wird daher im Allgemeinen zum Ausgleich von Vata- wie auch von Pitta-Dosha eingesetzt. In Eds Fall verstärkte der süße Geschmack sein Ungleichgewicht lediglich noch.

Ed würde von Speisen mit bitterem, scharfem und herbem Geschmack profitieren. Bittere Speisen wie Oliven, Grapefruit und grünes Blattgemüse wie Grünkohl, Mangold und Spinat tragen dazu bei, dass er sich leichter fühlt. Auch Rosenkohl und andere Kohlarten sind gut. Wir empfahlen ihm scharfe Gewürze wie Chili und schwarzen Pfeffer, Senfsamen, Ingwer, Kreuzkümmel und Knoblauch, dazu Gemüse wie Rettich und Zwiebeln. Herbe Hülsenfrüchte wie Linsen und Kichererbsen sowie Getreidearten wie Gerste halfen ihm sehr. Honig ist eine gesunde Süßquelle, die zugleich etwas Herbes vermittelt. Ed wurde eine Kapha beruhigende Ernährung empfohlen. So depressiv wie er damals war, hatte er aber wahrscheinlich nicht die Energie, sich ein neues Essverhalten anzugewöhnen.

Das drängendste Problem, das Ed bereitwillig angehen konnte, war der Abbau von *Ama* in seinem Körper. Die tote Nahrung, die er zu sich nahm, verschlackte seine Physiologie. Toter Nahrung fehlt es an *Prana*. Sie vermittelt dem Esser keine Energie und der Physiologie keine Intelligenz. Stellen Sie sich verarbeitete Speisen als „virtuelle Speisen" vor. Sie sehen so aus, als würden sie eine gesunde Botschaft vermitteln, und sie schmecken womöglich sogar gut, aber sie haben keine echte energetische Substanz. Sie belasten den Körper lediglich mit der Aufgabe, sie aus dem System zu entfernen. Der Verzicht auf tote Speisen sollte bei Ed schließlich zum Abbau von *Ama* führen und sehr dazu beitragen, dass seine Gelüste nach Nervennahrung nachließen.

Es half Ed, wenn er verstand, wie sich die verschiedenen Nahrungsmittel auf seine Physiologie auswirkten. Sobald er begriffen hatte, woher die Gelüste kamen, war er offen für *Ama* abbauende Interventionen. Zwar mangelte es Ed an Motivation, aber es war ihm auch verzweifelt an einem Ende seiner Depression gelegen. Bisher hatte nichts funktioniert. Er war bereit, sich auf einen Versuch einzulassen, und konnte Veränderungen vornehmen, solange sie ihn nicht überforderten. Der erste Schritt bestand darin, den Konsum toter Nahrungsmittel so weitgehend wie möglich einzuschränken. Eine noch leichter zu befolgende, dabei aber höchst wirkungsvolle Intervention bestand darin, dass er begann, über den Tag verteilt heißes, gewürztes Wasser zu trinken. Das heiße Wasser und die Gewürze gaben Ed die beruhigende Wärme, die er brauchte. Dieses Getränk aktivierte außerdem sein Verdauungssystem und leitete den Abbau von *Ama* ein. Über den Tag verteilt heißes, gewürztes Wasser zu trinken – das könnte er schaffen, glaubte Ed. Sowie seine Physiologie von *Ama* befreit war, fühlte er sich leichter und hatte mehr Energie. Danach konnte er anfangen, andere Veränderungen in seine Essgewohnheiten aufzunehmen.

Eine *Ama* reduzierende Ernährung bestand für Ed in erster Linie aus warmen und leichten Speisen, die mit hochwertigen, frischen Produkten zubereitet wurden. Menschen, die unter einer Erdigen Depression leiden – mit den Kennzeichen geistige Abgeschlagenheit, emotionale Schwere, körperliche Verstopfung und Motivationsmangel – profitieren, wie oben gesagt, von einer vermehrten Zufuhr von Speisen mit bitterer, scharfer und herber Geschmacksrichtung. Analysieren wir einmal, warum.

Der bittere Geschmack besteht aus Luft und Äther und vermittelt der Physiologie daher die Eigenschaften dieser Elemente. Da eben dies die Elemente sind, die im Geist vorherrschen, ist es auf einer feinstofflicheren Ebene nicht verwunderlich, dass der bittere Geschmack die profunde Wirkung hat, geistige Freiräume zu öffnen (aufgeschlossener zu machen). Ayurveda zufolge vermittelt der bittere Geschmack ein Gefühl von Ruhe, Gelassenheit und innerem Abstand.

Der scharfe Geschmack besteht aus Feuer und Luft. Er regt das mentale *Agni* an, fördert Klarheit, Wahrnehmung und Denkvermögen. Scharfe Speisen wirken heiß und würzig. Wenn wir sie essen, brennen sie auf ihrem Weg durch unseren Körper. Sie lindern eine Erdige Depression, weil sie auf der grobstofflichen Ebene die Zufuhr von Blut und Nährstoffen sowie auf der feinstofflichen Ebene die von *Prana* verstärken. Scharfe Geschmacksrichtungen vermittelten Ed Hitze und Antrieb. Genau dies braucht man, um *Ama* zu beseitigen und ein Kapha-Ungleichgewicht aufzuheben.

Der herbe Geschmack besteht aus Erde und Luft. Er sorgt dafür, dass sich der Mund zusammenzieht. Seine therapeutische Wirkung ist austrocknend, was insbesondere Kapha ins Gleichgewicht bringt.

Kräuter: Die Last leichter machen

Die Erdige Depression wird auf körperlicher Ebene aufrechterhalten. Sehr häufig haben Menschen, die an einer Erdigen Depression leiden, starke Gelüste nach süßer und schwerer „Nervennahrung". Eds übermäßiger Genuss insbesondere von Süßigkeiten erzeugte *Ama*. Darüber hinaus vermittelten ihm die toten Speisen, die er gewöhnlich zu sich nahm, keine Vitalität.

Wie wir anhand von Eds Fall sehen können, fühlen sich Menschen mit einem Ungleichgewicht im Kapha-Dosha so, als steckten sie im Schlamm fest. Die Schwere klebt an ihnen, und die Erde verschleiert ihre Sicht. Sie kommen sich vor, als müssten sie die Last der Welt hinter sich herziehen. Ihnen fehlt jegliche Motivation, daher empfinden sie jede Aufgabe als Schinderei. Dies ist ein Nebenprodukt einer Physiologie voller *Ama*.

Wir verschrieben Präparate mit Kräutern, welche die Ziele von Eds Ernährungsprogramm förderten: *Ama* zu verringern und Kapha-Dosha ins Gleichgewicht zu bringen.

Punarnava (*Boerhaavia diffusa*) ist ein Kraut, dessen Name auf Sanskrit „wieder neu" oder „sich selbst verjüngend" bedeutet. Punarnava erneuert die Physiologie, indem es Transportkanäle öffnet. Seine effektive Reinigungswirkung sorgt dafür, dass die Nährstoffe in die Gewebe gelangen können. Es hat bittere, kühlende, trockene und leichte Eigenschaften. Sobald es verdaut ist, weicht sein bitterer Geschmack einer Schärfe, die der Physiologie Hitze vermittelt. Punarnava entfacht das Verdauungsfeuer und ist hilfreich bei einem trägen Verdauungssystem. Es reduziert Kapha in Brust und Lungen und ermöglicht einen stärkeren *Prana*-Fluss, weil es die Kanäle von Blockaden befreit. Es versorgt die Herzmuskeln mit Nährstoffen und fördert die Spannkraft, weil es die Physiologie leichter macht.

Vacha (*Acorus calamus*, Kalmus) ist ein Kraut mit anregender Wirkung, wodurch es sich als hilfreich erweist zur Behandlung einer Depression, die durch Motivationsmangel und geistige Trägheit gekennzeichnet ist – die Erkennungszeichen einer Erdigen Depression. Vacha wird in erster Linie angewendet, um den Geist zu öffnen, die Konzentration zu verbessern und das Denken klarer zu machen. Es wirkt erwärmend und ist von trockener, leichter und durchdringender Qualität. Seine Kombination aus scharfen, bitteren und herben Geschmacksnoten wirkt ausgleichend auf Vata- und Kapha-Dosha sowie zugleich auf Pitta-Dosha und hebt dadurch den Stillstand in den feinstofflichen Geisteskanälen auf. Es nährt das mentale und emotionale *Agni* und stärkt dadurch die Fähigkeit des Geistes, Lebenserfahrungen zu verdauen. Auf einer grundlegenderen Ebene weckt es auch das stoffwechseleigene Verdauungsfeuer, so dass *Ama* im Verdauungstrakt beseitigt wird.

Das Leben verstoffwechseln: Essen Sie sich die Seele aus dem Leib?

Der Stoffwechsel ist nicht auf den Körper begrenzt. In Wirklichkeit bedeutet Stoffwechsel, dass alles, womit wir in Berührung kommen, in gewisser Weise aufgenommen, verdaut, verwertet und ausgeschieden wird. Die wissenschaftliche Forschung bestätigt in zunehmendem Maße, was der tibetische Lama Tarthang Tulku sagt: „Wenn positive oder freudige Gefühle und Einstellungen durch jedes Organ fließen und in unserem gesamten System zirkulieren, werden unsere physikalischen und chemischen Energien verwandelt und ins Gleichgewicht gebracht."

Es gibt eindeutig eine Verbindung zwischen unserem Denken und Fühlen und der im Körper erzeugten Chemie – der Kaskade an biochemischen Stoffen, die das Körpersystem durchfluten. So löst zum Beispiel ein stressiger Umstand Wut aus. Dieses Gefühl kann wiederum im Körper die Ausschüttung von Stoffen wie Adrenalin und Cortisol einleiten, welche die effektive Arbeit von Verdauungs- und Immunsystem behindern.

Die Entwicklung von Bewusstheit ist eine lebenslange Aufgabe. Zweck des folgenden Fragebogens ist es, Sie in Einklang mit Ihren Ernährungsgewohnheiten und deren Auswirkungen auf die geistigen und emotionalen Vorgänge in Ihnen zu bringen. Die Fragen sind als Anregung zum Nachdenken gedacht. Wenn Sie bei einer Frage nicht weiterkommen, bitten Sie einen nahestehenden Menschen um seine Meinung. Manchmal kann jemand, der uns gut kennt, eine große Hilfe sein, wenn wir uns bewusster werden wollen, wie wir funktionieren. Schließlich sind wir so sehr an uns selbst gewöhnt, dass uns unsere Angewohnheiten oft gar nicht mehr auffallen. Die Fragen wollen Ihnen helfen, einen genaueren Blick auf sich selbst zu werfen.

1. Was passiert mit Ihren Essgewohnheiten, wenn Sie ängstlich sind?
   - Neigen Sie dann dazu, mehr oder weniger zu essen?
   - Tun Sie mal das eine, mal das andere, je nach Situation?
   - Löst eine bestimmte Tageszeit Angstessen in Ihnen aus?
   - Welche Situationen lösen Angstessen aus?
   - Essen Sie an bestimmten Wochentagen mehr?
   - Wenn Sie eine Frau sind: Essen Sie vor oder während Ihrer Menstruation anders?
   - Steht Ihr Angstessen im Zusammenhang mit Beruf oder Familie?
   - Was passiert mit Ihren Ernährungsgewohnheiten, wenn Sie unter Stress stehen?

2. Wie oft essen Sie unter Stress?
   - Neigen Sie zu bestimmten Speisen, wenn Sie sich gestresst fühlen?
   - Wenn ja, schreiben Sie auf, welche. Wie fühlen Sie sich eine Stunde nachdem Sie diese gegessen haben?
   - Gibt es körperliche Symptome, die Ihnen währenddessen oder danach aufgefallen sind?
   - Wie viel Zeit nehmen Sie sich in Stress-Zeiten für Ihre Mahlzeit?
   - Schmecken Sie Ihr Essen?
   - Kauen Sie Ihr Essen gründlich oder schlingen Sie es herunter?

3. Rufen Sie sich eine Situation ins Gedächtnis, als Sie nach einer Mahlzeit körperlich und emotional befriedigt waren.
   - Wo waren Sie?
   - Mit wem haben Sie gegessen?
   - Wer hat gekocht?
   - Welches war der Anlass?
   - Welche Empfindungen blieben zurück?

FÜNFZEHN
Und jetzt?

Sie haben nun eine bewusstseinsbasierte Weltanschauung kennengelernt, die Ihnen ein tiefes Verständnis der Depression vermittelt. Jetzt wissen Sie, dass sich die Depression nicht nur in Ihrem Kopf abspielt und es dabei um mehr geht als um ein gestörtes Gehirn. Inzwischen sehen Sie sich, so hoffen wir, als nahtloses energetisches System, als ein Schwingungsmuster, das in einem Meer aus Intelligenz schwebt. Sie sind sich nun deutlicher bewusst, dass Sie auf vielfältigste Art und Weise in ständigem Austausch mit Ihrer Umwelt stehen. Ihr neues Wissen über das allem zugrunde liegende Bewusstsein hat Ihrem Leben mehr Tiefe und Weite gegeben. Aufgrund dieses lebensverbessernden Wissens haben Sie begonnen, Lebenserfahrungen auf andere, ganzheitlichere Weise zu verstoffwechseln.

Die Botschaft, die wir hoffentlich vermitteln konnten, lautet, dass Glück das Nebenprodukt einer randvoll mit Vitalität erfüllten Physiologie ist. Ayurveda zufolge sind wir als Wesen von Bewusstsein essenziell auf Glück programmiert – es steht uns von Geburt an zu. Allerdings werden wir im Laufe des Lebens und insbesondere dann, wenn wir unsere Physiologie bei der Aufrechterhaltung ihres Gleichgewichts nicht unterstützen, unweigerlich mit den Überresten eines unverarbeiteten Lebensstils verschlackt. Physisches, mentales, emotionales und spirituelles *Ama* (Giftstoffe) erzeugt Blockaden im Fluss unserer Lebenskraft. Wenn dies geschieht, verliert unsere Physiologie schließlich an Vitalität – und wir werden depressiv. Wir möchten hier allerdings die Auffassung unterstreichen, dass Depressionen auf dieselbe Art und Weise, wie sie zustande kommen, auch aufgelöst werden – Schritt für Schritt.

Ihr Sein mit neuer Vitalität zu erfüllen, ist ein lohnendes Unterfangen. Vermittler von Vitalität stehen uns zahlreich zur Verfügung. Im Allgemeinen haben sie zum Ziel, Ihrer Physiologie vitale Energie einzuflößen, Blockaden aufzulösen, den freien Fluss Ihrer Lebenskraft zu fördern und die vielen Aspekte Ihres Seins in ein vitales Ganzes zu integrieren. Ayurvedische Interventionen sind bewusstseinsbasiert. Von der Bewusstseinsebene beziehen wir die Energie, die erforderlich ist, um positive Veränderungen und vielseitiges Wachstum möglich zu machen. Die systematische Praxis des Selbst-Bezugs, die durch Meditation noch verbessert wird, kann uns helfen, die notwendige Kraft zu entwickeln, um die tiefsitzenden Wurzeln der Depression zu entwirren.

Ja, es ist möglich: Durch körperliche Bewegung, (Yoga-) Haltungen, Aufladen Ihrer Batterie durch Schlaf und nährendes Essverhalten sowie durch das Einatmen von *Prana* können Sie die Dunkelheit überwinden. Doch wissen Sie, wo Sie anfangen sollen? Bei allen verfügbaren Interventionen – welche kann für Sie den natürlichen Heilungsprozess bei Depressionen in Schwung bringen?

Wissen in Handeln umsetzen

Unser Rat lautet: Tun Sie, so viel oder so wenig wie Sie können – aber *tun* Sie etwas! Nehmen Sie Ihre Heilung selbst in die Hand. Die folgenden Fragen können Ihnen helfen herauszufinden, wo Sie anfangen sollen: Welche Idee in dem Buch hat Sie zum Nachdenken gebracht? Markieren Sie sie, prägen sie sich ein und schreiben sie auf. Lassen Sie sich davon inspirieren, wenn Sie sich nun auf Ihren Heilungsweg begeben. Nutzen Sie sie als Wendepunkt für Ihr Leben. Welches Kapitel hat Sie am stärksten angesprochen? Lesen Sie es noch einmal und entwickeln Sie daraus einen Handlungsplan für sich. Welche Intervention hat Sie am meisten beeindruckt? Versprechen Sie sich, sie auf der Stelle umzusetzen.

Ihr Weg zur Heilung kann mit Interventionen beginnen, die einen oder mehrere beliebige Aspekte Ihres Seins ansprechen. Wenn Sie mit einigen wenigen Schritten, die in diesem Buch vorgeschlagen werden, beginnen und nach und nach andere hinzufügen, sobald Sie mehr Schwung haben, werden Sie schon bald Verbesserungen feststellen. Sie werden sich gesünder fühlen, und nach und nach wird das Glück aus Ihrer Physiologie strahlen. Da sind wir ganz sicher.

Es ist einer der wichtigsten Grundsätze von Ayurveda, dass wir Stress und Belastungen minimieren müssen. Das Leben sollte in Übereinstimmung mit den Gesetzen der Natur geführt werden, aber auch leicht sein. Mit diesem Gedanken im Hinterkopf legen wir Ihnen nahe, nicht zu viele Veränderungen auf einmal vorzunehmen. Entscheiden Sie, welche Ihnen am meisten helfen könnte, und bauen Sie diese in Ihren Alltag ein. Mit der Zeit können Sie weitere Interventionen hinzufügen, aber tun Sie *nie* zu viel auf einmal.

Wo anfangen: Sei dir selber treu

Inzwischen sollten Sie die drei verschiedenen Archetypen der Depression kennen. Vielleicht haben Sie ein sicheres Gespür oder aber nur eine Ahnung, wie Ihre Depressionserfahrung sich unter die Archetypen einordnen lässt. Möglicherweise haben Sie sich aber auch in keinem der drei Fälle ganz wiedergefunden, sondern sich in Teilen in allen drei Archetypen wiedererkannt – dies ist häufig der Fall. Es ist ganz normal, dass die Symptome einer Depression sich überschneiden und das gesamte Spektrum der Ungleichgewichte abdecken.

Depressionen können sich in ihrem Ausdruck verändern, insbesondere wenn sie unbehandelt bleiben oder lange anhalten. Sie können sich von einem Archetyp in den anderen verwandeln. Es ist sehr gut möglich, dass Sie in unterschiedlichen Lebensphasen unterschiedliche Symptome erlebt haben.

Vielleicht begleitet Sie die Depression schon Ihr Leben lang. Manchen Menschen folgt die Traurigkeit aus der Kindheit bis ins Erwachsenenalter. Es ist nicht ungewöhnlich, dass depressive Erwachsene sich an eine Kindheit erinnern, die ebenfalls von Phasen der Traurigkeit durchbro-

Und jetzt?

chen war, oder sich als trauriges Kind bezeichnen. Oft sind die Betroffenen so sehr an ihre Depression gewöhnt, dass sie gar nicht wissen, dass ein anderes Dasein möglich ist. Sie begreifen ihre Depression eher als Charakterzug denn als Krankheit. Für sie ist es ganz besonders schwierig, herauszufinden, welchen Depressionstyp sie haben.

Da Sie nun das Buch gelesen und seinen Inhalt verdaut haben, sind Sie besser gerüstet, sich genauer anzusehen, welche Tendenzen und Erfahrungen Ihre einzigartige Manifestation der Depression kennzeichnen. Wir raten Ihnen dringend, über die Fragen in den drei folgenden Abschnitten gründlich nachzudenken und sie dann erst zu beantworten. Diese Übung hilft Ihnen, Ihre Heilungsmaßnahmen individuell auf Sie persönlich abzustimmen.

Der Geist-Körper-Fragebogen: Unsere Ungleichgewichte einschätzen

Der folgende Fragebogen dient der Einschätzung Ihrer Gewohnheiten und Neigungen, die zu Ihren Ungleichgewichten beitragen. Er ist in drei Abschnitte unterteilt. Wir schlagen vor, dass Sie zunächst alle Fragen lesen und dann diejenigen durchstreichen, die überhaupt nicht zu Ihnen passen. Lesen Sie danach die verbleibenden Fragen noch einmal und ordnen Sie ihnen dieses Mal einen Wert zu, der angibt, wie gut die jeweilige Frage Ihr persönliches Erleben und Ihre Neigungen beschreibt. Da Sie in verschiedenen Lebensphasen wahrscheinlich unterschiedliche Neigungen gezeigt haben, empfehlen wir, dass Sie bei der Beantwortung der Fragen an Ihren momentanen Gemütszustand denken. Verwenden Sie folgende Skala:

1: Trifft selten auf mich zu.
3: Trifft einigermaßen regelmäßig auf mich zu.
5: Trifft stark auf mich zu.

Notieren Sie am Ende jedes Abschnitts Ihre Gesamtpunktzahl.
Bitten Sie zuletzt jemanden, der Sie gut kennt, den Fragebogen für Sie

zu beantworten. Vergleichen Sie seine Antworten mit Ihren. Nutzen Sie mögliche Diskrepanzen, um Ihre Selbsteinschätzung weiter zu verfeinern.

Abschnitt Eins
1. Man sagt, dass ich auf Stress mit Angst reagiere.
2. Ich mache mir Gedanken, dass man mich nicht mögen könnte.
3. Ich reagiere überempfindlich auf Kritik.
4. Mit Unsicherheit kann ich schlecht umgehen.
5. Für mein Empfinden wird auf meine Bedürfnisse überhaupt keine Rücksicht genommen.
6. Es fällt mir schwer, meinem eigenen Urteil zu trauen.
7. Mein Energieniveau steigt und fällt.
8. Wenn ich nicht genug Ruhezeiten bekomme, werde ich schnell körperlich krank.
9. Wenn ich mich gestresst fühle, kann ich nicht mehr klar denken.
10. Wenn ich mich gestresst fühle, lässt mein Gedächtnis stark nach.
11. Ich kann mich oft nur schwer auf Aufgaben konzentrieren.
12. Ich habe häufig Einschlafschwierigkeiten.
13. Ich fühle mich schwach und nervös.
14. Meine Begeisterung und meine Lebendigkeit lassen stark nach, aber ich kann mich immer noch leicht wieder aufraffen.
15. Ich verliere schnell die Hoffnung, erlange sie aber auch rasch wieder.
16. Enttäuschungen kann ich relativ leicht überwinden.
17. Ich leide unter Stimmungsschwankungen – ich komme mir vor wie auf einer emotionalen Achterbahn.
18. Ich bin meistens unruhig und gereizt.
19. Ich kann nicht organisieren und habe meine Zeit nicht gut im Griff.
20. Es fällt mir schwer, Aufgaben abzuschließen.
21. Ich habe das Gefühl, ich kann mich nicht darauf verlassen, dass ich (mein Körper) meine Aufgaben erledige.
22. Ich bin der Meinung, die Kirschen in Nachbars Garten sind immer süßer, daher packen mich Anflüge von Neid.
23. Wenn ich depressiv bin, verspüre ich eine Leere, die durch nichts gefüllt werden kann.

24. Ich habe Angst, dass mich niemand mehr mag, wenn die anderen wissen, wie es mir innerlich wirklich geht.
25. Ich werde ungeduldig und will, dass sich etwas ändert.
26. Ich bin schnell enttäuscht vom Leben.
27. Ich erlebe nur flüchtige Momente der Zufriedenheit.
28. Wenn ich depressiv bin, fühle ich mich zu kurz gekommen und mache mir Gedanken über alles, was ich nicht habe.
29. Mein Tagesablauf ist schwankend oder ich habe ihn nicht im Griff.
30. Es macht mir übermäßig viel aus, wie andere mich wahrnehmen und auf mich reagieren.
31. Der Umgang mit Veränderungen wird zunehmend stressiger.
32. Meine ersten Symptome einer Depression sind Unsicherheit und Ängste.
33. Ich mache mir übertriebene Zukunftssorgen.
34. Veränderungen überfordern mich schnell.
35. Ich habe Verlangen nach Stimulantien wie Kaffee und Zigaretten, damit mir meine Energie erhalten bleibt.
36. Ich male mir schreckliche Dinge aus.
37. Ich bin leicht erregbar.
38. Wenn ich nicht gestresst bin, bin ich von Natur aus begeisterungsfähig und lebhaft.
39. Ich mache mir Sorgen, dass etwas Schlimmes geschehen könnte.
40. Ich grüble über die Tagesereignisse nach.
41. Wenn ich depressiv bin, verliere ich komplett den Appetit und verspüre keinen Hunger mehr.
42. Man sagt, ich sei offenbar geistig abwesend.
43. Ich habe Entscheidungsschwierigkeiten oder kann mich zu nichts entschließen.
44. Mein Geist verfängt sich in unproduktiver Überaktivität.
45. Ich habe das Gefühl, dass alles, was ich tue, nicht gut genug ist.
46. Ich grüble über mögliche Probleme nach.
47. Ich erlebe verzweifelte Momente.
48. Wenn ich gestresst bin, spüre ich, dass meine körperlichen Kräfte stark nachlassen.
49. Es mangelt mir an Selbstwertgefühl.

50. Wenn ich depressiv bin, ist es mein größter Wunsch, mich wieder fest verankert zu fühlen und Freude verspüren zu können.

Gesamtpunktzahl für Abschnitt Eins:_____

Abschnitt Zwei
1. Man sagt, dass ich auf Stress mit Wut reagiere.
2. Ich bin schnell frustriert.
3. Zunächst habe ich noch jede Menge Energie, so dass ich mit stressigen Ereignissen am Anfang ganz gut umgehen kann.
4. Ich glaube, dass ich mich mehr anstrenge als alle anderen, und das ohne mich zu beklagen.
5. Weil ich gerne viel, lange und schnell arbeite, fühle ich mich oft aufgedreht, überaktiv und unter Druck.
6. Ich neige dazu, alles zu übertreiben.
7. Ich habe Sorge, dass man mich im Stich lassen könnte, deshalb halte ich andere auf Distanz.
8. Ich fühle mich betrogen, wenn man mich im Stich lässt.
9. Ich vergleiche mich ständig mit anderen, um zu sehen, wie ich dastehe.
10. Wenn ich depressiv bin, habe ich Angst, nicht gut genug zu sein.
11. Ich stehe stark unter gedanklichem Druck.
12. Mein Schlaf ist gestört.
13. Ich habe unrealistisch hohe Erwartungen an mich.
14. Ich habe unrealistisch hohe Erwartungen an andere.
15. Ich kann meine eigenen Anstrengungen nicht wertschätzen.
16. Ich kann die Anstrengungen anderer nicht wertschätzen.
17. Man sagt, ich setze mich zu sehr unter Druck.
18. Wenn ich im Stress bin, wird mein Denken eng.
19. Ich habe das Gefühl, dass ich nicht genug erledigt bekomme.
20. Man sagt, dass ich egozentrisch werde und alles um mich herum abblocke, auch andere Menschen.
21. Man sagt, wenn ich unbedingt etwas erreichen will, werde ich aggressiv.
22. Mein Körper fühlt sich hart und verspannt an.
23. Ich möchte, dass alles nach meinen Vorstellungen läuft; wenn nicht, reagiere ich gereizt.

24. Wenn ich depressiv bin, nehme ich alles sehr ernst und verliere meinen Sinn für Humor.
25. Ich neige dazu, anderen ihren mangelnden Einsatz und ihre fehlenden Anstrengungen übel zu nehmen.
26. Auf Enttäuschungen reagiere ich gereizt.
27. Man sagt, ich entwickle immer mehr Konkurrenzdenken gegenüber mir selbst und anderen.
28. Meine Tagesabläufe werden immer zwanghafter.
29. Ich behalte meine Ziele immer im Auge.
30. Mich demotiviert so schnell nichts.
31. Man sagt, ich sei oft mürrisch.
32. Es wird mir immer wichtiger, als kompetent zu gelten.
33. Ich werde sehr schnell ungeduldig.
34. Ich schätze Effizienz und Detailgenauigkeit.
35. Wenn ich im Stress bin, weiß ich genau, was ich brauche, um mich zu trösten.
36. Ich versuche alles, was mir helfen könnte, die Verspannungen in meinem Körper loszuwerden.
37. Obwohl ich normalerweise herzlich und verbindlich bin, verhalte ich mich unter Stress ungehalten und fordernd.
38. Wenn ich depressiv bin, werde ich Menschen und Dingen gegenüber immer intoleranter.
39. Ich habe den Eindruck, dass ich die Dinge in die Hand nehmen muss, weil die anderen es einfach nicht „richtig" machen.
40. Meine Gedanken drehen sich nur noch um Kritik und Wertungen.
41. Nichts ist so, wie es sein sollte; alles könnte besser gemacht werden.
42. Ich fahre schnell aus der Haut.
43. Wenn ich gestresst bin, werde ich zielstrebiger, aber auch ungeduldiger mit meiner vermeintlich mangelnden Produktivität.
44. Wenn ich gestresst bin, steigert sich mein Appetit.
45. Körperliche Beschwerden ignoriere ich so lange, bis sie unerträglich werden.
46. Es fällt mir schwer, meine Gefühle zu benennen.

47. Ich kann schwer Nein sagen, spüre dann aber wachsenden Groll wegen der vielen Anforderungen, die an mich gestellt werden.
48. Ich fühle mich schnell betrogen und kann dann verbittern.
49. Mein Interesse an geistigen Dingen lässt schnell nach, wenn ich enttäuscht werde.
50. Wenn ich depressiv bin, ist es mein größter Wunsch, mich unterstützt und verstanden zu fühlen.

Gesamtpunktzahl für Abschnitt Zwei:_____

Abschnitt Drei
1. Es heißt, auf Stress reagiere ich mit Trägheit.
2. Ich habe Angst, dass man mich verlässt, wenn ich negative Gefühle wie Wut oder Kummer zeige.
3. Man sagt, wenn ich im Stress bin, will ich es einfach nicht wahrhaben – bei mir muss es erst ganz schlimm kommen, bis ich mich mit einem Problem befasse.
4. Ich habe Angst, dass man mich für einen schlechten Menschen hält.
5. Ich kann meine Wünsche und Bedürfnisse nicht äußern, weil ich mir nicht sicher bin, was ich fühle.
6. Meine emotionale Stabilität fühlt sich allmählich eher so an, als stecke ich fest.
7. Ich setze mich mit anderen nicht auseinander, sondern unterdrücke stattdessen meine Gefühle.
8. Ich gebe mir an allem die Schuld.
9. Wenn ich aufgebracht bin, mache ich emotional dicht.
10. Wenn ich depressiv bin, fühle ich mich emotional wie betäubt.
11. Man sagt, wenn ich depressiv werde, merkt man das als Erstes daran, dass man aus mir nicht mehr schlau wird.
12. Wenn ich gestresst bin, reagiere ich zunächst mit Ruhe, Geduld und Stabilität.
13. Unter übermäßigem Druck erstarre ich.
14. Wenn ich depressiv bin, sorge ich nicht mehr für mich.
15. Wenn ich depressiv bin, verliere ich die Motivation.
16. Anhaltender Stress macht mich geistig träge und schwerfällig.

17. Das erste Anzeichen einer Depression ist bei mir, dass ich mich leblos fühle.
18. Es kommt mir so vor, als würde alles langsamer.
19. Ich kann mich nur schwer zur Bewegung aufraffen.
20. Es kommt mir so vor, als würde mein Hirn nicht richtig funktionieren, daher ist mein Denken wie benebelt.
21. Obwohl ich sonst zufrieden bin, erscheint mir mein Leben langweilig, wenn ich depressiv bin.
22. Mir ist, als trage ich die Welt auf meinen Schultern.
23. Ich werde meine Müdigkeit einfach nicht los.
24. Eines der ersten Anzeichen einer Depression ist, dass ich das Interesse an körperlicher Aktivität verliere.
25. Wenn ich depressiv bin, ziehe ich mich emotional von den Menschen in meinem Umfeld zurück.
26. Mein Lieblingsessen tröstet mich.
27. Wenn ich im Stress bin, fühle ich mich körperlich träge.
28. Wenn ich im Stress bin, fühle ich mich emotional lustlos.
29. Wenn ich depressiv bin, neige ich zum Verschlafen.
30. Nach dem Essen fühle ich mich schläfrig.
31. Ich werde in meinem Verhalten immer festgefahrener und kann mich an Veränderungen nicht mehr anpassen.
32. Ich liebe entspannende Tätigkeiten.
33. Wenn ich im Stress bin, hänge ich ganz besonders stark an meinem Besitz.
34. Man sagt, ich klammere emotional, wenn ich depressiv bin.
35. Es fällt mir schwer, konzentriert und wach zu bleiben.
36. Wenn ich depressiv bin, werde ich zunehmend ineffizienter und schwerfälliger in meinen Leistungen.
37. Ich drücke meine Gefühle weg.
38. Ich fühle mich allein und allen entfremdet.
39. Normalerweise bin ich versöhnlich, aber wenn ich depressiv bin, kann ich Verletzungen nicht vergessen.
40. Ich komme mir apathisch vor.
41. Ich werde leicht rührselig.

42. Wenn ich depressiv bin, tun mir vertraute Menschen, Orte und Dinge besonders gut.
43. Ich sehne mich danach, wie es früher einmal war.
44. Wenn ich im Stress bin, neige ich dazu, zu viel zu essen und nehme dann leicht zu.
45. Ich bin hoffnungslos und kann mir nicht vorstellen, wie ich da wieder herauskommen soll.
46. Man sagt, ich werde immer passiver – ich kann einfach nichts tun, um meine Einstellung zu ändern.
47. Ich habe das Gefühl, ich bin festgefahren, aber nicht in der Lage, etwas daran zu ändern – ich möchte, dass jemand anderer das für mich tut.
48. Es verletzt mich, was die Leute alles von mir verlangen.
49. Der Gedanke an anregende Aktivitäten jagt mir Angst ein und macht mich wütend.
50. Wenn ich depressiv bin, ist es mein größter Wunsch, mich wieder lebendig und voller Energie zu fühlen.

Gesamtpunktzahl für Abschnitt Drei:_____

Das Beste aus Ihrem Handlungsplan herausholen

Die Deutung der Ergebnisse dieses Fragebogens kann Ihnen Erkenntnisse darüber vermitteln, wie Sie sich ausdrücken und mit der Welt umgehen. Dies erfordert einen dreistufigen Prozess. Bitte machen Sie einen Schritt nach dem anderen. Erstens, definieren Sie Ihre persönliche Ausdrucksform der Depression; zweitens, stellen Sie fest, welche Muster, Tendenzen und Motive in Ihrem Leben auftreten; drittens, erstellen Sie ein maßgeschneidertes Programm für sich selbst – eines, das langfristige Lösungen bietet, aber auch unmittelbare Bedürfnisse anspricht. Fangen wir an!

Und jetzt?

Schritt eins: Definieren Sie Ihre persönliche Ausdrucksform der Depression

Was, wenn Sie exakt in eine Kategorie passen?
Wenn dies bei Ihnen der Fall ist, dann haben wahrscheinlich die Fragen in einem einzigen Abschnitt bei Ihnen Anklang gefunden. Wenn Abschnitt Eins Ihr Erleben am besten beschreibt, dann herrschen bei Ihnen Symptome vor, die zum Archetyp der Luftigen Depression passen. Ihr Dosha-Ungleichgewicht betrifft hauptsächlich Vata. Wenn Abschnitt Zwei Ihr Erleben am besten beschreibt, dann herrschen bei Ihnen Symptome vor, die zum Archetyp der Brennenden Depression passen. Ihr Dosha-Ungleichgewicht betrifft hauptsächlich Pitta. Wenn Abschnitt Drei Ihr Erleben am besten beschreibt, dann herrschen bei Ihnen Symptome vor, die zum Archetyp der Erdigen Depression passen. Ihr Dosha-Ungleichgewicht betrifft hauptsächlich Kapha.

Machen Sie jetzt mit Schritt zwei weiter.

Was, wenn Sie nicht exakt in eine Kategorie passen?
Sehr viele Menschen überspannen zwei Kategorien, und manche zeigen sogar Merkmale aller drei Archetypen. Wenn dies bei Ihnen der Fall ist, dann addieren Sie die Punkte für jeden Abschnitt. Ist Ihr Wert in einem Abschnitt deutlich höher als in den beiden anderen, dann entspricht dieser Abschnitt dem Archetyp Ihrer Depression.

Was, wenn Sie in allen Abschnitten ähnliche Punktzahlen haben? Wenn die einzelnen Werte zu nahe beieinanderliegen, als dass Sie deutliche Unterschiede zwischen den Abschnitten erkennen könnten, dann stellen Sie fest, in welchem Abschnitt sich die meisten Aussagen befinden, denen Sie den Wert 5 gegeben haben. Dieser Abschnitt beschreibt dann am besten den vorherrschenden Archetyp Ihrer Depression.

Ist das, was Sie jetzt festgestellt haben, wirklich Ihre vorherrschende Manifestation der Depression? Gehen Sie noch einmal in sich. Erscheint Ihnen dies stimmig? Sie haben die Fallstudien gelesen und kennen nun die Erfahrungen, die Menschen mit einer Luftigen, Brennenden oder Erdigen Depression machen. Wo passen Sie *Ihrer* Meinung nach am besten hinein?

Schritt zwei: Ihre Einstufung verfeinern

Jetzt wollen wir Ihre Einstufung verfeinern. Ziel dieser Übung ist es, den Bereich Ihres Geist-Körpers zu ermitteln, der von der Depression am meisten betroffen ist. Der Wert des Ganzen liegt darin, dass Sie mithilfe dieser Information einen Ausgangspunkt für Ihre heilsamen Interventionen festlegen können.

Ob Sie eindeutig zu einem der drei Archetypen passen oder nicht, gehen Sie nun alle Ihre Antworten in allen drei Abschnitten noch einmal durch. Markieren Sie die Fragen, denen Sie den Wert 5 gegeben haben. Wenn Sie mögen, schreiben Sie sie auf ein gesondertes Blatt Papier.

1. Kennzeichnen Sie die Fragen, die den physischen Aspekt Ihres Wesens (Ihren Körper) betreffen, mit einem *p*.
2. Kennzeichnen Sie die Fragen, die den mentalen Aspekt Ihres Wesens (Ihr Denken) betreffen, mit einem *m*.
3. Kennzeichnen Sie die Fragen, die den emotionalen Aspekt Ihres Wesens (Ihre Gefühle) betreffen, mit einem *e*.

Um Ihnen bei diesem Prozess zu helfen, haben wir die Fragen auch selbst eingestuft (siehe Anhang). Sie können Ihre Zuordnungen gerne mit unseren vergleichen. Wir empfehlen Ihnen jedoch, die Fragen selbst zu kennzeichnen, *bevor* Sie unsere Zuordnungen lesen, weil wir möchten, dass Sie über die Fragen und Ihre Antworten darauf nachdenken. Dies ist bereits für sich genommen eine wichtige Übung; denn durch die Verbesserung Ihrer Bewusstheit wecken Sie den inneren Arzt und erreichen damit das wichtigste Ziel des Ayurveda.

Indem Sie jeder Frage selbstständig einen Wert zuordnen, werden Sie sich der einzelnen Aspekte Ihres Seins bewusst. Wir ermutigen Sie ausdrücklich, dieses Denken in Ihren Alltag zu übernehmen. Ungleichgewichte kommen und gehen. Wenn Ihre bewusste Wahrnehmung darauf vorbereitet ist, können Sie ein Ungleichgewicht leicht erkennen, sobald es auftritt, und merken auch, in welchem Bereich es Sie betrifft. Außerdem wissen Sie dann, was Sie aus Ihrer ayurvedischen Werkzeugkiste holen müssen, um wieder ins Gleichgewicht zu kommen.

Wenn Sie nun Ihre Antworten in jedem Abschnitt noch einmal anschauen, welche Unterkategorie (*p*, *m* oder *e*) tritt dann am deutlichsten

Und jetzt?

hervor? Die Antwort auf diese Frage zeigt, welcher Aspekt Ihres Wesens von Ihrem Dosha-Ungleichgewicht am stärksten betroffen ist. Betrifft die Depression allem Anschein nach am stärksten den physischen, mentalen oder emotionalen Aspekt Ihrer Physiologie? Passen diese Ergebnisse dazu, wie Sie die Depression erleben? Bieten Ihnen diese Ergebnisse zusätzliche Erkenntnisse über Ihr Leiden?

Schritt drei: Einen Ausgangspunkt für Ihren Weg festlegen

Dieses Feststellen und Verfeinern, wie Ihre Depression einzustufen ist, hat letztlich zum Ziel, dass Sie mit diesem Wissen ein maßgeschneidertes Programm mit langfristigen Lösungen für sich erstellen können. Bestimmen Sie anhand Ihrer Antworten in Schritt zwei, welcher Aspekt Ihres Seins Ihre Aufmerksamkeit am dringendsten braucht. Dies wird Ihr Ausgangspunkt.

Auf lange Sicht wird zwar alles, was wir in diesem Buch als Vitalität vermittelnd vorgestellt haben, Ihrem Sein in seiner Gesamtheit helfen, aber jedes Instrument hat einen bestimmten Bereich, in dem es am direktesten wirkt. Wenn Sie ein Vitalitäts-Instrument finden, das direkt den Bereich Ihres Geist-Körpers anspricht, der im Moment betroffen ist, beschleunigt dies den Auflösungsprozess der Depression.

Was, wenn Ihre Symptome sich zum größten Teil auf Ihr körperliches Wohlergehen beziehen? Überlegen Sie, welche der folgenden Interventionen Ihren Bedürfnissen am ehesten entspricht:

- Regulierung Ihres Schlafmusters (Kapitel Dreizehn)
- Überprüfung, wie Sie Ihren Geist-Körper durch Ihre Ernährung unterstützen können (Kapitel Vierzehn)
- Aufnahme eines Bewegungsprogramms (Kapitel Elf)

Was, wenn Ihre Symptome sich zum größten Teil auf Ihre Fähigkeit beziehen, Gedanken zu verarbeiten? Überlegen Sie, welche der folgenden Interventionen Ihren Bedürfnissen am ehesten entspricht:
- Teilnahme an einem Yoga-Kurs (Kapitel Zwölf)
- Atemtechniken (Kapitel Zehn)

Was, wenn Ihre Symptome sich zum größten Teil auf Ihre Fähigkeit beziehen, Gefühle zu verarbeiten? Überlegen Sie, welche der folgenden Interventionen Ihren Bedürfnissen am ehesten entspricht:

- Regelmäßiges und gewissenhaftes Meditieren (Kapitel Neun)
- Entwicklung neuer Vorstellungen vom Leben (Kapitel Sieben und Acht)

Was ist, wenn ich in kein Schema passe?

Nun haben Sie über Ihre Antworten auf den Fragebogen nachgedacht, aber Sie können immer noch keine Nische oder keinen eindeutigen Ausgangspunkt für sich finden? Denken Sie einmal darüber nach, ob und wie sich Ihr Erleben der Depression gewandelt hat. Möglicherweise erleben Sie zum jetzigen Zeitpunkt eine gemischte Depression. Dies ist sehr häufig der Fall, insbesondere wenn die Wurzeln der Depression nicht beseitigt werden. Versetzen Sie sich gedanklich in die Anfänge Ihrer Depression zurück. Sie werden feststellen, dass Ihre Symptome zunächst höchstwahrscheinlich überwiegend in eine Kategorie gepasst haben. Lesen Sie nun den Fragebogen in diesem Sinne noch einmal durch und konzentrieren Sie sich darauf, welcher Abschnitt am besten beschreibt, wie Sie Ihre Depression am Anfang erlebt haben. Beginnen Sie damit; wenden Sie sich diesem Ungleichgewicht zuerst zu.

Unsere Erfahrung aus der Arbeit mit Klienten hat gezeigt, dass die meisten Depressionen mit einem Ungleichgewicht im Vata-Dosha beginnen. Diese Luftige Depression kann sich später in eine Brennende oder eine Erdige Depression verwandeln. Wie wir in den Fallstudien erklärt haben, haben sowohl ein akutes Ereignis als auch anhaltender Stress oder langfristige körperliche Erschöpfung dieselbe Auswirkung auf die Physiologie – sie verursachen ein Ungleichgewicht im Vata-Dosha. Wenn Vata-Dosha nicht im Gleichgewicht ist, kann die Physiologie nicht die Unterstützung erhalten, die sie braucht, um reibungslos zu funktionieren.

Hat sich ein Ungleichgewicht im Vata-Dosha erst festgesetzt, erzeugt das durch Trauer, Stress oder Erschöpfung verursachte physische, mentale und emotionale *Ama* Blockaden im Fluss der Lebenskraft. Leidet der Körper an einem Mangel an Lebensenergie, verfällt er schließlich in eine Erdige Depression. Machen die Betroffenen jedoch immer weiter, können sie ein Pitta-Ungleichgewicht auslösen, was zu einer Brennenden Depression führt. Die allgemeine Regel lautet: Wenn Sie an einer Mischform der Depression leiden, bringen Sie zuerst Ihr Vata-Dosha ins Gleichgewicht.

Auf der körperlichen Ebene gleichen wir Vata mit den folgenden Interventionen aus:

- **Meditation:** Lesen Sie noch einmal den Abschnitt in Kapitel Neun, in dem ausgeführt wird, inwiefern Meditation das Nervensystem unterstützt, indem sie tiefe Ruhe vermittelt und die Physiologie reinigt.
- **Schlaf:** Lesen Sie noch einmal den Abschnitt in Kapitel Dreizehn über die Behebung von Schlafstörungen. Überlegen Sie, ob Sie eine Ölmassage in Ihr abendliches Pflegeprogramm aufnehmen können.
- **Ernährung:** Lesen Sie noch einmal den Abschnitt in Kapitel Vierzehn über ausgleichende Nahrungsmittel für Vata-Dosha.
- **Yoga:** Lesen Sie noch einmal den Abschnitt in Kapitel Zwölf über den Umgang mit Yoga-Stellungen zur Beruhigung des Nervensystems.
- **Prana-Zufuhr:** Wenn zu den Problemen, mit denen Sie kämpfen, ein niedriges Energieniveau gehört, dann ist es unwahrscheinlich, dass Sport das richtige Mittel ist, um Ihrem Körper *Prana* zuzuführen. Er könnte Sie sogar noch weiter auslaugen. Daher raten wir Ihnen zur Konzentration auf Atemübungen, um den Weg für das einströmende *Prana* frei zu machen. Lesen Sie noch einmal Kapitel Zehn, um zumindest die Dreiteilige Atmung zu erlernen. Eine tiefe Bauchatmung, und die Trübsal ist wie weggeblasen – besonders, wenn Sie sich dies zur Gewohnheit machen.

Anhang

Die Einstufung der Verfasserinnen beim Geist-Körper-Fragebogen: Unsere Ungleichgewichte einschätzen

Hier geben wir an, in welche Kategorie (physisch, mental oder emotional) wir die einzelnen Aussagen im Geist-Körper-Fragebogen in Kapitel Fünfzehn einordnen. Vergleichen Sie unsere mit Ihrer Einstufung.

Abschnitt eins

1 emotional	17 emotional	34 emotional
2 mental	18 emotional	35 physisch
3 emotional	19 mental	36 mental
4 emotional	20 mental	37 physisch
5 emotional	21 physisch	38 emotional
6 mental	22 mental und emotional	39 mental
7 physisch	23 emotional	40 mental
8 physisch	24 emotional	41 physisch
9 mental	25 mental	42 mental und emotional
10 mental	26 mental	43 mental
11 mental	27 emotional	44 mental
12 physisch	28 mental	45 emotional
13 physisch und emotional	29 physisch	46 mental
14 mental und emotional	30 emotional	47 emotional
15 emotional	31 mental	48 physisch
16 emotional	32 emotional	49 emotional
	33 mental	50 emotional

Abschnitt zwei

1 emotional	8 emotional	15 mental und emotional
2 emotional	9 mental	16 mental und emotional
3 physisch	10 emotional	17 emotional
4 mental	11 mental	18 mental
5 physisch und mental	12 mental und physisch	19 mental und emotional
6 mental und physisch	13 mental	20 emotional
7 emotional	14 mental	21 mental

22 physisch
23 emotional
24 mental
25 emotional
26 emotional
27 mental
28 mental
29 mental
30 emotional
31 emotional

32 mental
33 emotional
34 mental
35 emotional
36 physisch
37 mental
38 emotional
39 mental
40 mental
41 mental

42 physisch
43 mental
44 physisch
45 physisch
46 mental
47 emotional und mental
48 emotional
49 emotional
50 emotional

Abschnitt drei
1 physisch
2 emotional
3 mental und emotional
4 mental
5 emotional
6 emotional
7 emotional
8 mental
9 emotional
10 emotional
11 emotional
12 emotional
13 emotional
14 physisch
15 emotional
16 mental
17 emotional

18 mental
19 emotional
20 mental
21 emotional
22 emotional
23 physisch
24 physisch
25 emotional
26 physisch
27 physisch
28 emotional
29 physisch
30 physisch
31 mental und emotional
32 physisch
33 emotional
34 emotional

35 mental
36 mental
37 emotional
38 emotional
39 emotional
40 emotional
41 emotional
42 emotional
43 mental
44 physisch
45 mental
46 mental
47 emotional
48 emotional
49 emotional
50 physisch

Quellen

Ayurveda
Anselmo, Peter und Brooks, James Dr.; *Ayurvedic Secrets to Longevity and Total Health*, Prentice Hall 1996
Clark, Christopher und Sharma, Hari; *Contemporary Ayurveda*, Churchill Livingstone 1998
Dugliss, Paul; *Ayurveda: The Power to Heal*, MCD Publishing 2007
Lad, Vasant Dr.; *Ayurveda: The Science of Self-Healing*, Lotus Press 1984; deutsch: *Das große Ayurveda-Heilbuch: die umfassende Einführung in das Ayurveda; mit praktischen Anleitungen zur Selbstdiagnose, Therapie und Heilung*, aus dem Amerikanischen von Christopher Baker, Windpferd 2008 (Erstausgabe Haldenwang: Edition Shangrila 1986)
Lonsdorf, Nancy Dr. med.; Butler, Veronica Dr. med. und Brown, Melanie Dr.; *A Woman's Best Medicine*, Penguin Putnam 1995; deutsch: *Ayurveda für Frauen: Gesundheit, Glück und langes Leben durch indische Medizin*, aus dem Amerikanischen von Hans-Joachim Grimm, Droemer Knaur 1994
Tiwari, Maya; *Ayurveda: A Life of Balance*, Healing Arts Press 1995. Auf Deutsch ist von Maya Tiwari der Nachfolgeband, *Ayurveda Secrets of Healing*, erschienen: *Das große Ayurveda-Handbuch: die Geheimnisse des Heilens; das umfassende Praxisbuch über alle Wirkungsweisen und Anwendungsbereiche von Ayurveda*, aus dem Amerikanischen von Ute Weber, Windpferd 2001 (Erstauflage 1996)

Mind-Body-Medizin
Chopra, Deepak, *Quantum Healing*, Bantam Books 1989; deutsch: *Die heilende Kraft: Ayurveda, das altindische Wissen vom Leben, und die modernen Naturwissenschaften = „Quantum healing"*, aus dem Amerikanischen von Michael Larrass, Driediger 2011 (Erstausgabe Lübbe 1991)
Pert, Candace B. Dr.; *Molecules of Emotion*, Simon & Schuster 1997; deutsch: *Moleküle der Gefühle: Körper, Geist und Emotionen*, aus dem Englischen von Hainer Kober, Rowohlt 1999
Sternberg, Esther; *The Balance Within*, W. H. Freeman 2001

Komplementäre und alternative Ansätze zur Heilung von Depressionen
Cousens, Gabriel Dr. mit Myall, Mark; *Depression-Free for Life*; HarperCollins 2000
Gordon, James S.; *Unstuck*, Penguin Books 2008

Hyman, Mark; *The Ultramind Solution*, Simon & Schuster 2009
Simon, David; *Vital Energy*, John Wiley & Sons 2000

Kontroverse um Antidepressiva
Glenmullen, Joseph Dr.; *Prozac Backlash*, Simon & Schuster 2001
Levanthal, Allan M. und Martell, Christopher R.; *The Myth of Depression as Disease*, Praeger 2006

Atemtechniken
Anleitungs-CD: Weintraub, Amy; *Breathe to Beat the Blues*
Farhi, Donna; *The Breathing Book*, Owl Books 1996
Lewis, Dennis; *Free Your Breath, Free Your Life*, Shambala Press 2004; deutsch: *Befreie deinen Atem, befreie dich selbst: die Urkraft des Lebens wecken*, aus dem Englischen von Karin Weingart, Heyne 2004

Yoga und Meditation
Anleitungs-DVD: Weintraub, Amy; *Lifeforce Yoga to Beat the Blues – Level 1 and Level 2*
Begley, Sharon; *Train Your Mind, Change Your Brain*, Ballantine Books 2007; deutsch: *Neue Gedanken - neues Gehirn: die Wissenschaft der Neuroplastizität beweist, wie unser Bewusstsein das Gehirn verändert*, aus dem Englischen von Burkhard Hickisch, Goldmann 2007
Chopra, Deepak und Simon, David; *The Seven Spiritual Laws of Yoga*, John Wiley & Sons 2004; deutsch: *Die sieben geistigen Gesetze des Yoga: Gesundheit für Körper, Geist und Seele*, aus dem Amerikanischen von Nina Arrosmith, Marion von Schröder 2005
Frawley, David und Summerfield-Kozak, Sandra; *Yoga for Your Type: An Ayurvedic Approach to Your Asana Practice*, Lotus Press 2001; deutsch: *Yoga und die ayurvedischen Energietypen: Asanas für Gesundheit und Lebensfreude*, aus dem Englischen von Martin Rometsch, Windpferd 2014 (Erstausgabe: *Yoga für Ihren Typ*, Windpferd 2003)
Khalsa, Dharma Singh und Stauth, Cameron; *Meditation as Medicine*, Atria 2002 (http://www.drdharma.com/ImproveMemory/BooksDVD/MeditationasMedicine/index.cfm, abgerufen am 20.1.2017)
McCall, Timothy; *Yoga as Medicine*, Bantam Books 2007
Weintraub, Amy; *Yoga for Depression*, Broadway Books 2004

Ernährung
Douillard, John; *The 3-Season-Diet*, Three Rivers Press 2000
Kesten Deborah; *The Healing Secrets of Food*, New World Library 2001
Khalsa, Dharma Singh, Food as Medicine, Atria 2004 (http://www.drdharma.com/ImproveMemory/BooksDVD/FoodasMedicine/index.cfm, abgerufen am 20.1.2017)
Morningstar, Amadea und Desai, Urmila; *The Ayurvedic Cookbook*, Lotus Press 1990; deutsch: *Die Ayurveda-Küche: eine harmonische Ernährungsweise zur Stärkung des Energiesystems*, aus dem Amerikanischen von Erich Keller, Heyne 1992

Yarema, Thomas; Rhoda, Daniel und Brannigan, Johnny Chief; *Eat, Taste, Heal*, Five Elements Press 2008

Sport und Bewegung
Douillard, John; *Body, Mind and Sport*, Harmony Press 1992

Schlaf
Dement, William C. und Vaughan, Christopher; *The Promise of Sleep*, Random House 1999; deutsch: *Der Schlaf und unsere Gesundheit: über Schlafstörungen, Schlaflosigkeit und die Heilkraft des Schlafs*, aus dem Amerikanischen von Rüdiger Hentschel, Limes 2000

Kräuter
Lad, Vasant Dr. und Frawley, David; *The Yoga of Herbs*, Lotus Press 1986; deutsch: *Die Ayurveda-Pflanzen-Heilkunde: der Yoga der Kräuter*, aus dem Amerikanischen von Christoph Baker, Windpferd 2011 (Erstausgabe Haldenwang: Edition Shangrila 1987)

Transzendentale Meditation
Antworten auf Ihre Fragen zur Transzendentalen Meditation finden Sie auf den offiziellen Websites der deutschsprachigen TM-Bewegung:
www.meditation.de, www.meditation.at, schweiz.tm.org
(alle abgerufen am 20.1.2017)

Informationen über Ayurveda und Bezugsquellen für ayurvedische Präparate

Akademie der Deutschen Gesellschaft für Ayurveda: http://www.ayurveda-seminare.de/site/
Maharishi Ayurveda®-Produkte: https://www.ayurveda-produkte.de/
Ayurveda-Produkte in Bio-Qualität: http://www.ayurveda-marktplatz.de/
Ayurveda-Präparate, Ayurveda-Kosmetik, Ayurveda-Musik: http://veesha.de/
(alle Websites abgerufen am 20.1.2017)

Index

A
Abwehrkräfte 49, 198, 220, 247, 255
Acetylcholin 240
Achtsamkeitsmeditation 130f.
Agni 86, 89, 91, 277f., 286, 305, 307
Akne 73
Aktivierungssystem, retikuläres 239
Alighieri, Dante 19
Alkohol 78ff., 143, 246, 257, 263, 300
Ama 89, 91f., 103ff., 114, 122, 135, 146, 149f., 166f., 181, 191, 208, 215f., 236, 260f., 277ff., 301, 304f., 324
Angst 14, 19, 44, 60, 65, 87, 99, 140, 143, 205, 254, 297, 313ff., 317, 319
Antidepressivum 22
Antihistaminikum 80
Anu thailam 246
Appetitstörungen 103
Arjuna 301
Aromatherapie 32, 82, 109, 113, 120, 124, 156, 246, 252f.
Arthritis 219
Asanas 125, 200ff., 207ff., 218, 221, 328
Ashwagandha 255, 296f.
Aspirin 25, 289
Atem 105, 125, 131, 153, 155ff., 164, 166, 167, 169ff., 177f., 200f., 212, 215, 217, 221, 231, 255, 328
Atemtechniken 45f., 70, 110, 115, 155, 158, 160, 163, 165, 208, 210, 322, 328
Atmung 20, 35, 49, 79, 155, 157ff., 181, 209, 215, 220, 292, 324
Atmung, Dreiteilige 162, 168, 170, 174, 176, 324
Atmung, Kühlende 165f., 173
Atmung, Siegreiche 165, 172, 215
Augenreizungen 73
Ausscheidungen 105

B
Baldrian 255, 296, 301
Bandscheiben 177, 219f., 222
Bandscheibenvorfall 174
Bastrika 167, 175
Bauchspeicheldrüse 221, 237, 275, 303
Baum, L. Frank 157
Befürchtungen 63, 157, 184, 210, 254
Begeisterungsfähigkeit 57, 63, 67, 70
Belastungsstörung, posttraumatische 135, 141
Bewusstsein, kosmisches 50
Beziehungen 10, 26, 27, 61, 77, 94, 105, 118, 141f., 148, 235, 243, 257, 300
Biochemie 22, 52, 238
Biorhythmen 41, 56, 92, 133, 239, 264
Blasebalg-Atmung 167f., 174f.
Blut 55, 80, 161, 164, 167ff., 172, 177, 181, 209, 211, 219f., 236, 260, 273, 275, 277, 291, 301, 303, 305
Blutdruck 79, 211, 213, 236f., 301
Blutzuckerkontrolle 80
Blutzuckerspiegel 80, 237
Botenstoffe 21ff., 30, 76, 96, 162, 181, 221, 239, 242, 297
Brahmari pranayama 171
Brahmi 301
Buddhi 190f.
Burnout 76, 186f., 192
Bypass-Operation, koronare 103

C
Camus, Albert 129
Cellulite 261
Chakras. 131
Chakra-Therapie 32
Chandra Namaskar 225
Charaka Samhita 198, 247, 263
Chili 304
Cholecystokinin 303
Cholesterin 103
Chronobiologie 237f.
Chutney 285f., 295
Cortisol 76, 136, 143, 181, 215, 236f., 307

D
Darmentzündungen 187
Darmtrakt 20

Dement, William C. 241
Depression, Brennende 44, 58f., 62, 64, 72, 75ff., 106, 120, 164, 187f., 250, 256, 288, 298, 300
Depression, Erdige 44, 58, 60, 62, 85f., 106, 121, 136, 166, 191, 222, 258, 288, 302, 305f., 323f.
Depression, Luftige 44, 57, 59f., 63f., 104, 118, 161, 254, 288, 292, 323
Desjardins, Arnaud 85
Diabetes 237
Dickdarm 209, 249, 251
Dickens, Charles 129
Digitalis 289
DNS 52, 57, 193, 271
Dopamin 22f., 59, 76, 80, 143, 181, 188, 240, 268, 297
Dosha-Diagnose 55
Doshas 9, 10, 51ff., 121, 195, 200f., 207ff., 234, 238, 244, 250, 272, 280, 285, 287ff., 293
Dreiecks-Stellung 204, 227ff., 230
Drogen 80, 143, 303
Dünndarm 209

E
Eichung 53
Eifersucht 148, 210
Einsamkeitsgefühle 63, 67
Einschlafen 57, 246, 258, 298
Einstein, Albert 34, 111
Eis 259, 284
Elektronen 52
Elektroschock-Behandlungen 88
Energiemangel 103
Energiemedizin 32
Erschöpfung 27, 45, 64, 66, 79, 97f., 103, 105, 107, 114, 116, 124, 146, 162, 186, 193, 235, 239, 248, 264, 296, 299, 323
Eukalyptus 154, 253f.

F
Feld, einheitliches 110f.
Feld reiner Potenzialität 51
Fenchel 261, 281, 300
Franklin, Benjamin 238
freie Radikale 112, 192f.
Freud, Sigmund 234
Furunkel 187

G
Gallenblase 209, 303
Gamma-Aminobuttersäure 297
Gandhi, Mahatma 63
Garshan 261
Gebet 131
Gedächtnisschwäche 24
Gehirn 20ff., 25f., 30, 34f., 40, 44, 49f., 66, 68, 82, 92, 96f., 113ff., 120, 124, 139, 143, 148, 153ff., 172, 181, 200, 211, 214, 234f., 239ff., 246, 253, 255ff., 273f., 291, 295, 297, 299, 301, 303, 309, 328
Gelenke 105, 183, 197, 203, 211, 218, 248
Genetik 52, 56
Gerste 300, 304
Gesprächstherapie 21f., 26ff.
Gewichtszunahme 86, 190
Gewürze 114, 261, 281f., 300, 304f.
Glukagon 275
Gravitation 53
Graviton 53

H
Harnsäure 103
Hauterkrankungen 49
Heilintelligenz 29
Heldensitz 276f.
Herzen 11, 15, 20, 49, 90, 120, 129, 164, 172, 203, 217, 231, 260, 262, 271, 277, 301
Herzerkrankungen 26, 49, 76, 187, 237, 301
Higgs-Feld 53
Hippocampus 114
Hippokrates 179, 221, 289
Hirnchemie 22, 24ff., 30, 32, 59, 142, 268
Hirnwellenmuster 139
höheres Selbst 50
Homöostase 54
Honig 304
Hormonsystem 143, 221, 245
HPA-Achse 143
Hyperaktivität 161, 257, 296
Hypersomnolenz 88
Hypophyse 143, 220, 235
Hypothalamus 113f., 143, 239

Index

I
Immunsystem 49, 56, 181, 216, 221, 236, 248, 281, 307
Insulin 275
Integraler Yoga 131
Integration, neurorespiratorische 115
Intelligenz, universelle 53, 109f., 121, 270

J
Jasmin 120, 252f.
Jatamansi 255, 301

K
Kafka, Franz 72
Kapalabathi 167, 174
Kapha 9f., 52ff., 85, 88ff., 93, 166f., 186f., 190f., 195, 197, 208ff., 217, 250, 253, 260, 267, 280, 286f., 288, 301, 304ff., 320
Karotiden 211
Kausalität 23
Khavaigunya 10
Kichererbsen 304
Kirsh, Irvin 25
Klangtherapie 32
Koans 130
Koffein 102, 234, 241, 257, 293, 295
Koinzidenz 23
Kokain 234, 241
Kokosöl 250
Konkurrenzdenken 73, 83, 186, 316
Konservierungsstoffe 269
Konzentrationsschwierigkeiten 184
Koriander 261, 281, 285, 300
Korrelation 23, 263
Kräuter 69, 81, 92, 114, 255, 289ff., 296, 301, 306, 329
Kräuterheilkunde 32
Kreislauf 20, 35, 55, 107, 139, 158, 191, 201, 220, 222, 248, 275, 297
Kreuzkümmel 261, 281, 285, 300, 304
Kripalu Yoga 225
Kriya-Yoga 130f.
Kurkuma 281, 296, 300

L
Lavendel 120, 154, 252f.
Leber 164, 169, 209, 216, 221
Lethargie 44, 58, 79, 85f., 91, 106, 136, 167, 187, 197, 200

Liganden 116f.
limbisches System 240, 253
Linolsäure 249
Linsen 304
Locus caeruleus 143
Lorazepam 297
Lubrikation 218
Lunge 20, 154ff., 164f., 168ff., 172, 209, 260, 306
Lymphsystem 125, 220, 248

M
Magen 20, 34, 47, 78, 117, 209, 259, 279, 293, 298ff.
Magengeschwür 73, 76, 78, 148, 187
Mahabhutas 57
Maharishi Mahesh Yogi 144
Mahat 9
Makrokosmos 13, 34, 53, 76, 264
Mandelöl 250
Manovaha-Srotas 10
Mantras 131, 144f.
Marihuana 143
Massagetherapie 32
Masse 53, 200, 212
Mayberg, Helen 25
Meer aus Bewusstsein 39
Melatonin 143, 196, 238, 256
Migräne-Kopfschmerzen 213, 299
Migräneschübe 73, 187
Mikrokosmos 13, 34, 53, 76, 264
Miller, Arthur 48
Mind-Body-Medizin 13, 31, 49, 327
Mitgefühl 82
Molekularbiologie 52, 56, 112
Mondgruß 206, 222f., 225
Mund, trockener 24
Muskelkater 105
Muskelschmerzen 103, 105, 249
Muskelspannung 73, 81, 219
Myrobalanenbaum 301

N
Nadis 169
Nasenlochatmung, Wechselnde 163, 170
Nasya 246
Nervensystem 20, 35, 42, 45, 49, 55, 64, 66, 69, 73, 79ff., 90, 113, 117, 119, 122, 124, 133, 135f., 139f.,

146f., 158, 160ff., 171f., 175f.,
184f., 198, 200f., 221f., 236,
244f., 247, 253, 255, 257f., 260,
274f., 286, 294ff., 324
Nervosität 57, 59, 79, 185, 293, 297
Neuronen 21
Neurotransmitter 42, 239f.
Neutronen 52
Nikotin 102
Noradrenalin 22f., 59, 76, 80, 143, 175,
168, 181, 192, 240

O
Omega-6-Fettsäure 249
Osteoporose 218
Oxytocin 175, 176

P
Panchakarma 91
Pert, Candace 116
Pfeffer 296, 300, 304
Pfefferminze 154
Pilates 185
Pitta 9, 10, 52f., 55f., 58f., 64, 72f.,
75ff., 81ff., 106, 164, 173, 186ff.,
197, 208ff., 213f., 246, 250,
252f., 257, 267, 280, 286ff.,
299ff., 304, 307, 320, 324
Placebo-Effekt 23
Plaques 79, 104
Platon 199
Polarity 32
Prakruti 9
Prana 9, 153, 158f., 169f., 227, 236,
269ff., 289, 304ff., 310, 324
Primärfarben 53
Prolactin 175, 176
Protonen 52
Proust, Marcel 109
Prozac 21, 328

Psychoneuroimmunologie 14, 49, 116,
221
Psychotherapie 26f., 88
Puls-Diagnose 54
Puls, hoher 24
Punarnava 306

Q
Quantenphysik 31, 53, 56f., 116

R
Reduktionistisches Denken 49
Reizbarkeit 19, 44, 58f., 72, 75f., 165,
187f., 197, 210, 256
Relativitätstheorie 270
REM-Schlaf 242
Resilienz 67, 137, 239
Rohkost 280
Rose 120, 154, 252f.
Rosenkohl 300, 304
Rosenöle 82

S
Sandelholz 154, 252f.
Sarkasmus 61, 73, 76
Sauerstoff 92, 110, 115, 159, 161f., 167,
174, 181, 220, 279, 291f.
Schädelerhellungsatmung 167f.
Schilddrüse 164, 172
Schlaf 38, 44, 58, 61, 80, 87, 90, 92,
104ff., 116, 121, 125, 136, 141,
143, 211, 232ff., 238ff., 254ff.,
282, 297, 310, 315, 324, 329
Schlaflosigkeit 64, 68f., 119, 136, 141,
161, 172, 183ff., 211, 234, 238f.,
255, 296f., 329
Schlafmittel 143
Schlafschuld 233, 239, 242ff., 255, 264
Schlaganfall 79
Schnellatmung 167
Schokolade 257, 284, 302
Schwimmen 188f.
Schwindel 24, 193
Schwingungsmuster 30, 39f., 43, 46,
50, 53f., 82, 112, 121, 194, 309
Sedativum 22, 296
Sehschwäche 105
Sehtrübung 24
Selbstaktualisierung 138, 140, 142
Selbstbewusstsein 147
Selbst-Bezug 99f., 129
Selbstölung 245, 251
Sentimentalität 58, 85, 88, 106
Serotonin 20, 22f., 59, 80, 143, 172, 181,
188, 196, 240, 268, 297, 303
Sesamöl 249f.
sexuelle Funktionsstörungen 24
Shabkai 94
Shankapushpi 296, 297
Shitali 173

Index 333

Sitkari 173
Smartphone 65
Sodbrennen 76
Sonnengruß 206, 216, 222ff.
Sorgen 27, 63, 65, 67f., 87f., 104, 118, 146f., 161, 184f., 212, 299, 314
Spin 53, 57
Spinat 304
Sport 66, 74, 83, 114f., 124, 149, 179ff., 187ff., 209, 257f., 262, 292, 324, 329
Stress, chronischer 41
Stringtheorie 111
Summende Bienen-Atmung 164, 171
suprachiasmatischer Nucleus 239

T
Tagarah 296ff., 301
Tarthang Tulku 307
Theravada-Buddhismus 131
Thich Nhat Hanh 38
TM-Technik 132ff.
Trägheit 44, 58, 62, 86, 199, 210, 306, 317
Tranquilizer 143
Transfettsäuren 103
Transzendentale Meditation 132f., 134f., 144, 148, 329
Trauma 96
Traurigkeit 19, 28, 49, 58f., 72, 75, 77, 79, 85f., 88f., 94f., 160f., 164, 166, 180, 184, 187, 221, 237, 259, 267, 269, 301f., 311
Tryptophan 303
Twain, Mark 268

U
Überspanntheit 24
Ujjayi-Atmung 172, 215
Umzug 65, 67

V
Vacha 306
Valium 297
Vata 9, 10, 52f., 55ff., 63f., 66ff., 81, 90, 104, 119, 136, 161, 171, 183ff., 197f., 208ff., 244, 247, 248f., 250, 252ff., 267, 280, 285, 287f., 293, 295ff., 304, 307, 320, 323f.

Veda 110ff.
Veranlagungen, genetische 31
Verbitterung 147
Verdauung 20
Vergesslichkeit 184
Verstopfung 24, 89, 103, 163, 301, 305
Vitalität 24, 42f., 45f., 101ff., 110, 121, 130, 152, 158, 161, 179f., 200f., 220, 227f., 232, 235, 244, 247, 267, 269f., 278, 306, 309f., 322

W
Whitman, Walt 232
Wut 44, 59f., 73ff., 77, 143, 147f., 152, 164, 166, 187, 210, 307, 315, 317

Y
Yoga-Stellungen 32, 45, 70, 81, 115, 121, 125, 200ff., 218ff., 227f., 245, 256, 286, 324

Z
Zähne 104f., 171, 173, 280
Zellregeneration 115, 124, 218
Zirbeldrüse 220
Zitrone 154
Zwerchfell 154f., 164, 178, 220
Zwerchfellbruch 174

...dem Leben neu begegnen

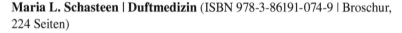

Dieses Buch entwickelt die uralte Aromatherapie weiter zu einem neuen Ansatz des energetischen Heilens. Pflanzendüfte wirken nicht nur angenehm oder beruhigend, sie verbessern nicht nur die Raumatmosphäre, sondern sie können, wissend eingesetzt, eine nachhaltig heilsame Wirkung ausüben.
Maria Schasteen, aufbauend auf einer jahrzehntelangen Erfahrung als Aromatherapeutin, weist den Weg in einen neuen Heilungskosmos, der bisher ungekannte Möglichkeiten für eine alternative Energiemedizin aufzeigt.
Die „Duft-Medizin" öffnet ein Tor in seelische Innenwelten, in denen auf eine wunderbare, bisher noch nicht erschlossene Weise Heilung erfolgen kann!

Maria L. Schasteen | Duftmedizin (ISBN 978-3-86191-074-9 | Broschur, 224 Seiten)

Larry Dossey ist seit Jahrzehnten einer der wichtigsten Vordenker für ein neues Bewusstsein. Er hat bahnbrechende Arbeiten über den Einfluss von Gedanken auf Heilungsprozesse bei Krankheiten verfasst. Er gilt als entscheidender Brückenbauer zwischen der Avantgarde der modernen Naturwissenschaft und den spirituellen Traditionen der Welt.
Mit ONE MIND legt er seine große Gesamtschau über die verschiedenen Erkenntniswege der Menschheit dar und enthüllt auf beeindruckende Weise, dass hinter allen Phänomenen und Ereignissen EIN BEWUSSTSEIN waltet.
Alles ist mit allem verbunden; und nur wer die innere Vernetztheit und Verwobenheit des Lebens versteht, vermag den tieferen SINN hinter allen Geschehnissen zu entdecken!
Das Schlüsselwerk zum Verständnis des kommenden großen Bewusstseinswandels!

Larry Dossey | One Mind (ISBN 978-3-86191-051-0 | Hardcover, 450 Seiten